시민이 주도하고 정부가 협력하는

**프랑스와 퀘벡의
사회연대경제**

장종익 한신대학교 일반대학원 사회적경영(협) 교수
오창호 한신대학교 일반대학원 사회적경영(협) 명예교수
유한나 한신대학교 일반대학원 사회적경영(협) 조교수
문조성 화성시사회적경제지원센터 센터장
박성철 (주)우리사회적경제연구소 대표
박영준 안산시민햇빛발전협동조합 대의원
변시연 한양대학교 국제대학원 박사과정
손석조 신협중앙회 사회적금융본부 본부장
손재현 한신대학교 사회혁신(협) 박사과정
윤인정 사회적협동조합 에코컨서번시Y 이사장
이광연 경기제일신협 경영기획본부장
이상진 한국사회혁신금융(주) 대표
이필균 경기도사회적경제원 마을기업 담당 5급 대리
이희라 사회적협동조합마음을잇다 이사장
정연철 (주)컴윈 대표
정 현 화성시사회적경제지원센터 대리
조윤숙 한신대 생태문명원 연구위원
최성천 솔대노리협동조합 이사장
최승호 세종일자리경제진흥원 주임연구원
한효주 안성시민활동통합지원단 마을공동체지원센터장

일러두기

*본문에 실린 사진 자료는 대부분 한신대 일반대학원 사회적경영(협) 연수단이 직접 촬영한 것으로 별도의 저작권 표시를 하지 않았으며, 기타 자료로 사용된 사진은 캡션에 출처를 밝혔다.

시민이 주도하고 정부가 협력하는

프랑스와 퀘벡의 사회연대경제

여는길

차례

머릿말   프랑스와 퀘벡의 사회연대경제 개관과 방문조직의 주요 시사점 _
          장종익·문조성 6

1장   일터에서의 협력과 연대, 그리고 포용

노동자 협동조합 01 퀘벡의 라 바르베리 La Barberie _ 변시연 28
노동자 협동조합 02 프랑스의 제스콥 알파택시 GESCOP-Alpha Taxi _ 최성천 40
배달플랫폼 협동조합 01 퀘벡의 래디쉬 La Coopérative Radish _ 오창호 60
배달플랫폼 협동조합 02 프랑스의 쿱사이클 CoopCycle _ 이희라 78
노동통합형 사회적기업 01 퀘벡의 엥세르텍 Insertech _ 이필균 96
노동통합형 사회적기업 02 프랑스의 앙비 Envie _ 정연철 116
대인서비스 협동조합 프랑스의 엠데사프 MDSAP _ 장종익 138

2장   삶터에서의 협력과 연대, 그리고 포용

커뮤니티 기반 사회주택기업 퀘벡의 샤펨 SHAPEM _ 박성철 160

사회주택 – 보건서비스 통합모델을 구현하는 비영리기업
퀘벡의 에스파스 라 트라베르세 Espace La Traversee _ 문조성 178

공공과 사회적경제 파트너십에 의한 돌봄모델
퀘벡의 쎄페 CPE 와 에자드 EESAD _ 조윤숙 · 한효주 198

철저한 미션과 유연한 조직을 가진 유기농 협동조합
프랑스의 비오코프 Biocoop _ 윤인정 220

재생에너지협동조합의 혁신모델
프랑스의 에네르코프 Enercoop _ 박영준 246

3장 협력과 연대, 그리고 민관 파트너십에 의한 지원생태계

서비스 수혜자 중심의 중간지원조직
퀘벡의 쎄데에르퀴 CDRQ 와
엠쎄에 콩쎄이 MCE Conseil _ 장종익·손재현 272

노협의 협력과 연대를 실천하는 노협연합회
프랑스의 쎄쥐에스코프 CGSCOP _ 최승호 300

경제의 근본적 변화를 추구하는 공익협동조합들의 연합회
프랑스의 리코른 Licoornes _ 유한나·정현 322

사회연대경제에 특화된 금융협동조합
퀘벡의 데자르댕 연대경제신협
Caisse d'economie solidaire Desjardins _ 이광연·이상진 346

사회연대경제에 특화된 금융협동조합
프랑스의 크레디 코오페라티브 Crédit Coopératif _ 손석조 376

참고자료 412

머릿말 |

프랑스와 퀘벡의 사회연대경제 개관과 방문조직의 주요 시사점

장종익·문조성

왜 우리는 프랑스와 퀘벡의 사회연대경제에 주목하는가?

프랑스와 캐나다 퀘벡주는 지역사회의 주요 문제 영역에서 사회연대경제가 고르게 발달한 지역이다. 시민 참여형 사회적금융 생태계와 사회연대경제조직 간의 협력과 연대가 발전하고 있으며, 시민 주도의 사회연대경제가 정부와의 협력을 바람직하게 이룬 곳으로 알려져 있다. 이 두 지역은 사회연대경제에 관하여 몇 권의 책이 발간되었고, 우리나라 사회적경제 종사자들이 여러 차례 방문 연수를 다녀온 친숙한 지역이라고 할 수 있다. 한신대 선진 사회연대경제 탐방 연수단은 2023년과 2024년에 각각 캐나다 퀘벡주와 프랑스를 방문하여 현지 사회연대경제를 조사하였다.

우리나라 사회적경제에 종사하는 대부분의 사람들은 2022년 윤석열 정부가 등장하면서 사회적경제 관련 예산의 대폭 삭감과 중간지원조직의 해체 등으로 인하여 사회적경제 생태계가 크게 위축된 현실을 심각하게 체감하였다. 이에 한신대 대학원 사회적경영학과는 우리나라의 사회적경제가 정권 변화에 따라 크게 영향받지 않을 정도로 뿌리 깊은 생태계를 조성하기 위해서 무엇을 어떻게 해야 할 것인가 하는 문제의식을 가지고 선진국 사례로부터 깊은 지혜와 지식을 배우고자 하였다.

본 연수단은 보통 사람들의 일터와 삶터에서 시민들이 직면한 다양한 문제를 해결하는 데 기여하는 '시민체감형 사회연대경제'가 협력과 연대의 방식으로 발전한 대표 지역인 캐나다 퀘벡주와 프랑스를 사례 지역으로 선정하였다. 이에 따라 심도 있는 사전 학습과 조사를 거쳐 방문 조사 대상 기업 및 조직을 선정하였다 (<표 1> 참조). 조사 대상 선정 기준은 지역사회가 당면한 사회경제적 주요 과제에 대응하기 위하여 사회연대경제 기업 간 협력과 연대의 방식으로 대안적 비즈니스를 론칭하고 사업을 확장하며 사회적 임팩트를 제고한 사례, 그리고 민간이 주도하고 정부가 협력하는 거버넌스 구조를 보여주는 사례, 시민이 주도적으로 참여하여 사회적금융 생태계를 조성한 사례 등이다. 그리고 이를 일터와 삶터, 그리고 시민 및 당사자조직 중심의 지원 생태계로 나누어 선정하였다.

이를 구체적으로 설명하면 다음과 같다. 첫째, 일터에서의 협력과 연대, 포용의 원리를 바탕으로 발전한 사회연대경제기업 사례로서 노동자협동조합, 노동통합형 사회적기업, 소사업자협동조합, 그리고 최근 발전하고 있는 플랫폼노동자(연대)협동조합을 선정하였다. 이들 사례는 우리나라에서도 절실히 요구되지만 거의 발전하고 있지 않거나 영세한 규모로 각자 도생하는 수준인 분야로, 국내 현실에 적지 않은 시사점을 제공해 줄 수 있을 것으로 기대되었다.

둘째, 삶터에서의 협력과 연대, 그리고 포용의 원리를 통하여 사회연대경제기업이 발전한 사회주택, 돌봄, 유기농식품, 재생에너지 분야의 사례이다. 이들 분야는 우리나라에서 사회연대경제의 필요는 매우 높지만 발전 속도가 매우 더딘 분야이기에 이의 확산에 도움이 될 수 있는 전략적 시사점을 얻고자 하였다. 특히 프랑스의 유기농 유통협동조합 비오코프(Biocoop)는 최근 내외적 위기를 겪고 있는 한국 생협의 돌파구를 찾는데 의미 있는 시사점을 제공할 수 있을 것으로 보았다.

마지막으로 지원 생태계 영역에서는 사회연대경제기업 간 협력 및 연대를 촉진하는 조직과 시민 참여형 사회적금융협동조합의 사

일터에서의 협력과 연대, 그리고 포용	-택시 노동자들의 권익을 보호하는 노동자택시협동조합, 프랑스의 제스콥-알파 택시(GESCOP-Alpha Taxi) -배달분야 플랫폼협동조합, 퀘벡의 래디쉬(Radish)와 프랑스의 쿱사이클(CoopCycle) -노동통합형 사회적기업, 퀘벡의 엥세르텍(Insertech)과 프랑스의 앙비(Envie) -돌봄사업자들의 협동조합, 프랑스 엠데사프(MDSAP, Maison de Service à la Personne) -일하는 모두가 즐거운 노동자협동조합 퀘벡 라 바르베리(La Barberie)
삶터에서의 협력과 연대, 그리고 포용	-지역사회 변화를 이끄는 사회주택, 퀘벡 비영리기업 샤펨(SHAPEM) -사회주택·보건 서비스 통합모델을 구현하는 비영리기업 퀘벡의 에스파스 라 트라베르세(Espace La Traversée) -공공과 사회적경제 파트너십 돌봄 모델, 퀘벡의 쎄페(CPE)와 에자드(EÉsad) -윤리적 소비와 지역공동체 증진을 실현하는 유기농 유통협동조합, 프랑스의 비오코프(Biocoop) -혁신적 재생에너지 협동조합, 프랑스의 에네르코프(Enercoop)
협력과 연대, 그리고 민관협력 지원 생태계	-서비스 수혜자 중심의 중간지원조직, 퀘벡의 쎄데에르퀴(CDRQ)와 엠쎄에 콩세이(MCE Conseil) -노협의 협력과 연대를 실천하는 노협연합회, 프랑스의 쎄쥐에스코프(CGSCOP) -새로운 전환을 위한 유니콘 협동조합 연합, 프랑스의 리코른(Licoornes) -사회적경제 금융협동조합, 퀘벡의 데자르댕 연대경제 신협(Caisse d'economie solidaire Desjardins) -사회연대경제에 특화된 금융협동조합, 프랑스의 크레디 코오페라티프(Crédit Coopératif)

〈표 1〉 프랑스·퀘벡 현장 탐방 기관 총괄

례를 선정하였다. 이를 통해 민간 주도의 지원 생태계가 어떻게 조성되고 운영되는지를 살펴보고, 우리 사회에 적용 가능한 운영 원리를 도출하고자 하였다.

이러한 기준으로 선정된 총 19개 기업 및 조직(프랑스 9개, 퀘벡 10개)의 등장 배경, 사업 내용 및 운영 방식, 성과 및 시사점 등은 각 장에서 자세히 다루고 본 장에서는 프랑스와 퀘벡의 사회연대경제 발전 과정과 현황을 개략적으로 소개하여 독자들의 이해를 돕고자 한다.

프랑스의 사회연대경제의 발전 과정과 현황

1) 프랑스의 사회연대경제의 발전 과정

잘 알려진 바와 같이, 프랑스 사회적경제는 19세기에 태동하였다. 1830년 샤를 드누와이에(Charles Dunoyer)가 처음으로 사회적경제 용어를 사용하면서 일반적으로 통용되기 시작하였다. 당시 샤를 푸리에(Charles Fourier), 앙리 드 생시몽(Claude-Henri de Saint-Simon) 등 유토피아적 사회주의 사상가들의 영향을 받은 프랑스 사회적경제는 대중 결사체 운동으로 구현되어 노동자 결사(association)를 중심으로 발전하였으며, 이후 상호부조, 소비자협동조합 등으로 그 영역을 확대하게 된다(이옥연, 2016). 다양한 분야에서 활동하는 사회적경제를 체계화하고 개념화한 인물은 샤를 지드(Charles Gide)로 1900년 프랑스 만국박람회에서 사회적경제관을 설치하고 그 내용을 알리게 된다. 특히, 프랑스 사회적경제는 20세기로 접어들어 결사법을 시작으로 공제조합에 관한 법률과 협동조합에 대한 법률이 차례로 마련되면서 지속적인 성장을 거듭하게 된다. 1901년 '결사법', 1906년 '농업협동조합법', 1907년 '소비자조합법' 등의 개별법이 제정되었으며, 1947년에는 '협동조합일반법'이 제정된다.

세계 여러 지역에서 나름의 방식으로 성장해 오던 사회적경제는 20세기 중반 세계 경제가 활황기에 접어들면서 성장 동력이 점차 떨어지게 된다. 냉전체제였던 당시 자유민주주의 진영의 국가들은 경제성장에 힘입어 큰 정부를 표방하고 대규모로 재정정책을 확대하였으며, 그로 인해 복지국가의 모델이 출현하게 된다. 이는 시민들의 삶을 큰 폭으로 개선 시키는 결과를 낳았으며, 이 시기 시민들의 결사를 중심으로 자본주의적 시장경제의 폐해를 극복하고자 등장한 사회적경제는 자연스럽게 퇴조기를 맞이하고 사람들의 뇌리에서 점차 잊히게 된다.

사회적경제가 다시금 부각 된 시기는 1970년대로, 1·2차 석유파동에 따른 스태그플레이션(stagflation) 현상과 통화정책의 실패는 세계 경제를 위기 상황으로 내몰았으며, 각국은 위기 상황을 타개하기 위해 여러 정책을 펼치게 된다. 당시 복지재정의 축소, 신자유주의의 등장은 우리 사회에 전례 없는 실업, 빈곤, 양극화 등을 발생시켰으며, 시민사회를 중심으로 다양한 사회 문제를 해결하기 위해 활발한 움직임이 전개되는데 이른바 연대경제의 출현이다.

연대경제는 기존의 사회적경제 방식과는 다르게 시장자원, 비시장 자원, 비화폐 자원 등을 결합하는 하이브리드 형태의 혼합조직이다. 다시 말해 사회 문제 해결을 위해 다양한 자원을 혼합하는 연대경제는 경제적 차원에서 호혜성을 중심으로 자원을 재분배하여 자본주의적 시장경제의 폐해를 극복하며, 정치적 차원으로는 연대적 실천 공간을 중심으로 시민들의 다양한 공론을 형성하고 이를 제도화하는 특징을 지니고 있다.

사회연대경제로의 발전 과정에서 19세기 이후 발전해 온 사회적경제를 '구(舊)사회적경제'라 한다면 20세기 후반부터 발전해 온 연대경제를 '신(新)사회적경제'라고 부른다. '구(舊)사회적경제'는 자본주의적 시장경제의 폐해에 맞서 사람의 결사에 기반한 자조조직인 반면에, '신(新)사회적경제'는 시민참여를 기반으로 현대사회에 나타난 다양한 사회 문제 해결을 위해 보다 다양하고 유연한 형태로 등장한 새로운 조직이다. 앞의 내용에서 보듯 신·구 사회적경제의 출발 배경은 다소 차이가 있다. 하지만 두 조직의 공통적인 특징은 모두 사람의 결사에 기반하고 있으며, 그 본질을 공유하고 있다는 것이다. 결국, 자본 중심의 이윤추구를 목적으로 하는 것이 아니라 사람 중심의 가치를 추구한다는 측면에서 동질성을 가지고 있다. 따라서 신·구 사회적경제는 서로 대립하는 것이 아닌 기존에 있던 '구(舊)사회적경제'에 '신(新)사회적경제'가 생명을 불어넣는 방식의 상호보완적 관계라 할 수 있으며, 이러한 '구(舊)사회적경제'와 '신(新)사회적경제(연대경제)'를 통칭하여 '사회연대경제'라고 부른다(이종오, 2018).

프랑스는 사회적경제에 대한 개념을 가장 먼저 이론화하고, 실천체계 역시 가장 빨리 구축해 나간 국가로 민간이 주도성을 가지고 생태계를 확장·발전시켰다는 특징이 있다(이철선 외, 2022). 19세기에 태동 된 프랑스 사회적경제는 1970년대 이후 경제불황으로 인한 사회 문제가 대두되면서 다시 부각 된다.

티에리 장테(Tierry Jeantet, 2019)는 1970년대를 프랑스 사회적경제의 자기 인정의 시대, 1980년대를 제도적 인정의 시기, 1990년대를 유럽으로 확산한 시기로 기술하고 있다. 사회적경제가 새롭게 대두되던 1970년대 프랑스에서는 사회 문제 해결을 위한 새로운 조직들이 등장하게 되는데 이른바 '신(新)사회적경제'의 출현이다.

프랑스는 '구(舊)사회적경제'와 '신(新)사회적경제'가 공통의 가치와 원칙에 대해 현재까지 치열하게 논쟁을 벌이고 있는 국가로 상호 협력에 기반하여 자기 정체성을 명확히 하고 있으며, 그 결과의 산물로 탄생 된 것이 2014년 7월 제정된 '사회연대경제법'이다. 이를 통해 프랑스는 오랫동안 파편화되어 발전해 온 각각의 조직들을 하나의 틀 안에 묶어내게 되는데 이는 단순히 사회적경제와 연대경제 조직들을 모아놓은 것이 아니라 사회적경제의 재구성 또는 연대경제의 관점에서 사회적경제를 재성찰한 것이라 할 수 있다(Defourny 외, 2021).

프랑스 사회연대경제에 있어 본격적인 제도화는 1981년 사회당 정부가 집권하고 사회연대경제에 대한 우호적인 분위기가 형성되면서이다. 당시 정부는 1986년에 경제사회위원회(Conseil économique et social, CEE)에서 보고서를 발간하고 사회적경제 기업을 '자발성·민주성·비영리'의 특성을 가진 조직으로 정의하였다. 1990년대 이후에는 사회당 지지율이 점차 하락하면서 선거의 승리를 위해 1997년 총선에서 공산당, 녹색당과의 선거 연합을 통한 연립내각을 구성한다. 이때 사회당과 녹색당은 공동 정책안에 대한 협약을 진행하고, 이에 기초하여 새로운 서비스·청년 일자리 정책을 시행한다. 또한 프랑스 정부는 '청년 일자리(emplois-jeunes)에 관한 법'을 제정하여 본격적으로 제3섹터를 육성하기 시작하였으며, 이후 1998년 반소외법(La loi d̀orientation relative à la lutte contre les exclusions)'을 제정, 제3섹터 조직을 법적으로 규정하였다(김현희, 2013). 2001년에는 사회적 유용성을 가진 조직에 법인격을 부여하는 '공익협동조합(société coopératives d'intérêt collectif, SCIC)법'을 제정한다.

2014년 7월 31일 제정된 '사회연대경제법(Loi relative a l'economie sociale et solidaire, ESS법)'은 2011년 최초의 입법 요청이 이루어졌으며, 이후 2013년 7월 24일 ESS 특임장관인 브느와 하몽(Benoit Hamon)이 공론화 과정을 거쳐 법안을 발의한다. 주요 내용으로는 사회연대경제에 대한 정의, 사회연대경제와 관련된 공공정책의 수립과 집행, 사회연대경제 기업의 발전을 위한 조치 등에 관한 공통규정을 담고 있다. 프랑스 사회연대경제법 제2조는 모든 사회연대경제 기업이 갖춰야 할 3가지 기본요건을 규정하고 있는데 그 내용은 다음과 같다. 첫째, 이윤 분배 외의 다른 사회적 목적 추구. 둘째, 정관에 규정된 참여 경영에 기반을 둔 민주적 지배구조. 셋째, 잉여는 기업활동 유지 또는 발전 목적에 재투자, 비분할 적립금의 의무, 청산 및 폐업의 경우 잔여재산의 유사 목적 사회연대경제 기업에의 이전 등이다. 또한 사회연대경제법은 그동안 법적인 근거 없이 자발적으로 확산된 상법상 회사법인격의 사회적기업을 사회적유용성을 지닌 기업으로 인증하는 제도를 도입하였다(장종익, 2021).

2) 프랑스 사회연대경제 현황

프랑스 사회연대경제는 2019년 말 기준 고용시설 수는 209,663개로 그 중 결사의 수가 175,703개로 절대적인 수치를 보이고 있으며, 법적 단위의 기업 수 또한 결사가 140,428개로 나타나고 있다. 고용인원은 2,590,960명에 달하며, 고용의 경우 고용시설 수와 마찬가지로 결사가 2,024,845명으로 가장 큰 비중을 차지하고 있다. 급여 총액은 약 674억 유로로 민간 부문 급여 총액에서 사회연대경제가 10.8%의 점유율을 나타내고 있으며, 프랑스 전체 경제로 볼 때 8.3%의 비중에 해당한다. 프랑스에서의 결사는 우리나라의 사단법인 및 비영리민간단체를 포괄하는 의미이지만 우리나라에 비하여 보다 넓게 활용되고 있다. 협동조합연합회가 법인격을 결사법에 의한 결사를 취하는 경우가 적지 않다는 점을 이번 방문조사에서 확인하였다.

구분	고용시설 수 (단위: 개)	기업 수 (법적 단위)	고용 수 (단위: 명)	급여 총액 (단위:백만유로)
결사 (Association)	175,703	140,428	2,024,845	46,784.9
협동조합	23,568	8,138	320,313	12,298.5
재단	2,141	566	108,345	3,127.8
공제조합	8,251	620	137,457	5,177.1
합계	209,663	149,752	2,590,960	67,388.3
민간 부문에서 사회연대경제 점유율	9.5%	8.3%	13.6%	10.8%
전체 경제에서 사회연대경제 비중	8.9%	8.0%	10.2%	8.3%

〈표 2〉 프랑스 사회연대경제 현황
(출처: 국립 ESS 관측소 – ESS 프랑스, Insee Flores 2019 기준)

이러한 사회연대경제의 고용규모가 차지하는 시장점유율은 매우 높은 것으로 나타나고 있다. 사회 행동(social action) 분야에서의 전체 고용규모에서 사회연대경제가 차지하는 비중은 60%에 달하고, 스포츠와 레저분야 고용에서는 56%, 예술과 문화 분야 고용에서는 30%, 보험과 은행 분야 고용에서는 30%, 교육과 훈련 분야 고용에서는 19%, 그리고 건강 및 돌봄 분야 고용에서는 11%를 차지하고 있는 것으로 조사되었다(Eric, 2024).

최근 공익협동조합(Cooperative Societies of Collective Interest, SCIC)의 수가 지속적으로 증가하고 있으며, 채용 현황 또한 꾸준하게 상승추세에 있다. 공익협동조합이란 '경제활동을 통해 우리 사회에 유용한 재화와 서비스를 생산·공급하는 목적'을 지닌 협동조합으로 시민을 포함한 다양한 이해관계자와의 파트너십과 공동의 거버넌스를 조직하는 데 적합한 프레임워크로 인식되고 있다(Eric, 2024). 이러한 공익협동조합은 일반협동조합 및 비영리민간단체, 영리기업과도 구별되면서 각각의 특징을 동시에 보유한 혼합적인 성격을 지니고 있다.

이러한 이유로 최근 프랑스에서는 공익협동조합이 근본적인 사회문제를 해결하는 데 적합한 모델로 인식되고 있으며, 재생에너지

〈그림 1〉 프랑스 공익협동조합(SCIC) 기업 수 및 고용
 (출처: Eric Bidget, SSE in France. HANSHIN WEBINAR, 발제자료, 2024)

(Enercoop, Windcoop), 유기농·지역 식품(Biocoop), 운송 및 교통수단(Railcoop, Coopcycle), 재활용 및 순환경제 등에서 크게 두각을 나타내고 있다.

퀘벡 사회적경제의 발전 과정과 개황

1) 퀘벡 사회적경제의 발전 과정

퀘벡의 사회적경제는 19세기 중반 도시지역 노동자들이 공제조합을 설립하면서 시작되었고, 20세기 초 데자르뎅 서민금고 등의 신용협동조합 설립과 농민을 중심으로 한 농업협동조합이 조직화 되면서 성장하게 된다. 퀘벡의 사회적경제는 1960년대 이후 이른바 조용한 혁명(Révolution tranquille)을 기점으로 급격한 사회·정치변화와 함께 주택, 학교, 식품, 임업, 장례, 외식, 문화, 예술, 로컬서비스, 비즈니스 서비스 등의 영역으로 크게 확장되었다(김창진, 2015). 즉, '신(新)사회적경제'의 출현이다.

1970년대에서 1980년대는 복지국가의 후퇴와 신자유주의의 대두, 사회주의계의 협동조합에 대한 비난, 사회민주주의 이념 등의 확산이 동시적으로 발생하며, 정치적으로는 중도 보수와 진보세력이 집권하기 시작한다. 이 시기 형성된 시민그룹은 다양한 분야에서 활동하였으며, 퀘벡 정부는 정책적으로 협동조합을 지원하게 된다. 주요 내용으로는 1963년 재경부 산하에 협동조합국을 창설하고, 1985년 지역개발협동조합(CDR) 지원 정책을 시행하였다. 2003년에는 협동조합에 대한 투자계획 및 개발 정책 등을 발표하였으며, 2005년에는 CQCM(Quebec Cooperation and Mutual Council)과의 파트너십

협약을 체결하고 운영을 지원하게 된다(장종익, 2023).

1990년대의 퀘벡은 유례없는 혼란을 겪어야 했던 시기이다. 정치적으로는 1995년 퀘벡주 분리독립 관련 국민투표가 진행되어 각 정당, 시민사회는 물론 사회 전반이 극심한 혼란과 함께 많은 에너지를 소모하게 되었으며, 경제적으로는 1970년대 이후 지속된 경기침체의 여파로 빈곤·실업·복지재정 축소·여성 인권 문제 등 경제 위기가 심각하게 대두되고 있었다. 이러한 위기의 시대 퀘벡 시민들은 스스로 문제를 해결하기 위해 결집하는 모습을 보였으며, 이를 촉발하게 된 계기는 1995년 6월 4일 퀘벡 여성연맹에 의해 조직되고 감행된 "빵과 장미를 위한, 빈곤에 저항하는 여성들의 행진(du pain et des roses)"이 이루어지면서이다. 이 행진은 사회기반시설에 대한 투자, 실업과 빈곤에 대한 대응에 무능력한 퀘벡 정부에 대한 강력한 항의와 분노 그리고 이러한 문제들에 대해 정부의 관심과 노력을 요구했다(Neamtan, 2022).

이후 1996년 개최된 경제고용회의(Economy and Employment Summit or Sommet de l'économie et de l'emploi)에서 퀘벡 정부는 노·사·정 이외에 시민사회(사회운동가, 지역사회 활동가 등) 영역을 참여시켜 실업, 재정 위기 문제 등을 논의하기에 이르는데 이는 사회 문제 해결에 있어 사회적경제를 포함한 다양한 시민사회 주체들을 파트너로 인식한 공식적 합의체라는 점에서 그 의미가 매우 깊다.

이 회의에서 하나의 태스크 포스(Task Force)를 맡은 사회적경제는 '연대가 먼저(Daring Solidarity)'라는 보고서를 제출하고 사회적경제와 정부의 협력 모델을 만들었다. 또한 '연대가 먼저' 보고서 내 사회적경제에 대한 정의를 담고 다양한 주체들을 조직하여 보육, 노인 돌봄, 주거 등 시민의 삶과 직결되는 영역에 대한 사업을 시작하였다. 이러한 일련의 과정에서 사회적경제는 노동운동, 마을운동, 여성운동과의 결합을 통해 더욱 성장하게 되는데, 이를 통해 퀘벡의 사회적경제는 시민들의 일터와 삶터에 깊게 뿌리내리게 된다(Neamtan, 2022).

2) 퀘벡 사회적경제의 개황

퀘벡의 사회적경제는 프랑스와 달리 사회연대경제라 표현하지는 않는다. 하지만 사회적경제를 좁은 의미로 해석하지는 않으며 시민사회를 구성하고 있는 다양한 주체들이 네트워크에 참여하고 있는 것이 특징이다. 퀘벡 사회적경제를 대표하는 연대조직 중 하나인 샹티에(Chantier)는 사회적경제를 다원적 경제의 필수적인 부분으로 만들고 또 그 과정에서 연대, 공정, 투명성의 가치에 기초한 경제개발 모델의 발전 및 경제의 민주화에 참여하는 것을 주요 임무로 하고 있다. 또한 이를 실현하기 위해 노동운동, 마을운동, 환경운동, 여성운동 등 여러 사회운동을 포괄하는 거버넌스 구조를 형성하고 있으며, 이는 퀘벡 사회적경제 성공의 핵심적인 요소라 할 수 있다(Neamtan, 2022).

다양한 주체들의 네트워크 거버넌스에 기반한 퀘벡 사회적경제는 크게 협동조합, 공제조합, 그리고 경제사업을 수행하는 비영리기업(OBNL)으로 구성된다. 2013년 제정된 퀘벡주 사회적경제법(Social Economy Act) 제3조에 의하면 사회적경제 기업은 다음 여섯 가지의 원칙을 충족해야 한다. 첫째, 조합원의 필요 혹은 지역사회의 필요를 충족할 목적을 지닐 것, 둘째, 공공기관의 통제를 받지 않고 자치적 운영을 할 것, 셋째, 구성원에 의한 민주적 의사결정구조를 지 닐 것, 넷째, 기업의 경제적 지속가능성을 추구할 것, 다섯째, 잉여금 의 배분을 금지하거나 조합원에게 이용고에 따라 환급할 것, 그리고 여섯째, 해산시 잔여 자산은 유사 목적을 지닌 다른 법인에게 양도 할 것 등이다. 이러한 점에서 퀘벡은 사회적경제 기업을 집합적 기업 (collective enterprise)으로 규정한다.

퀘벡의 사회적경제 기업 수는 2016년 기준 11,200개이다. 그 중 비영리기업의 수가 8,400개로 가장 많고 다음으로 비금융 협동조합 이 2,410개로 나타나고 있다. 총수입(revenue)은 478억 달러로 그 중 금융협동조합의 수입이 총 41%, 비금융 협동조합이 38%를 차지 하고 있다. 기업 수에서 절대적인 수치를 보이는 비영리기업의 총수 입은 전체 18%로 기업당 수입 규모가 적다는 것을 알 수 있다. 또한 사회적경제 기업의 88%가 연간 수입 200만 달러 미만이며, 12%의 기업이 연간 수입 200만 달러 이상으로 12%의 기업이 전체 수입의 92%를 창출하고 있으며, 전체 직원의 64%를 고용하고 있다.

퀘벡 사회적경제 기업의 총 고용인원은 220,000명에 달한다. 사

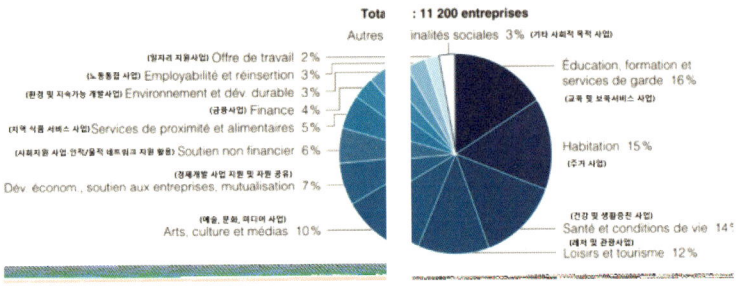

〈퀘벡 사회적경제 기업 분포〉   〈퀘벡 사회적경제 기업의 수입 분포〉

〈그림 2〉 퀘벡 사회적경제 기업 분포 및 수입 분포, 2016
(출처 : Institut de la statistique du Quebec. (2021). (검색일: 2025년 5월 31일))

회적경제 기업의 업종별 분포를 살펴보면, 11,200개 기업 중 교육훈련 및 보육 서비스 업종이 16%, 건강 및 생활 관련 업종이 14%, 레저 및 관광 업종이 12%, 예술·문화·미디어 업종이 10%를 차지하고 있다. 이를 통해 대부분 업종이 시민의 삶 영역에 깊게 연관되어 있음을 알 수 있다. 이들 사회적경제 기업의 조합원 및 후원자(임원 제외)는 1,300만 명에 이르는데, 그중 절반이 금융협동조합 및 공제조합에 소속되어 있고, 비영리기업에 33%, 비금융 협동조합에 18%가 소속되어 있다.

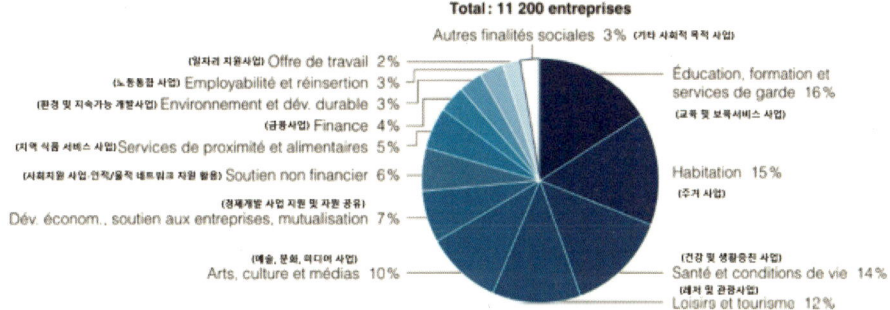

〈그림 3〉 퀘벡 사회적경제 기업의 업종별 분포, 2016
(출처: Institut de la statistique du Quebec. (2021). (검색일: 2025년 5월 31일))

프랑스와 퀘벡 사회연대경제의 시사점

프랑스와 퀘벡 사회연대경제의 발전에서 나타나는 공통적인 특징은 자기 정체성에 기반한 연대조직과 사회적금융이 핵심적인 역할을 하였으며, 이를 구현하는 과정에서 행정을 포함한 다양한 주체들이 거버넌스를 구축하고 함께 노력한 측면이 있다는 점이다.

첫째, 사회적경제를 추동하는 원동력은 연대·협력이다. 이는 사람과 사람의 연대뿐만 아니라 조직과 사람, 조직과 조직과의 연대를 포괄한다. 사회적경제가 발달한 국가들의 대부분은 강한 연대체를 형성하고 발전한 측면이 있다. 프랑스의 노동자협동조합전국연합회(Confederation Generale des Scop, CGSCOP), 앙비 연맹(Fédération Envie), 캐나다 퀘벡 샹티에(Chantier de l' économie sociale), 퀘벡협동조합공제조합위원회(Quebec Council for Cooperation and Mutuality, CQCM) 등이다.[1] 연수단이 확인한 프랑스와 퀘벡의 사회연대경제 연합조직의 가입율은 매우 높은 편이고, 기본적으로 회원협동조합의 회비에 의하여 운영되고 있다. 이러한 넓고 깊은 협력과 연대조직의 구축 노력이 시민사회 주도성을 담보하고 있다는 점을 확인하였다.

특히 프랑스 노협연합회, 앙비 연맹 모두 회비 조달을 통하여 회원조직에 대한 지원서비스를 제공하고 있음을 확인하였다. 우리나라에서는 정부에 의한 중간지원조직이 무료로 지원서비스를 제공하는 방식을 채택하고 있는데, 이러한 지원방식이 결과적으로 사회연

---

[1] 그 외에 이탈리아의 레가연맹(LegaCoop)과 사회적협동조합의 컨소시엄(CGM Cooperative group), 스페인 몬드라곤협동조합복합체(Mondragón Corperación Cooperativa, MCC) 등도 잘 알려진 사례이다.

대경제 조직의 내실화와 확장을 밀어내어 민간 중심의 사회연대경제 생태계 발전에 저해요인으로 작용하고 있는 측면을 확인하였다.

둘째, 프랑스와 퀘벡 사회연대경제의 두 번째 공통점은 시민참여형 사회적금융 시스템을 구축해 왔다는 점이다. 시민들의 일터와 삶터에서 사회적경제가 그 소명을 다하기 위해서는 시민들의 적극적인 참여를 이끌고 다양한 주체들을 포괄하는 사회연대경제로의 전환이 필요하다. 또한 혁신적인 도전과 유연한 전략적 사고를 통해 사회연대경제를 사회 전반에 확장하고 지역사회 내에서 우리의 가치를 스스로 증명할 필요가 있다. 프랑스는 사회연대경제를 지원하는 특화된 신용협동조합(Credit Cooperatif)과 윤리은행 협동조합(La Nef) 등이 사회연대경제 전반에 필요한 자금을 공급하고 있으며, 퀘벡은 사회적경제만을 지원하는 데자르뎅 연대경제신협(Caisse d'economie solidaire Desjardins) 등이 있다. 이 두 사회적금융 조직의 공통점은 시민과 사회적경제기업이 공동 소유하고 운영하는 협동조합형 사회적금융 조직이라는 점이다. 협동조합형 사회적금융 조직은 세금으로 조성되고 공무원이 공급을 결정하는 기존의 정책자금 공급방식에 비해, 자금의 수요자와 공급자 간, 그리고 자금 수요자 상호 간의 연대적 관계를 형성하는데 매우 효과적이다. 이는 사회연대경제에서 금융과 실물 부문의 선순환 구조를 구축하는 데에도 매우 큰 강점을 지닌다.

자금의 수요자와 공급자 간 연대적 관계는 자금의 수요자인 사회연대경제기업의 사업 편익자들이 예금 및 펀드 가입을 통하여 자금을 공급함으로 인하여 그 사업의 윤리적 투자자로서 참여하는 시스템을 통하여 형성된다. 자금의 수요자 간 연대적 관계는 협동조합형 사회적금융조직으로부터 자금 공급을 받아서 사회연대경제 사업의 발전이 이루어지면 이로 인하여 발생되는 사회적경제기업의 잉여금과 일시적 여유자금이 협동조합형 사회적금융조직으로 환류되어 다른 사회적경제기업을 위한 자금의 공급자원으로 활용될 수 있다는 점에서 확인된다. 마지막으로 혁신적인 사회적금융조직은 일터와 삶터에서 사회연대경제기업의 필요와 인내자본에 대한 수요를 포착하고, 이를 충족시키기 위해 필요한 다양한 자원을 연계함으로써 대안적 비즈니스의 발전의 적극적 지원자 역할을 수행한다. 이를 통해 금융과 실물 부문 간의 선순환 구조를 마련하는 핵심적 역할을 한다.

마지막으로 확인된 공통적인 특징은 민관협력에 관한 사항으로 프랑스와 퀘벡의 사회연대경제에 있어 정부와의 파트너십 관계 정립은 사회연대경제의 성장을 더욱 견고하게 만들었다는 점이다. 프랑스는 1970년대 사회적경제의 '자기인정시대'를 거치면서 공제조합·협동조합·민간단체 연합체들의 네트워크(Comité National de Liaison des Activités Mutualistes, Coopératives et Associatives, CNLAMCA)를 창설하고 정부와의 파트너십 관계를 맺는다. 1980년대 이후에는 사회적경제를 전담하는 행정조직을 신설하여 지원체계를 마련하고 본격적인 제도화 과정을 이루었으며, 현재까지 이러한 틀 속에서 지속하여 발전하고 있다. 퀘벡은 1980년대에 사회적경제를 공동체 경제발전에 참여하는 경제주체로 정의하고 경제발전의 한 주체로 인정받기 위한 민간 주체들의 노력이 있었으며, 1990년대 이후 협동조합공제조합위원회(CQCM)와 샹티에(Chantier)는 퀘벡 주정부의 관련 기관과 파트너십 관계를 맺고 지원체계를 마련하였으며, 프랑스와 마찬가지로 제도화 과정을 통해 법적 안정성을 부여받았다.

프랑스와 퀘벡의 민관협력에 있어 가장 우선되는 것은 민간이 자기 정체성을 확립한 이후 정부와의 파트너십 관계가 더욱더 견고해졌다는 점이다. 파트너십 관계가 성립되면서 정부는 본격적으로 사회연대경제를 지원할 수 있는 조직을 신설하고 제도화하기 시작했으며, 이 과정에서 정부는 일방적으로 정책을 집행한 것이 아니라 민간 주체와의 거버넌스를 통해 함께했다는 특징이 있다.

I.
일터에서의
협력과 연대, 그리고 포용

노동자협동조합.01

일하는 모두가 즐거운 노동자협동조합,
퀘벡의 라 바르베리(La Barberie)

변시연

1. 퀘벡의 노동자협동조합에 관한 법적 규정과 지원제도

퀘벡에서는 19세기부터 노동자협동조합이 존재하였으며, 이후 노동 시장의 변화에 발맞추어 지속적으로 발전해왔다. 1979년에 실시된 설문조사 결과에 따르면, 노동자협동조합과 유사한 조직은 주로 고용 문제에 대응하여 등장하며, 이는 일자리 유지나 창출과 직접적으로 관련되어 있다(Tremblay, 1979: 73). 또한 1985년 퀘벡주 몬트리올에 위치한 공립 종합대학교인 몬트리올 퀘벡대학교(UQAM, Université du Québec à Montréal) 연구진의 설문조사에 따르면, 노동자들이 협동조합을 설립하는 주요 목표는 일자리 창출(87%)인 것으로 나타났다. 이처럼 일자리 창출 또는 새로운 형태의 노동 조직을 모색하는 과정에서 노동자협동조합이 설립되었다. 노동자협동조합이 일반 조직과 구별되는 점은, 조합원들이 단순히 지시에 따라 일하는 것이 아니라, 협동조합에 투자하여 소유권을 갖고, 업무 결과에 대해 공동 책임을 지며, 조직 내 의사결정 과정에 직접 참여할 수

퀘벡의 라 바르베리(La Barberie)

있다는 점이다(Nancy Lepage, 2004).

퀘벡은 2018년 12월 31일 기준, 노동자협동조합의 비율이 전체 비금융협동조합 중 8.7%를 차지하고 있다(퀘벡주 협동조합과, 2019). 반면 우리나라에서는 직원협동조합이라는 명칭으로 불리는 노동자협동조합의 비율이 전체 비금융협동조합 중 2.8%에 불과하다.

캐나다 퀘벡에서는 퀘벡주 협동조합법(Cooperatives Act-Chapter C-67.2)에 따라 다양한 유형의 협동조합에 관해 별도로 규정하고 있다. 주요 유형으로는 생산자협동조합, 소비자협동조합, 노동자협동조합, 노동자-주주협동조합, 연대협동조합이 있다. 이 법에 따르면 노동자협동조합은 조합 활동 규칙에 따라 사업을 운영하기 위해 함께 일하는 직원들로 구성된 조합이며, 조합원 및 준조합원에게 업무를 제공하는 것을 주된 목적으로 한다(협동조합법 Section 222). 설립 시에는 최소 3명의 발기인이 필요하며(Section 223.1), 협동조합은 내규에 따라 노동자에게 18개월 이하의 기간 안에 250일 이하의 시범 기간을 적용할 수 있고, 이 기간에는 준조합원의 자격을 갖는다(Section 224.2). 시범 기간이 종료된 후 30일의 기간이 만료되면 준조합원은 협동조합의 조합원이 될 수 있다(Section 224.2.1).

자본금에 관한 규정을 보면 우리나라에서는 자본금을 조합원의 출자금 총액으로 간주하고(협동조합 기본법 제18조), 퀘벡에서는 보통출자금(common shares), 우선출자금(preferred shares), 참여우선출자금(participating preferred shares)[1]을 두어 유형에 따라 조합원의 권한이 달리 규정된다(Section 37). 조합원의 잉여금 배분에 대해서도 차이가 있다. 퀘벡의 협동조합법은 노동자협동조합의 경우, 지난 회계연도 동안 조합원과 준조합원(해당되는 경우)이 수행한 업무량을 기준으로 잉여금을 배당하도록 규정하고 있다. 다만 배분 비율은 각 조합원과 준조합원이 수행한 업무의 성격에 따라 달라질 수 있다.

한국의 노동자협동조합은 협동조합기본법에 따라 설립이 가능하다. 해당 법률에는 노동자협동조합에 관한 별도 조항이 없으나, 전체 조합원의 2/3 이상이 노동자로 구성되고 전체 노동자의 2/3 이상이 조합원인 경우, 다른 법률에서 규정하는 사용자와 노동자의 이분법적인 규정의 일부 예외를 인정한다. 즉 이러한 조건을 충족하는 협동

---

[1] 참여 우선주는 총회에 소집되고 참석할 권리를 부여할 수 있지만 발언권은 부여되지 않는다.

조합의 경우에는 상법상 사용자로 간주되는 이사도 노동자로 인정되며, 노동자가 감사를 수행할 수 있는 권한도 부여된다. 이러한 조항은 한국 협동조합기본법에서 사실상 노동자협동조합을 위한 규정으로 해석된다.

　우리나라에서는 노동자협동조합에 관한 세제 등 지원제도가 없는 반면에 캐나다 퀘벡주는 다음과 같은 두 종류의 세제 혜택을 운영하고 있다. 첫 번째로는 협동조합 투자계획(Cooperative Investment Plan)인데 협동조합에 대한 투자를 촉진하기 위한 세제 혜택으로서 투자한 금액의 125%에 해당하는 금액에 대해 세금 감면을 제공한다. 두 번째는 소득세 환불 유예제도(Deferred Tax Rebate)로 배당금을 협동조합에 재투자하는 경우 세금을 부과하지 않는 혜택이다. 계속 재투자가 이루어질 때는 세금 부과를 하지 않으며 최종적으로 협동조합으로부터 배당금을 돈으로 받을 때 세금을 부과한다. 이는 노동자협동조합에 대한 조합원의 투자를 확대하기 위한 목적으로 만들어진 제도로 두 가지 중 한 가지를 선택하여 세제 혜택을 받을 수 있다(충남발전연구원, 2013).

　퀘벡에서 협동조합이 활성화되고 발전할 수 있는 요소 중 하나는 퀘벡주의 협동조합법 전체를 관통하는 8가지의 기본원칙(행동 규칙)이라고 할 수 있다. 그중 하나가 조합원 간, 조합원과 협동조합 간, 협동조합과 다른 협동조합 간 협력이 촉진되어야 한다는 규칙이다. 또 협력의 성격과 장점을 대중에게 알려야 한다는 규칙도 포함되어 있다(Section 4). 다음 장에서는 조합원 간, 조합원과 협동조합 간, 협동조합과 다른 협동조합 간 협력이 잘 촉진되고 있는 노동자협동조합 라 바르베리(La Barberie)에 대하여 소개한다.

	한국	퀘벡
관련 법률	협동조합기본법	협동조합법
노동자 협동조합 별도 조항	없음	있음
법률 내 기본 규정 (협동조합기본법으로 설립한 모든 협동조합의 공통 규정)	자본금의 종류 1) 출자금 2) 우선출자금	자본금의 종류 1) 보통출자금 2) 우선출자금 3) 참여우선출자금
	총회는 민주적 의사결정(1인1표)	총회는 민주적 의사결정(1인1표)
	이용에 따른 배당은 항상 출자금에 대한 배당보다 많아야 함	잉여금은 조합원 간에 이루어지는 사업과 비례하여 적립금 또는 조합원에게 배분하거나 법률에 따라 목적에 맞게 배분 (이용고 배당과 출자금 배당에 대한 별도 규정 존재)

세법	별다른 혜택 없음	- 협동조합투자계획
		  (Cooperative Investment Plan)
		- 소득세 환불 유예제도
		  (Deferred Tax Rebate)
		- 둘 중 택 1

조합원의 지위	노동자	노동자

〈표 1〉 한국과 퀘벡의 노동자협동조합에 관한 규정과 지원제도의 비교

2. 노동자협동조합 라 바르베리의 주요 사업과 성과

1) 라 바르베리의 주요 미션과 조직형태

예전과 달리 지금은 맥주 종류가 아주 다양해졌다. 편의점이나 동네 펍, 수제 맥주 브루어리에도 수많은 종류의 맥주가 진열되어 있어 선택하기가 쉽지 않다. 이렇게 한국에서는 다양한 컨셉의 개성 있는 맥주, 지역과의 협업을 통해 다양한 수제 맥주가 만들어지고 있다. 최근에는 MZ 세대에서 유행하는 맥주를 편의점에서 구하기가 힘들 때도 있다. 이처럼 맥주 시장이 확장되고 커지면서 수제 맥주의 관심도도 많이 높아졌다.

캐나다 퀘벡에서는 맥주를 마시면서 일할 수 있는 곳이 있다. 바로 캐나다 퀘벡 최초의 작은 맥주 양조장 노동자협동조합 라 바르베리(La Barberie)이다. 맥주에 대한 열정과 애정이 있었던 청년 3명이 모여 1997년에 작은 맥주 양조장 협동조합을 설립했다. 3명의 친구가 각자 4,000달러씩 출자하고, 지역개발협동조합(CDR: Coopérative de développement régional)에서 협동조합 교육을 받았으며, 추가로 필요한 창업자금은 연대경제금고와 지역사회공동체 경제개발센터에서 대출을 얻어 설립하게 되었다. 2023년 5월을 기준으로 약 30여 명의 직원이 근무하고 있고 이 중 조합원은 14명이다.

라 바르베리의 조직 미션은 '지역사회의 발전과 맥주에 민주주의를 가미해 독창적이고 독특한 레시피를 제공하는 것'이며, 노동자협동조합으로서의 미션은 '조합원들에게 양질의 일자리를 제공하는 것'이다. 양질의 일자리 제공을 위해 조합원들이 서로 최대한 많은 이야기를 나누고 라 바르베리의 비전을 모색한다. 라 바르베리에서는 3개월의 연수 기간이 종료되면 이사회의 승인을 거쳐 준조합원의 자격을 가진다. 100$의 출자금과 3,900$의 적립금[2]을 일시납 혹은 분할로 납부하면 모든 혜택을 누리고 의무를 지는 조합원의 자격을 얻게 된다.

라 바르베리 조합원이 되면 1주일의 추가 휴가가 주어지며, 연간 1%의 추가 임금 인상과 납부한 적립금(3,900$)에 대해서는 1년에 5%의 배당이 이루어진다. 고용주가 부담하는 단체보험의 비율(조합원 35%, 비조합원 25%)이 높아져서 조합원 개인의 부담이 감소할 뿐만 아니라 회사의 미래에 관한 결정에 참여할 수 있는 이사회에도 참석할 수 있다. 추가적으로 1일 1맥주가 제공되며, 맥주와 휴가는 연차가 쌓일수록 더 많이 얻을 수 있다.

라 바르베리는 특이하게 총괄 책임자가 따로 없다. 명목상으로 이사장이 존재하지만, 생산, 판매, 매장 3개의 부서를 대표하는 관리자들의 위원회가 있어서 공동으로 책임을 지는 일종의 공동 책임구조로 운영하고 있다. 3명의 관리자들이 공동 책임 구조를 가지고 의사결정을 하기에 2013년에는 엠쎄에 콩세이(MCE Conseil)[3]를 통해 운영위원회 평가 제도에 대한 컨설팅도 받았다.

2) 라 바르베리의 주요 사업과 매출 구조

라 바르베리의 비즈니스는 크게 맥주 양조, 매장 운영, 맥주 도매 세 가지 구조로 나뉘어 있다. 맥주는 매년 27만 리터를 생산하

---

2 조합의 안정적인 운영을 위해서 내는 금액으로 라 바르베리에서는 적립금으로 표현한다. 조합을 탈퇴할 경우 돌려받을 수 있다.
3 엠쎄에 콩세이(MCE Conseil)는 퀘벡주 사회적경제 섹터의 컨설팅 기관(비영리기업)으로 자세한 내용은 10장을 참조할 것.

고, 생산된 맥주는 퀘벡 전역에 있는 맥주 소매업체, 바&레스토랑, 식료품점 등 약 600여 개의 점포에서 만날 수 있다. 라 바르베리의 매장에서는 생맥주를 비롯하여 병맥주, 캔맥주, 각종 스낵류를 함께 판매하고 있는데 지역에서 인기가 많아 홀이 금방 만석이 된다.

라 바르베리에서는 매출 구조를 크게 두 개로 분류하고 있다. 첫 번째는 가정 내 소비(편의점, 식당, 식료품점 등) 두 번째는 매장 소비(라 바르베리 매장, 이벤트 등)이다. 팬데믹 기간에는 가정 내 소비가 증가하고 지역 경제를 위한 소비자들의 연대 덕분에 가정 내 소비가 훨씬 많은 매출 비중을 차지했지만, 팬데믹이 종료되어 현재(2023년 5월 방문 기준)는 사람들의 사회적 관계 회복, 친목 도모 등의 목적으로 만남이 크게 늘면서 다시 매장 소비가 더 많은 비중을 차지하고 있다.

3) 라 바르베리의 주요 성과

라 바르베리의 성과로서 우선 꼽을 수 있는 것은 고용 안정, 민주적 의사결정, 노동조건 개선이라고 할 수 있다. 라 바르베리는 노동자협동조합으로서 조합원에게 더 나은 혜택을 제공하기 위해 노력하였다. 그런 결과로 라 바르베리의 직원들은 평균 근속연수가 10여 년으로 긴 편이다. 그러나 라 바르베리도 초기 운영 과정에서 리더십에 따른 어려움을 겪은 바 있다. 창립자 중 한 명이 디렉터로 활동하던 시기에 의사결정 과정에서 조합원들과의 소통이 부족해, 일부 결정이 충분한 논의 없이 이루어지기도 했다. 3명의 창립자가 협동조합을 모두 떠난 이후에 라 바르베리에서는 이것을 큰 문제로 인식하고 민주적 의사결정 과정을 포함하여 협동조합을 협동조합답게 운영하기 위해 노력하였다. 급여 제도와 운영위원회 평가 제도에 대한 컨설팅을 받기도 하고, 브루어리 내에서 협동조합이라는 개념에 대한 공감대를 형성하고자 애썼으며, 조직을 개편하고 진정한 민주적 의사결정 구조를 만들었다.

조직 운영의 아이디어나 업무 수행 방식, 업무의 배분, 조합원들의 동기 부여 방법 등에 대해 공유할 뿐만 아니라 이사회에 함께 참석하여 조합의 결정 과정에 참여할 기회를 제공하기도 하였다. 이렇게 협동조합의 운영에 직접 개입하고 스스로 노동조건을 개선하는 노력도 하게 되면서, 조합원과 직원들이 강한 유대감 속에서 계속 근무하고 싶은 마음을 가지게 되는 것이다.

협력과 연대는 라 바르베리의 중요한 성과 중 하나라고 할 수 있다. 최근 퀘벡에서도 소규모 양조장 협동조합들이 등장하고 있는데, 라 바르베리는 이들 지역 내 브루어리 협동조합과 연대하고 있다. 라 바르베리는 이들에게 경영 전반에 대한 내용, 즉 조직 운영과 맥주 제조 등의 코칭을 하고 있다. 이들을 라 바르베리의 경쟁자라고 생각하지 않고 협력해서 서로 발전하는 동반자, 파트너라고 생각하면서 협력과 연대가 가능하게 되었다. 라 바르베리는 브루어리들과 협력으로 공동브랜드도 만들었다. 공동브랜드를 통해 매출이 발생하면 일부를 사회에 환원한다. 또 이들은 서로 필요한 물품이 있는 경우에는 공동으로 구매하기도 하고 한 달에 한 번 정도는 정기적인 모임을 통해서 레시피 등을 공유하거나 공동브랜드에 관한 회의를 한다.

〈그림 1〉 퀘벡 브루어리 협동조합 공동브랜드 로고

3. 시사점

퀘벡의 노동자협동조합 라 바르베리의 사례는 노동자협동조합이 어떻게 민주적 운영을 실현하고, 협력과 연대를 통해 자립적인 생태계를 구축하며, 제도적 지원 속에서 지속 가능한 발전을 도모할 수 있는지를 잘 보여준다. 이를 통해 한국의 노동자협동조합이 나아가야 할 방향에 대해 중요한 시사점을 제공한다. 이러한 시사점은 내부 운영 측면에서의 민주적 의사결정 구조 확립, 외부 관계 측면에서의 협력과 연대의 실현, 마지막으로 제도적 기반 마련이라는 세 가지 측면으로 나누어 살펴볼 수 있다.

첫째, 라 바르베리의 조직 운영은 민주적 의사결정 구조의 중요성을 실천적으로 보여준다. 한때 특정 창립자의 리더십이 협동조합의 운영 원칙과 거버넌스에 어려움을 초래했으나, 이후 구성원들이 문제를 인식하고 외부 자문을 통해 민주적 운영체계를 정비한 과정은 협동조합의 건강한 발전을 위한 의미 있는 변화로 평가된다. 현재 라 바르베리는 부서를 대표하는 관리자가 모여 공동 의사결정을 내리는 구조를 채택하고 있으며, 조합원들이 실질적으로 이사회에 참여하여 주요한 경영 판단에 관여하고 있다.

　이는 조합원들의 주인의식과 책임감을 높이고, 노동조건 개선과 장기근속으로 이어지고 있다. 특히 조합원에게 제공되는 추가 휴가, 임금 인상, 배당 혜택 등은 단순한 복지 차원을 넘어 협동조합의 정체성을 실현하는 중요한 수단이다. 한국의 노동자협동조합들도 민주적 구조를 만들어서 내실 있게 운영하고, 참여가 형식에 그치지 않도록 제도적 장치와 조직문화 측면에서 모두 개선이 필요하다.

　둘째, 라 바르베리의 또 다른 특징은 지역 내 다른 소규모 브루어리 협동조합들과 적극적으로 협력하고 있다는 점이다. 이들은 서로를 경쟁자가 아닌 동반자로 인식하며, 공동브랜드 개발, 정기적인 정보 공유, 공동구매 등을 통해 협동조합 간의 연대와 협력을 강화하고 있다. 또 매출 일부를 사회에 환원함으로써 지역사회와의 관계도 공고히 하고 있다. 이러한 협력은 협동조합의 자생력을 높이고, 지역 경제를 활성화하는 선순환 구조를 만들어낸다. 소규모 협동조합이 개별적으로 감당하기 어려운 자금 조달, 마케팅, 유통 등의 문제를 연대를 통해 해결함으로써, 협동조합 생태계 전체가 함께 성장할 수 있는 기반을 마련하는 것이다.

　한국은 아직 노동자협동조합 간의 연대 구조가 취약한 편이다. 향후에는 협동조합 간 네트워크를 형성하고, 정기적인 교류와 공동 사업을 통해 상호 협력할 수 있는 구조를 구축할 필요가 있다. 경쟁에서 협력으로의 전환은 협동조합의 근본 이념이자 지속 가능한 발전을 위한 필수 요소이다.

　마지막으로 퀘벡에서 노동자협동조합이 활성화될 수 있었던 중요한 배경 중 하나는 바로 제도적 기반의 정비와 지속적인 정책 지원이다. 퀘벡주 협동조합법은 노동자협동조합에 관한 별도의 조항을 통해 정의와 운영 기준을 명확히 하고 있으며, 조합원과 준조합원의 구분, 출자 방식, 잉여금 배분 기준 등을 체계적으로 규정하고 있다. 이 뿐만 아니라, 협동조합 투자계획을 통해 투자금의 125%에 해당하는 세금 감면 혜택을 제공하거나, 배당금을 재투자하는 경우 소득세를 유예하는 제도는 협동조합에 대한 민간 투자를 유도하는 실질적인 유인책으로 작용하고 있다. 여기에 더해 지역개발협동조합(CDR)이나 연대경제금고 등과 같은 다양한 중간지원 조직들이 협동조합의 설립과 성장 전 과정을 밀착 지원하고 있다는 점도 주목할 만하다.

반면 한국에서는 협동조합기본법이 모든 유형을 포괄하고 있어서 노동자협동조합만의 특성을 반영한 별도의 법적 기준이 마련되어 있지 않다. 또 자금 조달, 세제 혜택, 법률 자문 등 실질적인 지원 체계도 미흡한 편이다. 향후 노동자협동조합의 활성화를 위해서는 제도적 정비와 함께 협동조합 생태계 전반을 아우르는 중간지원조직 확대, 세제 혜택 도입, 정책 금융 확보 등의 노력이 병행되어야 한다. 나아가 협동조합 관련 데이터의 축적과 분석, 정책의 실효성을 높이기 위한 지속적인 모니터링 체계도 필요하다.

퀘벡의 노동자협동조합은 단순히 법적 형태로서의 조직을 넘어, 조합원들이 일자리를 스스로 만들고 지키며, 민주적으로 운영하고, 외부와의 협력을 통해 함께 성장하는 살아있는 조직임을 보여준다. 라 바르베리 사례는 이러한 과정을 통해 협동조합이 지속 가능한 경제 주체로 성장할 수 있음을 증명하고 있다.

노동자협동조합.02

하이브리드 노동자택시협동조합:
프랑스의 제스콥-알파 택시(GESCOP-Alpha Taxi)

최성천

1. 왜 제스콥-알파 택시인가?

대중교통의 하나인 택시는 소비자 입장에서는 단지 편리한 이동수단일 뿐이다. 그러나 이를 직업의 관점에서 바라보면 전혀 다른 이야기가 펼쳐진다. 오랫동안 택시운전자들은 여러 구조적 어려움 속에 놓여 있었다.

2019년 8월 20일 이전까지만 해도, 법인택시 운전자는 '사납금 제도'에 따라 운전 수입의 일부를 회사에 납부해야 했다. 이 제도 아래에서는 하루 12시간 이상의 장시간 운행이 필수적이었다. 하지만 긴 노동시간에 비해 실질적으로 손에 쥐는 수입은 매우 낮았고, 이는 택시운전자 개인이 해결하기 어려운 구조적 문제로 여겨졌다. 이러한 고질적 문제를 개선하기 위한 논의가 이어졌고 공식적인 의견으로 정리되어 2019년에 택시발전법이 개정되었다. 주 40시간의 근무 시간 보장과 최저임금 보장이 법률 개정의 취지였다. 이에 따라 사납금이 아닌 '택시월급제'와 '전액관리제'라는 새로운 임금체계가

프랑스의 제스콥-알파 택시(GESCOP-Alpha Taxi)

등장했다. 제도의 취지대로 시행된다면, 택시운전자는 주 40시간만 일해도 일정한 급여를 보장받을 수 있게 되고, 기준 수입에 미달하더라도 추가 공제를 당하지 않도록 했다.

그런데 법률적 변화가 실제 택시산업의 긍정적 변화로까지 이어졌을까? 결과적으로 그렇지 않은 것으로 보인다. 전국적인 시행은 2026년 8월 20일까지 유예되었고, 서울 등 일부 지역에서만 제한적으로 적용되었다. 법 개정 당시에는 점진적인 전국 확대가 목표였지만, 실제로는 택시산업 현장에 제대로 정착되지 못한 채 표류하고 있는 실정이다. 택시운전자들의 의견에 따르면 현재 시행되고 있는 월급제는 '변형된 사납금제도'에 불과하며, 오히려 과거보다 더 불리한 처우를 낳고 있다고 한다. 이 주장은 2023년 말부터 2024년 6월까지의 현장점검 결과로서 뒷받침되었는데, 서울 법인택시의 경우

10곳 중 7곳은 월급제 법규를 제대로 이행하지 않은 것으로 나타났다(아시아경제, 2025.1.23). 법률적 강제성에도 불구하고, 택시운전자들의 근무환경은 여전히 개선되지 못하고 있다. 그렇다면, 장시간 노동과 불합리한 임금체계의 악순환을 끊을 방법은 정말 없는 것일까?

현실적이면서 합리적인 시도는 이미 존재했었다. 당사자들이 스스로의 문제를 해결하기 위해 조직한 협동조합이 그 시도라고 할 수 있다. 문제 해결의 핵심은 택시운전자들의 질 좋은 일자리를 마련하는 것이다. 택시사업의 경우 협동조합으로 조직할 때 장점이 존재하는데 이는 택시사업이 비용 절감에 적합한 업종이기 때문이다. 택시의 성격상 고도화된 업무를 진행할 필요가 없고, 손님을 목적지까지 운송하면 되는 직업이다. 또 택시운전자마다 거래 내역을 통해 개별적 업무량 측정이 가능하다. 따라서 의사결정 과정에 있어서 조합원들 간의 갈등이 발생할 문제가 줄어든다. 즉, 구성원 간 이해관계가 다르지 않기 때문에 소유비용이 줄어든다고 할 수 있다(김지영, 2024.1.10). 그렇기에 택시협동조합의 발전 가능성은 높은 편이다.

2015년 7월 14일 국내 1호 택시협동조합이 출범했다. 택시면허에 비해 훨씬 저렴한 비용으로 2,500만 원을 출자하고 조합원으로 가입하게 되면, 법인택시와 달리 상대적으로 나은 수익은 물론, 경영에 직접적인 참여를 보장받을 수 있기에 법인택시에 소속된 택시운전자들에게 큰 주목을 받았다. 당시 법인택시의 평균월급이 120만원에서 130만원 수준이었는데 60만원에서 70만원의 수익이 더 발생할 것이라고 전망되었다. 또한 월 50만원에 해당하는 복지카드도 지급될 것이라는 이야기도 나왔다. 무엇보다 법인택시에 존재하는 사납금 제도는 택시운전자들에게 큰 부담인데, 이러한 문제를 해결하고 양질의 일자리를 제공한다는 소식은 법인택시에 소속된 택시운전자들의 고질적 어려움을 해소시켜 줄 해결책이 될 것만 같았다(김희정, 2015.7.10).

그러나 큰 기대를 모으며 출범했던 국내 1호 택시협동조합은 2021년 12월, 경영악화를 이유로 6년여 만에 파산했다. 한국택시협동조합의 파산 과정을 살펴보면, 경영진과 조합원 사이의 갈등이 존재했었고, 경영 상황에 대한 전반적인 내용들이 조합원들에게 투명하게 제공되지 않았다. 또한 지배구조를 살펴보면 주체가 되어야 하는 택시운전자 조합원들은 배제되었고, 후원자조합원에 의해 조직이 장악되었다. 조합원들의 감사 요청에도 정부 부처의 관리 감독 또한 제대로 되지 않았다. 이러한 문제점 속에서 초대 이사장은 2018년에 해임되었다. 이후 경영난은 계속되었고 법원의 파산 선고까지 받게 되었다(장종익, 2019.04.22). 이러한 사건을 계기로 택시협동조합의 기대감은 과거에 비해 줄어들었다.

그러나 2024년 8월 기준, 설립인가를 받은 택시협동조합이 전국에 133개[1]로 조사되었다. 이는 2013년 이후 2024년까지 매년 4~23개의 택시협동조합이 설립된 결과이다. 한국택시협동조합처럼 실패하는 사례도 있었지만, 통계 자료에 의하면 여전히 택시협동조합은 증가하고 있다. 이렇듯 꾸준히 증가하고 있는 이유는 역시 협동조합이 일반 법인택시에 잠재하는 고질적인 문제를 해결할 수 있는 합리적인 방법이기 때문이다.

---

[1] 집계된 133개는 설립에 대한 인가로, 정식 출범 후 실제 운영되고 있는지는 파악이 필요함

법인 택시의 경영난을 타개하기 위해 협동조합으로 전환하는 법인택시들도 있고 택시운전자들이 주축이 되지 않은 형태로 꾸려지는 경우도 다소 존재한다. 이는 조합원의 의견이 반영되는 정상적인 협동조합의 형태로 운영되기보다는 경영진의 영향력이 큰 경우가 많으므로 무늬만 협동조합이 될 가능성이 늘 잠재되어 있다. 반면 택시운전자들의 애로사항들을 해소하기 위해 당사자들이 주축이 되어 꾸려진 협동조합들도 존재한다.

안정적으로 운영되고 있는 2가지 정도의 국내 사례를 살펴보면, 첫 번째는 2016년 3월 11일 설립된 대구의 대구택시협동조합이다. 2024년도 250명의 조합원이 가입되어 있으며, 국내에서도 제일 큰 규모에 속하는 택시협동조합이다. 대구택시협동조합의 2023년도 협동조합 경영공시자료를 살펴보면, 당해 연도 매출액이 90억을 넘었고 당기순이익도 2천만 원 정도로 나타나 재무성과도 안정적인 편에 속한다(한국사회적기업진흥원 경영공시). 두 번째는 출범한 기간은 길지 않지만, 경영난을 혁신적으로 해결한 '양산시민택시협동조합'이다. 이 협동조합은 2023년 2월 출범 이후, 1년도 채 되지 않는 기간에 부채 8억 원을 상환했고, 택시운전자들에게 양질의 일자리를 제공하고 있어서 모범적 사례로 많이 알려져 있다(김명훈, 2024.04.21).

이러한 흐름 속에서 쿱모빌리티가 출현했다. 쿱모빌리티는 법인택시회사가 협동조합으로 전환하는 과정을 돕거나 택시협동조합 설립을 원하는 곳에 절차적 지원을 하는 기업으로서 앞으로는 쿱모빌리티의 지원을 통해 설립하는 택시협동조합이 증가할 것으로 예상된다. 이렇게 설립된 협동조합들은 정기 외부 감사, 조합 분쟁 상담

센터 운영, 금융 및 법률 지원, 조합원 정기보수 교육과 협동조합 교육 등을 지원받는다. 새로 출범하는 택시협동조합이 규모가 작아서 스스로 해결하기 어려운 문제들을 쿱모빌리티가 체계적이고 안정적으로 운영할 수 있도록 도움을 주기 때문에 추후 택시협동조합의 생존율을 높여줄 것이다. 주식회사 쿱모빌리티에는 서울, 성남, 남양주, 부천, 동두천, 의정부, 인천, 수원, 안산, 양산, 용인, 평택, 원주, 삼척, 청주, 춘천, 증평, 충주, 목포, 부산 등 여러 지역에서 운영되는 택시협동조합들이 소속되어 있고, 전체적으로 관리하고 있으므로 협동조합 간 교류 및 협력을 통해 연대의 시너지를 낼 수 있을 것이다.

2024년, 주식회사 쿱모빌리티 홈페이지 통계에 따르면 전국 35개의 협동조합, 2,356명의 조합원을 보유하고 있으며 조합이 보유하고 있는 택시면허는 2,028개로 나타나고 있다(쿱모빌리티 홈페이지). 이처럼 일반법인택시의 문제점을 해소하고 전국단위로 지역의 협동조합들을 만들어 연대를 구축하는 흐름 자체는 긍정적이라고 할 수 있다. 다만 안정적인 운영과 지속가능성 확보를 위해서는 비교적 역사가 오래된 해외 사례를 살펴볼 필요성도 존재한다. 국내 택시협동조합의 역사는 10년도 채 되지 않았다. 따라서 해외의 사례를 통해 효율적인 경영방식, 발생한 문제를 극복했던 이야기는 국내에 존재하는 택시협동조합들에게 좋은 시사점을 제공할 수 있다. 해외에 많은 택시협동조합이 존재하고 있지만, 그중에서도 3개의 협동조합이 연합하여 규모의 경제를 이루며, 택시 운전자들이 필요한 교육, 정비, 구매, 공제사업 등 다양한 영역들을 구축해 나가며 47년 동안 운영 중인 프랑스 제스콥-알파 택시의 사례를 통해 택시협동조합이 지속 가능할 수 있었던 요인들에 대해서 살펴보고자 한다.

2. 제스콥-알파 택시 협동조합 개요

2022년도 기준 프랑스에는 62,300대의 택시가 운행되고 있고, 파리시에만 20,000대의 택시가 운행 중이다(Ministère de la Transition écologique et de la Cohésion des territoires, 2024). 택시 운전자들은 택시 면허증에 따라 지역에 소속된다. 파리 택시 면허증의 경우, 파리 지역에서만 운행할 수 있으며, 파리를 벗어나 다른 지역에서는 운행할 수 없다. 또 파리에서는 규정상 택시운전자가 1일 최대 11시간만 차량을 사용할 수 있다. 파리에는 3개의 중요한 택시 회사가 있는데, 10,000대의 택시를 보유한 G7, 1,000대의 택시를 보유한 알파 택시(ALPHA TAXIS), 600대의 수소전기 택시를 보유하고 있는 HYPE가 존재한다.[2]

제스콥-알파 택시는 1977년 3개의 협동조합이 결합하여 설립했고[3], 파리 택시 운전자들의 협동조합으로서 택시협동조합 중에서 파리 택시면허를 제일 많이 소유하고 있다. 제스콥-알파 택시는 BARCO, GAT, TAXICOP 3개의 협동조합의 공동책임으로 운영되고 있는 형태다. 3개의 협동조합이 연대하게 된 계기는 다음과 같다. 1967년 프랑스의 대통령 샤를 드골에 의해 직원이 회사의 지분을 소유할 수 있는 법령이 시행되었다. 이로 인하여, 관리자들은 수익성이 악화된 택시의 지분을 운전자에게 매각할 수 있게 되었다. 과거 주식

---

2 제스콥-알파 택시 사무국 자료
3 개별적으로 존재했던 3개의 협동조합들이 모여 하나의 협동조합이 탄생하게 되었다.

회사 형태였던 BARCO와 TAXICOP 역시 택시사업이 불안정해지자 택시운전자들에게 주식을 판매했고, 1975년 6월 직원이 소유하는 협동조합의 형태인 노동자협동조합(SCOP)으로 전환되었다. 노동자협동조합으로의 전환은 두 협동조합을 묶어주는 계기가 되었고, 이윤추구가 목표가 아니라 택시운전자 스스로 회사의 주인이 되어 원하는 환경에서 업무를 수행하는 방식이 방송국에 소개되면서 GAT의 운전자들에게 큰 관심을 불러일으켰다. 이것이 3개 협동조합이 합병된 계기가 되었다. 1975년 말 BARCO, GAT, TAXICOP 3개의 협동조합은 사업의 시너지를 얻기 위하여 서로 연대하게 되었다. 이후 1977년 3개의 협동조합이 상상력, 용기, 형제애라는 모토로 GESCOP라는 이름으로 합치게 되었다. 프랑스에서 GESCOP은 특정한 조직을 지칭하거나 약어로 사용되며, Gestion Cooperatve(협동관리) 혹은 Gestion des Cooperatives(협동조합 관리)의 줄임말로 사용될 수 있다. 보통 협동조합에서 경영이나 행정 업무를 협동 방식으로 관리하는 개념으로 쓰이거나 조직을 지칭할 때 쓰인다.

제스콥-알파 택시는 1980년대 초반에는 합병을 통하여 각 협동조합이 행정처리비용 등 중복되는 비용을 최소화하면서 자원을 모았다. 그 자원으로 1988년 6월에는 무전기 거래소의 지분을 인수하고, 2년 후에는 콜 접수와 승차 배정을 전산화시켰다. 2014년에는 알파택시 모바일앱을 출시하는 등 규모의 경제를 실현하여 현재는 5개의 자회사를 둔 기업으로 성장했다(Le Gall, 2018.12.1). GESCOP의 미션은 협력을 통해 택시운전자의 권익 보호와 일자리에 대한 접근성을 높이고 서비스의 품질을 높이는 것이다.

조직의 규모를 살펴보면, 2024년도 기준으로 택시운전자의 수는

제스콥 알파 택시를 방문 인터뷰 중인 한신대학교 연수단

총 987명으로 구성되어 있고, 이 중 771명은 조합원, 216명은 비조합원으로 활동하고 있다. 제스콥-알파 택시에서는 택시운전자들이 오직 운행서비스에만 집중할 수 있도록 체계적인 One-Stop 시스템을 갖추고 있는데, 필요한 서비스를 제공하기 위한 직원 수가 100명에 달한다.

협동조합의 조합원이 되기 위한 자격조건으로 6만 유로(한화 약 9천만 원)를 출자해야 한다. 출자금을 납입한 조합원은 협동조합이 소유하고 있는 택시면허를 이용할 수 있다. 당연히 택시면허는 협동조합의 자산이며 조합원 개인의 소유는 아니다. 24년도 파리의 택시면허 가격은 165,000유로로 형성되어 있으며 한화로 약 2억 4천 6백만 원의 돈으로 환산된다. 택시운전자라는 직업을 갖기 위한 조건으로 택시면허는 필수조건이고, 개인이 택시면허를 구매하려면 큰 부담일 수밖에 없으므로 협동조합에 소속되어 택시운행을 하는 것은 경제적으로 큰 이점이다. 다만 출자금 외에도 조합원이 되기 위해서는 최소 4개월간의 택시 운전 경력이 있어야 하며, 협동조합 운영방식에 대한 전반적인 교육을 의무적으로 듣게 되어 있다. 이후 조합원 신청서를 내면 자격조건에 적합한지 이사들이 검토하는 절차를 거친다.

그리고 조합원은 운전할 차량을 자신이 매입하여 소유한다. 조합원들은 출자금 외에도 경제적 참여가 의무화되어 있는데, 1달에 280유로에 해당하는 조합비를 내야만 한다. 조합비를 납부하고 받을 수 있는 혜택으로는 법적으로 지정된 택시와 관련된 의무교육, 개인사업자로서의 조합원을 위한 전문적인 회계 처리, 주기적인 차량 검사 등이다. 즉 택시운행 시 필요한 서비스를 모두 제공받게 되는 셈이다. 또 조합원들은 조합에서 초창기부터 운영하는 공제사업인 Mutacop에 의무적으로 가입해야 한다. 제스콥-알파 택시는 택시 차량에 필요로 하는 전문적인 서비스를 제공하는 자회사를 운영하여 조합원이 아닌 택시운전자들에게도 필요한 서비스를 제공하여 규모의 경제를 실현하고 있다.

3. 제스콥 알파 택시의 주요 사업

제스콥-알파 택시는 상당히 독특한 조직 구조를 가지고 있는데, 프랑스 택시협동조합 중 유일하게 3개의 협동조합이 결합되어 있는 형태로 운영되고 있다. 제스콥-알파 택시는 5개 자회사(알파 택시, TMS, ECFT, TGA, PRUGIL)의 자본을 보유한 가변 자본의 유한회사 형태의 3개 노동자협동조합(SCOP)이다. 5개 자회사들은 3개의 협동조합이 공동으로 소유하며 관리하는 형태이다.

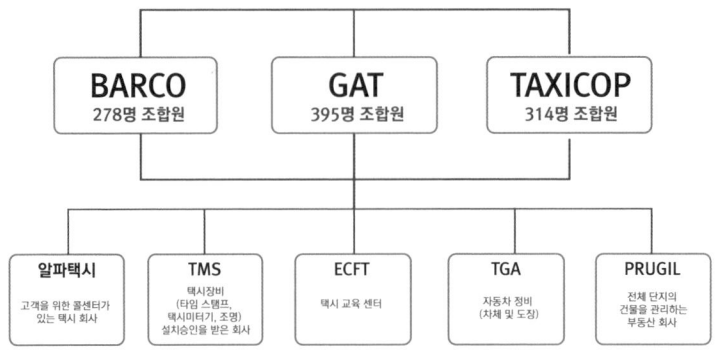

〈그림 1〉 제스콥-알파 택시 주요사업영역 (출처: 제스콥-알파 택시 사무국)

1) 고객 유치를 위한 콜센터 알파 택시

콜센터의 역할은 손님 혹은 택시운전자에게 문제가 발생했을 때 정보를 수집하는 역할을 하며, 소비자들에게 걸려온 전화에 실시간으로 응대하고 있다. 콜센터 공간 내 전산실에는 디지털 기기가 설치되어 있는데, 고객의 만족도를 모니터 장치로 실시간 확인할 수 있다. 수집한 데이터를 토대로 고객멤버십 제도를 운영하며, 고객마다 택시 이용의 빈도에 따라 색깔로 구분하여 상대적인 혜택을 제공한다. 콜센터의 역할과 기능의 특성상 연중무휴로 24시간 운영되고 있으며, 직원들의 근무 형태는 8시간씩 3교대 방식을 운영 원칙으로 하고 있다. 업무 시 상황에 따라 택시서비스에 대한 고객들의 항의 전화를 받기도 하는데, 고객과 택시운전자 사이에 문제가 발생하면 양측의 입장을 듣고 진위 여부를 파악하여 택시운전자 과실이 확인되는 경우, 해당 택시운전자는 징계 절차를 거치게 된다. 1차로 경고 조치가 있으며, 2차는 벌금을 부과하고, 최후에는 조합에서 퇴출되는 순이다. 이러한 징계 절차는 자연스럽게 조합원 및 소속된 택시운전자들에게 책임감을 부여하여 택시 서비스의 품질 유지에 일정한 역할을 하게 된다.

2) 택시에 승인된 장비를 장착할 수 있는 시설: T.M.S

택시를 이용해 본 사람들이라면, 운전석 쪽에 요금을 집계하는 기계 장치가 설치되어 있다는 사실을 알고 있을 것이다. 이를 '미터기'라고 부르는데, 운행할 때 손님에게 부과되는 비용은 '미터기'를 통해 주행거리를 집계하여 산출한다. 특수한 장치이기에 정부로부터 허가를 받은 곳에서만 설치가 가능하다. 제스콥-알파 택시는 프랑스 정부로부터 공식 인증을 받아 미터기를 설치할 수 있는 자격을 갖추고 있다. 택시 차량을 구매했을 때 미터기를 설치한 뒤 점검하는 업무를 진행하고 있으며, 택시 운행 시 반드시 따라야 하는 정부 지침과 관련한 사항들을 점검받을 수 있는 체계를 갖추고 있다. 이와 같은 서비스는 조합원이 아닌 택시에도 열려 있다.[4]

3) 교육 센터: ECFT

프랑스 정부로부터 공식 인증을 받아 내부에 교육 시설을 갖추고 있으며, 교육에 필요한 전문가를 고용하고 있다. 새로 유입되는 택시운전자들과 조합원늘 대상으로 Parisian TAXIS 초기 교육과 의무적으로 받아야 하는 교육들을 제공하고 있다. Parisian TAXIS 초기 교육에는 이론과 실기에 대한 시험을 준비하는 과정을 담고 있으며, 이론 시험은 총 5가지 테스트를 진행하는데, 대중교통에 대한 규제, 관리, 도로 안전, 프랑스어, 영어 등이다. 이밖에도 2가지 특정

---

4. 프랑스 TMS 홈페이지 https://www.equipement-taxi-tms.fr

테스트를 진행하는데, 지역 및 현지 규정에 대한 지식과 파리 택시 활동에 대한 국가 규정 및 자체 관리에 관한 내용들로 구성되고 있다. 실기 시험으로는 실제 탑승객이 승차했을 경우를 가정하여 시험을 치른다. 이외에도 택시운전자의 직업관에 대한 자부심을 느낄 수 있도록 교육을 제공하며, 손님들을 맞이할 때 지켜야 하는 부분에 대한 프로그램을 운영한다.

한편, 택시운전자들이 운행을 하다가 교통 법규 위반으로 인한 문제가 발생했을 경우 한국과 마찬가지로 벌점을 부과하는데, 이와 관련하여 면허 포인트를 회복해주는 업무를 대행하는 역할을 하고 있다.[5] ECFT에는 연간 250명 정도의 교육생이 유입되며, 200명은 의무교육을 받고, 50명은 신규 교육생 등으로 분포되어 있다. 50명의 신규 교육생 중에는 미래에 조합원이 될 교육생도 있다.

4) 차량 수리 및 유지보수를 위한 정비소: T.G.A

제스콥-알파 택시 내부에는 조합원의 차량에 문제가 생겼을 경우 정비해주거나 수리해주는 전문적인 정비소가 있다. 정비소는 상당한 크기의 공간을 갖추고 있다. T.G.A는 규모가 있는 공업사에서 진행하고 있는 다양한 서비스들을 제공한다. 차체에 대한 수리, 도색, 타이어 교체 등 광범위한 정비 및 수리 서비스를 하고 있다. 조합원들 차량 이외에도 비조합원들의 차량을 수리 해주기도 한다. 또 공공기관의 차량과 유명 브랜드의 자동차 공급사들과 제휴를 맺어 정비와 수리를 진행한다. 이를 통해 부가적인 수익도 창출하고 있다. 물론 차량에 문제가 발생했을 경우 조합원을 우선 순위에 두고 작업을 진

---

5 프랑스 ECFT 홈페이지 https://www.ecft.fr

행하고 있다.[6]

5) 차량 대행 구매 및 자산관리회사

알파 택시 협동조합은 택시운전자들의 차량 구매를 담당하고 있으며, 르노, 도요타, 렉서스, 스코다 오토, 폭스바겐 등의 자동차 공급사와 제휴 협약을 맺어 상대적으로 저렴한 가격에 차량 구매를 대행하고 있다. 협동조합의 자회사인 PRUGIL은 제스콥-알파 택시가 사업을 위해 소유하고 있는 모든 토지와 건물 이외에 자산을 전문적으로 관리하는 기능과 역할을 담당하고 있다.

6) 택시운전자들을 위한 공제사업을 진행 MUTACOP

제스콥-알파 택시는 MUTACOP이라는 자회사를 통하여 택시기사들의 복지 향상을 위한 공제사업을 진행하고 있는데, 이 사업은 조합원들만을 위한 제도이다. 의무적인 사항으로 모든 조합원이 참여해야 한다. 조합원들이 질병을 앓고 있는 기간 동안 치료비를 지원해주고 있으며, 의무건강보험 이외에 청구되는 비용을 지원한다. 또 택시운전자 사망 시에 유가족들에게 보상금을 제공한다. 한편 조합원들의 재정적 어려움을 해소하기 위해 연금보험 상품도 운용하고 있다.

7) 택시운전자들의 업무 집중을 위한 회계업무의 분리

택시운전자들은 업무의 특성상 대부분의 시간을 도로 위에서 보낼 수밖에 없는 형태이다. 그러므로 운행 서비스 외에 다른 업무를 병행하기가 쉽지 않다. 조합원들은 기본적으로 임금노동자 신분이

---

6 프랑스 T.G.A 홈페이지 https://www.carrosserie-tga.fr/vente-de-vehicules.php

아니라 자영업자 신분이기에 세금 신고를 자신이 해야 한다. 따라서 제스콥-알파 택시에서는 내부에 회계 관련 전문 직원들을 고용하여 배치하고 있으며, 세법과 관련한 복잡한 일들을 대행하고 있다. 조합 내부에는 조합원들이 필요로 할 때 언제든지 회계자료를 파악해 볼 수 있도록 비치해 두고 있다.

앞서 설명한 주요사업 영역들을 종합해서 살펴보면, 제스콥-알파 택시에서는 택시사업에 필수적인 모든 서비스를 갖추고 있다. 택시에 필요한 설비 및 교육서비스 외에도 차량 관리 및 정비까지로 범위를 넓혀 사업을 진행하고 있다. 중요한 부분은 비조합원이더라도 서비스를 받을 수 있도록 개방해 두었다는 점이다. 다만 정비 및 수리 서비스에 있어서 조합원이 우선권을 갖고 있다. 이는 협동조합이 보다 안정적인 수입을 창출할 수 있는 요소로서 작용한다. 즉 사업 영역들에 있어 다양성과 개방성을 동시에 가지고 있으므로 협동조합에 큰 경제적인 도움이 될 수 있다.

4. 제스콥-알파 택시의 조직 운영 방식과 성과 및 과제

제스콥-알파 택시는 보통의 협동조합 구조와는 다르게 독특한 조직 구조를 가지고 있다. 정기총회를 상위에 두고 3개의 협동조합이 연합하고 있는 형태로 임원진은 3개의 협동조합 내에 이사장 1명, 이사 4명으로 구성되어 있다. 3개의 협동조합에 소속된 조합원들은 매년 정기총회에 초대되고 있으며, 1인 1표 권한을 가지고 있다. 통상적으로 3월에 모여 정기총회를 개최하고 이사장과 이사들은 월 1

회 협동조합 사업보고서, 회계자료 그리고 자회사의 회계자료를 보고받아 논의한다. BARCO, GAT, TAXICOP의 정기총회 진행방식은 3명의 이사장이 함께 참석하여 각자 소속된 조합의 의장이 되어 회의를 진행하며 조합 간 확인이 필요한 사항이 있는 경우 2명의 이사장이 의견을 개진하는 형태로 진행된다. 여느 협동조합과 마찬가지로 이익금의 처리는 정기총회를 통해 조합원 의결을 통하며, 조합별 택시 보유 수에 비례하여 지급하고 있다.

한편 이사회가 운영위원회 역할도 동시에 겸하고 있으므로 3곳의 협동조합 임원들이 모여서 이사회를 진행한다. 이외에 사무국과 자회사의 소속된 모든 직원은 비조합원이며, 통합해서 100명의 직원이 고용되어 있다. 따라서 제스콥-알파 택시는 순수한 노동자협동조합이라기보다는 택시운전자들의 사업자협동조합적 성격이 강하다고 볼 수 있다. 이러한 사업자협동조합적 성격이 있음에도 협동조합이 택시면허를 공동소유하고 있다는 점이 우리나라의 개인택시협동조합과 다르다.

2023년도 결산 재무제표를 살펴보면 매출액은 약 31만 유로로 한화 47억 원으로 환산되며, 당기순이익은 약 9만 9천 유로로 한화 1억 4천만 원에 해당된다.[7] 제스콥-알파 택시에서 진행하는 사업들이 협동조합에 주는 이점은 다음과 같다.

파리시의 택시면허의 가격은 12만 유로로 형성되어 있는데, 제스콥-알파 택시의 조합원은 6만 유로를 출자하여 택시를 운행할 수 있는 자격을 부여받을 수 있다. 또한 일반 법인택시 기사와는 다르게 법률 및 세금에 대한 전문적인 지원과 조언을 얻을 수 있으며, 공제

---

[7] ALPHA TAXIS 2023년 재무제표

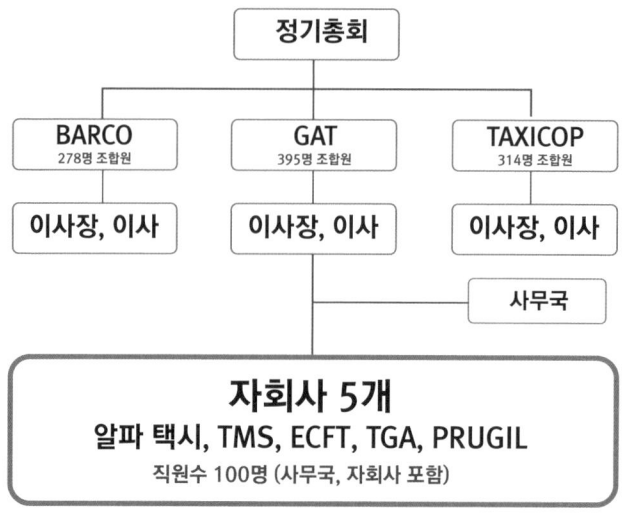

〈그림 2〉 제스콥-알파 택시 조직도 (출처: 제스콥-알파 택시 사무국)

사업을 통해 질병 발생 시 재정 지원의 혜택을 받을 수 있다.

국내 택시협동조합들은 조합에서 차량을 직접 소유하는 형태이지만, 제스콥-알파 택시의 경우 조합원이 직접 차량을 구입하여 소유하는 형태다. 조합원 개인이 차량을 소유하게 되면 관리 및 운행에 있어 더욱 신중할 수밖에 없다. 택시의 특성상 업무 중 차량에 대한 관리 및 감독이 어렵고 소홀할 수 있는데, 이를 방지해주는 역할을 한다. 따라서 비용을 줄일 수 있는 장점이 있다. 그리고 3개의 협동조합이 연대하여 규모의 경제를 실현하며, 택시 및 차량에 관련한 사업을 전문성을 토대로 진행하면서, 운영 시 정보의 비대칭성으로 발생할 수 있는 비용 문제를 해결함에 따라, 사업체를 보다 효율적으로 운영할 수 있는 환경을 마련하였다. 또 택시운전자를 양성할 수 있는 전문적인 교육시설을 갖추며, 자연스럽게 잠재적인 조합원을 확보할 수 있는 환경도 구축되어 있다.

앞서 이러한 성과에도 불구하고 제스콥-알파 택시에게 도전과제는 존재한다. 사람들의 이동방식이 다양해지고 있으며, 재택근무와 원격회의가 활성화됨에 따라 택시 이용률이 점차 감소하고 있다. 택시플랫폼이 등장하면서 산업 내 경쟁도 증가 중이다. 또 기후변화로 인한 친환경 차량으로의 전환 그리고 미래에는 무인 자율주행차의 등장이 예고되어 외부 환경이 크게 변화하고 있다.

다행히 제스콥-알파 택시는 오랜 기간 운영하며 프랑스 정부 및 파리시와 긴밀한 관계를 맺어왔고, 연대의 힘이 강력하게 존재한다. 이를 바탕으로 택시플랫폼 '우버'와의 법률적 분쟁에서도 승소할 수 있었다. 이는 택시운전자의 일자리를 보전하고 권익을 실현한다는 미션과도 일치하는 내용으로 상징적인 사건이라고 할 수 있다. 한편 환경문제와 관련하여 소속 행정구역인 파리시에서도 친환경 차량으로의 대체가 불가피해진 상황이다. 이러한 시대적 요구와 관련하여 경제적인 비용은 발생하지만, 소속되어 있는 택시운전자들에게 필요성을 인식시키며 점진적으로 친환경 차량으로 대체하고 있다.

5. 시사점

첫 번째 시사점은 3개의 협동조합이 연대하여 규모의 경제를 실현했다는 부분이다. 앞서도 밝혔지만, 프랑스에서 여러 협동조합이 연대하여 택시협동조합을 운영하는 형태는 유일하게 제스콥-알파 택시뿐이다. 개별단위 형태의 협동조합으로 운영할 수도 있었지만, 소규모 형태로의 운영 시 발생할 수 있는 한계를 체감한 후, 규모의 필요성을 느끼게 되었고, 연대를 통해 1,000대에 가까운 택시면허를 보유하게 되었다고 할 수 있다. 또 5개의 자회사를 운영하여 사업적인 면에서도 택시회사를 운영할 때 반드시 필요한 유무형의 자산을 갖추어 보다 안정적으로 운영할 수 있는 토대를 마련하게 되었다. 한편 연대를 통하여 규모의 경제를 실현하게 됨으로써 택시운전자들에게 운행에만 집중할 수 있도록 서비스의 품질을 향상시켰다. 이러한 요인들이 제스콥-알파 택시를 현재 프랑스에서 제일 규모가 크고 안정적으로 운영하는 택시협동조합으로 성장시켰다. 현재 국내에서 제일 규모가 큰 택시협동조합인 '대구택시협동조합'조차 면허 대수가 247개(2023년도 기준)에 머무는 수준이다. 현재 안정적으로 운영이 되고 있지만, 조직의 규모나 매출에 있어서 상대적으로 규모가 작다고 할 수밖에 없다. 보다 안정적인 수익과 조직의 성장을 도모하기 위해서는 인접한 지역의 소규모 택시협동조합들이 연대를 통해 규모를 확대하는 것도 좋은 방안이 될 수 있다.

두 번째 시사점은 조합원이 개인차량을 소유하게 만들면서 무임승차 문제를 해소한 부분이다. 협동조합에서는 조합원으로서 참여를 소홀히 하면서 조합의 이익에만 편승하려는 무임승차자 문제가 늘 잠재되어 있다. 국내 택시협동조합에서도 택시의 소유권이 조합에만 있다 보니 조합원들이라고 할지라도 택시 관리에 있어서 소홀한 경우가 다소 존재한다. 이는 택시 내구성의 저하 문제를 발생시킬 수 있는 요인으로 조합의 운영비용 상승으로 이어진다. 이와는 대조적으로 프랑스의 제스콥-알파 택시에서는 운행하는 택시를 택시운전자 스스로가 선택할 수 있는 기회를 주고 대여 비용을 지불하는 개념으로 운영하다 보니 자연스럽게 무임승차에 대한 문제가 해소된다. 따라서 국내 택시협동조합들도 이런 제도를 시도해 볼 필요가 있다.

　마지막 시사점은 조합원을 위한 공제사업 운영이다. 필요성은 존재하고 있지만, 국내에서는 아직 택시협동조합 자체적으로 별도의 공제사업을 운영하지는 않고 있다. 우리나라에서도 개인택시와 법인택시 공제조합이 존재하고 있다. 근래 개인택시 공제조합은 상당히 높은 보험료와 사업비 횡령, 채용 비리 등의 문제가 언론기사를 통해 보도되었다(홍정민, 2024.1.11). 이와 비교했을 때 비교적 법인택시 공제조합은 체계가 갖춰져 있고 상대적으로 나은 수준이다. 그러나 택시운전자들의 비용 부담이 상당하며 투명하지 못한 운영으로 인해 비효율성의 문제가 나타나고 있다. 이러한 문제점들을 인식하고 있음에도 운행 시 발생하는 각종 문제에 대비해야 하기에 택시협동조합에서는 지역별로 존재하는 법인택시 공제조합에 가입되어 있다. 따라서 보다 투명한 운영 그리고 실질적으로 택시운전자들을 보호할 수 있는 안전망이 필요하기에 택시협동조합 자체적으로 공제사업을 해야 할 필요성이 존재한다.

　제스콥-알파 택시는 설립 초기부터 조합원들을 위해서 자체적으로 공제사업을 진행하고 있고 조합원의 참여는 의무화되어 있다. 조합원들이 예측하지 못한 문제로 운전을 할 수 없게 되면 생계의 문제와 직결되고 조합원 한 사람의 문제가 아니라 가족들의 삶에 영향을 미칠 수 있는 현실적인 문제가 된다. 이러한 문제에 대응하는 공제사업을 운영함으로써 조합원들뿐만 아니라 조합원 가족들에게까지 심적·경제적 안정감을 제공한다. 그러므로 공제사업 운영 경험이 있는 해외 택시협동조합의 사례를 학습하고 추진방안에 대해 충분히 검토한 후 국내 택시협동조합연합회 사업으로 고려해 볼 필요가 있다.

배달플랫폼협동조합.01

배달분야에서 사회적·환경적 혁신을 추구하는 연대협동조합,
퀘벡의 래디쉬(La Coopérative Radish)

오창호

1. 배달서비스 산업과 래디쉬

1) 퀘벡지역의 배달서비스 산업 동향

배달서비스 산업은 유사 이래 존재해오던 분야이지만 디지털기기 기반의 플랫폼, 이른바 O2O(Online-to-Offline)서비스와 결합하면서 크게 성장하기 시작하였고 코로나19 펜데믹을 계기로 나타난 특수 수혜를 입으면서 매우 빠르게 규모를 키워왔다.

미국의 한 조사컨설팅 기관(GrandView Research)에 따르면 전 세계 온라인 음식 배달서비스 산업은 2022년 2,215억 달러에 달했으며 앞으로도 연평균 12% 이상 성장하면서 2030년에는 5,055억 달러 수준에 이를 것으로 예측된다.

캐나다의 음식 주문과 배달시장 규모도 2020년 25억 달러 수준에 이른 것으로 추정되고 있으며, 몬트리올 지역만 해도 2억 6,500만 달러 규모의 주문배달시장이 형성되어 있다고 한다. 2024년에는 캐나다 전체로 35억 달러, 몬트리올은 6억 4,100만 달러 규모가 될 것으

몬트리올시내에 선보인 친환경 배달수단.(출처=래디쉬협동조합)

로 예측된다.

이처럼 큰 시장이 형성되면서 많은 기업이 여기에 뛰어들고 있다. 여기에는 북미의 대표적인 배달플랫폼 기업인 도어대시(DoorDash), 우버이츠(Uber Eats), 그럽허브(Grubhub), 판투안(Fantuan) 뿐만 아니라 몬트리올 지역 내에서 주로 운영되는 지역 내 배달서비스들 예를 들면 Ueat, Chk Plz, RestoLoco, EVA 같은 기업들도 경쟁에 가담하고 있다. 이들 지역 내 배달서비스들은 몸집을 가볍게 만들기 위해 기존 음식점 웹사이트에서 온라인 주문을 가능하도록 통합서비스를 제공하면서도, 배달은 음식점이 자체적으로 하거나 혹은 기존 도어대시(DoorDash) 등을 선택할 수 있도록 유연성을 제공하고 있다. 또 EVA는 원래 우버와 같은 탑승 공유(ride-share) 및 택시 대체 서비스로 시작하였으나 음식배달서비스까지 수행하고 있는데, 배달플랫폼인 chk Plz나 RestoLoco는 EVA 앱에서 음식점 웹사이트의 메뉴를 주문하고 EVA를 통해 배달하는 형태로 몸집을 가볍게 하면서 운영하고 있다.

이뿐만 아니라 음식배달서비스는 반조리 음식 판매 및 구독 서비스와도 간접적인 경쟁을 벌여야 하는 상황인데 예를 들면 에브리테이블(Everytable)은 신선하고 저렴한 즉석 간편식(ready-to-eat) 식품을 소외된 계층에 싼 가격으로 제공하며, 팩터(Factor)는 밀키트 배달 서비스를 운영하고 있다.

이처럼 직접적, 간접적으로 치열한 경쟁에 내몰린 상황에서도 코로나19 펜데믹 덕분에 배달앱 플랫폼서비스 업체들은 폭발적인 성장을 기록하였지만, 반대로 이들의 서비스에 의존할 수밖에 없는 음식점 운영자들은 높아지는 배달수수료 부담으로 더욱 더 힘들어지고 있다. 대형 선두 배달서비스 기업들은 수수료를 35%까지도 징수하고 있어서 음식점 점주들이 지금보다 공정한 시스템을 요구하는 상황이다. 이에 대응하여 미국 내 일부 지방정부는 배달업체에 대한 수수료 규제법안을 도입하고 있고, 뉴욕시 의회와 샌프란시스코시 의회는 배달앱 수수료 상한선을 15% 이상 넘지 못하게 규제하는 법을 통과시킨 바 있다.

또한 이른바 긱 이코노미(Gig Economy) 산업의 노동자인 라이더들에 대한 처우개선 필요성도 제기되고 있다. 이들은 낮은 보수와 기본 사원복지 미흡으로 열악한 상황에서 일하고 있는 것으로 나타나고 있다. 자신들의 몫의 배분에 대해 불만을 표출하면서 Cahsseurs Courrier와 같이 라이더들이 배달서비스 회사를 직접 설립하여 운영하면서 이익을 공유하는 형태를 취하기도 하고 있다.

소비자들도 배달서비스로 인해 언제 어디서나 매우 편리하게 음식을 주문하고 받을 수 있게 되었지만, 점차 높아지고 있는 배달료뿐만 아니라 각종 수수료 부과 등으로 인해 부담해야 하는 비용 또한 증가하고 있다.

2) 래디쉬 협동조합과 창업자 라흐만의 접근시각

앞에서 살펴본 바와 같이 배달서비스 플랫폼의 성장에 따라 여기에 연결된 기존의 음식점, 배달노동자 그리고 소비자들에게 제공되는 서비스와 부과되는 비용에 있어서 여러 가지 문제점들이 대두되고 있는 가운데, 래디쉬 협동조합은 협동조합 모델을 통해 발생이익을 이해당사자에게 재분배함으로써 이 문제를 해결하려고 하고 있다.

공동창업자이자 대표인 26세의 청년 혁신 협동기업가, 만십 라흐만(Mansib Rahman)은 어릴 때부터 식당을 운영하는 부친을 도와 일했고, 부친이 투병 중에는 다니던 대학을 그만두고 직접 운영을 맡기도 하였다. 이런 배경에서 식당 주인들의 고충을 누구보다 잘 알고 있던 그는 대형 배달업체가 들어오고 나서 경쟁이 심해진 까닭에 어려움을 겪는 식당들을 보면서, 기술플랫폼협동조합 설립을 준비하게 된 것이다. 그는 원래 소셜임팩트, 생태전환, 그리고 일하는 사람들에게 공정하고 평등한 가치를 실현하는 기업에 관심이 많았고 그런 곳에서 일하고 싶어 했었다. 사회구성원들에게 공동의 이익을 만들어내는 것은 개인적으로도 의미 있고 사회적으로도 가치 있는 일이라고 생각하고 있었으므로 자연스럽게 협동조합을 선택하게 되었다.

대학에서 원래 컴퓨터 소프트웨어를 전공하고 있었던 라흐만은 그의 아버지에게 암이 발병하면서 급작스럽게 식당을 물려받게 되었다. 그동안 배워왔던 기술과 현재 삶의 배경인 식당을 연결하고자 하는 생각이 늘 머릿속에 있었던 라흐만이 사회구성원들이 스스로 공동의 이익을 만들어내는 일, 특히 협동조합을 떠올리게 된 것은 전 직장에서의 경험에서 비롯되었다. 라흐만은 마이크로소프트사에서 일하던 시기에 캐나다 데자르뎅 그룹에서 기술 분야 지원을 3년 동안 했던 적이 있었다. 이때 알폰소 데자르뎅의 소개 동영상을 접하게 되었으며, 아버지의 암 치료를 위해 갑자기 큰 비용이 필요할 때 그 기억을 떠올려 데자르뎅을 찾아가게 되었다. 아무 곳에서도 돈을 빌려주지 않아 힘든 상황에서 오직 데자르뎅 신협에서만이 필요한 금액을 빌려주고 천천히 갚으라는 격려의 말을 들었다고 한다. 바로 이때의 경험으로 인하여 자신이 앞으로 일할 분야가 어떤 분야가 될 것인지 생각하게 된 것이다.

2. 사명과 지배구조, 비즈니스모델

1) 사명과 지향점, 추구하는 가치

래디쉬 협동조합은 온라인 배달서비스 영역에서 어느 기업보다 공정하고 윤리적인 대안을 제공함으로써 기존의 온라인 배달플랫폼 시장에서 소외되고 있는 이들의 권익을 보호하는 것을 기업의 목적으로 하고 있다. 이를 달성하기 위해 래디쉬가 설정한 사명은 '음식점에는 공정한 수수료와 마케팅 지원을 제공하고, 배달원들에게 적절한 보상과 안전 장비를 제공하며, 소비자들에게 품질 높은 음식과 서비스를 제공하는 것'이다.

누가 먹을 식사인지 생각하며 음식을 만들고, 자신이 먹는 음식이 어디에서 온 것인지 알고 믿고 먹을 수 있도록 함으로써 배달원들을 통해 소비자들과 식당 주인들의 관계를 잇는 것뿐만 아니라 식당의 배달서비스 수수료를 조합원에게 재분배함으로서 지역사회 내 독립식당의 경쟁력을 높이고자 하는 것이 래디쉬가 추구하는 가치라 할 수 있다.

2) 법인 형태와 참여 구조

래디쉬는 위와 같은 사명을 실현하기 위해 연대협동조합이라는 법인 형태를 선택하였다. 배달서비스 플랫폼에 관련된 주요 세 주체 즉, 음식점주(사업자), 배달노동자(노동자), 그리고 소비자가 모두 조합원으로서 참여하고 있으며, 음식점주의 경우 가입비로 1,200달러, 배달노동자는 120달러, 그리고 소비자는 12달러를 내고 가입하게 된다. 그러나 조합원 출자금이나 조합원 비중과 관계없이 각 주체는 35%씩 동일한 구성비로 이사회를 구성하고 있으며, 현재(2023.5.시점) 이사장은 소비자조합원 출신이 맡고 있다고 한다.

노동자협동조합이나 사업자협동조합이 아니라 모든 이해관계자가 참여하는 연대협동조합이라는 형태를 취한 것은 조금 색다른 접근일 수 있다. 라흐만 대표는 음식점주 혹은 배달원만으로 협동조합을 구성해도 되는데 조합원에 굳이 소비자까지 포함한 이유를 음식업계의 건강한 생태계를 만드는 데에 소비자들이 중요한 역할을 하기 때문이라고 답하고 있다. 누가 음식을 만들고 누가 배달하는지를 알도록 소비자 조합원과 정보를 공유하고 지역 커뮤니티에 소속감을 느끼게

래디쉬 협동조합 라흐만 대표와 함께

하는 것이 필요하며, 나아가서 소비자들이 소셜미디어를 통해 그들의 경험과 정보를 공유하게 되면 그 범위는 더욱 넓어지게 된다는 것이다.

연대협동조합 구조 내에서 음식점주-배달노동자-소비자들 사이에 '보이는 관계'가 형성됨으로써 서로의 영역에 대한 관심과 지지, 지원을 키울 수 있는 것이 가장 큰 이점이라고 할 수 있다.

현재 음식점주 조합원은 140여 명이 가입해 있는데 초기에는 레스토랑 중심이었지만 현재는 빵집이나 정육점, 생선가게도 가입되고 있다고 한다. 음식점 조합원들에 대해서는 음식점에 대한 마케팅과 기술지원, 인적자원 공유와 구인, 홍보, 비즈니스 재설계 등의 지원이 이루어진다.

배달노동자 및 사무국 조합원은 30여 명이 가입되어 있는데, 앱 개발이나 마케팅을 담당하는 스탭은 12~13명, 배달노동자는 18~20명으로서 이들도 모두 아르바이트가 아니라 기본 급여를 보장하는 직원형으로 고용되어 있다고 한다. 즉 배달을 얼마나 했는지에 관계없이 일정 금액의 기본 급여가 지급되며, 당연히 사내 복지와 4대 보험 그리고 교육·훈련도 일반 사무직원과 같은 혜택을 누릴 수 있다.

소비자조합원은 150여 명으로 대부분 개인이라고 한다. 래디쉬는 소비자의 식생활과 건강을 책임지는 공급자로서 음식과 식재료 전반에 관심을 가지고 소비자의 식생활과 건강을 책임지는 자세로 사업에 임하고 있다.

3) 비즈니스모델과 사업 영역

래디쉬 협동조합은 기본적으로 음식배달 비즈니스의 이해당사자인 음식점주, 배달원, 소비자 모두가 사업 주체로 참여하는 협동조합형 배달플랫폼이다. 음식점주는 신뢰할 수 있는 관계(조합원)의 배달원을 통한 우수한 배달서비스로 고객과의 관계를 강화하면서 배달수수료를 절감할 수 있으며, 배달원은 고용의 안정성을 강화할 수 있고, 조합원 소비자는 믿을 수 있는 음식점과 배달원으로부터 좋은 음식을 저렴한 수수료로 전달받을 수 있는 이점을 취할 수 있다.

그러나, 래디쉬 협동조합은 사업의 범위를 단순히 배달플랫폼 사업으로만 한정하지 않고 음식점주들과 더 넓은 영역에서의 협력을 추구하고 있다. 음식점 웹사이트 운영 대행이나 종업원 복지 프로그램 제공 등 기술적 지원, 인적자원 공유와 구인, 마케팅과 홍보, 비즈니스 재설계 등 서비스를 제공하고 있으며 이를 통해 추가적인 수익도 창출하고 있다. 특히 최근 떠오르고 있는 첨단기술(빅데이터, 통계분석, 기계 학습 등)을 사용하여 나오는 통합데이터를 기반으로, 아직 이런 분야의 역량이 부족한 조합원 음식점에 고급 분석 서비스를 제공하는 사업을 시도하고 있다. 그뿐만 아니라 음식점 간의 협업을 돕기 위해 내부적으로 음식점 상호 간에 장사 노하우나 필요자료 등 정보를 공유하는 웹페이지를 별도로 운영하고 있기도 하다. 이렇게 다방면에 걸친 지원의 결과 조합원 음식점들은 일반음식점들보다 폐업율이 현저히 낮다고 한다.

이러한 관계구조가 형성된 래디쉬는 당연히 일반 배달플랫폼 비즈니스의 수익모델과는 다른 비즈니스모델을 가지고 있다. 일반적으로 배달플랫폼 비즈니스는 가맹음식점과 소비자 양쪽으로부터 받는 배달수수료, 배달플랫폼 내에서 운영되는 광고수익, 그리고 추가적인 상품 판매(별도의 상품몰 운영 등)를 통해 수익을 창출하고 있다. 반면, 래시디 협동조합은 음식점주에 대한 다양한 지원의 대가로 음식점주들로부터 매달 받는 일정액의 수수료가 가장 중요한 수입원이며, 점포별로 별도의 기술지원이나 서비스를 제공할 때 추가적인 비용을 받고 있다. 배달수수료도 수입원 중의 하나이지만 우버이츠와 같은 일반 배달플랫폼이 35~40%의 수수료를 받는 것에 비해 래디쉬는 그 절반 수준인 최대 20%를 받는다고 한다.

또 배달노동자와의 관계에서도 다른 플랫폼비즈니스가 서비스 건당 보수지급 형태가 일반적인데, 래디쉬는 배달 여부와 관계없이 일정 금액의 기본 급여와 기본 사원복지를 제공하면서 추가적으로 배달수수료를 지급한다는 점에서 다른 점을 보이고 있다.

래디쉬는 지역소상공인 활성화 지원 및 자체 수익성 증대 차원에서 최근 음식점의 음식 배달에 그치지 않고 지역 내 빵집, 정육점, 치

즈가게, 생선가게, 꽃집들과도 연계하여 다양한 지역 식재료와 특산품을 주문하고 배달받을 수 있는 Radish Market의 운영도 시작하였다. 이에 대한 상세한 내용은 아래 사업전략에서 다시 서술하고자 한다.

4) 사업 전략 및 자원 확보

시장 내 일반 배달서비스 플랫폼 기업의 사업자들과는 다른 지향점과 다른 비즈니스모델은 래디쉬 협동조합의 차별화 전략과 연관되어 있다. 우선 음식점주와의 관계 측면에서 조합원인 배달원에 의한 믿을 수 있는 배달서비스를 타 경쟁플랫폼의 절반 수준의 수수료로 제공한다는 점이 매우 매력적이다. 조합원인 배달원들이나 직원들은 조합원으로서의 소속감(commitment)을 바탕으로 더 나은 서비스를 제공하려 할 것이며 이를 위해 필수적인 높은 수준의 사전 훈련도 기꺼이 감내할 것이다.

나아가서 단순히 배달서비스 제공에 그치는 것이 아니라 종합적인 음식점 운영 컨설팅 및 지원이 이루어진다는 점은 다른 배달서비스 플랫폼에서는 흉내 낼 수 없는 영역이 되고 있다.

성장전략에서도 래디쉬는 일반 배달플랫폼 기업과 다른 접근 방식을 취하고 있다. 우버이츠와 같은 거인들에 비해 절반 수준의 수수료를 받으면서도 이익이 날 수 있도록 작은 시장 내에서 가입 점포를 최대한 밀집 운영하여 점유율을 높이고 지역 내 이점을 최대화하는 접근 방식을 취하고 있다. 이는 빠른 시간 내에 사업지역을 크게 확대해서 더 많은 매출을 올리려 하는 다른 배달플랫폼 비즈니스와는 다른 전략이다.

창업 초기에는 Villeray district에서 시작하였으나 현재 지역을 Plateau Mont-Royal and Côte-des-Neiges까지 확장한 상태이다. 지금은 Victoria, British Columbia, Halifax, Nova Scotia, and London, Ontario, Saguenay 등 캐나다 전역에서 요청이 들어오고 있으나 우선 지역 내 집중도를 높이는 것이 우선이며, 다른 지역으로 확장하는 것에 대해서도 단순히 동일 모델을 복제하기보다는 지역 특성에 맞도록 수정하는 것이 필수적이라고 생각하여 매우 신중하게 접근하고 있다.

반면, 소비자와의 접점을 넓히고 사업수익의 다양화를 위해서 최근 다양한 지역 식재료를 배달받는 Radish Market의 운영을 시작하였다. Radish Market은 일반 도시락 서비스나 장보기 플랫폼과는 차별화하여 지역의 독특한 음식이나 특산품을 소비자들이 현지에서 쉽게 구입할 수 있다. 매주 목요일 자정 이전에 주문하면 토요일 오후에 배송되며, 배송지역은 몬트리올 섬 전체 및 Laval, South Shore 일부 지역에 한하고 배송수수료는 4.9달러로 매우 저렴하게 책정되어 있다. 또 재사용이 가능한 나무상자로 배송을 선택하는 것이 가능한데 사용 후 반환하면 되고 만일 반환하지 못하게 되면 15달러가 추가로 청구된다고 한다.

3. 래디쉬 협동조합의 혁신성

래디쉬 협동조합이 퀘벡의 사회적경제에서 던지는 혁신의 의미는 아래 세 가지에 서 찾을 수 있을 것이다.
1)이해관계자 모두를 포용하여 이롭게 하는 사업모델

기존 대형 배달서비스 플랫폼 사업자들이 전개하는 사업모델은 음식점이나 배달원, 소비자에게 상대적으로 불리하여 음식점이나 소비자가 증가 비용을 떠안을 수밖에 없는 구조이다. 이는 플랫폼사업자가 더 큰 수익을 창출할 수 있을지는 모르지만, 장기적으로는 지역 내 외식산업의 경쟁력을 낮추는 결과를 초래할 수 있다.

래디쉬는 수십 년 동안의 레스토랑 경험과 결합한 혁신적인 기술 사용을 통해 이해당사자 모두가 사업 주체로 참여하는 협동조합형 배달플랫폼을 지역에 제공함으로써 이러한 문제를 해결하고자 하고 있다.

직원이자 조합원인 배달원의 경우 면접과 일정 절차를 통해 채용된 후 일주일에 한 번씩 모임에 참석하여 운영상황을 공유하며, 주문예약이 취소돼도 책정된 최소 급여와 사회보험을 보장받는다.

음식점주의 경우 낮은 수준의 공정한 배달수수료를 부담하는 것뿐만 아니라 경영이나 마케팅 지원을 통해 점포경쟁력을 높일 기회가 열린다.

소비자는 배달 가방과 유니폼을 착용한 직원들에 의해 품질 높은 음식을 늦어도 주문 후 30분 내로 받을 수 있는 서비스를 무료 혹은 저렴한 수수료로 제공받는다. 이를 통해 소비자들은 간접적으로 지역사회 지원 및 환경문제 해결에 참여하게 되는 것이다.

2) 출자와 투자의 하이브리드 자본조달 구조

래디쉬 협동조합의 연대협동조합 출자구조에서 특이한 점은 조합원 가입 시 부담하는 가입비가 전액 출자금으로만 이루어진 것이 아니라 출자금+투자금의 복합적인 성격으로 구성되었다는 점이다. 음식점주의 경우 1,200달러 중 200달러는 출자금이지만 나머지 1,000달러는 투자금이며, 배달원의 120달러 중 20달러는 출자금이고 100달러는 투자금, 그리고 소비자도 2달러는 출자금이고 10달러는 투자금으로 구성되어 있다. 여기서 투자금은 일반회사의 주식과 같은 성격으로서 나중에 상장한 후 팔고 싶은 시기에 그때의 기업가치로 팔아 수익을 남길 수 있다고 한다. 단, 투자금 부분에 대해서는 의결권은 부여되지 않는다고 한다. 장기적인 자금조달을 위해 협동조합에 주식회사 방식을 결합한 이러한 방식은 퀘벡주 법으로는 불가능하지만, 캐나다 연방법상으로는 가능하여 채택했다고 한다. 이러한 출자구조를 통해 전통적 협동조합 지배구조는 유지하면서도 장기적 자금조달에 주식시장을 이용하는 형태를 결합한 것도 매우 창의적이고 혁신적이라고 할 수 있다.

3) 사업 운영의 친환경화

래디쉬는 인터넷으로 연결된 최초의 생태적 음식배달 비즈니스에 전기자전거를 전면적으로 배치하는 것을 목표로 하고 있다. 설립 초기에는 자동차로 배달해 왔는데, 2022년 초부터 친환경 화물용 전기자전거로 전환하고 있으며, 2022년 2월 현재 배달량의 15% 정도를 4대의 전기자전거로 배달하고 있다. 래디쉬는 전기자전거 배달을 단계적으로 늘려서 5년 안에 배달의 70% 이상을 전기자전거로 나머지는 전기자동차 등 친환경 수단으로 하는 것이 목표라고 한다.

온실가스 배출감소 목적 이외에도 효율성과 성능을 높이기 위해 자전거를 개조하였는데, 단열 및 가열 용기도 고객에게 주문 음식이 도착할 때까지 신선도를 보존하도록 제조되며, 마이크로컴퓨터를 자전거에 접목하여 배달원이 빠르고 '환경 최적'인 배송 경로로 배송하도록 하고 있다.

배달 수단의 친환경화뿐만 아니라 식품 소비와 관련한 생태학적 프로젝트도 추진 중이라고 한다. 식품 낭비와 비용 최적화를 위해 식당 재고 관리를 위한 경량 디지털 트윈 시스템도 개발 중인데 식당들이 자신들의 재고 상태와 예측을 쉽게 모니터링 할 수 있도록 접근성과 정확성에 초점을 맞추고 있다. 또 같은 동네에 있는 레스토랑 간에 음식 공유 시스템을 설정하여 고객을 위해 재사용 가능한 배달용기 시스템을 마련하려 하고 있다.

4. 성과와 과제

1) 성과

그동안 래디쉬 협동조합이 거둔 가장 큰 성과는 음식배달서비스 플랫폼의 생태전환이라고 할 수 있다. 외부 업체 평가에 의하면, 래디쉬 협동조합이 전기자전거 배달체제로 전환함으로써 얻는 환경적 효과는 휘발유 소비 감소 및 차량 유지관리, 신차 구매 억제 등으로 인해 연간 1,600톤의 탄소 배출을 줄이고 일산화탄소 등 생태계에 유해한 대기오염 물질도 2만 4800kg이나 줄이는 효과를 낳는다고 한다.

사실 많은 음식점주가 환경을 고려한 판매와 배송 방법을 원하고는 있지만, 그것을 충분히 고민하고 준비할 시간과 비용을 마련하기 어려웠다. 그러나 래디쉬는 60여 명의 조합원이 음식점주이며 이들의 어려움을 같이 풀기 위해 만든 조합이므로 배송수단 전환 전략을 수립했고, 데자르뎅 연대경제금고의 생태기금을 받게 되어 실천할 수 있게 된 것이다.

래디쉬는 이러한 노력의 결과로 생태전환 분야의 혁신 사회적경제 기업으로 선정되기도 하였다. (2021년에 수상한 Novae Prize https://novae.ca)

경제적/재무적 성과에 대해서는 아직 외부 공지자료가 공개되지 않아 명확한 수치를 알기 어렵지만 래디쉬 협동조합을 방문하였을 때 인터뷰한 결과에 따르면 고객들의 주문은 1회당 평균 45달러의 금액이며 연간 9,700개의 주문을 처리했다고 한다. 2022년 약 50만 달러의 사업매출을 올렸으며 내부직원(배달원 포함)의 급여로만 45만 달러가 지출되는 등 진전이 있었다. 아직 수익을 낼 수 있는 단계에 도달하지는 않았지만, 여기에 다른 보조금이나 창업지원, 비용 공제 등 혜택을 받아 필요한 재원을 마련하고 있다고 한다.

2) 과제와 시사점 : 안정적 운영을 위한 수요 기반 확충 문제

래디쉬 협동조합은 플랫폼비즈니스의 사회적·생태적 전환을 기치로 내걸고 분투하고 있지만, 기본적으로 플랫폼비즈니스는 공급자(음식점)와 사용자(주문소비자)가 같이 증가해야만 안정적 수요확보를 통해 운영이 가능해지는 양면시장(two-sided market) 비즈니스모델이다. 물론 플랫폼비즈니스 초기 단계여서 몬트리올 지역에 11개 민간 배달서비스 회사가 난립해 있었지만, 지금은 다 문을 닫은 것에 비해 래디쉬는 아직 건재한 것을 보더라도 어느 정도 자생력을 갖추어가는 중이다.

그러나 추구하고 있는 래디쉬의 전략과 의도대로 몬트리올 지역 내에 집중하여 안정된 사업 기반을 구축하고 영향력을 확대하기 위

해서는 성장이 필요하다. 인터뷰 과정에서 라흐만 대표도 아직 사업이 안정궤도에 들어가지 못하고 있고 우선 몬트리올 지역에서 현재보다 5~10배의 시장 확대가 필요하다고 이야기하고 있었다. 하지만 최종수요자인 소비자 조합원들이 탄소 배출 없는 배달 등 기후 문제에 관심이 높고, 음식물 쓰레기 줄이기에도 관심을 가지는 현 상황은 래디쉬의 미래에 대해서 희망적이라고 할 수 있는 지점이다.

연방정부나 주, 시, 그리고 사회적경제 조직에서는 래디쉬의 이러한 시도에 대해 긍정적으로 보고 설립과 성장단계에서 많은 도움을 제공하였다. 이들 지원조직으로부터 받은 투자 혹은 지원 금액은 총 160만 캐나다 달러에 이른다고 한다. 설립과 운영에 가장 큰 도움을 준 곳은 데자르뎅 연대경제금고로서 운영 초기인 2001년에 2만 캐나다 달러의 사회생태기금을 제공해주었다. 또 데자르뎅 및 MT lab 등 5개 투자자가 39만 5천 캐나다 달러를 투자해주었다. PME(지역 내 중소기업을 지원하는 몬트리올시 기금)의 도움도 컸으며, 청년 기업가들을 지원하는 퀘벡협동조합연합회 CQCM, 퀘벡주와 캐나다 연방정부의 지원 프로그램도 빼놓을 수 없을 것이다. 그 외에도 지역의 중소기업을 지원하는 몬트리올시 프로그램에서 재정지원이나 컨설팅 지원을 받고 있다고 한다.

사회적 생태적으로 선한 영향력을 만들어가고자 하는 래디쉬 협동조합에 여러 종류의 계층별·단계별 다양한 지원제도가 제공됨으로써 기반을 잘 마련할 수 있었고, 이제 도약을 준비할 수 있게 된 것은 우리의 사회적경제기업 지원체계에도 적지 않은 시사점을 제공하고 있다고 할 수 있다.

5. 마치며

인터뷰 과정에서 라흐만 대표에게 래디쉬 협동조합의 혁신성에 대해 생각하는 바를 물었고, 퀘벡지역의 다른 혁신적 협동조합의 사례를 제시해줄 수 있는지 질문했을 때 돌아온 대답은 뜻밖의 내용이었다. 그는 보뷔앙 극장 바따망치르, 라 토후(La Tohu, 태양의 서커스 기획사), 퀘벡 청소년서비스협동조합(CJS)의 청소년 기업가정신 프로그램, 시민연대에 기초한 퀘벡의 건강협동조합 등 몇 가지를 혁신형 연대협동조합과 혁신형 사회적경제조직의 예시로서 들면서도 정말 색다르다고 느끼는 협동조합은 없고, 오히려 오래된 협동조합의 과거 개척사에서 영감을 얻는다고 하였다. 라흐만 대표는 마지막으로 기술은 뒷받침이고 도구일 뿐이고 중요한 것은 정신, 도전, 노력으로서 초기 사회적경제가 세상을 바꾸려고 했던 마음과 지향점, 그때의 정신을 잃지 않는 것이 중요하다고 다시 한번 우리에게 강조했다.

래디쉬의 라흐만 대표와 함께

배달플랫폼협동조합.02

연합회와 배달협동조합이 함께 하는 배달플랫폼협동조합,
프랑스의 쿱사이클(CoopCycle)

이희라

1. 쿱사이클(Coopcycle)

1) 국내 배달플랫폼의 노동 동향

COVID19로 인하여 더 빠르게 변화를 겪은 디지털 플랫폼 시장에서 긱 노동(gig work)은 지금까지 오프라인에서 이루어져 왔던 일반적인 노동과는 그 근로 실태나 고용 형태가 크게 다르다. 자영업자의 형태로 노무를 제공하는 경우부터 사실상 종속노동에 종사하는 것과 다름없는 경우에 이르기까지 그 스펙트럼이 다양하다. 또 독립노동과 종속노동의 경계가 모호해지는 혼성 고용(hybrid employment)의 형태를 취하기도 한다. 우리나라의 경우 대부분의 디지털 플랫폼 노동자가 음식 배달, 대리운전, 음식점 보조·서빙, 요양 의료 등의 업종에서 긱 노동(gig work) 형태로 일하고 있으며 이들은 불안정한 상태에 놓인 노동자 집단을 의미하는 디지털 프레카리아트(precariate)로 불리고 있다.

디지털 플랫폼 긱 노동 종사자들이 겪는 가장 심각한 문제는 불안

출처 https://coopcycle.org

정한 법적 지위와 낮은 소득이며 대부분 저소득을 극복하기 위한 장시간 노동과 노무 제공 과정에서의 위험 감수라고 할 수 있다. 그러나 우리 노동법은 '사용자와 근로자의 1:1 관계'에서 노무를 제공하는 정규직의 임금근로자를 상정하고 제정되어 현재까지 기본 틀을 유지하고 있으므로, 전속성과 계속성이 희박하고 다수의 당사자가 참여하고 있는 디지털 플랫폼 긱 노동에 대하여 기존의 노동법적 이론으로는 접근하기 어렵다(김소영, 2020).

2) 쿱사이클과 국내 배달플랫폼의 차이

국내 배달플랫폼은 대기업 특정 업체에 배달 주문의 90%가 몰리는 상황이다(경향신문, 2024.7.21.). 소상공인 점주를 대상으로 배달 음식 판매액의 6.3%를 중개수수료로 부과하며 배달비, 결제수수료,

부가세 등도 오롯이 소상공인이 부담하다 보니 배달플랫폼은 소상공인의 사업을 돕는다기보다 과중한 경제적 부담이 되어버렸다. 따라서 소상공인 점주들은 저렴한 배달비를 추구하게 되고 배달 노동자는 중복거리에 대한 거리 할증료 삭감 및 변동적인 배달 단가, 미션 달성을 통한 금액 차등 지급 등 그렇지 않아도 불안정한 소득이 갈수록 악화일로에 있다. 또 최저 임금 적용 제외 대상자로서 낮은 급여에 대해 책임을 물을 수 있는 주체가 불분명하고, 빈번한 산재 및 기후 변화에 따른 위험, 근무시간 보장 불가 등의 열악한 근로 처우 환경에도 노출되어 있다.

이런 국내 상황에서 음식점주들이 부담하는 높은 배달앱 이용수수료의 문제를 해결하기 위하여 공공기관이 공공 배달앱을 민간기업에 아웃소싱 방식으로 개발하여 2020년 12월에 출범했다. 그러나 주목을 받았던 공공 배달앱 경기도 '배달특급'은 활성화되지 않고 있다. 디지털 플랫폼 비즈니스는 앱의 개발 및 유지 보수라고 하는 기술적 비즈니스뿐만 아니라 앱을 이용하는 음식점주와 소비자 그리고 배달노동자 등의 선호와 애로요인을 신속히 파악하여 디지털 플랫폼을 업데이트하여 발전시키는 정보 비즈니스이므로 혁신적 노력이 지속되지 않고서는 활성화되기 어렵다. 그런데 공공기관은 정보 비즈니스 차원에서 이러한 혁신적 노력을 지속하기 위한 소유 구조 및 운영 구조를 갖추지 못하기 때문에 한계에 직면할 수밖에 없다.

이에 대한 대안으로 연대와 협력의 디지털 커먼즈를 조성하여 투명한 경영 환경과 공정한 조건에서 근무할 수 있도록 배달 노동자를 지원하고, 만들어진 네트워크를 통해 단순 배달 플랫폼을 넘어 다른 영역까지 비즈니스를 확대 적용할 수 있는 방안을 탐색하는 것이 필

	국내 배달플랫폼	CoopCycle
노동자 계약 형태	계약직 프리랜서 또는 임시노동자(gig worker)	로컬 협동조합의 급여노동자
급여 및 처우	- 건당 2,200원 (중복거리에 대한 거리 할증료 삭감) - 최저임금 적용 제외대상 - 변동성 배달 단가 및 미션을 통한 금액 차등 지급	- 최저임금의 25% 이상 안정적 급여 지급 - 주당 최소 노동시간 확보 - 연합조직 차원의 배상보험 및 상해보험 가입
중개 수수료	소상공인 점주 대상 판매액의 6.3%+배달비+결제수수료 등	계약을 통한 점주 분담금 + 연맹 로컬협동조합 분담금
디지털 플랫폼	대기업 특정 업체에서 배달주문의 90% 운영	개발자 활동가를 통한 자체 무료 디지털 플랫폼 운영
플랫폼 협동 조합 현황	소프트웨어 플랫폼 기반 배달 협동조합 전무	국내외 로컬 노동자·공익 협동조합 60여 개 연맹 네트워크 활동
로컬 배달 플랫폼 (S/W)	지자체 배달앱 예산 투여를 통해 개발 후 활용도 매우 낮음. ⇒ 유지보수 및 추가 개발 인력 및 인프라 부재	앱 개발인력=배달 노동자 활동가 S/W개발자를 통해 지속적으로 배달 현장에 적합한 환경으로 유지보수, 추가 개발 진행

〈표 1〉 국내 배달플랫폼과 쿱사이클 비교

요하다. 플랫폼협동조합은 음식점주, 배달라이더, 소비자 등의 애로요인을 공유, 민주주의와 환경적 지속 가능성의 가치에 동의하여 협력과 연대의 원리로 문제를 해결하고, 공공 부문은 사회적·환경적 가치를 실현하는 협동조합의 설립과 확산을 지원하는 방식의 역할

분담이 있어야 한다.

이어서 자세히 설명될 부분이지만 프랑스의 자전거 배달플랫폼 협동조합 쿱사이클(CoopCycle)은 앱 개발 인력이 배달노동자 활동가로 구성되어 플랫폼 배달 소프트웨어를 배달 현장에 적합하게 보완하면서 현장의 변화 요인이나 애로 요인에 맞추어 추가 개발을 진행하기도 하였다. 쿱사이클(CoopCycle)은 국내외 노동자·공익 협동조합 60여 개 연맹의 네트워크 활동을 이어가면서 국가와 지역, 문화와 시장의 다양성을 고려하고 있으며 다국가 대상의 연합체를 운영하여 국내 시장의 문제와 한계를 보완할 수 있는 대안 시스템을 구축하고 있어서 우리가 벤치마킹할 수 있는 요소가 많은 사례라고 할 수 있다.

2. 프랑스의 플랫폼협동조합 및 쿱사이클 설립 배경

1) 프랑스의 플랫폼협동조합

루코위츠와 캐하이어는 지난 10년 동안 프랑스 상업 플랫폼의 등장으로 인해 나타난 불안정한 경제·사회적 문제와 이를 해결하기 위한 다양한 규제의 실패가 최근에 음식 배달서비스, 카풀, 에너지 분야에서 플랫폼협동조합의 설립을 활발하게 하였으며 이는 새로운 대안으로 부각되었다고 하였다(Lewkowicz & Cahier, 2022).

그들은 자본주의적 플랫폼 기업에 대한 규제가 충분하지 않은 환경에서 이에 대한 대안으로 플랫폼협동조합의 필요성이 제기되었는데, 프랑스에서는 이에 필요한 법적인 환경, 지원 정책, 사회연대경제 섹터의 지원 등이 잘 갖추어져 있어서 플랫폼협동조합이 등장하여 성장할 수 있었다고 설명하고 있다. 특히 지방자치단체가 출자자로 참여할 수 있는 공익협동조합(Société Coopérative d'Intérêt Collectif) 유형과 긱 노동자를 무기계약직으로 고용하여 노동자의 권리를 보장할 수 있는 사업고용협동조합(Coopérative d'Activités et d'Emplois)을 법적으로 도입한 점과 이를 기초하여 대안적 플랫폼 개발에 소요되는 초기 비용을 지방자치단체가 지원할 수 있게 된 점을 프랑스 플랫폼협동조합의 촉진장치로 보았다. 이러한 점에서 플랫폼협동조합이 사회적으로 책임이 있고 환경친화적으로 운영되기 위해서는 시민사회와 정부의 협력이 뒷받침될 필요가 있다는 점을 확인할 수 있었다(장종익, 2023).

이러한 프랑스의 플랫폼협동조합 생태계를 활용하여 공유경제와 관련된 여러 협동조합이 프랑스에 생겨났고 새로운 형태의 배달서비스가 플랫폼협동조합으로 나타나게 되었다.

2) 쿱사이클(CoopCycle) 설립배경

프랑스에서 배달은 빠르게 성장하고 있는 부문으로서 2014년에는 900개의 일자리가 창출되었고 2015년에는 3,900개가 창출되었으며, 2019년의 마지막 3개월 동안 8,000개 이상이 창출되었다(INSEE). 음식 배달 시장은 플랫폼 경제가 출현하기 이전부터 존재하였으나 2000년부터 대형 플랫폼 형태로 자본주의적인 배달플랫폼이 나타났다. 배달플랫폼은 생산자, 소비자, 배달원 간의 관계로 조직된다. 플랫폼 비용은 주로 플랫폼의 기술적 측면과 마케팅 개발과 관련이 있으며, 추가로 미미한 급여 비용이 추가되는 형태이다. 프랑스의 배달플랫폼은 플랫폼 내 직원의 수와 배달원의 비율이 1:10으로 플랫폼의 매출에 영향을 주는 유일한 변수는 배달 노동자의 보수이다 (Aguilera et al, 2018). 이러한 플랫폼의 배달원은 대부분 자영업자이므로 플랫폼은 급여 노동에 대한 규제를 무시하고 사회적 혜택 측면에서 상당한 절감을 할 수 있었으며, 플랫폼은 운송 규정에 해당하지 않는다고 선언하면서 노동시장의 새로운 문제가 되어 비난을 받아왔다(Block and Hennessy, 2017).

쿱사이클은 2016년 CLAP(Collectifs des Livreurs Autonomes de Paris; 파리의 자율 택배기사 단체)의 파산 이후 논의되기 시작했다. 일자리를 잃은 배달 노동자들이 새로운 일자리가 필요한 상황 속에서 문제 의식을 갖게 된 Take Eat Easy와 Deliveroo의 개발자이자 전직 택배기사가 자발적으로 헌신하고자 하는 개발자와 활동가를 모아 플랫폼의 혜택을 원하는 모든 지역 협동조합에 플랫폼 소프트웨어를 제공하기 위해 설립하였다. 이들은 배달플랫폼의 경우 많은 자영업자가 이용하면서 급여를 받는 노동에 대한 규제를 무시하고 상당한 비용 절감의 플랫폼을 선택하는 것에 대한 문제 인식에 공감하였다. 또 배달 노동자들의 근무 조건은 노동환경에 영향을 많이 받는 구조로서 자전거 내 배달용품 적재량, 기후 조건 등을 노동환경의 변수로 통합 인식하여 조정하는 것이 필요하다고 보았다.

3. 쿱사이클의 주요 사업과 가치 창출 방식

1) 쿱사이클의 주요 사업

쿱사이클은 어소시에이션 형태로 시작된 연합을 중심으로 배달 노동자들이 로컬에서 배송을 관리하고 고객에게 전자상거래 솔루션을 제공하는 소프트웨어를 개발하고 유지·보수·관리를 진행하면서 디지털 커먼즈의 형태로 무료 소프트웨어를 제공하고 있다. 또 자전거 배달을 용이하게 하는 스마트폰 어플리케이션과 고객/레스토랑이 주문할 수 있는 어플리케이션을 개발하고 사용자를 늘리기 위해 대기업, 상점, 레스토랑과의 상업적인 영업활동도 병행하고 있다. 연합회는 소프트웨어 연구 개발 외에도 장비에 대한 공동구매와 관련 서비스를 공유하며 배달 노동자들이 로컬 협동조합에서 근무하는 데에 필요한 자원을 지원하며, 상호보험회사인 MAIF와 보험 계약을 통해 다양한 보험 혜택을 제공하고 있다. 전문 민사책임 및 법적 보호를 위한 보장, 직원 및 관리자를 위한 보장, 건물이나 자전거 및 운송 물품에 대한 보장을 통해 배달 노동자들이 보호받는 환경 속에서 일할 수 있는 시스템을 만들었다. 다양한 펀딩과 투자를 위한 프로젝트를 기획하고, 전반적인 협동조합 운영을 지원하며, 쿱사이클 연합회 차원에서 로컬 협동조합 간의 교류와 협력을 위한 네트워크를 구성하여 지원하고 있다.

연합회에 속해있는 로컬 배달협동조합은 배달 노동자들이 배달서비스뿐만 아니라 영업 및 홍보, 재무 및 총무 등의 분야로 나누어 역할을 분담하고, 서로의 아이디어를 모아 비즈니스를 추진한다. 특히 지역의 배달 관련 물류 산업이 환경친화적이고 배달 노동자의 고용 안정에 기여하는 방향으로 사회적·환경적 가치를 실천하고 있다는 점을 홍보하고 이에 동의하는 음식점 및 상점과 소비자를 조직하고 있다. 로컬 배달협동조합은 지역에서 플라스틱과 쓰레기를 줄이는 방법을 고안해내고 밴이나 트럭이 아니라 자전거 및 화물 자전거 사용을 고수하는 원칙을 실천하고 있다. 프랑스에서는 유기농 식품 및 공정 무역 제품을 취급하는 비오코프(Biocoop)와 배달계약을 추진하고 있다(Alvarado 외, 2021; 장종익, 2023). 또 배달 노동자들의 최소 노동시간을 보장하기 위한 전략의 일환으로 음식뿐만 아니라 꽃, 식자재, 소품 등으로 취급 품목을 넓히고 있다.

2) 가치 창출 방식

최근 에어비앤비, 우버, 태스크래빗, 아마존 등과 같은 상업적 플랫폼 기업은 앱, 알고리즘, 리뷰 메카니즘 등을 사용하여 노동, 집, 차, 서비스, 정보, 지식 등의 자원을 시장 거래 대상으로 전환하여 이를 필요로 하는 소비자에게 매개해주면서 효율을 증대시키고 있으며, 더 나아가 기존의 재화와 서비스를 거래하고 소비하는 방식도 변화시키고 있다(장종익, 2023).

이러한 변화는 전통적인 노동자와 다른 프리랜서 혹은 긱 노동자(gig worker)를 대상으로 하는 노동 현장에서 문제를 발생시키고 있으며, 그 외의 영역에서도 다양한 문제를 양산하고 있다. 플랫폼 경제의 쏠림현상과 수확체증 효과로 인한 독과점화와 빅데이터 사적 남용의 가능성, 고용주로서의 책무를 부정하는 플랫폼 기업의 노동정책(Dunn, 2020), 플랫폼 기업의 소유자와 서비스 공급자 간 소득 양극화의 증폭(Standing, 2016), 집값과 월세가 폭등하고 지역의 전통적인 문화와 음식점들이 많은 여행객에게 점령당하여 지역주민들이 소외되고 지역 커뮤니티의 안정을 파괴하는 부작용 등 여러 종류의 외부효과를 발생시키고 있다(EC, 2016; 장종익, 2018).

이런 사회 변화 속에서 쿱사이클의 목표는 배달원과 협회 직원이 정규직으로 일할 수 있도록 하는 것이며, 법적 최저 임금(2020년 1

월 1일 기준 월 1,229유로)보다 약 25% 높은 급여를 지급하는 것이다. 또 보수를 교대 근무가 아닌 시간당으로 정하고 주당 최소 근무 시간과 근무 시간의 예측 가능성을 보장한다는 것이다. 근무 조건(자전거 하중, 기후 조건, 투어 길이)은 전세의 형태로 협동조합의 내부 규정에 통합된다. 협동조합 내 조합원(직원)은 장비(약 4,000유로 상당의 자전거)를 제공 받기도 하며, 협동조합은 기타 모든 자재(헤드폰 등)를 제공한다(Lewkowicz 외, 2022).

쿱사이클은 대기오염과 화석연료 의존도를 낮추기 위하여 자전거만으로 배달하는 것을 원칙으로 정하였다. 소프트웨어 라이센스는 비영리조직(association)인 쿱사이클에 의하여 관리되며, 협동조합이 유럽연합에 의하여 정의된 사회적경제 행위자의 정의에 부합하는 경우에 사용이 허가된다.[1]

4. 쿱사이클의 조직 운영 방식과 주요 성과 및 도전 과제

1) 쿱사이클의 조직 운영 방식

쿱사이클에서는 급여 근로자의 지위를 모든 국가에서 적용할 수 없고 모든 라이더가 원하는 것도 아니므로 다양한 지위가 가능하다. 프랑스에서 근로자 지위는 임금 이전을 통하거나 또는 CAE(Coopérative d'Activité et d'Emploi; 활동 및 고용 협동조합)에 의존하여 얻을 수 있다(Chagny, 2019). CAE는 독립 근로자에게 '계약 기업가'(entrepreneurs-salariés)가 되도록 하는데, 이는 고용 계약

---

1 쿱사이클 홈페이지 https://coopcycle.org

CoopCycle의 미션 (출처 https://coopcycle.org)

에 의해 협동조합에 소속된다는 것을 의미한다. 로컬 협동조합은 전년도 매출의 3%를 쿱사이클의 회비로 납부하고 자전거 배달노동자는 로컬 협동조합의 직원으로 전환되어 계약을 체결한다. 로컬 협동조합의 직원이 된 배달노동자는 사회보장 혹은 사회보험시스템에 가입할 수 있게 되며, 급여는 고정급여와 협동조합의 총 매출 기여 몫에 따른 변동 급여 두 가지로 구성된다. 그리고 협동조합에 가입하고 3년 후 자전거 배달노동자는 사업고용협동조합의 조합원 가입이 의무가 되면서 협동조합 내 의사결정과 협동조합 활동에 전반적으로 참여하고 함께 할 수 있게 된다. 프랑스에서 고용 및 활동 협동조합의 법적 지위는 2014년 7월 31일에 통과된 사회 및 연대 경제법(LOI N° 2014-856)에 명시되어 있으며, 이 시스템은 회사 설립이나 프리랜서로 일할 때 발생하는 직업적 불안정에 대한 대안을 제공하고 있다(Lewkowicz and Cahier, 2022).

쿱사이클은 설립 이후 자신들의 플랫폼을 국제화하고 공유하려는 의도가 있었고, 이를 위해 노력하였다. 프랑스에서 시작하여 독일, 벨기에, 스페인, 이탈리아, 폴란드, 영국, 스웨덴 등 유럽 12개국 40개 이상의 조직으로 확대했으며 지금도 국제적인 확대를 위해 계속 새로운 프로젝트를 개발하고 있다. 동유럽, 북미(캐나다, 미국, 멕시코), 라틴 아메리카(아르헨티나) 및 호주 등 현지 상황에 적응하기 위해 뛰어난 개방성으로 대응하고 있다(<표 2> 참조).

| 유럽 | | | | | | 포르투갈 | 캐나다 | 멕시코 | 아르헨티나 | 콜롬비아 |
영국	덴마크	벨기에	독일	스페인	프랑스					
1	1	1	4	11	38	1	2	3	1	1

<표 2> CoopCycle 연합 현황(2023년 4월 기준)
(출처 : 2023년 CoopCycle 이사회 자료)

2) 쿱사이클의 주요 성과와 도전 과제

배달 노동자들의 노동문제와 자본주의적 대기업 중심의 플랫폼이 가진 한계와 문제점을 인식하고 개선하고자 쿱사이클은 2017년 20명의 소프트웨어 엔지니어와 활동가가 연대하였다. 이들은 새로운 문제 해결 방식에 대해 논의했고, 물질적 보상이 없이도 문제를 해결하고자 하는 연대와 협력의 의지로 3년 동안 지속적인 노력 끝에 배달 플랫폼을 개발하였으며, 로컬에서 배달노동자로 결성된 연합 로컬협동조합을 10여 개소로 확대하는 성과를 거두었다.

쿱사이클 협회의 첫 예산은 2019년 봄에 승인되었으며, 파리시에

〈그림 2〉 프랑스 내 Coopcycle 소속 로컬협동조합 현황
출처: 쿱사이클 홈페이지 https://coopcycle.org

서 보조금을 지원하였다. 보조금은 인프라 비용(서버, 호스팅 및 일부 필수 서비스)을 충당하기 위한 것이었고, 도구 개발 비용의 대부분은 예산이 편성되지 않아 기존 방식대로 자원봉사 활동으로 진행하였다. 이는 '공유지'에 기반한 이니셔티브에 할당된 부족한 재정적 지원에 대한 문제를 제기하였다. 이를 해결할 방법은 쿱사이클 플랫폼에 대한 지역사회 내 긍정적 외부 효과를 인식하고 공공 보조금을 제공하도록 하는 것이었다. 지자체에서 지원하는 보조금의 예는 프랑스, 특히 파리에 있으며 통합 플랫폼인 'Les lulu dans ma rue'가 있다(Lewkowicz and Cahier, 2022).

보조금 지급 이후 배달노동자 중심의 노동자협동조합 방식 로컬 배달협동조합이 증가하고 배달협동조합 연합회를 중심으로 플랫폼 사용을 독려하고 유지·보수 과정을 통해 로컬에 적합한 소프트웨어를 구성하였으며, 이후 점차 로컬 배달협동조합의 매출이 발생하면서 회비를 납부하는 형태로 운영하게 되었다. 연회비가 늘어나면 연합회의 직원을 고용하고 프로젝트에 전담할 수 있는 인력을 확충하는 방식으로 연합회에 가입한 로컬 배달협동조합이 증가하고 매출이 증가할수록 점차 고용 직원 수도 함께 증가하였다.

쿱사이클을 전담하여 연합회를 운영하는 직원이 늘어날수록 펀딩이나 투자도 증가하였고 점차 국내외의 확대된 프로젝트로 발전하게 되었다. 프랑스 외에도 인근 유럽 국가와 남미 등 세계 각지의 로컬 배달협동조합이 최대 72개소까지 늘어났고, 이제 51%의 로컬 연합 협동조합의 회비, 상인 및 식당을 대상으로 하는 분담금(매출) 13%, 후원 및 보조금, 자원봉사활동으로 각 12%의 자금을 확보하면서 연합회를 운영하게 되었다(출처 CoopCycle 홈페이지).

세계 각국의 쿱사이클 연합 협동조합의 네트워크는 국가에 따라 협동조합주의의 맥락적 차이에도 불구하고 민주주의, 참여 및 협력이라는 이념적 기반을 공유하고 있으며, 다른 경제 상황 및 문화적 차이에도 불구하고 기술은 동일하게 적용되고 있어 앞으로도 더 다양한 국가로 확대 발전의 가능성을 엿볼 수 있다.

	2017	2018	2019	2020	2021	2022	2023
자원봉사자수		20		7		2/4	
고용직원수				1	2	7	11
연합협동조합	10	+/-	20	50	70		60+/-
예산 (단위 €)	0	2,000	2,500	61,000	71,000	187,000	378,000

〈표 3〉 CoopCycle의 주요 연혁 및 성장과정
(출처 : CoopCycle 2023년 이사회 자료)

2023년 기점으로 많은 협동조합이 탈퇴의 의사를 밝히며(탈퇴 원인에 대한 설명은 구체적인 언급이 없었음) 연합협동조합의 조직은 축소되어 분담금에 대한 지분도 낮아지고 대체로 신생 협동조합이 차지하는 비중이 높아져 분담금이 충분히 조달되기 어려운 상황이다. 지속적인 자금확보를 위한 대안을 모색할 필요가 있으나 쿱사이클의 미션은 더욱 강력해지면서 내실을 강화하는 과정을 거치고 있다고 현지 인터뷰에서 확인할 수 있었다. 또 최근 연합회가 어소시에이션으로 시작하여 진행하였으나 공익협동조합(SCIC)으로 전환을 준비하면서 프랑스 사회연대경제 조직으로서의 생태계를 구축하며 지속 가능하고 민주적인 비즈니스 모델을 구축하기 위한 도전에 직면하고 있다.

또 자본주의적 플랫폼 기업에 대항하여 디지털 플랫폼을 보호하는 과정도 쿱사이클의 지속적인 도전 과제가 되고 있다. 디지털 커먼즈를 보호하기 위해 창의적인 커먼즈와 PPL에 의하여 뒷받침된 새로운 라이센스를 개발하며, 더 나은 법적인 장치를 구축해야 하는 상황이다.

5. 시사점

프랑스의 쿱사이클을 만나기 전 사전 조사 과정에서도 과연 로컬 중심의 배달플랫폼 협동조합에 연수단이 방문할 기회가 만들어질 수 있을지, 그들이 직접 배달하는 모습을 관찰할 수 있을지 많은 기대감과 염려를 가지고 준비하였다. 염려했던 것과 같이 지역 기반의 작은 소규모 로컬협동조합과 연합 사무실은 연수단을 모두 맞아주기에 물리적 한계가 있었다. 대신 직접 숙소로 찾아와서 열정적으로 쿱사이클의 사례를 들려주는 연합의 크루는 자신감이 가득 차 보였다. 염려했던 것과 달리 파리 시내를 다니면서 화물용 자전거를 이용하여 배달하는 배달 노동자의 모습은 쉽게 찾아볼 수 있었으며, 가까운 곳에 직접 식당과 함께 운영되는 지역 배달협동조합도 확인할 수 있었다.

이렇듯 자본주의적 플랫폼 기업과 열악한 배달 노동자들의 근무 환경 개선을 위해서 시작된 쿱사이클의 사례는 4가지의 시사점을 줄 수 있다.

첫 번째로, COVID19로 인한 보건 위기는 디지털 경제의 발전을 가속화하였고, 지역 배달서비스 플랫폼은 악화된 실업 상황과 사회적 거리두기로 인해 배달 서비스에 대한 수요가 증가함에 따라 다양한 배경의 사람들에게 고용의 기회를 제공하게 되었다. 디지털 플랫폼 경제와 관련된 고용의 불안정성, 착취, 비공식성을 특징으로 배달원과 그들이 고용되는 디지털 플랫폼 사이의 노동 관계를 돌아보아야 할 때이다. 긱 노동에 대한 인식 부족은 세계적인 문제이며 국제 협력 대화를 촉발하고 있는 실정이다. 이에 쿱사이클은 프리랜서 및 임시노동자(gig worker)에 대한 고용주의 책임을 부정하는 노동 정책에 대한 대응이라는 점에 있어 의미가 크다. 프랑스의 지역 배달협동조합의 조직 형태는 전통적인 노동자협동조합(SCOP), 사업고용협동조합(CAE), 공익협동조합(SCIC) 중에서 선택할 수 있다는 배경도 쿱사이클이 존재하는 플랫폼 생태계를 형성하는 데 기반이 되었다(장종익, 2023).

두 번째로 배달 협동조합 간의 연대 부분에 큰 의미가 있다. 국내에는 디지털 플랫폼 기반 협동조합이 전무한 상태로서 로컬 중심의 대기업 플랫폼을 활용한 배달 노동을 하고 있는 노동자에 대한 처우 및 근무 환경 개선을 위해 규모화를 도모하는 데에 한계가 있다. 그러나 쿱사이클은 배달 노동자와 로컬 배달협동조합 간의 협력과 연대를 통해 괜찮은 일자리를 창출하기 위해 규모화가 필요한 부분을 실천하고 있으며, 쿱사이클 60여 개 연합 협동조합 중 노동자협동조합(SCOP)이 80%, 공익협동조합(SCIC)이 20%에 해당한다는 점은 주목할 만하다.

배달 노동자를 위한 쿱사이클 자체 플랫폼 개발을 세 번째 시사점으로 볼 수 있다. 플랫폼 경제의 독과점화 현상 및 빅데이터 사적 남용의 가능성, 소유자와 서비스 공급자 간의 소득 양극화, 지역 주민 소외로 인한 지역 커뮤니티 파괴 등 대기업 중심의 자본주의적 플랫폼의 문제는 세계적으로 그 심각성이 대두되고 있다. 그런데 쿱사이클은 디지털 커먼즈 조성과 선도적 연합회를 통해 단순 배달플랫폼에서 다른 영역까지 확대 적용할 수 있는 방안에 대한 가능성을 확인하였으며, 자체 플랫폼을 통해 시장 가격을 형성하여 양극화에 맞서 소득의 재분배를 진행한다는 데에 의미가 있다. 유럽 외에도 다양한 국가와 연합회가 구축되어 있어 아시아 대륙 최초로 한국형 쿱사이클의 형태로 로컬 배달협동조합이 출현할 가능성도 시사하고 있다.

마지막으로, 탄소 중립의 환경 원칙을 고수하면서 정부 지원의 정당성을 부각시키고 지속 가능성을 만들어가는 부분이다. 운송 수단으로서 자전거, 전기 자전거, 화물 자전거, 전기 화물 자전거, 전기 오토바이 등 전기 운송 수단을 통해 쿱사이클은 지속 가능한 도시 배송을 촉진하고 있다. 멕시코 연합 로컬 협동조합에서 진행했던 파일

럿 사업 중에도 IDB와 IDB Lab의 지원을 받아 사람과 사람의 안전한 이동 권리에 초점을 맞춘 지속 가능하고 포용적인 이동성 생태계를 촉진하고자 하고 이를 위해 운송 네트워크 회사(ERT), 정부, 민간 부문 및 시민 사회 조직과 협력하여 혁신적인 파일럿을 생성하고 있다(Barrier-Flores).

노동통합형 사회적기업.01

청년들의 자립을 위한 노동통합형 비영리기업,
퀘벡의 엥세르텍(Insertech)

이필균

1. 노동통합형 사회적경제 조직의 정의와 엥세르텍의 개요

노동통합형 사회적경제 조직은 '노동시장에서 심각한 어려움을 경험하고 있는 사람들의 직업적 통합을 주요한 목적으로 하는 자율성을 갖춘 경제 실체'라고 정의할 수 있다(Catherine, 2004). 이러한 조직은 주로 노동시장 진입에 어려움을 겪는 취약계층의 직업 적응력 향상을 위해 운영되며, 각국의 사회·제도적 환경에 따라 다양한 형태로 나타난다. 일반적으로 취약계층이 직접적인 생산활동에 참여하는 과정에서 직업적 능력이 향상될 수 있도록 훈련 프로그램이 설계되어 있으며, 이러한 방식은 국가별 사회적경제 정책과 밀접하게 연결된다. 특히 캐나다 퀘벡주는 이러한 노동통합형 사회적경제 조직을 제도적으로 지원하고 있는데, 그 대표적인 사례로 엥세르텍을 들 수 있다.

노동통합형 사회적경제 조직이 운영하는 직업 훈련 프로그램은 실무 중심의 고용 연계형 교육 모델이라 할 수 있다. 고등학교를 중

출처 https://www.insertech.ca/

퇴한 학교 밖 청소년, 마약 중독자, 장애인, 이주민 등 취약계층은 일자리를 얻으려 해도 노동시장에서 제외되는 경우가 많은데, 퀘벡주는 1990년대에 이들을 위한 교육사업 프로그램을 시작하였다.

엥세르텍은 노동시장에서 소외되는 청년을 대상으로 컴퓨터 수리 교육을 하고 자원순환 사업을 통해 일자리 문제를 해결하는 노동통합형 비영리 기업이다. 오랜 기간 자원순환 사업을 하면서 버려지는 가전제품에 주목하게 되었고 내구성을 고려하여 수리를 통해 적정기간 동안 충분히 사용하도록 수명을 연장하는 것을 사업화하였다. 이 과정에서 자연스럽게 자원순환과 환경문제에도 초점을 맞추게 되었고, 관련한 다양한 보고서를 접하고 활동을 이어가게 되었다. 그러한 활동 중 하나가 정보 취약계층을 대상으로 한 컴퓨터 교육이다. 이를 통해 엥세르텍은 취약계층 청년의 일자리 문제 해결을 넘어, 환경 문제 대응과 디지털 정보 접근성 향상이라는 복합적인 사회 문제를 해결하는 조직으로 성장하였다.

우리나라에서 노동통합형 사회적기업 제도와 유사한 제도가 있는데, 고용노동부의 일자리 제공형 사회적기업과 보건복지부의 자활기업 지원제도라고 할 수 있다. 이에 따라 자활기업에서 시작하여 정보통신기기 재제조를 통해 저소득층의 일자리 창출을 목표로 하는 사회적기업 ㈜컴윈과 청년을 대상으로 한 노동통합형 비영리기업인 퀘벡의 엥세르텍을 비교 분석해보고자 한다. 두 기업의 운영 방식과 비즈니스 모델을 살펴보는 과정은 노동통합형 사회적기업의 국내외 사례를 이해하고 향후 발전 방향을 모색하는 데 도움이 될 수 있을 것이다.

회사명	엥세르텍
설립연도	1998년
직원수	총 34명 (관리직 3명, 교육·훈련 5명, 마케팅 커뮤니케이션 3명, 판매 7명, 생산 8명, 품질 1명, 계약 담당 7명 구성)
매출액	2021~2022 연간보고서 기준 1,951,570 CAD (한화 약 19억원)
사업분야	컴퓨터 판매, 컴퓨터 수리, 디지털 기술 활용 교육훈련, 온라인 쇼핑몰 등
사회적목적	청년 교육·훈련 : 노동시장 진입이 어려운 청년(비행청소년, 주의력 결핍 청년 등)을 대상으로 기술 교육 및 훈련 제공 환경 보호 : 재사용 제품의 활성화, 전자 폐기물 보고서 발간 정보 접근성 확대 : 정보 취약계층 대상 무료 컴퓨터 교육, 저가 컴퓨터 보급 활동

〈표 1〉 엥세르텍의 개요

2. 엥세르텍의 주요 미션과 조직형태

엥세르텍은 1998년 캐나다 퀘벡주 몬트리올에 설립된 비영리 기업으로 컴퓨터 판매 및 수리, 디지털 기술을 활용한 교육 훈련, 온라인 쇼핑몰 운영 등의 활동을 하고 있다. 2008년부터 2022년까지 꾸준히 연차보고서를 발간하며 조직의 핵심 가치를 투명하게 공유해 왔다. 매출액은 2021~2022 연차보고서 기준 1,951,570 캐나다 달러(한화 약 19억원)를 기록하고 있다. 1998년부터 2023년까지 약 20만 대의 컴퓨터를 수리하였고, 저소득 가정과 비영리단체(NGO)에 수리한 컴퓨터를 공급해왔으며, 노인과 저소득층을 대상으로 디지털 기술 활용 교육을 하고 있다. 또 전자폐기물과 관련한 다양한 친환경 관련 보고서를 발간하고, 사회적경제 조직들과 파트너십을 통해 청년 사회복지를 위한 활동을 하고 있다.

2021~2022년 기준 매출구조를 살펴보면, 제품 및 서비스 판매 수익이 전체의 52%를 차지하며, 사회전문 통합서비스(33%), 기업 및 후원 수익 (8%), 기타 보조금(7%)이 뒤를 잇는다. 제품 판매 내역 중 리퍼 제품이 57%로 가장 큰 비중을 차지하며, 새로운 제품이 24%, 수리 제품이 14%를 차지한다. 사회전문 통합서비스는 퀘벡 주정부로부터 지원받는 사회적 목적 수행을 위한 재정지원으로, 취약계층 청년 대상 교육 및 고용 훈련 프로그램 운영 등에 사용되는 공공보조금이라고 할 수 있다. 우리나라의 일자리 제공형 사회적기업은 최대 5년간 인건비 지원이 이루어지고 있으나 퀘벡의 사회전문 통합서비스지원금은 신규로 취약계층을 지원하게 되면 매년 지원된다는 점이 특징이다. 지출 구조는 임금이 61%로 가장 많고, 판매된

상품 및 서비스 20%, 임대료 및 관리비 15%, 기타 비용 4%로 구성되어 있다.

이사회 구성 인원은 7명이며, 셔브룩대학교 경영대학원 환경전문가 교수(이사장), 디지털 마케팅 전문가, 민간 컨설턴트, AOD 마케팅 창립회장, 몬트리올 퀘벡대학교 사회사업 연구 교수, 내부관리자(직원), 프로젝트 관리자 등으로 구성되어 있다. 청년 취약계층을 대상으로 하는 노동통합형 사회적경제 조직의 특성상, 직원수는 인턴십 운영에 따라 유동적이며, 유급 근로자의 수도 변화가 잦다. 정규직원은 총 34명이며, 세부 구성은 다음과 같다.(관리직 3명, 교육·훈련 5명, 마케팅 커뮤니케이션 3명, 판매 7명, 생산 8명, 품질 1명, 계약 담당 7명) 특히 교육·훈련 전담 인력이 5명이라는 점은, 청년을 대상으로 한 기술 교육이 기업 활동의 중심에 있음을 보여준다.

3. 엥세르텍의 발전과정과 비즈니스 모델

엥세르텍은 1998년 'Cifer Angus'라는 이름으로 설립된 뒤 2000년 'Insertech Angus'로 공식 개명하며 정체성을 확립했다. 2001년 퀘벡 주정부로부터 통합기업(EI) 인증을 받으면서 판매 카운터를 마련했고, 2003년 수리 기술 서비스를 도입해 본격적인 자원순환 사업의 기반을 다졌다. 2006~2009년 사이에는 몬트리올 동섬 상공회의소 에스팀상, Phénix 환경상 등 다수의 지역·환경 분야 상을 받았으며 사회적경제 조직으로서 명성을 높였다. 같은 기간 재활용 인증(ICI)과 레벨 3 성능 획득, 온라인 매장 오픈(2007)으로 시장 접근성을 넓혔고, 2008년부터는 교육 서비스까지 개시해 청년 인턴십·커뮤

1998년	Cifer Angus라는 이름으로 Insertech Angus가 탄생
1999년	테크노폴 앵거스(Technopôle Angus) 이전
2000년	Cifer Angus에서 Insertech Angus로 공식 명칭 변경
2001년	Emploi-Québec으로부터 통합기업 (entreprise d'insertion)으로 승인 판매 카운터 개발
2003년	수리 기술 서비스 시작
2006년	몬트리올 동섬 상공회의소 '사회적경제 부분 에스팀상' 수상
2007년	Insertech 매장 오픈
2008년	CDEC Rosemont-Petite-Patrie가 '영감상' 수상 교육 서비스 개시
2009년	폐기물 관리 분야의 Phénix '환경상' 수상 재활용 인증서의 ICI, 레벨 3 성능 획득
2010년	중소기업 및 단체를 위한 기술 서비스 개시 탄소중립 인증 및 환경경영시스템 이행
2011년	ISO 14001: 2004 인증 획득 (ISO 14001: 2015 갱신) 전자 제품 재활용 캐나다 표준 준수, 사회적・환경적 라이프 사이클 분석(LCA) 협업 기업용 컴퓨터 장비 폐기 서비스 DÉDUIRre 출시 몬트리올 사회적경제상(국제 봉사 부문) 수상
2012년	몬트리올 환경 및 지속 가능한 개발 표창 갈라 어워드 수상 Novae 퀘벡 에코디자인 공모전 소기업 부분 수상 Genie de l'économie sociale 2012 대회 우승 ΛRPE-Québec 기준 ERRS 2012 표준에 따라 리컨디셔너 인증 획득
2013년	온라인 스토어 런칭 환경 인식 캠페인 시작
2014년	Novae Corporate Citizen Award 수상 (BUSINESS STRATEGY 부문) Green CEO Award(중소기업 부문) Agnes Beaulieu 수상
2015년	제1회 Insertech 수리대회
2016년	ISO 14001:2015 인증
2017년	본사 4820 Molson으로 이전 커뮤니티 대상 컴퓨터 서비스 센터 개설

〈표 2〉 Insertech의 발전과정[1]

---

1 Insertech 공식 홈페이지 https://www.insertech.ca/

니티 교육이라는 사회적 미션을 병행하기 시작했다.

2010년대 들어 엥세르텍은 서비스 다각화와 국제 표준화에 집중했다. 2010년 중소기업·단체 대상 기술 서비스를 선보이고 탄소중립 인증 및 환경경영시스템(EMS)을 도입했으며, 2011년 ISO 14001 인증을 획득·갱신하여 환경 관리 체계를 고도화했다. 2012~2014년에는 몬트리올 지속가능개발 표창, Novae 에코디자인상, Green CEO Award 등 수상 실적을 추가하며 친환경·사회혁신 기업으로 자리매김했다. 이후 제1회 수리대회 개최(2015), ISO 14001:2015 재인증(2016), 본사 이전 및 커뮤니티 서비스센터 개설(2017)로 성장 인프라를 확장했다. 이렇게 진화하면서 '수리·재사용 비즈니스'와 '취약계층 디지털 교육'의 시너지를 통해 환경적·사회적 가치를 동시에

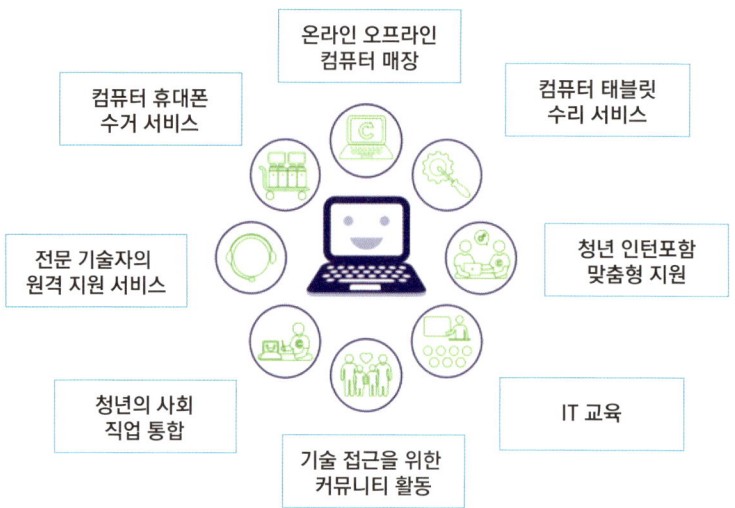

〈그림 1〉 엥세르텍의 주요 사업과 활동

창출하는 엥세르텍의 현재 모델을 완성했다.

엥세르텍은 컴퓨터 판매 및 수리 사업을 기반으로 청년 일자리 문제와 환경 문제에 대응하고 정보 취약계층의 디지털 접근성 강화 등을 사회적 목적으로 삼는 비영리 기업이다. 이를 실현하기 위해 컴퓨터 판매 오프라인 매장 운영, 수리 작업장, 청년 대상 통합상담, 컴퓨터 교육, 커뮤니티 활동, 사회복지사 연계 지원, 원격 기술 지원, 복구 서비스 등 다양한 형태의 비즈니스를 전개하고 있다(<그림 1> 참조).

이러한 활동은 목적에 따라 경제적 목적을 위한 비즈니스와 사회적 목적을 위한 비즈니스로 나눌 수 있다. 경제적 목적의 비즈니스는 컴퓨터 판매 매장과 수리 작업장 운영, 컴퓨터 교육, 원격 기술 지원, 복구 서비스 등 수익 창출을 기반으로 하며, 사회적 목적의 비즈니스는 청년 대상 통합상담, 사회복지사의 연계 지원, 정보 취약계층을 위한 교육과 커뮤니티 활동 등을 포함한다. 특히 컴퓨터 교육은 두 영역에 모두 걸쳐 있는 활동으로 수익성과 사회적 가치를 동시에 실현하고 있다.

경제적 목적에 해당하는 사업 분야부터 살펴보면, 엥세르텍은 온라인 판매 쇼핑몰[2]을 운영하고 있으며, 컴퓨터, 노트북, 모니터, 휴대폰·태블릿, 소프트웨어 등 다양한 IT 기기를 판매하고 있다. 수리 작업장은 월요일부터 금요일까지 오전 10시부터 오후 6시까지, 토요일에는 오전 10시부터 오후 5시까지 운영되며, 방문 고객을 대상으로 수리 서비스를 제공한다. 또 원격기술 지원을 통해 고객이 직

---

2 Insertech 쇼핑몰 홈페이지 https://insertech.ca/boutique-web/

엥세르텍을 방문 인터뷰 중인 한신대학교 연수단

접 방문하지 않고도 컴퓨터 문제를 해결할 수 있도록 돕고 있으며, 복구 서비스 역시 함께 운영되고 있다. 컴퓨터 교육의 경우에는 정부의 지원금을 통해 일부 유료 프로그램과 무료 워크숍이 혼합된 방식으로 운영되고 있다.

  사회적 목적을 위한 비즈니스는 청년 인턴십 프로그램을 중심으로 구성된다. 엥세르텍은 비행 청소년, 주의력 결핍 청소년, 난독증 청소년, 학교 밖 청소년 등 노동시장 진입에 어려움을 겪는 이들을 대상으로 교육·훈련과 심리 상담 등 통합적인 사회복지 서비스를 제공한다. 이 인턴십은 만 16세에서 35세 사이의 IT에 관심 있는 청년을 대상으로 하며, 6개월간 체계적인 교육 과정을 통해 실무 능력을 키울 수 있도록 설계되어 있다. 실습 프로그램은 컴퓨터 조립, 판매 및 고객 서비스, 입·출고 및 배송, 사무자동화 프로그램 등 네 가

지 과정 중에서 하나를 선택할 수 있다.[3]

컴퓨터 수업의 경우 고령자와 정보 취약계층을 대상으로 운영하고 있으며, 온·오프라인 수업을 통해 디지털 정보 접근성을 높이는 데 도움을 주고 있다. 세부 프로그램으로는 컴퓨터 및 인터넷 소개, 이메일 활용, 비밀번호 설정, 태블릿 사용법, 소셜 네트워크(SNS) 활용 등의 다양한 주제가 포함되며, 이 모든 교육과 워크숍은 무료로 제공된다. 이 사업은 정부의 지원을 기반으로 추진되고 있어 경제적 목적의 사업이면서 동시에 사회적 목적을 실현하는 활동으로 볼 수 있다.

엥세르텍에는 청년 인턴십을 전담 관리하는 사회복지 전문가가 함께 활동하고 있다. 이들은 교육 참여자의 심리 상담, 진로 지도, 정서적 지원을 담당하며, 총 5명의 전담 인력이 직업 훈련 외에도 전문적인 교육을 병행하고 있다. 이를 통해 단순한 기술 교육을 넘어 사회적 자립을 위한 다면적인 지원이 이루어지고 있다. 앞에서 언급한 사회전문 통합지원서비스 명목의 주정부 지원금으로 이러한 사회복지 전문가의 인건비를 지급할 수 있다.

한편, 소비자 역시 엥세르텍의 활동에 있어 중요한 주체 중 하나이다. 소비자는 중고 컴퓨터를 재사용함으로써 전자폐기물 감소에 기여하고, 복구 및 수리서비스, 원격 기술 지원 등 다양한 친환경 서비스를 이용함으로써 윤리적 소비를 실천할 수 있다. 이처럼 제품구매와 서비스 이용을 통해 환경적 가치를 지지하는 소비 행위는 엥세르텍이 지향하는 지속가능한 사회적경제 생태계의 일환이라 할 수 있다.

---

3 Insertech 컴퓨터 수업 홈페이지 https://aines.insertech.ca/ressources/

4. 주요 성과

　엥세르텍의 성과는 단순한 숫자로만 평가할 수 없다. 25년간 꾸준히 이어온 활동을 통해 축적된 사회적 영향력은 매우 크다. 특히 이 조직이 청소년과 청년들에게 제공해온 교육과 훈련의 기회는 단순한 직업훈련을 넘어 삶을 재구성할 수 있는 기반이 되어왔다. 이에 본문에서는 엥세르텍 사회적·환경적 성과에 주목하고자 한다. 청소년 교육·훈련 사업의 경우, 2021년부터 2022년까지 총 238명이 참여했다. 이 중 61명이 취업에 성공했으며, 35명이 프로그램을 성공적으로 이수했다. 또한, 17명은 직장에 복귀하였고, 6명은 학업을 이어가기 위해 학교로 돌아갔으며, 115명은 추가적인 후속 지원을 받았다. 이러한 수치는 단순한 결과 이상의 의미를 지닌다. 참여한 청소년들은 엥세르텍을 통해 자신의 잠재력을 발견하고 회복과 재도약의 기회를 얻었다. 다시 말해, 이 프로그램은 사회로의 복귀와 자립의 가능성을 열어주는 전환점이 되었다. 무엇보다 중요한 점은, 지난 25년간 약 1,500여 명의 청년들이 엥세르텍의 교육 및 훈련 과정을 통해 성장해왔다는 사실이다. 이는 단지 개인의 변화에 그치지 않고, 한 세대의 가능성을 확장한 사회적 성과로 평가할 수 있다. 엥세르텍은 청년들의 삶에 실질적인 변화를 가져다주는 교육 훈련기관이다. 다음은 프로그램에 참여한 청년들의 생생한 목소리다.

　유진(Eugène)은 '많은 도덕적 지지를 받았다. 참가자들이 능동적으로 변화할 수 있도록 격려해 주었고, 스트레스를 다루는 방법이나 자기 자신을 북돋우는 표현법을 배울 수 있었다.' 라고 말했다. 엥세르텍이 '우리 스스로 미래를 위해 무엇을 원하는지 결정할 수 있도록 도와주는 공간'이라고 하면서 '이 기관이 오랫동안 번창하길 바란다.'라고 덧붙였다.

제이(Jay)는 '몬트리올로 이사한 후 길을 잃은 느낌이었지만, 엥세르텍은 나에게 삶의 방향을 찾고 자신감을 되찾을 수 있도록 도와주었다.'라고 밝혔다. 특히 '프랑스어를 배우고 컴퓨터 관련 지식을 넓히는 데에도 큰 도움이 되었으며, 놀라운 사람들을 만나며 인생을 바꾸는 경험을 할 수 있었다.'라고 말한다. 그는 '이 여정이 내 삶을 얼마나 바꾸었는지 말로 다 표현할 수 없다.'라고 하면서 깊은 감사를 전했다.

이처럼 엥세르텍은 단순한 직업 교육을 넘어, 청년들의 삶을 재정립하고 스스로 가능성을 발견할 수 있도록 지원하는 든든한 동반자가 되고 있다. 실질적인 기술 훈련과 더불어 정서적 지지, 커뮤니티 형성의 기회까지 제공함으로써, 청년들이 자기 삶의 주체로 다시 서게 되는 계기를 맞이하고 있다.

기업은 지속 가능해야 하며, 동시에 지속 가능한 지구 환경을 위해서도 책임을 다해야 한다. 엥세르텍은 이러한 환경적 미션을 실천하기 위해 다양한 노력을 기울이고 있다. 기업의 컴퓨터와 노트북 재사용률을 높이기 위한 정책 보고서를 출간하거나, 리퍼 제품과 수리된 제품의 사용 확대를 위한 활동을 적극적으로 추진하고 있다. 2021년부터 2022년까지 엥세르텍의 전체 제품 재사용률은 77%에 달하며, 이는 일반 재활용률보다 높은 수준이다. 성과 분석에 따르면, 휴대용 기기 92%, 데스크톱 및 타워형 컴퓨터 66%, 스마트폰은

75%의 재사용률을 기록하였다. 이러한 성과는 실질적인 환경 효과로도 이어졌다. 총 121.6톤의 이산화탄소 배출을 절감하였으며, 이는 자동차 주행거리로 약 478,410km에 해당하는 온실가스 감축 효과라고 한다.

세계 각국의 산업과 문화 등 거의 모든 영역에서 디지털화가 급속하게 진행되면서, 정보의 격차 문제가 발생하고 있다. 엥세르텍은 이러한 문제를 인식하고, 그 격차를 최대한 줄이기 위해 노력해왔다. 2021년부터 2022년까지 엥세르텍은 총 311회의 교육 세션과 워크숍을 통해, 23개 지역 4,802명에게 디지털 교육을 제공하였다. 이는 단순한 숫자 이상의 의미를 가지며, 빠르게 진화하는 디지털 환경 속에서 정보 취약계층이 소외되지 않도록 지원하는 활동이다. 또한 '디지털 기술의 민주화'라는 사명을 바탕으로 장애인 친화 기업(EA, Entreprises Adaptées) 소속 1,918명의 회원에게 필수 정보를 제공하고, 디지털 교육과 정보 접근성을 강화를 위한 지원을 해왔다. 이는 단순한 훈련 제공을 넘어 나이와 배경에 상관없이 누구나 기술을 수용하고 활용할 수 있도록 돕는 활동이다. 엥세르텍의 이러한 성과는 권한 부여, 환경 관리, 디지털 포용의 가치를 실현한 사회적기업의 지속적인 노력의 결과로 나타나고 있다.

5. 엥세르텍과 사회적기업 컴윈의 비교

퀘벡에서 노동시장에서 배제된 개인을 지원하기 위한 정책은 소외계층의 고용 및 교육 기회를 제공하는 것을 목표로 하는데, 대표적인 두 가지 정책은 다음과 같다. 첫째 EA(Entreprises Adaptées)는 장애인에게 고용 기회를 제공하기 위해 퀘벡에서 설립된 '장애인 친화 기업'정책이다. EA 프로그램은 1978년에 도입되었으며, 장애인이 직장에서 안정적으로 일할 수 있도록 지원하는 역할을 한다. 장애인을 고용하는 기업은 정부로부터 보조금을 지원받는 구조로 운영된다.

다음으로 EI(Entreprises d'Insertion)는 노동시장에서 소외되거나 배제된 개인을 위한 직업 교육 및 기술 개발에 중점을 둔 프로그램이다. 이는 1998년에 도입되었으며, 참가자들이 고용시장에 재진입할 수 있도록 필요한 기술과 자신감 등을 개발할 수 있는 환경을 제공한다. 이를 통해 교육사업과 다양한 노동시장 접근성이 확장되었으며, 엥세르텍은 EI 프로그램의 지원을 받아 운영되고 있다.

한국에서 노동통합형 사회적기업과 유사한 제도는 자활기업과 일자리 제공형 사회적기업이라고 할 수 있다. 자활기업은 2인 이상의 수급자 또는 차상위자가 상호협력하여, 조합 또는 사업자의 형태로 탈빈곤을 위한 자활사업을 운영하는 업체로서 국민기초생활보장법에 의한 자활기업 요건을 갖추고 보장기관으로부터 인정받은 기업을 말한다.[4] 사회적기업은 '사회적기업 육성법'에 따라 사회적 목적을 추구하는 기업을 말한다. 사회적 목적에 따라 일자리제공형, 사회서비스제공형, 혼합형, 지역사회공헌형, 기타(창의·혁신)형 5가지 유형으로 구분된다.

㈜컴윈은 자활기업으로 출발해 이러한 일자리 제공형 사회적기업으로 인증을 받아, 전기·전자 폐기물 재제조·유통을 통해 취약계층 고용 창출과 환경 보호라는 두 가지 사회적 가치를 실현하고 있는 대

---

4 한국자활복지개발원 홈페이지 https://kdissw.or.kr/menu.es? mid=a10601050000

표적 자원순환 기업이다.

	엠세르텍	㈜컴윈
설립목적	청년들의 일자리문제를 해결하기 위해서	취약계층에게 안정적인 일자리를 제공하기 위해서
조직형태	비영리기업	상법상 주식회사
비즈니스모델	컴퓨터 수리 판매	컴퓨터 수리판매 폐기물처리
고용의 형태	6개월 간접 고용 교육·훈련 제공	직접고용
노동통합의 대상자	15세~35세 청년	고령자, 여성가장, 갱생보호대상자 등 다양함
지원제도	EI 제도를 활용하여 인건비 제공 받음	초기 지원제도를 활용 현재는 지원 없이 자체 고용

〈표 3〉 엠세르텍과 ㈜컴윈의 비교

2002년 자활사업단으로 시작한 컴윈은 6명의 인원으로 쓰다가 버린 컴퓨터나 모니터, 프린터를 수거해 재조립하여 판매하는 자원순환 사업에 도전하였다. 컴윈은 현재 '환경을 지키고 일자리를 만들며 나눔을 실천하자'는 기업의 미션을 가지고 운영 중이다. ㈜컴윈의 명칭은 '우리는 컴퓨터(com) 재활용사업을 통해 새롭게 시작하는 인생에서 반드시 승리(win)하자'는 의미를 담고 있다.

㈜컴윈의 비전과 가치는 네 가지로 정리 된다. 첫 번째는 '자원순환 사업으로 친환경 사회를 실현한다'이다. 이는 친환경이라는 공익의 원칙을 준수하고, 폐기물의 적법한 인증과 관리, 처리를 통해 자원순환을 실천하겠다는 뜻이다. 이를 위해 자체 매뉴얼을 개발하고, 친환경 사회의 실현을 기업의 당연한 목표로 인식하며 실천하고 있다. 두 번째는 '저소득 소외계층과 함께 안정적인 일자리를 창출하고

이들의 자활과 자립을 지원한다'는 것이다. 친환경 자원순환 사업으로 일자리를 창출하고, 실업과 빈곤문제를 해결하며, 복지 증진에 이바지하겠다는 의미를 담고 있다. 세 번째는 '우리 사회의 실업과 빈곤을 극복하고 복지를 증진한다'이다. 자활센터 등 빈곤 관련 단체들과의 연대를 통한 대안기업연합회, 재활용연합회, 사회적기업협의회 등 다양한 네트워크를 구축하고 있으며, 이러한 연대 사업을 통한 대안경제 활동을 실천하고 있다. 마지막으로 '이윤을 사회에 환원하여 사회통합과 살맛나는 지역사회 공동체를 실현한다.'는 가치를 추구한다. 회사 활동의 성과를 사회에 투명하게 공개하고 사회적기업으로서의 원칙을 준수하며, 일상적 기부와 사회환원을 통해 설립 목적을 실현하고자 한다.[5]

2022년 12월 31일 기준으로 ㈜컴윈에는 30명의 유급 근로자가 있으며, 이 중 취약계층 근로자는 15명으로 50%를 차지하고 있다. 매출 규모는 약 45억 원, 영업이익 5억 원 등 견실한 성장을 이어나가고 있다. 컴윈은 고용 문제뿐만 아니라 자원순환을 통해 지구 기후위기와 환경 문제의 대응에도 힘을 쓰고 있다. 특히 전기·전자 폐기물처리 사업을 개시하면서 직접 폐기물을 처리할 수 있게 되었고, 2023년 기준으로는 불용컴퓨터 처리 누적 42만 대, 폐휴대폰 수거 처리 누적 50만 대에 이르는 성과를 올렸다. ㈜컴윈은 자활기업으로 출발하여, 2007년 사회적기업 인증을 받았으며, 2008년 국무총리 표창, 2009년 사회복지공동모금회 표창, 경기도지사 표창을 받았다. 2018년에는 사회성과인센티브 최우수상, 대통령 단체 표창까지 받은 수상 경력을 가지고 있다.

---

[5] 컴윈 10주년 자료집 참조

엥세르텍과 ㈜컴윈은 노동시장에 진입하는 일에 어려움을 겪는 노동자에게 일자리를 제공하는 사회적 목적을 가진 기업이라는 점에서 유사한 측면이 있다. 또 컴퓨터 수리 및 판매를 주요 업종으로 삼고 있으며, 환경 문제 해결을 위해 재사용 제품을 활용하거나 리퍼 제품을 상용화한다는 점도 닮은 점이라고 할 수 있다.

그런데 사회적 목적은 유사하지만 이를 실현하는 방식에는 차이가 있다. 엥세르텍은 매년 학교 부적응자 등 청년 취약계층을 대상으로 상담 및 교육·훈련의 기회를 제공하여 간접적으로 취업을 지원하는 방식으로 운영된다. ㈜컴윈의 경우 직접고용을 통해 안정적인 일자리 제공에 노력하고 있으나 그 혜택을 받는 취약계층의 수는 제한적일 수밖에 없다. 재정 운영 방식에도 차이가 있다. 엥세르텍은 매년 취약계층에 대한 상담 및 직업 훈련 서비스를 제공하므로 EI 제도를 이용하여 전체 비용의 30%~40% 정도를 지원받아 유지하고 있다. 반면에 ㈜컴윈은 초기에는 자활기업이나 사회적기업의 지원제도를 통해 도움을 받았으나, 현재는 외부 지원 없이 자체적인 고용 인건비를 내부 수익으로 충당하며 운영하고 있다.

6. 시사점

이 글에서는 퀘벡 사회적경제의 노동통합 분야에서 우리나라에서는 찾아보기 어려운 엥세르텍의 사례를 살펴보았다. 이를 통해서 시사하는 바는 크게 두 가지이다.

첫째, 청년 등 다양한 노동통합 대상자들에게 교육·훈련의 기회를 제공하는 노동통합형 사회적기업의 가능성을 탐색할 수 있었다는 점이다. 노동통합형 사회적경제 조직은 사회적 장벽에 직면한 소외된 개인을 위해 다양한 교육과 직업 선택의 기회를 제공한다. 한국에서는 사회적기업이나 자활기업이 직접 고용하는 형태가 일반적이나 엥세르텍에서는 청년들을 대상으로 재사회화 교육과 기술·훈련 등을 통해 다양한 고용의 기회를 제공하고 있다. 지금까지 약 1,500명의 교육 수료생을 배출하였으며, 이들이 사회와 직장, 학교로 돌아갈 수 있도록 지원해왔다. 이런 높은 파급 효과는 다양한 사업 분야에도 적용 가능하다고 본다. 우리나라에서는 지역자활센터 등 보건복지부의 자활 지원제도가 이러한 역할을 일정 부분 수행해왔다고 볼 수 있는데, 그 지원서비스의 제공 주체는 공공기관이라고 할 수 있다. 반면에 엥세르텍처럼 사업의 전문성을 지닌 사회적기업이 이러한 자활 및 교육·훈련 서비스를 동시에 수행함으로 인하여 지원의 효과성과 효율성을 높일 수 있다는 점을 시사해 준다.

두 번째로 환경 분야의 문제를 인식하고 대응하는 지속 가능한 기업문화가 필요하다. 엥세르텍은 취약계층 청년들에게 노동의 기회를 제공하면서, 여러 가지 환경 문제에 대응하여 재사용·재활용 문화 확산 등에 노력하는 기업이다. 특히 우리에게 가장 큰 시사점은 환경 문제를 해소하기 위한 구체적인 활동이다. 소비자 보호를 위한 제품 내구성 관련 법안 권고 보고서, 환경 보호를 위한 폐기물 관리에 관한 BAPE 발표 보고서를 발간하는 등 대외적으로도 환경 문제에 목소리를 높이는 일을 하고 있다. 또 기업에서 발생하는 이산화탄소를 줄이기 위해 자체적으로 시스템을 개발하고 노력을 기울이고 있다. 이는 지속 가능한 기업경영에 있어 필수적인 요소라 할 수 있다. 최근 한국에서도 ESG 활성화, 제품의 환경 관련 기준 강화 등 다양한 환경 문제를 고려하는 분위기가 고조되고 있다. 사회적경제 조직에서는 이러한 문제의식이 더욱 강조되어야 하고 실천 노력이 필요하다. 실제로 기후 위기가 심각해지는 시점에서 환경 문제를 기업의 주요한 사회적 목적으로 삼는 사회적경제 조직의 출현과 성장이 가시적으로 드러나는 경우도 많아지고 있다. 이런 변화는 세계적인 흐름이며 엥세르텍은 대표적인 사례라고 할 수 있다.

출처 https://insertech.ca/

노동통합형 사회적기업.02

강력한 연합회로 임팩트를 확산해온
노동통합형 사회적기업, 프랑스의 앙비(Envie)

정연철

1. 왜 앙비인가?

연수단이 방문한 앙비 흐 레보(Envie Le Labo)는 사회적기업 앙비(Envie)가 2020년 파리 20구에 조성한 특별한 공간이다. 이 공간에 앙비는 생태전환과 취약계층 일자리 창출 등 사회적 책임 실현이라는 사명을 오롯이 담아내었다. 독특한 형태의 목재 외관은 19세기의 폐자재가 사용되었으며 폐기된 세탁기 부품을 활용한 내부 벽면에 이르기까지 자원순환의 가치가 시각적으로 구현되었다. 앙비는 이곳에서 수리센터를 운영하고 재사용 제품을 전시·판매하고 있다. 또 시민과 방문객들에게 지속가능한 미래를 상상할 수 있도록 다양한 프로그램을 제공하면서 기업의 정체성과 지향을 명확히 드러내고 있다.

앙비는 프랑스의 대표적인 노동 통합 사회적기업의 연합회라는 정체성을 가지고 있다. 실직자와 사회적 배제의 위험이 있는 취약계층에게 일자리와 직업 훈련을 제공하여 사회 통합을 지원하는 동시에, 전기·전자제품 재활용을 통해 생태전환과 순환경제를 실현하는

재활용 전문기업이다. 2023년 현재 전국적으로 53개 회원 사회적기업을 아우르는 연맹체를 구성하였고, 연간 매출액은 1억 3,500만 유로(한화 약 2,100억), 고용인원은 사회통합프로그램 직원 2,851명, 상근직원 934명 등 총 3,785명으로 매출과 고용 양쪽 면에서 모두 규모화를 이루었다. 이는 노동 통합과 순환경제 실천이라는 두 가지 사회적 목적을 추구하면서 양적으로도 확장에 성공한 사례로 평가받고 있어, 규모화와 더불어 민간 주도의 성장을 고민하는 우리나라 사회적경제에 중요한 시사점을 제공한다.

2. 앙비의 창업과 발전 과정

Envie는 스트라스부르에서 탄생했다. 앙비의 역사는 사회적 배제를 극복하고 일자리를 창출하기 위해 헌신하기로 결심한 사람들로부터 시작되었다. 1980년대 당시 사회복지사들은 일자리가 없는 젊은이들을 돕기 위한 활동을 모색하고 있었다. 그들은 스트라스부르의 엠마우스 공동체와 교류하면서 가전제품 수리 사업을 통해 일자리를 창출하고 낭비를 줄이자는 생각을 했다. 이 혁신적인 프로젝트를 실현하기 위해 재정적, 물질적으로 지원하는 그룹이 구성되었다. 그리고 폐기된 가전제품을 수거하고, 수리한 후 보증기간을 설정하여 판매하며, 동시에 노동시장에서 배제된 이들을 교육하고 고용하는 기업을 설립하였다.[1]

1984년, 마르탱 스피즈를 비롯한 6명의 청년 실업자, 사회복지사, 자원봉사자들이 모여서 앙비를 창업했다. 당시 프랑스는 경제 불황

---

1 '출처: 앙비 공식 홈페이지 Envie.org'

으로 실업률이 급증하던 시기였는데 특히 젊은이와 저숙련 노동자들이 노동시장에 진입하지 못하는 상황이었다. 앙비의 창업자들은 생계를 보조하는 단순한 경제 지원을 넘어, 취약계층이 일자리를 통해 사회에 재통합될 수 있도록 기회를 제공하는 것을 목적으로 설정하였다. 이를 달성하기 위한 수단으로 엠마우스 공동체가 제안한 가전제품 수리 사업을 시작하였다. 노동 통합(work integration)과 자원 순환은 앙비의 미션이 되었고 이후 앙비의 정체성으로 자리 잡았다. 우리나라도 1980년대 판자촌 주민들의 생산공동체 운동을 시작으로 빈곤층의 자립을 위한 민간 자활운동이 시작되었는데 앙비와 시기적으로 겹친다.

1989년, 앙비는 프랑스 대형 전자제품 유통업체인 다르티(Darty)와 폐전자제품 기부 계약을 체결하면서 안정적인 폐기물 공급망을 확보했다. 이로써 마르세유에 새로운 공장을 설립하고 전국 네트워크 구축의 초석을 다졌다. 이후 조직 체계화와 전국적 확장을 위해 Envie Développement를 설립하고 이 조직의 활동에 기반하여 다양한 지역에 회원 사회적기업을 늘리며 전국화와 규모화를 실현했다. 즉, 앙비는 단일 기업의 팽창 전략이 아니라 지역 사회적기업의 창업 지원과 설립된 사회적기업들의 연합조직을 통한 규모화 전략을 채택했다.

2006년, 유럽에서는 전기·전자제품 폐기물 지침(DEEE)에 따른 생산자책임재활용제도(EPR)가 시행되었다. 전기·전자제품 생산자와 유통업체는 이제 제품의 최종 재활용 단계까지 책임을 지게 되었다. 앙비는 이 제도를 적극적으로 활용하여 전기·전자제품 생산자와 유통업체의 재활용 의무 이행을 지원·대행하는 사업을 확대했다. 프랑스의 생산자와 유통업체들은 제품가격에 포함되어 소비자가 지불한 환경부담금(에코파티시파시옹)을 통해 공공기관으로부터 인증받은 에코기구들을 재정 지원하며, 이들 기구는 폐기물의 수집, 분류 및 처리를 조직화해 생산자들의 의무를 대신 수행하게 된다.

2002년부터 유럽 지침의 국내 이행을 준비해 온 앙비(Envie)는 이 분야의 전문성을 바탕으로 신속하게 이 새로운 시장에 진출했다. 앙비는 DEEE 재활용 물류를 두 번째 핵심 사업으로 삼아 전문성을 입증했으며, 이를 통해 사회적 일자리 창출이라는 사명에 추가적인 동력을 부여하게 되었다. 이와 동시에 주요 DEEE 에코기구인 에코시스템(Ecosystem)과의 파트너십을 구축하여 더 양질의 폐기물 자원에 대한 접근성을 높이고 재사용을 촉진했다. 이를 통해 프랑스 내 전기·전자 폐기물의 약 3분의 1을 처리하는 주요 기관으로 자리매김했다.

2015년 이후에는 의료기기 재활용을 시작으로 매트리스, 가구, 정원용품 및 건설폐자재 재활용, 태양광 패널 재생사업, 스포츠 용품 등 다양한 분야로 사업을 확대해 왔으며, 2024년 현재 전국 53개의 사회적 통합 기업으로 구성된 네트워크를 운영하고 있다.

3. 앙비의 미션과 주요 활동

앙비의 미션은 '포용, 연대, 생태 전환'이다. 이에 따라 앙비의 사업 방향은 크게 세 가지로 나누어진다. 첫째, 앙비 네트워크 기업들은 지역사회에서 경제적·사회적·연대적 활동을 통해 취약계층 및 취업에 어려움을 겪는 이들의 노동과 직업 교육을 통한 사회 통합을 실현한다. 둘째, 앙비 기업들은 혁신, 경제적·사회적·환경적 책임의 원칙 아래 사회적 배제와 불평등 퇴치, 환경 보호, 사회적 유대감 강화, 지역 공동체 결속 도모에 기여하며, 경제적 도구는 사회적·지역적·환경적 프로젝트를 위해 활용한다. 셋째, 앙비 기업들은 순환경제 발전에 기여하고 폐기물 수집과 재생산을 통해 저소득층도 접근 가능한 가격으로 보증 제품을 공급하며, 생태·에너지 전환을 실현한다. 그리고 이를 위하여 지속적인 발전과 혁신 정책을 통해 연대 기업 모델을 공고히 한다.

1) 노동통합 기업으로서의 미션 실천활동

앙비(Envie)는 프랑스의 대표적인 노동통합 기업으로서 사회적 배제의 위기에 놓인 취약계층을 대상으로 체계적인 노동통합 교육과 일자리 창출을 함께 해결하는 사업 모델을 운영하고 있다. 이 모델은 단순한 고용 지원을 넘어 '교육-훈련-고용'을 통합한 체계적 시스템을 갖추고 있는 점이 특징이다.

앙비의 노동통합 교육 프로그램은 크게 네 가지로 구성된다. 첫째, 냉장고, 세탁기 등 가전제품 중심의 전기·전자 제품 수리 기술 훈련이다. 둘째, 재활용 공정 관리 및 품질 검사 교육으로 순환경제에 기여할 전문 인력을 양성한다. 셋째, 고객 상담 및 매장 운영 실무 교육을 통해 서비스 업무 능력을 강화한다. 넷째, 출근 습관 들이기와 팀워크 등 기본 직업 소양을 포함한 종합적인 직업 역량 개발 교육이다.

교육 과정은 총 2년간 단계별로 운영되며, 1~3개월간 기본 기술 습득, 4~6개월간 현장 실습, 7~12개월간 전문 기술 심화, 12~24개월간 정규직 전환 준비 등으로 이어지는 단계별 시스템을 운영하며, 실제 작업 환경과 동일한 조건에서 훈련이 이루어져 현장 적응력을 높이는 데 중점을 둔다. 교육과 고용의 연계를 강화하기 위해 앙비는 실무 중심으로 교육 내용을 구성하고 있다. 또 경력 직원 1명이 훈련생 2~3명을 담당하는 멘토링 시스템을 운영하여 훈련생들을 밀착해서 지원하고 있으며 매월 기술 평가와 고용 가능성 검토를 통해 지속적인 피드백을 제공하고 있다.

이와 같은 활동은 정부의 고용 지원금과 훈련 시설 지원, 대학과의 기술 교육 과정 공동 개발, 기업의 장비 기부 및 실습 기회 제공 등 다각도의 파트너십에 기반하여 이루어지고 있으며, 실제 작업 환경 반영, 점진적인 책임 부여, 구체적인 진로 경로 등을 제시하여 성공적인 직업 훈련이 이루어지도록 지원하고 있다. 교육 과정에 소요되는 비용은 정부 지원과 앙비 자체 사업 수익의 균형 잡힌 조합으로 조달한다. 이러한 교육 프로그램을 통해 정부는 사회적 고용을 촉진하고, 앙비는 재활용 제품 판매 등의 자체 수익을 창출하여 운영의 지속 가능성과 더불어 재정 자립도를 확보하고 있다.

일자리 창출 측면에서는 3단계 고용 안정화 시스템을 도입하여 훈련생 단계에서는 정부가 인건비의 80%를 지원하고, 수습 직원 단계에서는 앙비가 50%를 부담하며, 최종적으로 정규 직원 단계로의 전환을 목표로 한다. 정부가 앙비의 교육훈련프로그램에 참여하는 취약계층에게 지원하는 인건비는 1인당 2년으로 제한된다. 특히 주목할 점은 정부가 사업 참가자를 직접 지정하지 않고, 앙비가 자체적으로 인력을 선발한 후, 지역 ANPE(고용상담소)를 통해 신규 참가자의 인건비 지원 자격을 확인하는 방식을 채택하고 있다. 따라서 만일 신규 참가자가 자격이 안 될 경우에는 앙비가 자체적으로 수익을 발생시켜 고용해야 한다.

2023년 기준, 앙비는 행정·판매·기술직 등 934명의 정규직 인력을 자체 수익사업을 통해 고용하고 있으며, 이는 앙비의 재정 자립도를 입증하는 중요한 지표다. 같은 해 앙비의 노동통합 프로그램 참여자 2,851명 중 69%인 1,967명이 취업(43%), 수습(30%), 정규직(27%) 등 직접 고용으로 이어지고 있다. 이제는 앙비가 성공적인 노동통합 사례로서 주목될 만하다.

2) 순환경제 전문기업으로서의 실천활동

앙비(Envie)는 혁신적인 순환경제 모델을 통해 생태전환과 사회적 가치 창출을 동시에 실현하는 선도적인 순환경제 전문기업으로 자리매김하고 있다. 2023년 한 해 동안 앙비가 수집한 전기·전자제품은 총 177,490톤이며, 이 중 147,130톤을 자체적으로 처리했다. 같은 해 총매출은 1억 3,500만 유로에 달하며, 매출 구성은 재생제품 판매 42.8%, 부품 및 원료 판매 31.6%, 기업용 순환서비스 22.4%, 그리고 기타 정부 지원금으로 이루어져 있다.

특히 앙비의 매출에서 중요한 비중을 차지하는 부분은 정부의 자원순환 제도와 적극적으로 결합한 생산자책임재활용제도(EPR)이다. 앙비는 EPR를 기반으로 폐전기·전자제품의 수거, 운반, 처리 과정을 수행하며 톤당 185유로의 안정적인 수익 모델을 구축하였다. 또 Ecologic, Ecosystem, SOREN 등 3대 위임기관과 전략적 제휴를 맺어 프랑스 내 전기·전자 폐기물 시장의 약 33%를 처리하는 주도적 위치를 확보하고 있다. 이로 인해 연간 재활용 처리 수수료가 매출의 22.4%를 차지하며, 폐기물 최소화와 재활용 판매 수익 중심의 자립적 운영 체계를 성공적으로 구축하고 있다.

2023년 기준, 프랑스 전역 53개의 재활용센터에서 운영되고 있는 앙비 노동통합 기업들은 모든 재사용 전자제품에 대해 수거, 점검, 기능 검증, 부품 교체, 안전성 테스트의 3단계 체계적인 품질 관리 시스템을 적용하고 있으며, 약 75개의 표준화된 검사 항목을 통해 재생 가전제품을 생산·판매하고 있다. 가격 경쟁력 확보를 위해 독자적인 '모듈러 수리 시스템'을 도입하여 생산 비용을 40% 이상 절감함으로써 신제품 대비 30~60% 저렴한 가격으로 제품을 제공한다. 또 전국 180개 서비스 거점에서 2년간 무상 애프터서비스(AS)를 제공하는 등 철저한 품질 보증 체계를 갖추고 있다. 수리가 불가능한 제품은 재활용센터에서 해체하여 작동 가능한 부품은 재사용하고, 나머지 부품은 고철, 비철, PCB, 구리, 플라스틱 등 성상별로 분류하여 재활용 원료로 판매한다.

앙비는 최근 태양광 패널 재활용 분야에서 실리콘 92%, 은 85%라는 높은 회수율을 달성하며 유럽 시장의 약 12%를 점유하는 성과를 거두었다. 또한, 기업용 장비 수명 연장 서비스에서는 AI 기반 예측 관리 시스템을 도입해 고객사의 유지보수 비용을 연간 15~30% 절감하는 효과를 나타내고 있다. 앙비는 순환경제 분야의 확장을 위해 재생 전자제품 판매뿐만 아니라, 재생 가전제품용 부품의 수집·검수·판매, 건설 현장 폐기물, 매트리스, 태양광 패널, TV 모니터 등 다양한 품목의 수집 및 처리 사업 프로젝트도 활발하게 추진하고 있다.

앙비를 방문 견학 중인 한신대학교 연수단

3) 정부, 민간기업, 비영리단체와의 협력적 사회연대경제의 모델

프랑스의 사회연대경제는 이윤 추구보다는 사회적 가치 창출, 공정성, 지속 가능성을 최우선으로 하는 경제 활동을 의미한다. 앙비가 지난 40여 년간 사회적 배제에 직면한 이들에게 안정적인 고용 기회를 제공하고 생태전환 및 순환경제를 지속적으로 실현할 수 있었던 배경에는 바로 이러한 사회연대경제(Social and Solidarity Economy, SSE) 원칙에 기반하여 운영한다는 조직의 확실한 의지가 자리잡고 있다.

앙비는 창업 초기부터 정부, 민간 기업, 비영리 단체 등 다양한 주체들과 긴밀한 파트너십을 형성하며 성장해 왔다. 정부는 공공 부지 임대, 급여 지원 제도 및 관련 정책을 통해 적극 지원하였으며, 특히 앙비의 사회 통합 프로그램에 참여하는 이들에게 인건비의 80%를 지원해 고용 안정에 기여하고 있다. 민간 부문에서는 주요 가전제품 유통업체인 다르티(Darty)와 협력하여 중고 가전제품을 무상으로 공급받음으로써 자원의 재활용과 지속 가능한 소비 촉진에 중요한 역할을 담당하고 있다.

비영리단체와의 협력 또한 앙비의 핵심 활동 중 하나이다. 앙비는 에콜로직(Ecologic), 이코시스템(Ecosystem) 등과 협력하여 폐기물 처리 및 재활용 프로젝트를 수행하고 있다. 이러한 프로젝트는 지역사회의 환경 개선과 지속 가능한 발전에 크게 기여할 뿐만 아니라, 생산자책임재활용제도(EPR)에 따라 생산자 및 유통업체로부터 지원받는 보조금과 인센티브를 기반으로 운영된다. 이로 인해 앙비는 안정적인 주요 수입원을 확보하며 지속 가능한 경영을 이어가고 있다.

앙비가 오늘날 53개의 조직으로 구성되고 전국화를 통해 규모화하는데 있어서 Envie Développement의 역할이 크다. Envie Développement은 Envie 네트워크의 전국적 확장과 성장을 위해 1990년에 설립된 핵심 조직으로, 다양한 구성원과 지원 기관의 협력을 통해 사회 통합과 순환경제를 결합한 혁신적인 모델을 전국적으로 확산했다. 이 조직은 Envie가 단순히 지역적 프로젝트를 넘어 전국적, 심지어는 국제적 영향력을 갖는 사회적 기업으로 성장하는 데 중요한 역할을 담당하였다.

4. 앙비의 조직운영방식

앙비(Envie)는 네트워크형 사회적 기업으로서 중앙 조직인 앙비

연맹(Fédération Envie)과 53개의 회원 기업, 6개의 지역본부로 구성된 유기적인 운영 구조를 가지고 있다. 앙비는 이러한 조직구조를 기반으로 하여 사회 통합과 순환경제를 공통으로 추구함과 동시에, 지역별 특성에 맞춘 유연한 운영을 통하여 중앙과 지역조직이 공동의 성장과 발전을 추구해 왔다.

앙비 연맹은 조직의 전략적 방향을 설정하는 중앙 기구로서, 회원 기업들을 위한 정책 개발과 표준화된 운영 가이드라인을 제공, 교육 프로그램을 설계하고 직원의 역량 강화를 지원하며, 브랜딩과 마케팅을 통해 앙비 네트워크의 인지도를 높이는 역할을 한다. 이와 함께, 회원 기업 간의 협력을 촉진하고 네트워크를 관리하는 기능도 수행한다.

각 회원 기업은 지역별로 독립적으로 운영되지만, 앙비 연맹이 제시하는 사회 통합과 순환경제의 가치를 공유한다. 지역별로 중고 가전제품의 수리 및 재판매를 통해 순환경제를 실현하고 취약계층인 장기 실업자, 청년, 장애인 등을 대상으로 고용을 창출하며, 지역사회에 맞춤형 서비스를 제공하는 역할을 하고 있다.

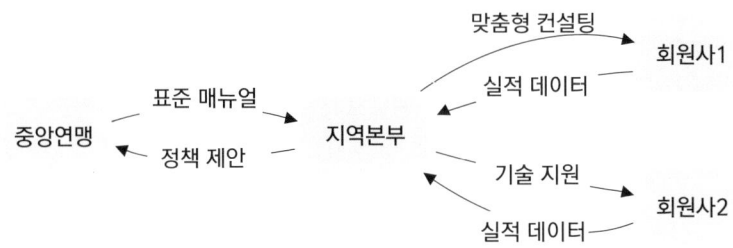

〈그림 1〉 앙비의 3단계 조직구조

회원사로 가입하는 절차는 사전 인증 요건 충족, 가입 신청, 그리고 가입 후의 절차로 나뉘어 있다. 먼저, 앙비 사회적기업 인증을 획득해야 하며, 이 과정은 평균 3~6개월이 소요된다. 가입 신청서 제출 후 현장 실사와 인터뷰가 진행되며, 이사회 심의를 통해 최종 승인이 이루어진다. 가입 후에는 연맹 규정에 서명하고 회비 납부 약정을 체결한 후, 신규 회원 오리엔테이션에 참석하고 지역 네트워크에 통합되는 과정을 거치게 된다.

   앙비의 회원사로서 인증을 받기 위해서는 다섯 가지 핵심 조건을 충족해야 한다. 첫째, 사회적 목적을 실현하는 데에 동의하고, 전체 직원의 최소 40% 이상 취약계층을 고용한다. 둘째, 연간 5,000대 이상의 폐가전을 재활용하고, 지역사회 발전 프로그램을 운영한다. 셋째, 수익의 50% 이상을 사회적 목적에 재투자하고, 투명한 지배구조와 민주적 의사결정 시스템을 구축한다. 넷째, 3년 연속 흑자 운영 실적을 유지하고, 자체 수익의 60% 이상을 확보하며 안정적인 현금 흐름을 유지한다. 마지막으로, 지역 일자리 창출 목표를 달성하고 지자체와 협력 프로젝트를 수행해야 한다.

   앙비의 6개 지역본부는 프랑스의 주요 도시인 파리, 리옹, 마르세유 등에 위치하여 해당 지역의 회원 기업들을 지원하고 지역 특수성을 반영한 사업을 조정하는 역할을 하고 있다. 지역본부는 지역 기업 간의 협력을 증진하고, 지자체 및 지역 기업과의 파트너십을 강화하며, 지역 사회의 요구에 부응하는 맞춤형 프로젝트를 개발하는 역할을 하기도 한다.

   운영 구조를 살펴보면 중앙연맹은 표준화 및 전략을 수립하고, 지역 허브는 현장 지원 및 모니터링을 담당하며, 회원사는 자율적으로 운영된다. 연 2회 성과 평가를 통해 사회적 영향력과 재정 건전성을 평가하고, 평가 결과에 따라 회비가 차등 조정된다. 회원 기업이 목표를 달성하지 못했을 경우 회원 자격이 재검토되고 성과에 따라 성공 사례 데이터베이스 운영과 분기별 최우수 기업 선정 및 표창, 지역 간 교류 프로그램을 통해 지식 공유 체계를 구축하였다.

앙비 운영 구조의 특징 중 하나는 분권화된 운영이다. 회원 기업들은 자율적으로 운영하지만, 연맹을 통해 교육, 마케팅, 기술 지원 등 표준화된 시스템을 공유한다. 또 앙비는 이중적 목표를 설정하고 있는데 하나는 사회적 목적으로서 취약계층의 고용률을 전국 평균(약 40%) 이상으로 유지하는 것과 경제적 목적으로서 연간 50만 톤 이상의 전자제품을 재활용하여 환경적·경제적 가치를 창출하는 것이다. 이와 같은 구조를 통해 앙비는 전국적으로 일관된 사업 모델을 유지하면서도 지역별 특성에 맞는 유연한 운영을 가능하게 하며, 사회적 기업으로서의 사명과 경제적 지속 가능성을 동시에 달성해왔다.

회원 등급	기준 (연매출/고용규모)	기본회비	가산회비	총액 범위
A등급	250만€↑ / 50인↑	25,000€	매출 0.7%	32,000~45,000€
B등급	100~250만€ / 30~50인	12,000€	매출 0.5%	15,000~25,000€
C등급	50~100만€ / 15~30인	6,000€	매출 0.3%	7,000~12,000€
D등급	50만€↓ / 15인↓	2,500€	매출 0.1%	2,800~5,000€

〈표 1〉 앙비(Envie) 연맹의 회비 구조 체계 (2024년 기준)
주: 가산회비 상한선 적용 (A등급 20,000€, B등급 13,000€ 등)
(출처: 앙비 연맹이 2023년 개정한 「회원 상호부조 규약」에 근거)

앙비(Envie) 연맹은 회원 기업들의 지속 가능한 협력과 성장을 위해 체계적인 회비 시스템을 운영하고 있으며, 이 시스템은 단순한 재정적 기여를 넘어 네트워크 전체의 공동 발전을 위한 핵심 도구로 기능하고 있다. 회비 산정 방식은 공정성과 유연성을 조화롭게 반영하고 있는데, 앙비 연맹은 회원 기업 간 형평성을 고려하여 매출 규모와 직원 수를 기본 기준으로 삼아 회비를 차등 부과한다. 이를 통해 기업의 재정 능력과 조직 규모를 반영하며, 재정 상황이 어려운 소규모 기업에게는 유연한 적용 기준을 마련하여 배려하고 있다. 이러한 다층적 산정 방식은 모든 회원 기업이 공정하게 부담하면서도 네트워크 유지에 기여할 수 있도록 설계되었다.

회비는 기본회비, 추가회비, 특별회비로 구성되어 있다. 기본회비는 연간 평균 15,000 유로이며, 소규모 기업은 30% 감면 혜택을 받는다. 추가회비는 매출의 1%가 부과되며, 특별 프로젝트에 대해서는 한시적으로 특별회비가 부과된다. 회원사들은 연간 200시간의 무료 교육 훈련, 전문 엔지니어의 기술 지원, 전국적 광고 캠페인 참여 등의 혜택을 받고 있으며 회비는 분기별로 분할 납부할 수 있고 신규 회원은 1년간 50% 감면 혜택을 받을 수 있다.

앙비 연맹은 징수한 회비를 투명하고 체계적으로 배분하여 회원사와 연맹 전체의 발전에 기여하고 있다. 구체적으로는 전체 회비의 32%를 회원사 직원들의 역량 강화를 위한 교육 프로그램에 투자하고 있으며, 28%는 재활용 기술 인프라 개선과 신기술 개발에 사용한다. 또 22%는 공동 마케팅 활동에 배정되어 전국적인 브랜드 인지도 향상에 힘쓰고, 12%는 회원사들의 법적 문제 해결과 경영 컨설팅 지원에 활용된다. 마지막으로 6%는 예비금으로 적립되어 긴급 상황이나 미래 투자에 대비한다. 이렇게 명확하고 투명한 예산 운용으로 회원사들의 신뢰를 확보하고 있다.

앙비연맹의 회비 운영 체계는 회원사들의 사회적 성과를 적극 장려하고, 투명한 재정 운용과 유연한 납부 방식을 통해 회원사의 경제적 부담을 완화하며, 지역적 특성을 반영한 공정한 시스템을 구축함으로써 지속 가능한 사회연대경제 생태계 조성에 기여하고 있다.

회비는 앙비 네트워크의 핵심 경쟁력 강화를 위해 전략적으로 활용된다. 인적 자원 개발 분야에서는 연간 1,000명 이상의 직원을 대상으로 한 직업 훈련 프로그램을 운영하여 회원 기업의 전문성을 제고하고, 특히 사회적 고용 대상자들의 기술 교육에 집중적으로 투자함으로써 앙비의 사회적 사명을 실현하고 있으며 기술 혁신 측면에서는 전자제품 재활용 공정의 효율성 개선과 업사이클링 관련 연구개발 프로젝트를 지원하여 환경적 가치를 창출하고, 전국적인 브랜드 마케팅 캠페인과 회원 기업 간 협력 시스템 구축을 통해 네트워크 전체의 시장 경쟁력을 강화하고 있다.

5. 성과와 시사점

1) 앙비의 주요성과

앙비는 일자리 창출을 통한 사회통합, 자원 재활용 등 기후 위기 대응을 위한 순환경제 활동, 사회연대경제와 규모화를 기본특성으로 하며 이에 대한 2023년 성과는 아래와 같다.

앙비의 주요한 사업성과 지표는 취약계층의 사회적 통합과 환경적 지속가능성의 상호관계를 중심으로 성과를 창출하고 있음을 보

〈 표 2 〉 앙비 (Envie) 연맹의 성과

조직적 성과	회원기업 수	6개 권역 53개
	매출액	약 135M €
	직원 수	전체직원 3,785 명 정규직 (CDI) 및 기간제 (CDD) 934 명 (24.7%)
	직원평균연령	39 세
노동통합성과	사회적통합과정 직원 수 (CCDI)	2,851 명 (75.3%)
	사회통합성공율	69%
	통합교육만족도	94%
	환경분야 전문기술인 양성 (TSPE 맞춤형 교육생)	110 명
	평균교육훈련기간	13 개월
환경적 성과	전기전자폐기물 수집량	177,439ton
	전기전자폐기물 처리량	147,133ton
	수리 및 재생산된 제품의 양	156,622ea

〈 표 2 〉 앙비 (Envie) 연맹의 성과
(출처 : 앙비 공식 홈페이지 및 2024 연례보고서)

여주고 있다. 노동통합 측면에서는 전체 직원의 75.3%인 2,851명을 사회적 통합과정(CCDI)을 통해 고용하고 69%의 취업 성공률과 94%의 교육 만족도를 달성해 사회적 약자들의 경제적 자립을 지원하였다. 동시에, 환경 분야에서는 전기·전자 폐기물 177,439톤을 수집하고 147,133톤을 처리하는 한편, 156,622개의 제품을 수리·재생산해 순환경제에 기여하였다.

취약계층의 사회 통합과 생태전환이 연계된 지속 가능한 성장 모델을 실현하고 있는 앙비는 노동통합을 목적으로 하고 수단으로서는 지속가능성을 위한 순환경제 활동을 비즈니스 모델로 하고 있다. 자체 기술개발과 혁신을 통하여 53개 회원사와 1억 3,500만 유로의 매출을 올리고 있으며, 사업적으로도 전국적 차원의 규모화를 이루고 있어 경제적 가치, 사회적 가치, 환경적 책임이 상호 연결 속에서 함께 성장하는 통합적 성과가 나타나는 것이다.

2) 시사점

(1) 체계화된 노동통합 프로그램

앙비의 고용 전략은 다양한 취약계층을 대상으로 맞춤형 프로그램을 운영하여 높은 고용 유지율과 사회 통합을 실현하는 데 중점을 두고 있다. 대상자는 장기 실업자(52%), 청년층(18%), 장애인(15%), 이민자(10%), 출소자(5%) 등으로 구성되며, 2023년 기준 전체 직원 중 83%가 취약계층 출신이다. 각 집단에 맞춘 특화된 교육과 직무 배치를 통해 청년층에게는 6개월간의 디지털 리사이클링 전문가 양성 과정을 제공하고, 장애인에게는 의료기기 소독 및 조립 공정에 특화된 훈련을 실시한다. 또한 50세 이상 고령자에게는 제품 품질 검수와 신규 멘토 역할을 부여하여 경험과 기술을 활용할 수 있도록 지원한다. 이러한 전략의 결과로 이민자 대상 프랑스어와 기술을 결합한 이중 교육을 통해 72%의 고용 유지율을 달성했으며, 장애인 고용률은 일반 기업 대비 3배 높은 15%를 기록하고 있다.

앙비와 유사한 우리나라 노동통합 기업을 찾는다면 자활기업 또는 자활사업단을 예로 들 수 있다. 우리나라 자활의 대상자 구성은 기초생활수급자(61%)와 차상위계층(29%)에 편중되어 있으며, 청년층 참여율은 7%, 이민자는 3%에 불과해 상대적으로 다양성이 부족하다. 또 이민자의 경우 언어 장벽과 자격증 미보유 문제로 참여가 제한되며, 장애인은 시설과 장비 부족으로 현재 고용 희망 사업장의 23%만 수용이 가능한 상황이다. '교육-훈련-고용'의 체계적 연계를 통해 장기적이고 지속 가능한 고용 모델을 구축하고 모집 단계에서 기초생활수급자나 차상위 계층 등 제도적으로 정해진 계층만이 아니라 취업으로부터 사회적으로 배제된 포괄적인 취약계층을 대상으로 공개 채용을 실시하는 방향도 모색해 볼 수 있다.

앙비는 단순한 고용 지원을 넘어 '교육-훈련-고용'을 유기적으로 연계하는 체계적인 노동통합 프로그램을 운영함으로써, 사회적 취약계층의 재통합을 성공적으로 이끌었다. 이는 단기적 지원에 그치지 않고 지속 가능한 역량 강화와 고용 전환 체계를 구축하는 데 있어 우리의 사회적경제가 참고할 만한 모델이다. '교육-훈련-고용'의 연계 원칙을 통해 장기적이고 지속 가능한 고용 모델을 구축하고, 평균 6개월간 폐자재 재활용 및 수리 기술 집중 교육 이후 재생제품 생산 라인에서 유급 근무를 하며 실무 경험을 쌓고, 성과에 따라 협동조합이나 파트너 기업으로 정규직 전환이 이루어진다. 특히 2년간 보증하는 재생제품 생산을 통해 기술 인증을 확보하고 있으며, 2023년 기준 75% 이상의 훈련생이 정규직으로 전환되는 높은 성공률을 기록하고 있다.

반면 우리나라의 자활사업은 주로 단기적이고 생계 지원에 중점을 둔 구조이다. 훈련 기간은 최대 5년이지만 기술 습득보다는 일자리 제공에 무게가 실려 있어 장기적 자립 기반 구축에는 한계가 있다. 취업 연계 후 사후 관리가 미흡해 1년 내 재실업률이 높은 편이다. 고용이나 창업과 실질적으로 연계되기보다는 5년이라는 기간을 관리한다는 측면이 강하다.

앙비의 '교육-훈련-고용' 유기적 연계 모델은 단순한 일자리 제공을 넘어 취약계층의 장기적 자립과 사회 통합 측면에서 우리나라 사회적경제에 중요한 시사점을 제공한다. 첫째, 단기 지원 중심의 기존 자활사업에서 벗어나 체계적이고 단계적인 역량 강화 프로그램을 도입해야 한다. 예를 들어, 맞춤형 교육과 멘토링, 실무 경험 제공을 통해 참여자의 전문성을 높이고 고용 전환율을 극대화할 필요가 있다. 둘째, 고용 안정성을 확보하기 위한 정규직 전환 및 사후 관리 시스템을 강화하여 지속 가능한 일자리 창출을 도모해야 한다. 셋째, 다양한 취약계층 특성에 맞춘 맞춤형 프로그램 개발과 함께 자활기업, 사회적 기업, 협동조합 등과의 협력을 확대해 고용 연계 파이프라인을 구축하는 것이 중요하다. 마지막으로, 정책적 지원과 재정 인센티브를 통해 이러한 통합 모델이 안정적으로 운영될 수 있도록 뒷받침해야 한다. 이처럼 앙비 모델을 참고하여 우리 사회적경제가 장기적 자립과 포용적 고용을 동시에 추구하는 방향으로 발전한다면, 취약계층의 지속 가능한 사회 통합에 크게 기여할 수 있을 것이다

(2) 규모화의 성장동력 비즈니스 지원

앙비 조직 구조의 혁신성은 3층 계층 구조를 통해 현장 중심의 운영과 광역 단위 협력, 중앙 연맹의 표준화 및 정책 기능을 유기적으로 결합한 데에 있다. 53개의 지역 회원사는 자원순환 사업 현장을 직접 운영하며 수익의 70%를 지역에 재투자하고, 6개의 지역본부는 인력과 장비를 공유하며 광역 단위 차원에서 협력 체계를 구축한다. 중앙연맹은 회원사 간 최대 15%의 원가 절감 효과를 내는 표준화된 공정을 관리하고 정책 로비를 담당한다. 이러한 운영 메커니즘

덕분에 재생 제품의 품질 편차를 5% 미만으로 유지하고, 2023년에는 네트워크 내 기술과 인력 교류가 1,200건에 달하는 성과를 기록했다.

우리나라 사회적경제는 구조적으로 분절화되어 있어 4,812개 사회적기업 중 89%가 10인 미만의 소규모이며, 지역 간 협력 프로젝트 비율은 12%에 불과해 EU 평균 43%에 크게 못 미친다. 이로 인해 유사 사업에 대한 중복 투자가 38%에 달하며, 표준화가 미흡해 재생 제품의 품질 편차가 20~30% 수준으로 높아 자원 활용의 비효율성이 심각하다. 특히 네트워크 연합 조직은 대부분 조직의 형태별로 되어있어 비즈니스의 동질성과 규모화 등의 시너지가 높은 업종별 연합조직은 매우 미흡한 상황이다.

한국형 네트워크 규모화 전략을 추진함에 있어서 1990년대 앙비(Envie) 네트워크의 전국적 확장을 체계적으로 지원하기 위해 설립된 중앙 개발 조직 Envie Développement와 같은 사업조직, 즉 비즈니스 동맹이 필요하다. 앙비는 현재 6개의 지역본부가 그 역할을 수행하고 있는 것으로 보인다. 사회적 가치와 경제적 지속 가능성을 동시에 달성할 수 있도록 중추적 역할을 수행하는 앙비 연맹처럼 우리에게도 조직형태별 네트워크와 정책 개발 홍보를 넘어 업종별 연합조직으로 규모화한다는 목표를 설정하고 회원사 창업 지원과 성장 촉진의 인큐베이터 역할을 담당하는 별도의 조직이 필요하다고 판단된다.

정부 및 중간지원조직은 국내 사회적경제 부문의 규모화 촉진을 위하여 사업개발 지원, 협동화 사업 등 다각적인 정책을 추진해왔다. 사회적경제 기업이 대체로 영세한 규모로 운영되는 현실에서 이러한 지원 정책이 지속 가능한 성장 및 실질적인 규모화로 직결되지 못하는 한계는 분명히 노정되고 있다. 그럼에도 불구하고 일부 연합 조직은 가시적인 규모화 성과를 달성하였고 일부의 조직들은 연합화 및 규모 확대를 위한 노력을 경주하고 있다. 정부 주도적 접근 방식은 개별 기업의 단기적 성과 달성에 초점을 맞춤으로써, 연합회 활성화를 통한 성장 생태계 구축이나 기존 시장과의 효과적인 자원 연계에 미흡한 부분을 드러내 왔다.

사회적경제 선진국과 비교해서 노동통합 기업의 지속 가능성 확보가 어려운 현실을 감안할 때, 노동통합의 핵심 주체인 지역자활센터와 자활기업 및 사회적기업 간의 능동적인 사업 연계를 통한 접근이 필요하다. 취약계층에 대한 단순 관리 수준을 넘어, 교육-훈련-취업(창업)으로 이어지는 과정을 보다 체계적으로 설계하고, 자활기업 및 사회적기업과의 적극적인 고용 연계를 도모하며, 지역자활센터의 공공성을 접목한 새로운 비즈니스 모델 및 사업 연합체를 조직하고 추진할 필요가 있다. 이러한 전략적이고 통합적인 접근 방식을 통해 노동통합 강화와 더불어 사업적 규모화를 동시에 달성할 수 있을 것이다.

대인서비스 협동조합

대인 서비스 분야 상업협동조합,
프랑스의 엠데사프(MDSAP)

장종익

1. 왜 MDSAP인가?

대인 서비스의 집이라는 의미의 MDSAP(Maison de Service à la Personne)는 기업가 브리스 알종(Brice Alzon)에 의하여 2006년에 창립되었다. 컴퓨터 설치, 수리 및 교육 전문 가정 방문 서비스업체로 시작하였다가 대인서비스업으로 확장하고 나서 소규모 대인 서비스 사업체들을 협동조합으로 조직하여 규모화를 도모할 필요가 있다는 판단하에 2009년에 협동조합으로 전환된 사례이다. 이 협동조합은 소규모 대인 서비스 사업체들이 소유하는 조직이면서 조합원의 사업을 지원하는 역할을 한다. MDSAP는 2009년 협동조합으로 전환할 당시에 조합원 수가 100여 명이었는데, 2014년 말에 340명으로 늘어났고, 2023년 말에는 850명으로 증가하였다. 같은 해 출자금 총액은 255,000유로, 매출액은 25,000,000유로, 직원 수는 11명의 기업으로 성장하였다. 850개의 조합원 사업체들이 제공하는 대인 서비스의 종류는 가사 지원 서비스, 돌봄 서비스, 주택 유지 관리

출처: MDSAP 홈페이지

서비스로 나누어진다. 850개 조합원 사업체에서 일하는 종업원들은 4,500여 명에 달한다. 정원 관리 관련 업체의 경우 평균 종업원 수 2~3명 수준의 영세한 규모를 가진 업체가 많고, 대인 서비스 관련 업체는 평균 종업원 수가 7~8명 수준으로 역시 소규모로 알려져 있다.

　우리나라의 사회서비스 분야도 공공 부문이나 비영리 및 사회연대경제 부문이 차지하는 비중이 매우 낮고 영리를 목적으로 하는 사업체들이 대부분이면서 소규모로 혹은 영세하게 운영하고 있다. 당연히 규모의 경제나 범위의 경제 효과를 발휘하지 못하여 서비스의 질 향상과 종사자 고용의 질 향상에도 걸림돌로 작용하고 있다(양난주, 2014; 석재은, 2017). 그동안 온케어, 온맘케어, 두레마을, 비지팅 엔젤스 등의 이름으로 일부 돌봄 서비스 업체들이 협동조합 혹은 프랜차이즈 방식으로 규모화를 시도하고 있으나 협동조합 방식에 기반한 경쟁력 있는 그룹이 등장하지 않는 상황이다. 최근에 중앙사회서비스원에서 사회서비스 분야 프랜차이즈 지원사업을 추진하고 있는 이유도 이 분야 사업체가 대체로 영세한 규모로 운영되면서 발생하는 문제를 해결하고자 하는 것으로 보인다.[1]

MDSAP는 프랑스 대인 서비스 시장이 발전하는 과정에서 설립되어 짧은 기간에 협동조합 방식의 규모화에 성공한 사례로서 우리나라에 일정한 시사점을 제공할 수 있을 것으로 기대되었다. 프랑스는 1세기 전부터 슈퍼마켓, 안경점, 약국, 건축자재 판매점, 여행사, 부동산 중개사 등이 상향식으로 체인 본부를 결성하여 운영해 온 경험이 발달한 나라로 이미 잘 알려져 있다. 우리에게 잘 알려진 르클레르(Leclerc), 옵틱 2000(optic 2000) 등의 체인형 협동조합은 100년 혹은 60년 이상 된 성숙한 단계의 협동조합인데(장종익, 2020), 이와 다르게 MDSAP는 비교적 최근에 설립된 사례이기에 우리나라에서도 벤치마킹하기가 더 쉬울 수 있다.

이 장에서는 대인 서비스를 제공하는 소규모 사업체들의 체인형 협동조합으로서 MDSAP는 구체적으로 조합원들의 어떤 필요와 열망을 충족하기 위하여 설립되었는지, 그러한 필요와 열망을 충족하기 위하여 어떠한 사업과 활동을 어떠한 방식으로 전개해 왔는지, 그리고 MDSAP의 성과와 한계, 그리고 도전과제는 무엇인지를 확인하고자 한다.

---

1 중앙사회서비스원은 보건복지부와 함께 2023년부터 소셜 프랜차이즈 방식을 적용한 사회서비스 표준모델 공유화 사업을 총 3억 원 규모로 실시하였음.

MDSAP의 로고 (출처: MDSAP 홈페이지)

2. 프랑스 대인 서비스 시장 및 정책 환경과 MDSAP의 설립배경

프랑스의 대인 서비스 시장은 고령화 등 인구 문제로 인해 가장 성장하는 분야이다. 2012년 31,000개의 대인 서비스 조직(기업, 협회, 공기업)이 활동하였고, 여기에 150만 명이 종사하였으며, 380만 가구가 보육 분야를 제외한 대인 서비스 이용을 신고한 것으로 조사되었다.[2] 프랑스에서 오랫동안 대인 서비스 노동자는 상당수가 불법 이민자였고 이들은 주로 현금 거래로 서비스를 제공하

---

2 프랑스 고용통계에 의존함(https://dares.travail-emploi.gouv.fr/publications/le-travail-de-nuit-en-2012)

였다. 고령화가 진전되면서 대인 서비스 수요가 증가함에 따라 국민 부담이 증가하는 문제를 해결하고자 프랑스 정부는 "대인 서비스 발전 및 사회 통합 법률(Loi n° 2005-841 du 26 juillet 2005 relative au développement des services à la personne et portant diverses mesures en faveur de la cohésion sociale)[3]"을 2005년에 제정하였다.

일명 보휼루 법(Borloo Law)으로 알려진 이 법에 따르면, 포괄적 서비스 고용 수표(CESU : Chèque Emploi Service Universel)로 서비스 대금을 지급하는 서비스 수혜자에게는 1년에 1만2천 유로의 상한선 안에서 지출된 서비스 대금의 50%[4]를 세금으로 환급하는 제도를 마련하여 비공식 현금 거래를 공식적 거래로 전환하도록 유도하였다. 또 서비스 노동자는 이 수표를 통하여 수입 신고를 쉽게 할 수 있게 되었다. 정부는 이러한 포괄적 서비스 고용 수표 제도를 통하여 이 분야를 비공식 부문에서 공식 부문으로 전환하고 서비스에 대한 수요를 증대하는 효과를 가져올 것으로 기대하였다.

정부는 대인 서비스에 대한 소비자의 접근성을 높이고 큰 규모의 기업에서 서비스가 체계적으로 제공될 수 있도록 유도하기 위하여 인가(SAP)를 받은 일정 규모의 기업은 고용된 서비스 노동자에 대한 사회보장 분담금에 대해 세제 혜택을 받을 수 있도록 하였다.[5] 이 법률의 제정으로 인력 알선 업체 중심의 서비스 노동자와 서비스 수요

---

[3] 국회도서관에서 제공한 자료(https://world.moleg.go.kr/web/wli/lgslInfoReadPage.do? CTS_SEQ=13793&AST_SEQ=105)
[4] 노인, 장애인 등 취약계층이나 저소득계층은 지원 폭이 더 높음.
[5] 프랑스에서는 가사노동자를 집에서 직접 고용하는 경우를 제외하고는 대인 서비스 노동자 대부분은 인력 알선업체에서 집에 파견하는 방식으로 서비스 노동이 거래되었는데, 보휼루 법의 제정으로 인가를 받지 않으면 서비스 노동자를 파견하거나 고용할 수 없게 되었음. 이로 인하여 대인 서비스 시장에서 불법 노동과 아마추어 노동을 감소시키는 효과가 발생할 것으로 기대되었음.

자의 매칭 방식에서 서비스 노동자를 무기계약직으로 고용하는 인가 받은 대인 서비스 사업체로 중심이 옮겨가게 되었고, 이에 따라 대인 서비스 사업체의 행정처리업무도 증가하였다.

　MDSAP가 스스로 SAP 인가를 받았기 때문에 MDSAP에 조합원으로 가입한 영세한 사업체는 SAP 인가를 별도로 받을 필요가 없도록 하는 방안을 마련하였다. 또한 조합원 사업체에게 행정지원 서비스를 제공하여 행정처리 부담을 경감시켜 주고 조합원 사업체의 새로운 고객 확보를 지원하는 서비스방안을 마련하였다. 2023년 말 기준으로 MDSAP의 조합원 사업체들이 제공하는 대인 서비스는 크게 가사 지원 서비스, 돌봄 서비스, 그리고 주택 유지 관리 서비스 등 세 가지로 나누어진다(<그림 1> 참조). 주택 유지 관리 서비스는 정원 관리, 집안 관리, 컴퓨터와 인터넷 설치 및 수리, 집 또는 별장 관리 등으로 이 부문의 조합원 수에 비하여 가사 지원 서비스와 돌봄 서비스를 제공하는 조합원 가입이 크게 증가하고 있다. 이는 고령화와 여성의 경제적 진출의 확대에 따른 가사지원 서비스와 돌봄 서비스에 대한 수요 증가와 더불어 정부의 제도적 정비와 지원에 따른 서비스 공급 기업의 조직적 정비에 대한 필요가 증가했기 때문이다.

　특히 가사 지원 서비스와 돌봄 서비스를 제공하는 소규모 사업체들은 거래 신고 등 행정 처리 부담을 최소화하고, 신규 고객을 발굴하며, 우수한 서비스 노동자의 채용 및 교육 훈련에 대한 필요성이 높아졌는데, 이러한 필요를 스스로 해결하기에는 여건상 어려움이 적지 않다(<표 1>참조). 사업체들이 협동조합으로 모이면 각자 규모를 대폭 확대하지 않고서도 이러한 필요를 충족하는 서비스 혹은 기능을 협동조합이 담당하게 하고 조합원 사업체들은 서비스의 품질

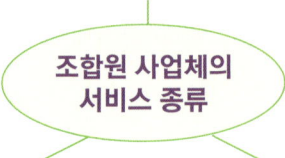

〈그림 1〉 MDSAP 조합원 사업체의 제공서비스 종류
(출처: MDSAP Annual Report (2022)에 근거하여 작성)

제고에 역량을 집중하는 방식으로 분업을 도모하는 것도 문제를 해결하는 방법이다. 특히 우수한 서비스 제공업체를 찾는 과정에서 겪는 어려움과 서비스 품질에 문제가 발생할 때 대처할 방법을 찾고자 하는 필요 등 서비스 수혜자의 필요를 충족하는 데에 협동조합이 도움을 제공할 수 있다면 협동조합 설립의 필요성은 더욱 높아질 수 있다. 여기에 더하여 정부가 서비스 품질 관리를 위하여 업체 인가제를 시행하고 일정 규모 이상의 사업체에 대하여 사회보장부담금 상 인센티브를 제공하는 제도적·정책적 환경은 협동조합 네트워크를 통한 규모화 방안의 가치를 높여주는 요인이라고 할 수 있다.

조합원 및 이해관계자	충족되지 않은 필요
조합원 사업체	– 거래신고 등 행정처리 부담의 최소화 – 신규 고객 발굴의 어려움 해소 – 우수한 서비스노동자의 채용 및 교육훈련
서비스 수혜자	– 역선택 문제: 우수한 서비스제공업체 찾기 / 서비스 품질의 일관성 – 서비스 문제 발생 시 손쉬운 해결방법 찾기
정부	– 비공식부문의 공식화 – 서비스거래 확대를 통한 고용 증대 – 서비스 품질관리: 업체 인가제

〈표 1〉 MDSAP 조합원 사업체의 공통의 필요와 이해관계자의 필요
(출처: 협동조합 이사장과의 인터뷰를 토대로 필자 작성)

3. MDSAP의 주요 사업과 가치창출방식

MDSAP는 앞에서 설명한 협동조합의 세 가지 설립 필요성에 대응하기 위하여 행정 지원 서비스, 고객 확대 지원 서비스, 고객 서비스 품질 균질화 노력 등 조합원 사업체를 위한 세 가지 지원 서비스를 개발하였다 (<그림 1>).

우선 조합원 사업체를 위한 행정 지원 서비스 차원에서 조합원이 MDSAP 홈페이지에 들어와서 고객명, 서비스 내역, 영수금액만 입력하면 협동조합 명의로 계산서와 세금 영수증이 발행되어 조합원 사업체는 행정 처리 부담이 크게 경감된다. MDSAP 협동조합은 영수증의 발행 및 고객에게 주는 서류 등을 처리하기 위하여 Flexsoft 시스템을 활용하고 있는데, 이 시스템은 조합원 사업자가 소프트웨

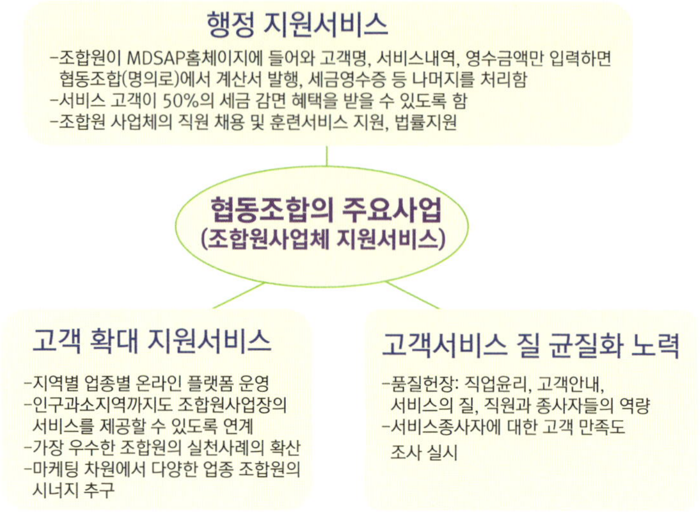

행정 지원서비스
- 조합원이 MDSAP홈페이지에 들어와 고객명, 서비스내역, 영수금액만 입력하면 협동조합(명의로)에서 계산서 발행, 세금영수증 등 나머지를 처리함
- 서비스 고객이 50%의 세금 감면 혜택을 받을 수 있도록 함
- 조합원 사업체의 직원 채용 및 훈련서비스 지원, 법률지원

협동조합의 주요사업
(조합원사업체 지원서비스)

고객 확대 지원서비스
- 지역별 업종별 온라인 플랫폼 운영
- 인구과소지역까지도 조합원사업장의 서비스를 제공할 수 있도록 연계
- 가장 우수한 조합원의 실천사례의 확산
- 마케팅 차원에서 다양한 업종 조합원의 시너지 추구

고객서비스 질 균질화 노력
- 품질헌장: 직업윤리, 고객안내, 서비스의 질, 직원과 종사자들의 역량
- 서비스종사자에 대한 고객 만족도 조사 실시

〈그림 2〉 MDSAP의 주요 사업
출처: MDSAP Annual Report (2022)를 토대로 필자 작성

어를 따로 설치할 필요 없이 온라인으로 접속하여 시간과 장소에 구애받지 않고 실행할 수 있다. 조합원 사업자는 고객으로부터 받은 수표를 협동조합 통장에 입금하면, 협동조합은 대인 서비스 조합원 사업자에 대해서는 매출의 4%를 공제하고 나머지는 조합원 통장으로 지급하고 있다. 또 협동조합은 조합원 사업체의 서비스 노동자 및 관리 직원의 채용 및 훈련 서비스를 지원한다.

다음으로 소규모 조합원 사업체가 필요로 하는 서비스 고객 확대를 위한 지원 서비스를 제공한다. 이를 위하여 협동조합은 지역별·업종별 온라인 플랫폼을 운영하고 인구과소 지역까지도 조합원 사업장의 서비스를 제공할 수 있도록 연계하며, 우수한 조합원의 고객 확보 실천 사례를 확산하고 다양한 업종의 조합원 간 마케팅 차원에서의 시너지를 추구하고 있다. 이러한 공동 마케팅을 위하여 모든 조합원은 매출의 0.5%를 분담하고 있다.

마지막으로 MDSAP 협동조합은 고객 서비스 품질을 균질화하고자 조합원 모임을 통하여 대인 서비스 분야 종사자의 직업윤리, 고객을 위한 서비스 안내, 서비스의 품질, 직원과 종사자들의 필요 역량 등을 기술한 품질 헌장을 만들었으며 이를 실천하기 위해 노력하고 있다(<표 2> 참조). 이는 정부가 대인 서비스 사업자에 대하여 사업 인가를 통해 서비스 사업자를 관리하는 것에 대한 대응이기도 하다. 모든 대인서비스 사업자들은 의무적으로 사업 인가를 받고 5년 마다 갱신하는 절차를 받도록 하고 있다. 이러한 인가와 갱신 등 절차를 이수한 사업자에게 세제 및 사회보장분담금 혜택을 제공하는 유인 제도가 마련되어 있는 셈이다. MDSAP 협동조합은 정부의 인가 및 규제에 관한 사항을 조합원 사업자가 준수하도록 관리하고 있는데, 협동조합은 관리의 일환으로 서비스 종사자에 대한 고객 만족도 조사를 실시하고 있다. 그러므로 다수의 소규모 사업자에 대하여 정부가 서비스 품질 관련 규제를 모니터링하고 감독하는데 소요되는 비용을 협동조합을 통하여 상당히 절감하는 순기능이 발휘되는 셈이다.

위에서 설명한 바와 같이 MDSAP 협동조합은 다수의 조합원 사업체와 협동조합 간의 분업을 통하여 특화된 이익을 실현하고 있다고 할 수 있다. 이러한 이익은 프랜차이즈 방식이나 수직적 통합을 통한 규모화된 사업체를 통해서도 실현될 수 있다. 그러므로 협동조합 방식의 체인 네트워크가 지니는 상대적 장점으로서 조합원 간 협력과 연대 그리고 조합원 사업체와 협동조합 간의 협력을 통한 가

1. 직업윤리
   - 개인적 서비스 제공 시 개인과 그를 둘러싼 환경 존중
2. 고객 안내
   - 현장에서 또는 전화로 진행되는 안내의 질 보장
   - 요청사항에 대한 분석과 적합한 서비스 제안
   - 알맞은 대기시간 준수
   - 고객이 모든 사항을 점검할 수 있도록 상세한 계산서를 발행
3. 서비스의 질
   - 고객 불만에 대한 대응
   - 만족도 조사를 통해 고객의 기대사항 고려
   - 고객의 데이터 비밀유지 준수
4. 직원과 종사자들의 능력
   - MDSAP의 종사자 멤버들 또는 고용인을 위해 좋은 작업 조건 보장
   - 서비스의 질을 향상시키기 위해 직원과 종사자들에게 교육 제안
   - 알맞은 기능과 법률 제공
   - 노동법, 공동협약 현행법(및 규정) 준수

〈표 2〉 MDSAP의 품질 헌장 출처: MDSAP 홈페이지

치 창출이 어느 정도 발생하는지가 중요한 관심 대상이다. 그러나 MDSAP는 아직 이러한 측면에서 고유한 가치 창출 제도와 문화를 구축한 것으로 확인되지 않고 있다.

4. MDSAP의 조직 운영 방식과 주요 성과 및 도전과제

1) MDSAP의 조직 운영 방식

MDSAP 협동조합에 가입하기 위해서는 300유로의 출자금 납입이 의무화되어 있다. 그리고 조합원 사업체의 매출액에 따라 이사회에서 정하는 수수료가 부과되고 있다. 정원 관리 분야의 사업체는 매출액의 12%, 그리고 대인 서비스 분야의 사업체는 매출액의 6%를 수수료로 설정하고 있는 것으로 조사되고 있다. 수수료율은 조합원 수가 늘어나면 낮아질 수 있고, 잉여가 발생하면 이용고 배당으로 환원된다.

이사회는 사업전략에 대한 인준과 경영진에 대한 모니터링 및 평가를 하는데 총회에서 지역·업종별 대표로 선출된 조합원 11명과 이사장으로 구성되어 지역별·업종별로 다른 이해를 사업과 조직운영에 반영하는 구조를 지니고 있다. 이사회 산하에 사업전략·마케팅전략·서비스 질 관리·대외협력 등의 위원회를 설치하여 사업의 전문성을 제고하고 있다.

MDSAP 협동조합은 자신들이 추구하는 6대 가치를 설정하고 있다.[6] 첫 번째 가치는 조합원 사업체의 독립성으로 MDSAP 브랜드 내에서 합의한 공동규칙을 준수하면서 독립적으로 사업을 추진하는 것이다. 두 번째 가치는 협동조합 운영에의 조합원 참여이다. 세 번째 가치는 자원의 공유이다. 즉, 협동조합은 네트워크 내 인적 자원·노하우·금전적 자원의 공유에 기초한다. 네 번째 가치는 민주주의이다. 다섯 번째 가치는 협동조합 소유권에 대한 조합원의 참여이다.

---

6 MDSAP 공식 홈페이지 https://www.mdsap.fr/

MDSAP를 방문 인터뷰 중인 한신대학교 연수단

마지막 가치는 연대인데, 이는 조합원들이 서로에게 조언해 주고 사업적으로 도와주며, 때로는 금전적으로 도와주어야 한다는 것을 의미한다. MDSAP 조합원들이 실제로 어느 정도 자원을 공유하고 연대하고 있는지는 충분히 확인되지 않고 있다.

2) MDSAP의 주요 성과와 도전 과제

MDSAP 협동조합의 가장 큰 성과는 조합원 가입 증가율이 연평균 20%에 달할 정도로 성장하여 규모화와 다각화에 성공하고 있다는 점이다. 2009년에 협동조합으로 전환할 시점에서 조합원 수는

100여 명이었는데, 2024년 5월에 850명으로 증가하였다. 조합원의 사업도 설립 초기에는 정원 관리, 컴퓨터와 인터넷 설치 및 수리 등 주택 유지 관리 서비스가 중심이었지만, 지금은 가사 지원 서비스와 아동, 노인, 환자 등을 대상으로 하는 돌봄 서비스를 담당하는 조합원이 대다수를 차지하고 있다. MDSAP를 방문하여 이사장을 인터뷰한 결과, 조합원들이 협동조합에 가입한 후 1년이 지나면 평균적으로 연간 20~30% 정도 매출이 증가하게 되는데, 이러한 성과가 소문이 나면서 조합원 가입이 증가하게 되었다는 것이다. 이러한 조합원 사업체의 매출 증가가 협동조합과 조합원 간 분업의 효과, 즉 조합원이 대인 서비스의 품질 향상을 위해 더 많이 노력할 수 있도록 하는 협동조합의 지원 효과가 나타난 것이라고 볼 수 있다. 대인 서비스 사업체를 소규모로 운영하기가 보휼루법의 시행 이후에 불리해졌다는 점도 협동조합의 가입을 촉진하는 요인으로 작용한 것으로 보인다. 그리고 조합원 공통의 필요와 고객의 애로 요인, 그리고 정부의 관심 사항을 일정 부분 해결하는 서비스 체제를 구축하는데 성공하였다고 평가할 수 있다.

그러나 협동조합의 가치 창출 상의 장점이라고 할 수 있는 조합원 간 협력과 연대의 구체적인 실천 프로그램과 문화의 구축은 아직 미흡한 것으로 보인다. 특히 아동 돌봄, 노인 돌봄, 환자 돌봄, 가사 서비스, 주택 유지 관리 서비스 등 서비스의 영역이 서로 다른 조합원 간의 협력과 정보의 공유가 구체적으로 어떻게 이루어질 수 있는지는 확인되지 않고 있다. MDSAP에 가입한 조합원 사업체의 다양성이 서로 간 시너지의 효과가 나타날 수 있기도 하지만, 의사결정 과정에서 조합원 간 이질성이라고 하는 약점으로 드러날 수 있기도 하기 때문이다. 그리고 취약한 서비스 종사자의 일자리 질 향상 목표를 설정하고 이를 실천할 필요가 있으나 이 영역에서 눈에 보이는 성과가 확인되지는 않고 있다.

5. 프랑스 상업협동조합과 MDSAP

MDSAP 협동조합은 100년 이상 역사를 지닌 프랑스 상업협동조합의 토양 속에서 최근에 등장하였다. 프랑스는 소비자나 기업을 상대로 상품과 서비스를 공급하는 독립적 자영업자나 소기업들의 협동조합을 상업협동조합(Commerce Coopératif)으로 부르고 있다. MDSAP 협동조합도 이러한 상업협동조합들이 가입된 프랑스 상업협동조합연합회(FCA)의 회원 협동조합이다. 2020년 기준으로 슈퍼마켓, 스포츠용품 전문점, 안경점, 건축자재 및 홈데코레이션 제품 판매점, 약국, 자동차 정비점, 유아용품 전문점, 문화상품 전문점, 사무용품 전문점, 호텔, 여행사, 사진점 등 다양한 업종에 종사하는 31,383명의 독립적 자영업자 및 소기업주들이 조합원으로 가입된 104개의 상업협동조합이 상업협동조합연합회를 구성하고 있다. 이러한 상업협동조합은 전체 상업부문 거래액의 30%를 차지하고 있을 정도로 큰 비중을 차지하고 있다. 104개의 상업협동조합이 185개의 브랜드를 관리하고 있고, 여기에 소속된 점포 수는 모두 50,037개이며, 이 점포와 상업협동조합에 고용되어 있는 직원 수는 총 562,585명인 것으로 조사되고 있다.[7]

---

[7] 출처는 Coop France, Panorama des Entréprises Cooperatives, 2022. 이러한 수치는 2015년에 필자가 프랑스 상업협동조합연합회를 방문하여 얻은 수치보다 증가한 것임. 2014년 기준으로 상업협동조합은 89개였는데, 15개 협동조합이 신규로 가입하였으며, 여

프랑스 상업협동조합연합회(FCA)에 따르면, 프랑스 소매점포 운영의 조직 형태 중에서 수직통합형 네트워크에 소속된 점포의 비중이 35% 정도로 가장 많고 두 번째로 협동조합형 네트워크에 소속된 점포의 비중이 30%로 높다. 이는 프랜차이즈형 네트워크에 소속된 점포의 비중이 15%인 것에 비하여 2배가량 많다는 점을 보여준다(Choukroun, 2013). 상업협동조합은 식료품 시장의 40% 이상[8], 안경 시장의 40% 이상을 점유하고 있고, 약국 2개 중 1개는 상업협동조합연합회(FCA)의 회원 협동조합 소속이며, 보석상-시계상, 주택용품, 장난감-육아용품, 부동산, 여행 등의 분야에서 마켓리더 그룹에 속한다. 스포츠 및 호텔 분야의 일부 그룹은 국제적으로 잘 알려져 있는데, 점포 수로 보면 유럽호텔사(SEH:Société Européenne d'Hôtellerie)는 유럽에서, 그리고 베스트웨스턴(Best Western)과 인터스포츠(Intersport)는 세계에서 마켓리더의 위치에 있다(Choukroun, 2013).

이처럼 프랑스는 독일과 더불어 체인 본부를 체인점주들이 공동 소유하는 체인형 협동조합이 매우 발달한 나라로 평가된다(장종익, 2019, 2020). 체인형 협동조합이 발전할 수 있는 논리는 협동조합이 프랜차이즈와 마찬가지로 점포는 지역에서 분산하여 소유하고 구매, 판매, 전산, 제품 개발, 공동기금 등의 측면에서 네트워크를 구축하여 소위 분산화(decentralization)의 장점과 집중화(centralization)의 장점을 취할 수 있다는 점을 들 수 있다(<그림 3> 참조).

기에 소속된 총 점포 수도 당시 4만 4천개에서 6천 여개가 증가하였음.
8 1962년에 설립된 이탈리아 수퍼마켓협동조합 코나드(CONAD)가 1960년대 말에 도약을 위하여 벤치마킹한 협동조합들이 프랑스의 슈퍼마켓협동조합들이었다는 점은 널리 알려진 사실임 (장종익, 2018).

Decentralization
토대: 소기업의 독립성

- 지역에 뿌리를 둔 비즈니스
- 고객의 선호등에 대한 암묵 지
- 독립소유 효과 (성과에 대한 자기 책임)

Centralization
토대: 협동을 통한 파워

- 혁신을 가능하게 만듦
- 시너지를 창출할 수 있음
- 위험의 최소화 기능
- 속도의 증가

> **Cooperation(Botton-up approach)**
> - 협동조합 본부에 대한 조합원의 소유로 갈등 최소화
> - 조합원간 협력과 연대(점포운영노하우의 공유와 어려운 조합원과 신규 조합원 연대지원)

〈그림 3〉 소사업자 체인형 협동조합의 장점

협동조합형 소매체인 모델은 체인 본부가 주도하는 것이 아니라 소매점포들이 모여서 체인 본부를 설립하는 것이다. 즉 소매점포들이 출자하여 협동조합을 설립하고 이 협동조합이 조합원 사업장을 위하여 제품 기획, 구매, 마케팅, 홍보, 인력 훈련 등의 기능을 집중하여 담당하는 것이다. 프랜차이즈형 소매체인이 하향식 모델이라면 협동조합형 소매체인은 상향식 모델이라고 할 수 있다(<그림 3>). 이 두 가지 모델 사이의 주요한 차이점은 체인 본부에 대한 소유권과 체인점주들간의 관계 측면에 있다.

협동조합형 소매체인에서는 체인 본부 역할을 하는 협동조합을 체인점주들이 공동으로 소유하는 잉여수취권자이기 때문에 제품 및 서비스의 개발 및 브랜드의 가치를 높이기 위한 품질관리 등 체인 본부의 체인점에 대한 비즈니스 통제에 대하여 자발적으로 수용할 유인이 높다고 할 수 있다. 더 나아가 체인점주들이 고객을 상대하는 과정에서 획득한 현장정보를 제품 및 서비스 개발을 담당하는 본부로 이전할 유인이 프랜차이즈형 소매체인 모델에 비하여 상대적으로 높다고 추론할 수 있는데, 그 이유는 체인 본부에서 발생한 잉여가 체인점주들에게 환원될 수 있는 소유구조를 지니고 있기 때문이다. 협동조합형 소매체인에서는 체인 본부의 조합원들인 체인점주 사이에 소통 및 지식 공유의 동기가 높아질 수 있다. 만약 협동조합형 소매체인이 조합원 간 협동과 연대, 그리고 민주주의를 기본적 가치로 삼는 협동조합 전통에 입각해 있다면 조합원인 체인점주들 사이에 협동조합의 운영에 관한 숙의뿐만 아니라 점포의 운영 노하우에 대한 지식 공유 활동은 매우 자연스러울 것이다. 프랑스 상업협동조합에서 협동조합 네트워크는 조합원들이 보유한 자본, 기술, 노하우 등 자원의 공유에 의하여 발전한다고 믿고 있으며, 적지 않은 상업협동조합들이 이를 모범적으로 실천해온 것으로 알려지고 있다(장종익, 2020).

6. 시사점

MDSAP 협동조합이 우리나라 사회연대경제에 줄 수 있는 시사점은 크게 사회서비스 분야와 소상공인 및 소사업자 협동조합 등 두 가지 영역으로 나누어 정리할 수 있다. 첫째, MDSAP 협동조합 사례는 소규모 재가장기요양기관들이 협동조합을 통하여 전문화를 제고하고 서비스 품질에서 일관성을 높이며, 소사업자 간 협력과 연대를 실현할 수 있다는 점을 시사한다.

우리나라에서도 방문요양과 방문목욕 서비스를 제공하는 재가장

기요양기관들이 소규모 개인사업자 형태로 운영되는 경우가 일반적이다. 이러한 재가노인요양서비스 시장에서 요양보호사의 낮은 처우와 불만족, 서비스 품질정보의 비대칭성으로 인한 역선택 문제와 도덕적 해이 문제가 오랫동안 해결되지 않고 있다. 그리고 이러한 문제의 원인으로 건강보험공단의 낮은 서비스 수가 책정과 낮은 진입장벽, 소규모 사업자 간 과당경쟁이 지적되고 있다. 이러한 점에서 서비스 공급의 공공성과 비영리성을 강화하면서 수가를 현실화하고 품질별 차등 지급을 통한 요양보호사의 처우 개선 등 정책 개선이 중요한 해결 방안으로 제시되고 있다.

아울러 재가노인요양서비스사업자 중에서 시장의 문제점을 인식하고 이를 개선하려고 하는 의지를 가진 사업자들의 협동조합을 결성하여 규모의 경제에 기반한 요양보호사들의 복지 향상과 공동 직무프로그램의 개발 및 교육 훈련을 실시할 필요가 있다.[9] 그리고 이러한 재가노인요양서비스사업자협동조합들이 주야간노인보호센터와 지역사회통합돌봄 사업에도 적극적으로 참여하여 노인의 돌봄을 둘러싼 당사자와 서비스 제공자가 지역사회의 다양한 자원과 결합할 수 있도록 협동조합이 매개체 역할을 할 수 있도록 장려할 필요가 있다.

재가노인요양서비스사업자협동조합의 설립과 운영을 통한 접근 방안이 사회적협동조합이나 노동자협동조합 설립과 운영을 통한 접근 방안, 그리고 국공립방문요양서비스기관을 통한 접근 방안과 함께 시도되면 방문요양서비스 시장의 문제를 보다 효과적으로 해결

---

9 2015년 11-12월에 서울시 성북구와 강북구 소재 운영되고 있는 장기요양서비스사업자 각각 51개와 70개 대표에 대한 설문조사결과, 이러한 협동조합에 참여할 의향이 있다고 응답한 비율은 각각 49%, 28.5%에 달하였음 (장종익 외, 2015).

할 수 있을 것으로 기대된다. 그리고 정부는 서비스 품질의 제고 및 요양보호사들의 직업적 만족도 제고를 목표로 설정하고 문제 해결 방안의 다양성을 인정하며, 프랑스처럼 서비스 품질이 일정한 목표에 도달할 수 있도록 적절한 규제와 유인제도를 시행할 필요가 있다.

MDSAP 협동조합을 포함한 프랑스 상업협동조합이 우리나라 사회연대경제에 주는 두 번째 시사점은 협동조합 규모의 확대라고 할 수 있다. 소상공인협동조합이 시장에서 협동의 가치를 실현하고 이익을 창출하기 위해서는 조합원 수를 현재의 20~30명 수준에서 200~300명 수준으로 대폭 확대할 필요가 있다. 프랑스 상업협동조합은 협동조합에서 일하는 직원의 수가 평균 300여 명에 달하고 전문적인 직원이 조합원 점포의 안정적 성장을 지원하고 있다. 이렇게 협동조합 직원의 수를 유지하기 위해서 일정한 규모가 되어야 하는데 프랑스 상업협동조합 소속 조합원이 운영하는 점포 수는 평균 481개에 달한다. MDSAP 협동조합은 아직 성장 초기 단계이고 다른 상업협동조합과 달리 대인 서비스 사업 특성으로 인해 조합원 수가 850명에 달하지만, 직원 수는 11명뿐이다. 협동조합의 지원 효과 및 분업의 효과에 힘입어 조합원의 사업 규모가 확대되고 조합원 사업에 대한 협동조합의 지원 범위가 확대될수록 협동조합에 종사하는 직원의 수는 더 늘어날 것이다.

현재 우리나라의 소상공인협동조합이 당면하고 있는 큰 문제는 협동조합 규모의 영세성으로 인하여 지속성의 어려움과 동시에 협동조합의 조합원 지원 효과가 크지 않다는 점이다. 그러므로 소상공인협동조합 지원을 담당하고 있는 중소벤처기업부와 소상공인시장진흥공단, 그리고 기획재정부 및 한국사회적기업진흥원에서는 협동조합 설립 지원사업을 축소하고 기존 소상공인협동조합 간 사업협력, 합병, 신규 조합원의 기존 협동조합 가입 촉진 관련 지원사업으로 전환할 필요가 있다. 마지막으로 프랑스 상업협동조합 성공의 중요한 비결이라고 할 수 있는 자원의 공유와 연대의 정신을 적극적으로 벤치마킹하여 기존 소상공인협동조합에서 사업자조합원 간 점포 운영 노하우의 공유, 연대의 문화와 제도 구축에 노력을 집중할 필요가 있다.

Ⅱ.
삶터에서의
협력과 연대, 그리고 포용

커뮤니티 기반 사회주택기업,
퀘벡의 샤펨(SHAPEM)

박성철

1. 왜 SHAPEM인가?

사회적경제 생태계 안에서 작동하는 사회주택 중 비영리법인으로 대표적인 기관이 샤펨(Société d'habitation populaire de l'Estde Montréal, 동부 몬트리올 시민사회주택협회, 이하 약자 샤펨(SHAPM))이다.

1988년에 비영리조직으로 설립한 샤펨은 몬트리올 동부지역에 있는 경제·사회기관들과 협력하면서 도시재생과 사회통합을 위한 기업으로 출발하였다. 샤펨을 한마디로 정의하면 저소득층을 대상으로 양질의 사회주택을 제공하는 기업이다. 구체적으로는 첫째, 건물을 매입하거나 주거 건축물을 건축·관리하고, 도시재생과 사회경제 활성화에 기여한다. 둘째로 연대적이며, 포용적이고 지속 가능한 커뮤니티를 구축하는 것이다. 이는 샤펨의 사업이지만, 한편으로는 이 회사의 미션이기도 하다. 활동 대상 지역은 주로 몬트리올 동부의 7개 지역이며 40여 곳에 사회주택을 건설하였다. 주로 사회·경제적 문제를 가진 곳으로서 물리적인 주거환경의 개선과 통합적인 지역재생 프로젝트의 수행이 필요한 곳이다.

https://www.shapem.org/

　샤펨의 사업은 세 가지 주요 특징을 지니고 있다. 첫째, 저소득층을 위한 사회주택 공급을 비영리기업이 성공적으로 끌어낸 사례라는 점이다. 연대, 포용, 지속 가능한 커뮤니티 구축을 목표로 사회주택을 공급함으로써 사회주택이 공급되는 지역에서 공동화나 슬럼화를 예방하는 것이다. 더 나아가 지역사회 문제 해결과 지역 활성화를 위하여 노력하는 것이다.

　둘째, 비영리조직인 샤펨이 저소득층을 대상으로 사회주택 사업을 할 수 있도록 제도적, 사회적, 경제적 여건이 형성되어 있었다는 점이다. 비영리법인이 CMHC(Canada Mortgage and Housing Corporation)라고 하는 정부의 장기 모기지 대출을 운영할 수 있는 제도가 오래전부터 운영되었으며, 사회적경제 생태계 안에서 발전한 사회적 금융으로부터 지원을 받았다는 것이다. 이뿐만 아니라 파트너로부터 사회적 혁신조직이라고 불릴 만큼 사회변화를 일으키는 사회 동원 능력과 영역 확장력을 샤펨이 가지고 있었기에 이런 제도들을 이용할 수 있었다.

셋째, 가장 열악한 지역에서 규모화에 성공하였다는 것이다. (1) 상향식(Bottom-up)의 차별화된 전략과 운영방식이 성공적으로 작동하였다. 공동화, 슬럼화, 빈집 등 지역사회에서 문제가 되는 건물이지만 샤펨에는 유용한 건물을 매입하였는데, 사전에 지방정부와 지역주민에게 해결방안, 프로젝트 방식, 자금지원 등에 관한 의견을 구하고 관심과 협상을 일으키는 사업 방식이 주효했다. (2) 주민이 필요로 하는 프로그램과 커뮤니티의 컨텐츠를 결합한 사회문제 해결형 콘텐츠 확보에 성공하였다. 이 과정에서 주민과 함께 연구자도 참여하여 주민의 행동에 관한 연구와 피드백을 통해 성찰하게 하였다. (3) 이민자를 포함하여 다양한 인종이 사는 지역에서 사회통합에 효과적인 사회주택을 제공하였다. 사회적 다양성에 대한 조화와 공존의 접근 방식 등 6개 핵심가치에 기반하여 운영하며 상호성에 기반한 파트너십을 통해 지역의 다른 기관들과 협력하고 상부상조하였다.

앞서 말한 바와 같이 몬트리올 동부 7개 지역 40여 곳은 저소득층 사회주택의 대상 지역으로서 그 지역의 문제가 되는 건물을 샤펨이 인수했다. 샤펨이 인수한 건물과 건물이 있는 지역은 이후 '함께 잘 사는 곳'으로 변화되었다. 사회주택 공급과 성공적인 커뮤니티 활동으로 지역이 활성화되었고 우범지역으로 낙인이 찍힌 지역이 변화되면서, 결국 샤펨은 큰 규모의 자산을 소유하는 기업으로 성장한 것이다.

2. 캐나다 사회주택 생태계

캐나다에서 사회주택이라는 용어는 저소득계층을 위해 건축한 공공임대주택에서부터 비영리 임대주택 운영법인, 소득을 구별하지 않는 협동조합 주택 운영법인에 이르기까지 폭넓은 형태의 주택들을 포괄하고 있다. 2006년 주택 1,244만 호가 공급되었고, 2010년 사회주택은 612,700호로 전체에서 5%를 차지했다. 그 근간에는 CMHC(Canada Mortgage and Housing Corporation)가 있었다. CMHC는 우리나라의 LH(한국토지주택공사)와 HUG(주택도시보증공사)의 기능을 가진 기관이다. 하지만 ① 공공주택 입주자들에 대한 낙인효과, ② 공공주택 운영자들의 입주자들에 대한 부당한 대우, ③ 공공주택 건설 및 운영의 고비용 등에 대한 문제가 지속적으로 증가하였다.[1] 이런 문제와 실패를 경험하면서 1970년대 제3섹터에 의한 사회주택 공급 활성화가 추진되어 협동조합과 비영리조직이 사회주택을 공급할 수 있는 공급자의 지위를 획득한다. [1973년 주택법(National Housing Act) 개정을 통해 정책방향을 협동조합 및 비영리주택법인을 지원하는 방식으로 바꿈]

샤펨은 민간의 비영리조직에 해당하여 주택 수 100채 이하 규모의 건축이 가능하며 이에 해당하는 자금을 CMHC로부터 100% 조달할 수 있다. 사회주택의 입주자는 <표 2>와 같은 이유로 주거비를 지원받을 수 있는데 이 주거비는 샤펨의 주요 수입원이 된다.

---

[1] 한국사회주택협회, 캐나다 사회주택 개요, 2020

구분	협동조합	비영리조직		공공주택
		정부	민간	
주택수	100채 이하	100~1,000채	100채 이하	100~200채
의사 결정	구성원 및 정부	정부	스폰서 및 정부	정부
지배 구조	거주자	정부지명	스폰서 지명	정부 지명
거주자 참여	높음	중간	중간	낮음

〈표 1〉 캐나다 사회주택 개요 (출처 : 한국사회주택협회 워크숍 자료)

악셀로지 퀘벡(AccèsLogis Québec) 프로그램은 저소득층 또는 중산층 가구와 특정 주택 수요가 있는 사람들을 위한 것으로서 저렴한 비용으로 거주할 수 있는 주택을 만들기 위해 공공과 지역사회 및 민간이 협력한다.

이 프로그램에 소요되는 비용의 절반은 퀘벡주택공사(Société d'habitation du Québec(SHQ))의 보조금으로 충당하며 일부 프로젝트는 캐나다 모기지 주택 공사(Canada Mortgage and Housing Corporation)가 부담한다. 커뮤니티에 요구되는 최소 기여도(샤펨의 자부담 : 입주자의 부담, 사회단체 등의 부동산, 건물, 봉사 등의 기부)는 5~15%이다. 퀘벡주택공사는 승인된 금융 기관을 통해 대출을 받는 모기지 대출을 보증하며 모기지 대출은 35년이다.

악셀로지 퀘벡(AccèsLogis Québec) 프로그램은 주택 사무소(OH), 주택 협동조합(COOP), 비영리 조직(NPO) 및 비영리 구매 회사가 고품질의 저렴한 임대 주택을 만들어 제공할 수 있도록 돕는다. 악셀로지 퀘벡(AccèsLogis Québec) 덕분에 이들 조직이 지역사회의 지원금으로 사회주택 프로젝트를 수행할 수 있었다.[2]

---

[2] 퀘벡주택공사(habitation.gouv.qc.ca/programme/programme/acceslogis-quebec)

프로젝트 유형	보조금 (적격생산 비용의 비율)	최소 커뮤니티 기여도 (적격생산 비용의 비율)	임대표 보충 ❶ (세입자 가구 비율)
1부 저소득 또는 중간 소득가구 (가족, 독신자, 독립 노인 및 독립 장애인) 를 위한 주택	50%	5~15%	20~50%
2부 약간의 자율성을 상실한 노인을 위한 서비스 ❷ 영구주택	50%	5~15%	20~50%
3부 특별한 주택이 필요한 사람들을 위한 서비스 ❷ 주택 ❸			
영구 또는 임시 주택	50%	15%	20~100%
긴급 숙소(객실)	66%	15%	자격이 없음
가정폭력 피해자를 위한 임시 거주지 ❹	100%	0%	자격이 없음

〈표 2〉 AccèsLogis Québec에서 제공하는 재정지원

❶ 임대료 지원금은 가정을 위한 재정지원으로 소득의 25% 이상을 주택에 지출해야 하는 저소득자에게 지원함. 5년 동안 지급되며 90%는 퀘벡주택공사(Société d'habitation du Québec)에서, 10%는 지방자치단체에서 지원함.
❷ 약간의 자율성을 상실한 노인을 위한 영구주택 프로젝트는 유형에 맞는 지역조직들과 서비스를 제공(예: 식사, 가정지원, 가사 등) 하는 비영리조직이 사회주택 프로젝트를 할 때 자금 조달 방법을 지정함.
❸ 사회 복귀 및 주거 자율화 과정에 참여하고 있는 사람으로 노숙자, 마약 중독자 또는 기타 어려움에 처한 사람들을 대상으로 하는 사회주택 프로젝트임.
❹ 가정폭력 피해자를 위한 대피소 개선과 관련된 이 유형의 프로젝트는CMHC (Canada Mortgage and Housing Corporation)와 퀘벡주택공사(Société d'habitation du Québec) 이 공동으로 자금을 지원함 . [출처 : 퀘벡주택공사]

3. 샤펨의 미션과 주요 사업

1) 샤펨의 미션과 핵심 가치

현재 샤펨의 미션은 '연대적이고, 포용적이며, 지속 가능한 커뮤니티를 구축'하여 '함께 잘 사는 것'이다. 샤펨의 현재 미션은 진화과정을 거치면서 설정되었다. 샤펨은 초기에 빈곤층이 사는 지역의 낡고 쇠락한 주거지 재개발 사업에 참여하였으나 단순히 재개발 사업을 하는 것만으로는 쇠락한 지역의 공동화 현상이나 슬럼화를 막을 수 없다는 점을 깨닫고 공동체의 재활성화 필요성에 대해 인식하게 되면서 미션이 재정리되었다. 이러한 미션 하에 샤펨은 정부와 지역의 여러 사회단체들과 파트너십을 형성하여 공동체 활동을 강화하고 광범위한 사회적 변화를 꾀하고 있다.

핵심 가치는 미션과 비전의 내용을 담았다. 골목, 거리, 몬트리올 전체에 커뮤니티를 구축하고 활성화하고자 하는 비전은 연대적이고, 포용적이며, 지속 가능한 커뮤니티 구축이라는 미션의 내용을 담은 것이다. 가장 눈에 띄는 점은 몬트리올 북부는 이민자와 다양한 인종이 사는 곳으로서 여러 가지 사회문제를 안고 있었지만, 아무도 소외되지 않고 공존할 수 있는 사회통합의 접근 방식과 포용력을 가지고 있었다는 점이다. 이러한 접근 방식과 포용력은 상호성에 기반한 파트너십에 의하여 다양한 컨텐츠와 결합한 솔루션을 통해 전문적인 문제 해결력을 갖게 되었으며, 서로의 공동선을 추구하고 누구도 소외되지 않도록 커뮤니티를 강화하는 것이다. 이러한 일련의 연대적이며 포용적인 활동은 파트너와 공동체가 샤펨의 조직문화와 신뢰로 남게 되었다.

	항목	내용
1	사회적 다양성에 대한 조화와 공존의 접근방식(소셜믹스)	소외된 사람, 가족 및 일상 노동자가 도시에 접근할 수 있도록 보호한다.
2	상호성에 기반한 파트너십	주거 분야 외 의료부문, 복지부문 등의 사회서비스가 필요할 때, 그 분야의 강점이 있는 기관들과 협력하고 상부상조한다.
3	사회적 약속으로서 공동선의 설정	나, 우리, 직원들의 이익보다 공동선을 추구함으로써 사회에 기여한다.
4	연대	모든 사람의 해방을 위해 모든 형태의 사회적 소외를 극복하기 위해 연대한다.
5	관용, 나눔의 정신	공동체의 필요가 발생하고 요청이 있을 때, 공동체의 문제를 함께 해결하기 위해 나눔의 정신으로 임한다.
6	신뢰	샤펨이 하는 일, 파트너와 공동체, 개인과 조직 등 신뢰는 샤펨이 추구하는 중요한 가치다.

〈표 3〉 샤펨의 핵심 가치

샤펨은 단순히 주거의 문제를 해결하는 것뿐만이 아니라 주거문제와 관계된 복잡한 사회문제를 함께 해결함과 동시에 시민들과 공동체 이해관계자들이 참여함으로써 역동적인 사회변화를 유도한다. 이러한 샤펨을 보고 거버넌스와 파트너십을 맺은 이해관계자들은 사회혁신 조직이라 칭한다. 장피엘 라셋 샤펨의 대표는 "샤펨의 비전은 골목, 거리, 몬트리올 전체에서 커뮤니티를 구축하고 활성화하고자 하는 것"이라고 말한다.

샤펨이 복잡한 주거문제와 사회문제를 동시에 해결하기 위해서는 생태계가 갖추어져야 하는데 샤펨은 "생태계가 있는 생태계에서 일하기"라는 목표를 설정하고 있다.

얼라이언스(생태계가 있는 생태계에서 일하기)				
1	2	3	4	5
포용적 시민권	시민에 의한 시민을 위한 프로젝트 (환경개선)	주택을 위한 협업 및 풀링	기본환경 강화	재원
주택위원회 시민위원회 옹호 단체	도시농업 녹화 및 캐노피 계획 지속 가능한 개발 에너지 절약 수도관리 청록색 골목	빌딩관리 임차인과의 관계 파트너쉽 및 영토접근 외부 커뮤니케이션 조직개발 및 HR 자원풀링	건강 및 사회서비스 교육 운송 도시계획	· 데자르뎅 그룹 · 은행기관 · AccèsLogis 프로그램 · FIM 계약금 · CMHC 신축/리노베이션 · 재융자 · 전용인수자금 · 퇴직금 · 자선재단

* 얼라이언스 _ 1, 2, 3, 4, 5을 해결하기 위한 연대

〈표 4〉 얼라이언스(생태계가 있는 생태계에서 일하기)

2) 샤펨의 주요 사업

샤펨의 사업 내용은 사회주택 조성, 주택 소유자로서 유지, 관리, 주택개발 업무 등이다. 사업 목적은 통합적이고, 포용적이며 지속 가능한 커뮤니티를 구축하고자 하는 것이다. 샤펨의 직원은 60명이고

매우 다양한 부동산 포트폴리오를 갖고 있으며 이민자와 빈곤층 등 취약계층 입주자를 지원하는 수십 개의 커뮤니티와 기관 파트너가 협력하고 있다. 이 중 일부는 전략적 제휴를 통해 더욱 활발한 사업을 전개하고 있다. 그리고 현재 샤펨은 부동산 포트폴리오의 규모 확대에도 힘쓰고 있다.

운용하는 부동산의 규모는 2023년 현재 소유 925채, 관리 800채로서 관리 주택 총수 1,725채이며 주로 저소득층 임대주택으로서 3억 7,500만 달러(3,750억 원)의 자산가치를 가지고 있다. 소유한 925채 중 60%는 정부의 모기지 대출, 40%는 사회적 금융을 통해 매입하였고 주요 주택 구입 자금은 종교공동체, 데자르뎅 신협 등 유리한 모기지 기금을 활용하였다. 부채비율은 30.58%로 자산을 담보로 대출이 가능한 상태이며 따라서 운영자금 마련이 용이하다. 매출 구조는 임대가격 정책에 따라 입주민에게 600$, 850$, 1,400$를 받고 있으며, 기본 임대료 비율은 가구별 총소득의 25% 이내에서 지불하도록 한정되어 있다(주정부 지원 임대주택). 이 임대료는 샤펨의 주요 매출이 된다.

조직구조는 주택개발과 관리 등 영역을 나누어 복합적인 일을 수행하도록 하고 있다. 특이한 점은 4개의 비영리 자회사로 구성되고 샤펨이 자회사에 대한 통제권을 소유하고 있다는 점이다. 이는 장기적으로 볼 때 지속가능성을 고려한 것이고 사회주택에 대한 절세, 기부자의 요구 등에 의한 것이기도 하다. 샤펨에는 청소, 관리, 회계 등의 업무를 담당하는 60명의 직원이 있는데 이들은 조직의 미션에 깊이 공감하고 있으며 열정적인 조직문화를 가지고 있다. 샤펨은 사회통합을 중요시하는 조직답게 직원 34%가 이민 세대로서 다양한 인종으로 구성되어 있다. 연간 매출 규모는 1,785만 달러(178억 원, 정부보조금 포함)이며, 회계·재정담당 인턴 직원의 고용과 교육 프로그램 활용 시 정부보조금을 받고 있다. 샤펨은 88년 작은 규모로 시작하여 35년간 부동산관리 노하우를 축적하고 있으며 현재는 조직의 규모가 커진 상태에서 아이디어를 확산하고 다음 세대를 준비하기 위한 전환의 시기를 맞고 있다고 한다.

4. 라비지네리(La voisinerie, 이웃, 공동체 만들기)로 살펴본 샤펨의 성과와 운영의 차별성

이 프로젝트의 핵심 중 하나는 공동체의 공간을 조성하는 것이다. 매춘, 마약 등 범죄율이 높은 지역에서 소셜하우징을 밀집되게 구성하고, 공동으로 사용할 수 있는 공간을 배치하여 공동체로서 상호작용할 수 있도록 돕는다. 주민 심층 인터뷰를 통해 필요와 욕구를 확인하는 연구자들의 연구 작업을 병행하여, 지역 재생을 위해 주민들이 주체성을 가지고 스스로 역할을 해나갈 수 있도록 샤펨은 퍼실리테이터 역할을 한다.

구체적인 프로젝트 활동 내용으로 아스팔트를 없애고 공동체 텃밭을 만들어 가든파티를 여는 등 자주 공동의 식사 문화를 갖도록 한다. 또 청소년과 청년을 위한 영화를 상영하는데 보는 이들이 직접 영화를 선택할 수 있다. 이 활동으로 프로젝트 전에는 아프리카와 아랍 이주민들 간 갈등이 심하였으나, 프로젝트 후에는 서로 이해하면서 갈등과 반목이 해소되었고 공동체의 건강성을 회복하여 범죄율이 낮아졌다.

테크노폴앵거스[3]의 탑다운 방식은 예전의 산업이 죽고 쇠퇴해가는 곳에서 새로 도시계획을 만들었다. 환경적인 방식으로 새로운 기술을 도입해서 일자리를 만들고 도시개발을 함과 동시에 사회주택의 요소를 일부 추가하는 방식이다. 빈곤의 문제에 대응하는 것은 테크노폴앵거스에게 최우선 순위는 아니다.

하지만 샤펨(SHAPEM)의 샹향식 방식은 가장 어려운 지역, 해결책이 안 보이는 가장 가난한 지역을 선택[4]하여 살만한 지역이 될 수 있도록 소셜하우징을 통해 도시재생을 하는 것이다. 단순히 저소득층을 위한 임대주택 제공이 아니라 '커뮤니티 구축'과 '함께 잘사는 것'이라는 미션을 실현하기 위한 것으로서 협력 파트너와 연대를 통한 사회문제 해결형 컨텐츠를 양질의 사회 주택과 함께 제공하는 것이 샤펨의 방식이다.

샤펨의 남다른 사회주택서비스는 사회주택 내의 커뮤니티 공간을 통해 저소득층 주민의 열망과 욕구를 구체화하고 의료, 보건, 돌봄 영역의 다양한 파트너와 연대를 통해 전문화를 추구한다. 정부의 모기지 대출과 사회적 금융을 통해 규모화된 성장을 이루었고, 주민에게 밀착된 활동가와 연구자를 통해 지역에서 균형점을 찾는 과정을 통해 사회통합 창출에 힘쓴다.

저소득층 사회주택 맞춤형 서비스로서 ①아코드리(시간화폐) : 비화폐경제 시스템을 통해 빈곤과 사회적 배제에 맞선 연대, ②80개의

---

[3] 테크노폴 앵거스는 지속 가능한 개발과 도시 활성화의 기준이 된 독특한 생활공간임. 테크노폴 앵거스는 몬트리올에서 시설 및 주거지역이 낙후된 동쪽 지역에 폐공장으로 버려진 철도공장을 인수하여 사회적 기업이 입주할 수 있도록 시설계량을 시행함
[4] 인구 3천 명에서 6천 명의 작은 시정촌

CPE[5] 설립을 통한 영유아돌봄서비스 : 5달러로 저렴하고, 누구나 받을 수 있는 서비스, ③악셀로지 퀘벡(AccèsLogis Québec)[6]을 통한 보조금 지원 등을 제공하고 있다.

5. 시사점

샤펨의 사회운동 등을 포함한 동원력, 협력과 공동 개발, 공공정책 협상력은 성공 요인이자 특징이다. 이는 자원 동원, 전문성 획득, 민관거버넌스, 지역과 사회주택사업의 지속성, 생태계 확장(규모화, 사회 변화) 등을 이끌었고 기존 사회주택, 사회적경제 생태계를 다시 견고히 하고 있다. 샤펨은 위와 같은 특징으로 새로운 영역에서의 협력을 이루었으며 공동 개발을 통한 영역 확장과 성공을 가능하게 한 기업이다.

사회주택의 또 다른 성공 요인은 정부의 사회주택에 대한 지원정책(사회주택 대출, 사회 약자를 위한 임대료 지원)과 사회주택을 위한 사회적 금융이 발달했기 때문이다.

1) 사회운동 등을 포함한 동원력

하드웨어 중심의 지역 재개발, 주택 개선 사업이 아니라 여러 가

---

5 CPE특징 : 비영리기관, 구성원에게 이익 분배를 하지 않고, 이사회 의사결정 구조는 부모가 과반수가 넘도록 함. 1996년 이후 거버넌스 구조는 협동조합, 비영리조직 등 모두 조직원의 출자에 의해 운영될 뿐 아니라 실질적 운영과 관련한 의사결정 구조에 해당 주체의 참여가 얼마나 보장되며 구현되느냐에 초점을 둠으로써 기존의 비영리조직과 조직 구조적 측면에서 차별성을 명확히 하고자 한 것임.
6 1996년 캐나다 정부는 공공주택 지원을 삭감하면서 사회주택 프로그램인 악셀로지 퀘벡(AccèsLogis Québec) 프로그램을 적극 추진

지로 열악한 지역에서 사회통합과 함께 지역주민이 주체로 성장하도록 만드는 내용까지 포괄하는 샤펨의 커뮤니티 사업은 지역사회의 지지와 협력을 가능하게 만들었다. 지역사회를 위해 일하는 여러 단체, 기업, 기관, 학교 등과 함께 연대하여 퍼실리테이터(공동기획) 역할을 하고, 결국 지역주민과 함께 실천하여 지역사회의 변화를 만들었다. 또 여러 프로젝트를 연결하여 지역주민이 자기 성찰 과정을 가지도록 하고 있다.

샤펨(SHAPEM)은 연대를 통해서 전문성을 확보하고 자원 연계가 가능하게 만들어 지역에 맞춤형 솔루션을 제공한다. 이뿐만 아니라 샤펨과 비슷한 사회주택 공급업자들과 연대하여 민간 임대 시장에서 배제되는 사람들에게 관용적인 환경을 제공하고자 노력하고 있다. 몬트리올 지역에서 주택 문제 외의 다른 영역에서도 사회적 소외가 발생하지 않도록 필요한 지역사회의 지원을 끌어내고 모두가 시민권을 행사하도록 힘쓰고 있다.

<표 5>는 샤펨이 소개한 사회주택 파트너들로 서로 연대·협력하여 몬트리올 주민들에게 저렴하고 질 좋은 사회주택 공급과 지역사회 발전에 기여하고 있다.

2) 새로운 영역에서의 협력과 공동 개발, 공공정책화

샤펨은 연대를 통한 전문화와 자원 연계가 이루어지면서 이와 함께 거버넌스를 통한 정책화·규모화가 가능해졌으며 새로운 분야와 공공 분야에도 영역을 확장할 수 있었다. 정부와의 협상을 통해 정책화·규모화에 필요한 지원과 프로그램을 만들었고, 거버넌스를 통

FOHM	저렴한 비용으로 건강하고 질 좋은 주택에 접근하는 것이 FOHM과 회원들의 목적의 핵심
SOLIDES	과거 또는 현재의 건강 문제 또는 회복할 수 없는 문제를 가진 사람들의 다음 단계를 위한 사회주택 공급과 운영
HAPOPEX	주요 임무는 몬트리올 주민들의 저렴한 주택 수요를 충족시키는 것으로 다양한 규모의 보조금을 받아 저렴한 주택을 제공함
inter-loge	저렴한 사회주택의 개발, 관리 및 임대를 전문으로 함. 양질의 주택 소유자로서 헌신, 협력, 연대 및 혁신이라는 깊은 가치에서 영감을 얻어 지속 가능한 미래를 건설하는 데 참여함

〈표 5〉 샤펨의 주요 파트너

해서는 새로운 분야(의료, 복지 등)에 도전하고 혁신하여 성장의 발판을 마련하였다. 특히 정부의 모기지 대출과 사회적 금융의 모기지와 인내자금을 활용하여 성장할 수 있었다. 샤펨은 퍼실리테이터로서 정부와 협상하고, 필요한 프로그램을 지원받았다. 정부의 주택 모기지 상품(CMHC)과 사회적 금융을 활용하여 15~35년의 장기임대주택, 사회주택 사업을 만들었다.

커뮤니티 구축이 목적인 샤펨은 커뮤니티 공간을 설치하고 지역주민과 함께 지역사회의 주체로 활동하면서 지역주민의 성장을 위해 연대 조직의 파트너들을 동원하였다. 파트너들과 함께 주민들이 원하는 프로젝트를 하면서 지역사회가 점차 변화되었다. 지역사회의 변화를 본 기부자와 정부를 비롯한 이해관계자가 파트너로 참여하게 되면서 변화의 폭이 커졌다. 샤펨은 사회주택사업 외에 지역사회를 위한 여러 가지 프로젝트에도 참여하였고, 따라서 파트너들이 사회혁신조직으로 부르게 되었다. 정부와 사회적 금융은 사회·경제적 문제를 풀 수 있는 주체의 다음 3가지 역량을 확인하는데 사회운동 동원력, 협력과 공동 개발, 공공정책을 가능하게 하는 샤펨(SHAPEM)의 역량을 높이 평가하고 있다.

3) 정부와 금융 생태계 안에 있는 사회주택

CMHC(Canada Mortgage and Housing Corporation) 보증제도를 통해 정부의 지원을 받는 사회주택은 2010년 전체 주택에서 5%(612,700호)를 차지하였다.[7] 협동조합(100채 이하), 비영리조직(정부 100~1000채. 민간 100채 이하), 공공주택(100~200채) 등 비영리조직에서 하는 사회주택개발 사업에 민간대출 100%가 가능하였다.(1986~1993년 비영리조직 프로그램, 법인의 형태에 따른 정부의 모기지 대출 규모와 사회주택 수주 규모)

악셀로지 퀘벡(AccèsLogis Québec) 덕분에 비영리조직은 지원금으로 사회주택 프로젝트를 수행할 수 있었다. 이 프로젝트를 통해 소득의 25% 이상을 주택에 지출해야 하는 저소득자에게 임대료를 지원할 수 있었다. 5년 동안 지원금의 90%는 퀘벡주택공사에서, 지원금의 10%는 지방자치단체에서 지원한다.

주택과 관련한 사회적 금융 상품도 발전하여 여러 곳에서 규모의 경제를 달성할 수 있도록 확대되었다. 사회적 금융의 사회주택에 대한 투자비율이 전체 규모 중 50~60%를 차지하고, 사회주택 프로젝트 자금 조달 규모의 40~50%를 차지할 정도로 사회적 금융의 역할

---

[7] <표2> 한국사회주택협회, 캐나다 사회주택 개요, 2020

이 커지고 있다. 퀘벡 사회주택의 특징[8]은 사회운동 등을 포함한 동원, 새로운 공간에서의 협력과 공동 개발, 공공정책을 가능하게 하는 것이다. 이는 샤펨의 사회주택 모델의 특징이며 우리에게 주는 시사점이기도 하다.

---

8 마거릿 멘델, 『퀘벡 사회적책임금융 연대자금과 개발자본』, 초청강연 한국발표자료, 2017
퀘벡모델의 세가지 기본 특징으로 ㉠ 동원(협동조합운동, 노동운동, 사회적경제, 사회운동, 민간부문), ㉡ 협조/협력/공동건설(새로운 제도적 공간; 대화; 협상; 새로운 금융도구, 상품, 법률 문서에 대한 공동설계; 출현과 공고화 및 성장을 가능하게 하는 새로운 정책 공동설계; 지역의 수요와 잠재력에 응답하는 금융혁신) ㉢ 공공정책을 가능하게 하는 것을 제시함

한신대학교 연수단과 샤펨 관계자 사진

사회주택-보건서비스 통합모델을 구현하는 비영리기업,

퀘벡의 에스파스 라 트라베르세
(Espace La Traversee)

문조성

1. 왜 에스파스 라 트라베르세인가?

통계청의 자료에 따르면 2021년 한국인의 기대수명은 83.6세로 15년 전(前)인 2006년에 비해 약 5년 증가하였다. 반면 65세 이상 노인인구 중 독거노인 비율은 20.6%를 차지하고 있다. 더욱 심각한 것은 사회적 고립도가 34.1%에 이르며 GDP 대비 경상의료비 비율은 2004년 4.4%에서 2021년 8.8%로 2배가 증가한 상태이다.

한 사람이 사회에 속한 구성원으로서 온전한 삶을 살아가기 위해서는 여러 가지 조건이 필요한데 그 중 주거, 돌봄, 의료 등은 가장 기본적인 요소일 것이다. 하지만 한국 사회는 빠르게 고령화되고 있으며 의료비 지출에 대한 부담 증가, 사회적 고립도 상승 등 다양한 문제들이 지속적으로 발생하고 있다. 특히 COVID19 이후 증가하고 있는 사회 취약계층에 대한 주거, 돌봄, 의료 등의 문제는 시민들의 온전한 삶을 위협함은 물론 우리 사회를 하나로 통합하는 데 있어 큰 걸림돌이 되고 있다.

고령화가 빠르게 진행된 선진국(영국, 일본, 스웨덴 등)의 경우 주택을 포함한 통합 돌봄 체계가 활성화되고 있다. 하지만 한국은 이

출처 https://espacelt.org/

제 막 시작하는 단계에 불과하다. 그렇다면 지금 시점에서 한국형 커뮤니티케어(지역사회 통합돌봄) 모델은 무엇이며, 어떻게 해야 하는가? 우리는 이에 대해 진지하게 고민해 볼 필요가 있으며 더 늦기 전에 대응책을 마련해야만 한다.

이에 대한 답 중 하나를 캐나다 퀘벡의 에스파스 라 트라베르세(Espace La Traversée, 이하 라 트라베르세)에서 찾을 수 있다. 특히 이 사례는 공공 영역에서 일방적으로 진행하는 모델이 아니라 민간 영역, 그중에 사회적경제에서 추진하고 있는 모델로서 지역사회 내 임팩트 제고는 물론 지속가능성, 확장성 측면에서 적절한 모델이라 평가받고 있다. 공간을 잇는다는 뜻의 라 트라베르세는 사회주택 및 숙박 시설을 활용하여 돌봄과 보건서비스를 제공하는 비영리기업

(OBNL)으로서 주사무소는 캐나다 퀘벡의 몬트리올에 위치하고 있다.

1990년에 설립된 라 트라베르세는 현재 퀘벡 전역에 주거용 부동산 20개를 운영하고 있으며, 직원은 약 300명 이상으로 주요 고객은 65세 이상 노인, 정신건강질환자, 지적장애, 노화와 관련된 자율성 상실, 노숙자 등 사회에서 어려움을 겪고 있는 다양한 사람들을 입주 대상으로 하고 있다. 라 트라베르세는 2022년 기준 연간 수입이 약 17,400,000CAD(한화 약 182억 5,000천만 원)에 이른다. 특히 COVID19 기간 사업이 매우 빠르게 확장되었으며, 현재는 지역사회 내에서 사회통합을 위해 반드시 필요한 기업으로 성장하고 있다.

2018년 3월 보건복지부는 커뮤니티케어 추진본부를 설치하고 이듬해 1월 지역사회 통합돌봄 선도사업 추진계획을 발표하였으며, 8개 지자체(노인 대상 모델 5개, 장애인 대상 모델 2개, 정신질환자 대상 모델 1개)를 선정하여 시범사업을 진행하였다. 지역사회 통합돌봄 선도사업에서는 케어안심 주택을 활용해 노인, 장애인, 정신질환자 등에게 주택지원과 함께 복합적 사회서비스를 제공한다. 이 사업의 핵심 요소는 지역을 기반으로 각종 서비스를 연결하여 제공하는 것으로 주택-돌봄-요양-보건서비스 등을 통합하는 개념이며, 공동체 안에서 이를 해결하는 것이 주된 목적이다. 하지만 사업 추진 과정에서 지역사회 여건에 맞는 케어안심 주택을 다양한 방식으로 구상해야만 하는 필요성이 제기되었으며, 조금 더 유연한 확장을 위해 행정 중심에서 민간 중심의 사업 구상이 필요하다는 의견이 제기되었다.

이러한 측면에서 라 트라베르세는 정부의 정책에 의해 주도된 것이 아니라 지역사회 내에서 주택, 의료, 돌봄의 문제를 해결하기 위해 사회적경제 영역에서 자발적으로 시작되었다는 데 그 의미가 깊다. 관계자의 설명에 따르면 주사무소가 있는 주택 1460(Habitat 1460)의 개관은 정부가 아닌 민간의 자조적인 움직임 속에서 이루어진 대표적인 사례라고 한다. 이들이 추구하는 사회적 미션은 모든 사람이 그들이 속한 사회 안에서 함께 살아가게 하는 것이다. 이를 위해 라 트라베르세는 지역사회 내 불우한 사람들에게 사회주택과 숙소를 나누고 그 안에서 의료는 물론 각종 돌봄서비스를 제공한다. 궁극적으로 이들이 추구하는 목표는 취약계층들의 사회적 통합을 촉진하며, 사회 안에서 자신의 삶을 영위할 수 있게 만드는 것이다. 이 사업은 지역사회에 꼭 필요한 것이며 누군가는 해야 하는 사업으로서 그들 스스로 매우 자랑스럽게 생각하고 있다.

한국 사회적경제 조직들의 경우 지역사회 내에서 사회주택, 의료,

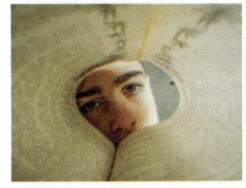  

〈그림1〉 에스파스 라 트라베르세의 주요고객
출처: 에스파스 라 트라베르세 공식 홈페이지 https://espacelt.org

돌봄서비스를 제공하는 기업들이 다수 있으며 활발한 사업을 전개하고 있다. 따라서 이러한 조직들이 다기능 네트워크를 구축하고 이를 통해 해당 지역사회의 특성에 맞는 적절한 통합돌봄 모델을 수립할 수 있도록 지원할 필요가 있다. 이러한 측면에서 볼 때 주거-보건의료-요양-돌봄서비스를 통합적으로 제공하는 라 트라베르세의 사례를 연구하여 한국형 커뮤니티케어 모델에 적용해 볼 필요가 있다.

2. 사회주택-보건서비스를 통합한 하이브리드 모델

취약계층들에 대한 사회서비스 제공을 통해 사회적 통합을 이루려는 라 트라베르세의 가치와 정신은 어느 한순간에 만들어진 것이 아니다. 우리가 하나의 기업을 판단할 때 그 기업이 어떤 과정을 통해 현재에 이르렀는지를 살펴보게 된다. 그 이유는 사람이 그러하듯 기업 또한 과거의 여러 과정을 거치면서 오늘에 이르렀기 때문이다. 따라서 기업의 성장 과정 속에는 그들이 추구해 온 가치가 무엇이며, 어떠한 역사를 통해 현재의 사업을 하고 있는지가 잘 나타나 있다.

1990년 창작센터 설립을 통해 처음 사업을 시작하게 된 라 트라베르세는 1990년~2000년 보건부와의 협약을 통해 정신건강질환자와 청소년을 대상으로 연중무휴 숙박 시설을 운영하게 되었으며, 이를 통해 보건서비스 사업을 시작하게 되었다. 이후 2000년~2005년 주택 가격이 상승하면서 지역사회 내 취약계층들이 많은 어려움을 겪게 되자 취약계층 및 저소득자를 위한 사회주택 사업으로 영역을 확장하였다. 그 결과로 만들어진 것이 오늘날 라 트라베르세가 운영하는 사회주택들이다. 또 이 과정을 거치면서 기존에 진행하고 있는 보

〈그림 2〉 '주택 1460'과 협동조합 주택 내부 https://espacelt.org

건서비스 사업과 사회주택을 결합한 하이브리드 사업 모델이 만들어지게 된다. 결국 라 트라베르세가 사업을 확장하는 목적은 사회적으로 취약한 다양한 사람들에게 복합적인 서비스를 제공하려는 것으로 이후 고령화로 인해 자율성을 상실한 사람들에게까지 대상자를 확대하게 되는 계기가 되었다.

 2005년~2010년에는 65세 이상 노인을 대상으로 하는 '주택 1460'을 개관하여 본격적으로 노인을 위한 통합 돌봄서비스를 제공하게 되었다. '주택 1460'에는 응급의료시설이 갖추어져 있으며 간호원, 조무사 등이 함께 거주하면서 일반적인 의료서비스는 물론 응급의료서비스도 제공한다. 특히 '주택 1460'은 타(他) 협동조합 주택과의 연대·협력을 통해 통합 돌봄서비스에 대한 새로운 형태의 모델을 제시하고 있다. 우리는 이 모델에 대해 '같이(가치) 있는 공간에서의 서로 다른 삶'이라고 부르고 싶다. 아래 사진에서 첫 번째는 '주택 1460'이며, 두 번째는 응급의료시설, 세 번째는 다른 사회적경제 조직이 운영하는 협동조합 주택이다.

〈그림 3〉
주택 1460과
협동조합 주택 사진
(출처: https://www.google.co.kr/maps/place)

다시 말해 하나의 건물과 공간으로 보이지만 '주택 1460'과 협동조합 주택은 소유관계가 서로 다르며 이용 대상 또한 큰 차이가 있다. 물론 이용 대상자가 다르기 때문에 제공되는 서비스 또한 매우 다르다. 라 트라베르세 방문 당시 관계자의 설명에 따르면 '주택 1460'에 거주하는 노인 중 일부의 자녀들이 협동조합 주택에 거주하고 있다고 한다. 결국 이러한 형태는 부모와 자녀가 각각 다른 형태의 주택에 거주하면서 독립된 삶을 영위하면서도 결과적으로는 하나의 공간에 주택을 달리해 함께 살아가고 있는 모습이다. 자녀와 함께 있는 공간이라는 인식으로 노인들의 거주 지역 이전에 대한 부담감을 최소화하면서 자녀들이 부모를 함께 부양해 가는 모델이다. 이는 노인들에게 최적의 안정적인 생활환경을 보장함과 동시에 자녀들의 부담을 최소화할 수 있는 획기적인 방안이라 할 수 있다. 한국은 유교적 특색이 매우 강한 국가 중 하나이다. 부모를 부양하는 것에 대해 책임 의식과 부담감이 동시에 있는데, '주택 1460' 모델은 이를 해결할 수 있는 좋은 방안이라고 할 수 있다.

2010년~2015년에는 캐나다 퀘벡 주에서 가장 가난한 지역 중 하나인 파피뉴(Papineau) 지하철 근처에 있는 '주택 풀럼(Habitat Fullum)'에 대한 공간 조성을 시행하였다. 한신대학교 연수단 방문 당시 라 트라베르세 관계자는 캐나다 퀘벡의 사회적경제에서 '주택 풀럼'이 갖는 상징적 의미가 매우 크다고 설명하고 있다. 그 이유는 샹티에(Chantier)를 포함해 지역사회 내 사회적경제의 연대와 협력을 위해 노력하는 다양한 조직들이 함께하고 있기 때문이다. 다시 말해 단순 주택을 통한 통합 돌봄서비스의 제공을 넘어 퀘벡 사회적경제의 연대와 협력을 위한 상징적인 공간을 조성한 것이다. '주택 풀

〈그림 4〉 왼쪽 성 안나 수녀회 집(Cité Sainte-Anne),
오른쪽 컨버전스 그리핀타운(Convergence Griffintown)

(출처: 에스파스 라 트라베르세 공식 홈페이지 https://espacelt.org)

럼'은 자율성을 상실한 노인을 위한 노인주택(RPA)으로 노인을 위한 공간 63.67%, 노숙자를 위한 공간 16.94%, 사회적경제 조직 등의 사무공간으로 19.39%가 활용되고 있다.

 2015년 이후 현재까지 라 트라베르세는 10개의 프로젝트를 통해 연중무휴 숙박시설 및 보건서비스를 제공할 수 있는 180개의 객실을 보유하고 있으며 6개의 주택 프로젝트를 통해 230가구에게 공간을 제공하고 있다. 현재 몬트리올 전역에서 200명의 인원에게 숙박 및 보건서비스 제공이 가능하고 향후 500개의 객실을 제공할 수 있는 규모로 개발할 예정이라고 한다.

 현재 진행 중인 다른 프로젝트로는 성 안나 수녀회 집(Cité Sainte-Anne)을 주거를 포함한 보건서비스 제공 시설로 전환하는 사업이다. 또 노인들의 진화하는 요구를 충족하기 위해 맞춤형 특별 설계로 진행하고 있는 컨버전스 그리핀타운(Convergence Griffintown) 프로젝트도 있다.

3. 라 트라베르세의 사업수행 전략 및 내용

라 트라베르세의 기본적인 사업 모델은 사회주택과 숙박시설의 기획 및 운영이다. 이 시설들을 근간으로 하여 본인들의 사회적 미션을 수행하는 것으로 취약계층에게 저렴한 비용의 주택, 숙박시설을 공급함과 동시에 서비스 대상자들이 만족할 수 있는 돌봄, 보건서비스를 함께 제공하는 것이다. 이를 수행하기 위한 전략에 대해 관계자는 다음과 같이 설명하고 있다. 가장 우선적으로 프로젝트가 본인들이 추구하는 가치에 부합하는지를 면밀하게 검토한다. 아무리 사업성이 있는 프로젝트라 할지라도 기업의 미션과 정신에 부합되지 않는다면 추진하지 않는 것이다. 다음으로 이용 대상자들에게 저렴한 주택 및 돌봄, 보건서비스 제공이 가능한지를 살피며, 사전 비용을 산출하여 가능성 여부를 판단한다. 마지막으로 서비스 대상자들을 위한 프로그램 공급이 충분한가에 대한 부분이다. 사회주택 및 숙박시설 제공과 관련한 사업이 가능하더라도 다양한 서비스 제공이 현실화되지 않는다면 사업을 진행하지 않는다. 결국 프로젝트의 실행 여부는 "첫째, 기업 정신에 부합되는가? 둘째, 사업의 타당성이 있는가? 셋째, 서비스 대상자를 위한 프로그램 제공이 가능한가?"를 고려하여 결정된다.

특히 사회주택 프로젝트는 차입을 포함한 자본과 가용 현금을 고려하여 설계를 하는데 캐나다 연방정부, 퀘벡 주정부, 몬트리올 시정부 등에서 추진하는 프로그램 지원을 활용하게 된다. 구체적으로 살펴보면 사회주택 프로젝트 재정과 관련하여 캐나다 연방정부에서 약 10%, 퀘벡 주정부에서 약 45%, 몬트리올 시정부에서 약 15%,

기업의 가용자산과 대출 프로그램을 활용해 나머지 30%를 충당하게 된다. 또한 퀘벡 주정부에서는 주택금융뿐만 아니라 보건 및 사회복지 프로그램에 많은 자금을 지원하고 있으며, 프로젝트의 성격에 따라 몬트리올 시정부 또는 캐나다 연방정부의 참여가 이루어지고 있다. 결국 투입되는 재정의 양은 다르지만 하나의 사회주택 프로젝트를 완성하기 위해 중앙정부, 광역 및 기초 지방정부, 기업이 함께하여 만들어 가는 구조로 설계되어 있다. 한국의 사회주택 프로젝트 현실에 비추어 볼 때 매우 부러운 상황이 아닐 수 없다.

현재 라 트라베르세는 프로젝트 개발 및 진행에 있어서 그동안의 경험과 조직에 내재하는 역량, 전문지식, 다양한 형태의 서비스 구조 등의 강점을 활용해 사업을 확장해 나가고 있다. 구체적인 사업은 크게 두 가지로 구분할 수 있다. 첫째는 사회주택 사업이다. 사회주택 사업은 세입자의 요구를 충족하는 넓고 저렴한 임대 숙박시설을 제공하며, 독립적인 생활과 함께 다른 임차인과의 사회 및 공동체 생활을 유지할 수 있도록 프로그램을 제공하는 것이다.

입주는 개인 또는 커플로 할 수 있고 반려동물(고양이만 허용)도 함께할 수 있다. 입주자는 독립 또는 반자치 형태로 생활하게 되며, 안전하고 평화롭게 은퇴할 수 있는 기회를 제공받게 된다. 사회주택 프로젝트와 관련하여 라 트라베르세(Espace La Traversée)에서 가장 강조하는 부분은 입주자 개개인의 개발을 촉진하는 동시에 사회화에 초점을 맞추어 각종 프로그램이 제공된다는 것이다. 이는 기업의 사회적 미션과 맞닿아 있다.

라 트라베르세의 두 번째 사업은 주거용 숙박시설이다. 주거용 숙박시설의 경우 일상 업무에서 지원과 동행이 필요한 사람들을 대상으로 한다. 즉 보건서비스에 초점이 맞추어져 있으므로 입소 시 의료 전문가의 절대적인 추천이 필요하다. 주거용 숙박시설을 이용하는 대상자들은 개인 코치와 짝을 이루어 1:1 서비스를 받을 수 있으며 입주민의 취향과 욕구, 능력을 고려하여 다양한 활동을 시설 내에서 하게 된다.

시설 이용은 장기 이용과 단기 체류, 휴식, 회복 등으로 구분되는데 장기 이용은 지속적인 감독과 전문 치료가 필요한 사람으로서 가정에서 돌보지 못하거나 안전이 확보되지 않은 경우로 24시간 의료, 간호 및 보조 치료 서비스 등을 받을 수 있다. 단기 체류, 휴식, 회복은 약간의 휴식과 간병인을 이용하려는 사람으로서 최소 7일 동안 제공되며, 수용 전 대상 인원에 대한 사전 평가를 실시하게 된다. 시설 이용 시 장·단기를 구분한 다양한 유형의 숙박 옵션이 제공되며, 건강 상태와 자율성을 신중하게 평가한 후, 다양한 패키지에 따라 대상자의 특성, 요구에 맞는 서비스를 제공하고 있다.

라 트라베르세에서 공급하는 사회주택의 평균 임대료는 과연 얼마 수준일까? 결론부터 이야기하면 전국 평균 월세의 약 60% 수준으로 편성되어 있다. '캐나다 평균 급여 조사 2023'[1] 자료에 따르면 캐나다의 평균 급여는 연간 96,823CAD이다. 가장 일반적인 수입은 70,472CAD로 나타나고 있다. 통상적으로 사회 취약계층들의 소득은 이보다 낮은 수준일 가능성이 크다. 따라서 캐나다 퀘벡 주의 최저임금[2]을 살펴보면 2022년 기준 14.25CAD이며, 2023년은 동결되

---

1 출처: averagesalarysurvey.com
2 출처: CBM벤쿠버(cbmpress.com)

었다. 최저임금은 크게 변하지 않고 있는데 COVID19 이후 세계적인 흐름과 동일하게 캐나다 역시 자금의 유동성에 의해 집값이 크게 상승하였다. 그 결과 월세가 COVID19 전보다 약 28% 상승했다는 통계가 나왔다. 이러한 주택 임대료의 상승은 당연히 사회적으로 취약한 계층에게 큰 부담으로 다가올 수밖에 없다.

2022년 캐나다 8월 전국 평균 월세[3]는 1,959CAD로 당시 환율 기준 한화 약 205만 3,000원에 달하는 금액이다. 좀 더 자세히 살펴보면, 방이 한 개인 주택 월세는 1,662CAD(약 174만 2,000원), 방이 두 개인 주택 월세는 2,165CAD(약 223만 7,000원)으로 집계됐다. 사회 취약계층들이 부담하기에 매우 높은 금액이다. 한신대학교 연수단 방문 당시 라 트라베르세 관계자는 최근 들어 임대료의 급격한 상승으로 사람들이 거리로 내몰리고 있지만 정부는 이를 외면하고 있다고 성토한다.

현재 라 트라베르세 주택의 월 임대료 가격 수준을 '주택 1460'을 기준으로 설명하면, 방 한 개 주택 월세는 945CAD(약 99만원), 방 두 개 주택 월세는 1,111CAD(약 116만 5,000원) 수준이다. 캐나다 평균 월세 금액에 비해 상당히 낮은 금액의 월세가 형성되어 있고 이에 더해 돌봄과 보건서비스가 함께 제공되고 있기 때문에 서비스 대상자들의 수요가 많이 증가하고 있다. 하지만 현재의 수용 능력으로 이를 감당할 수 없어 매우 안타까운 상황에 놓여 있다고 관계자는 설명하고 있다. 이렇듯 주택 문제는 사회 취약계층의 삶에 있어 가장 우선적으로 해결해야 할 과제이다.

그렇다면 라 트라베르세는 이렇게 저렴한 임대료 수입을 통

---

3 출처: CNews, 2022sus 9월 29일

하여 경영의 유지가 가능할까? 통계자료[4]에 따르면 2013년~2018년까지 다소 변동은 있었으나 라 트라베르세의 수입은 대략 약 10,000,000CAD(약 104억 8,000천만 원)을 유지해 왔으며, COVID19 기간인 2020년부터 급격하게 상승하여 2022년에는 17,437,948CAD(약 182억 7,500만 원)에 이르렀다. COVID19 기간 전반적인 산업이 침체된 반면, 라 트라베르세는 매우 큰 폭으로 수입이 증가한 것을 알 수 있다. 이에 대해 관계자는 다음과 같이 설명하고 있다. "COVID19 기간 숙박시설 내에서 수행된 보건서비스에 대하여 정부는 다양한 지원 프로그램을 제공했으며, 그로 인해 더 많은 자금을 지원받을 수 있었다." 결국 COVID19 기간 더 많은 수입이 이루어졌으며, 라 트라베르세는 이를 기반으로 보다 폭넓은 서비스를 제공하기 위해 노력하였다. 특히 사업 확장을 위한 시설, 장비에 대해 많은 투자가 이루어졌으며, 함께 일하는 근로자들의 안정적인 생활과 근로의욕 고취를 위해 임금을 향상하는 등의 조치가 이루어졌다.

4. 사업 수행에 대한 애로 요인과 극복 노력

라 트라베르세 관계자에 따르면 최근 사업 수행에 있어 가장 큰 애로 요인은 COVID19 이전보다 취약계층의 사람들이 급격하게 증가하고 있고 주택 상황이 매우 심각하다는 것이다. 하지만 정부는 상황을 명확하게 인식하지 못하고 있으며, 현재 보유한 시설로는 이들을 모두 수용할 수 없는데 이를 해결할 방법이 뚜렷하게 보이지 않는

---

[4] 출처: 캐나다 자선단체 자선기부 현황(charitableimpact.com)

라 트라베르세를 방문 인터뷰 중인 한신대학교 연수단

것을 가장 큰 애로 요인으로 설명하고 있다.

사업적인 측면에서의 애로 요인에 대해서는 크게 네 가지를 이야기하고 있다. 첫째는 COVID19 기간 보건서비스에 대한 인력 수요가 급증하면서 의료 인력 확보를 위한 경쟁이 치열해졌으며, 캐나다 전역에 노동력 부족 현상이 심화된 것이다. 둘째는 주택 가격 상승과 함께 건축 자재의 상승으로 사회주택 및 시설에 대한 건축 비용과 리모델링 비용이 크게 증가한 것이다. 셋째는 최근 들어 급격한 금리 인상이 이루어지면서 보험료, 대출 이자 등의 금융비용이 증가하여 사회주택 프로젝트를 수행하는 데 있어 많은 어려움으로 작용하고 있다. 넷째는 COVID19 기간 수입의 증가로 사업 확장을 위한 투자가 진행되었는데 현재는 비용이 급격하게 증가하면서 전반적인 재정 상황이 좋지 못하다는 것이다.

정책적인 측면에서의 애로 요인은 COVID19 이후를 대비한 공공보건시스템이 현실에 맞게 조정되지 않고 있다는 것이다. 이러한 요소들로 인해 사회주택 및 숙박시설을 활용한 보건서비스를 제공하는 비영리조직(NPO)이 많은 어려움을 겪고 있으며, 사업 수행에 있어 매우 불리하게 작용하고 있다.

이를 극복하기 위해 라 트라베르세는 대외적으로 시민단체와 사회적경제 조직과의 연대를 통해 정부를 압박하고 있으며, 대내적으로는 사회주택 프로젝트에 대한 종합적인 계획을 기업의 수입 및 비용 구조에 맞추어 다시 재조정하고 있다. 그리고 그동안 쌓인 라 트라베르세 만의 하이브리드 프로젝트 수행 및 다양한 서비스 제공에 대한 경험과 전문성 등을 통해 현 상황에 맞는 새로운 접근을 시도하고 있다.

5. 한국에의 시사점

2025년 초고령사회로 진입한 한국 사회는 한국형 커뮤니티케어 모델이 필요한 시점이다. 이러한 의미에서 민간 사회적경제 주도형 라 트라베르세의 모델은 한국 사회에 시사하는 바가 적지 않다. 한국은 지역사회 통합 돌봄(커뮤니티 케어)을 시행하기 위해 2019년 선도사업을 추진하였다. 전국 단위 공모를 통해 8개 지자체를 선정하였으며, 동년 9월 2차 선도사업 8개를 추가하여, 총 16개 지자체에서 확대 실시되었다.

정부가 시범사업으로 추진한 핵심 통합돌봄 프로그램은 첫째, 대상자 맞춤형서비스가 연계·지원되는 케어안심 주택을 대폭 확충해 주거지원 인프라를 구축하는 것이다. 둘째, 방문 건강관리와 방문의료 서비스를 구축하는 것으로 건강관리가 필요한 노인을 대상으로 정기적인 방문 건강관리를 실시하고 의사, 간호사 등이 노인 등의 집으로 찾아가는 방문의료를 제공하는 것이다. 셋째, 재가 의료급여, 재가 돌봄서비스, 스마트 홈(사물인터넷, 인공지능 등의 기술을 활용), 소득지원 등 다양한 복지·돌봄 서비스체계를 구축하는 것이다.

한국 정부는 지역사회 통합돌봄 선도사업의 주요 성과로 '지역자원을 활용한 대상자 발굴'과 '지역주도형 서비스 개발', '방문형·비대면 의료·건강관리 서비스 강화' 및 '돌봄대상자의 삶의 질 제고 및 재가 거주 유지 확대 및 불필요한 의료이용 감소'[5]로 정리하고 있다. 지역사회 통합돌봄 모델의 추진 원칙은 법·제도, 전달체계, 재원, 품질 관리는 국가와 지자체가 책임을 지고 돌봄서비스 제공은 민간을 활용하되, 공공성을 지속적으로 강화하는 것이다. 하지만 성과의 이면에 두 가지의 과제도 존재한다. 첫째는 '기존 돌봄서비스를 어떻게 조정·통합할 것인가', 둘째는 '통합돌봄에 대한 재원을 어떻게 확보할 것인가'이다.

한국의 지역사회 통합돌봄 모델은 중앙정부와 선도사업을 추진한 지자체를 중심으로 한 모형으로, 사업 추진 전반의 과정이 행정 주도

---

5 출처: 문재인정부 국정백서, 제6편 돌봄안전망 강화, 제4장 지역사회 통합돌봄 체계 구축, 2022

형이라고 할 수 있다. 따라서 앞서 제시한 두 가지 과제를 극복하기 위해서는 정부가 지원하고 민간이 자율적·주체적으로 운영하는 방식으로의 전환이 필요하다. 이러한 의미에서 민간이 주도하여 주택, 돌봄, 보건서비스를 통합한 라 트라베르세의 사례는 한국에 큰 시사점을 주고 있다.

민간이 주도하는 지역사회 통합돌봄 모델을 만들기 위해서는 몇 가지 선행되어야 하는 조건이 있다. 첫째는 민·관협치에 대한 부분이다. 지역사회에서 주택·의료·돌봄을 통합한다는 것은 재정적인 측면과 자원적인 측면에서 쉽지 않은 문제이다. 따라서 민·관에서 가용할 수 있는 모든 자원들이 결합되어야 우리가 바라는 통합돌봄의 모델을 올바르게 구현할 수 있을 것이다. 이를 위해 행정과 민간은 누가 먼저라고 할 것 없이 하나가 되어야 하는 것이다. 둘째는 행정의 재정 마련이다. 통합돌봄에 대한 수요는 시간이 지날수록 엄청난 재정지출을 동반해야 한다. 따라서 정부는 이를 이행하기 위한 재정을 마련해야 하며, 민간과의 연대·협력을 통해 재정을 효율적으로 운영해야만 한다. 셋째는 지역사회 통합돌봄 사업을 추진할 수 있는 조직들의 역량을 향상시키는 것이다.

위에 제시한 세 가지 조건을 충족시키기 위해서는 지역사회 내 사회적 자본의 축적이 매우 중요하다. 그 이유는 첫째, 사회적 자본의 형성은 상호 신뢰성과 공동체성에 기반한 것으로 제도와 규범이 이를 뒷받침한다. 따라서 사회적 자본의 형성은 다양한 주체들이 참여할 수 있는 동기를 부여함과 동시에 연대·협력할 수 있는 기본적인 토대를 마련해 줄 수 있다. 둘째, 사회적 자본이 높게 형성되어 있다면 참여하는 주체들의 기회주의적 행동과 무임승차에 대한 문제가 상대적으로 적어지기 때문에 시장계약비용과 거래비용을 상당 부분 감소시킬 수 있다. 셋째, 정보의 비대칭성으로 인해 발생할 수 있는 문제들을 일정 부분 해소할 수 있으며 사회적 관계망을 통해 혁신적인 사례도 빠르게 공유될 수 있다. 이러한 의미에서 사회적 자본의 형성은 지역사회 통합돌봄의 성패를 좌우할 수 있다.

그렇다면 지역사회 내에서 이를 구현할 수 있는 조직은 어디인가? 사회적경제 조직들은 미흡하나마 사회적 자본을 축적하고 있으며 주택-의료-돌봄 등의 다양한 서비스를 제공할 수 있는 네트워크 또한 구축하고 있다. 이에 더하여 사회적경제는 경제적 생산과 동시에 사회적 목적을 추구하는 혼합조직(hybrid organization)으로서 다른 영리·비영리조직에 비해 국가 재정을 최소화하면서 효율적으로 서비스를 공급할 수 있는 특징도 지니고 있다. 따라서 사회적경제 조직은 정부와 함께 지역사회 통합돌봄을 추진할 수 있는 최적의 파트너라 할 수 있으며, 퀘벡의 라 트라베르세는 우리에게 그 가능성을 이야기해 주고 있다.

한국은 사회주택에 대한 정책과 제도가 잘 마련되어 있지 않다. 그럼에도 불구하고 서울 지역을 중심으로 다수의 조직들이 사회주택을 활성화하기 위해 고군분투 하고 있는 상황이다. 하지만 서울을 제외한 지역은 사회주택 사업을 전문적으로 시행하고 있는 조직이 미약한 상황이다. 지역사회 통합돌봄 모델은 케어안심 주택을 근간으로 하고 있다. 따라서 사회주택과 관련한 법·제도를 정비함과 동시에 전문 역량을 갖춘 조직을 육성할 필요가 있다. 의료와 관련해서는 공공의료 서비스를 활용함과 동시에 각 지역에 있는 의료복지사회적협동조합들과 적극적으로 연계해서 서비스를 강화할 필요가 있다. 돌봄과 관련해서는 현재 사회적경제 영역에서 다수의 기업들이 활동하고 있다. 하지만 지역별 돌봄서비스 제공을 위한 여건이 매우 다양하기 때문에 정책과 제도를 정비할 필요가 있으며, 이를 통해 사회적경제 영역에서 돌봄서비스 활동을 하는 기업들을 적극적으로 결합시켜야 한다.

위에 제시한 세 가지 조건을 갖추어 나간다면 민간이 주도하고 정부가 지원하는 주택-의료-요양-돌봄을 통합한 한국형 커뮤니티케어 모델을 완성해 나아갈 수 있을 것으로 기대한다.

한신대학교 연수단과 에스타 라 트라베시(Espace La Traversée) 관계자 사진

공공과 사회적경제 파트너십에 의한 돌봄모델,

퀘벡의 쎄페(CPE)와 에자드(EÉsad)

조윤숙 한효주

1. 퀘벡의 사회적경제 돌봄 부문의 특징

1) 사회운동에 기반한 퀘벡의 사회적경제 돌봄

퀘벡의 돌봄 부문에서 사회적경제가 중추적인 역할을 맡게 된 것은 1980년대에서 1990년대 중반에 이르는 시기 퀘벡의 사회운동과 긴밀하게 연관된다. 당시 퀘벡은 세인트로렌스 수로가 개통되면서 이어진 산업구조 조정의 여파로 공장들이 빠져나가고 경기침체와 불황 속에 놓여있었다. 따라서 실업과 빈곤은 심각한 상태였으며 위기는 여성들에게 더욱 가혹했다.

무너진 경제 문제를 해결하고자 나섰던 시민사회 진영에서는 여러 가지 투쟁과 실험들이 있었다. 그중 돌봄 부문은 1995년 '빵과 장미'를 요구하는 깃발을 들었던 여성들의 행진에서 큰 영향을 받았다. 850명의 여성들은 2개월이 넘는 기간 동안 몬트리올에서 퀘벡까지 200km를 걸으면서 목소리를 내어 사회적으로 주목받았고, 정부가 지역사회 운동단체나 여성단체를 정책논의의 테이블에서 마주 앉도록 만드는 계기가 되었다. 이들이 시위를 통해 주장한 9가지는 실업

출처: https://eesad.org/

과 빈곤, 젠더 문제에 대한 요구와 함께 여성 노동자의 권리, 공공복지 일자리 창출, 생활 인프라 구축, 임금 문제 등의 내용을 담고 있었다(최혜진, 2018).

빵과 장미의 행진 후, 1996년에 개최된 경제 및 고용을 위한 대표자 회의(Economy and Employment Summit or Sommet de l'économie et de l'emploi)에서 사회적경제 워킹그룹은 '과감한 연대(Daring Solidarity)'라는 보고서를 내놓았다. 이 보고서에서 워킹그룹은 당시의 실업과 배제는 이전의 방식이 실패했음을 보여주는 결과라고 분명하게 지적하였다. 즉 국가와 시장의 실패가 실업과 배제를 낳았고 그 대가를 시민들이 치르고 있으니, 이제는 전혀 다른 혁신적인 방식으로의 전환이 필요하다고 주장한 것이다.

따라서 시대와 상황에 맞추어 상상력과 창의성, 역동성이 포함된

혁신기업가 정신과 실험적인 정신이 필요했고 그 방식은 바로 사회적경제였다. 그러나 이러한 도전의 길은 한편에서 여러 가지 장애물을 피해야 한다는 전제가 깔려 있었다. 공공부문을 사회적경제가 대체하는 것에 대한 노조의 우려, 민간의 영역을 침해하여 불공정한 경쟁이 될 것이라는 경제계의 우려를 넘어서 일자리를 창출하고 생활 인프라를 구축해야 한다는 것이 그 전제였다. 노사정의 모든 정책 파트너들과 시민들의 연대를 위태롭게 만들지 않으면서 일자리 창출과 경제 발전의 개발 논리를 담아내는 묘수를 사회적경제는 만들어 내놓아야 했던 것이다(낸시 님탄, 2022).

여성들의 경제활동을 보장하기 위해서는 일자리 그 자체도 필요하지만, 안정적인 경제활동이 가능하도록 돕는 생활 인프라가 필요했다. 특히 여성들에게 전가된 가정 내 돌봄 노동의 수고와 비용을 덜지 않고는 경제활동 참여가 불안할 수밖에 없었다. 사회적경제 워킹그룹은 이 두 가지 문제에 초점을 맞추어 대안을 모색했다. 그리하여 아동 돌봄, 노인 돌봄(가사지원 서비스), 돌봄 주택 등 돌봄 부문을 중심으로 사회적경제 방식의 해법을 마련하게 된 것이다.

워킹그룹의 활동과 그 결과물로 제출된 보고서는 3개월간 지역사회와 시민단체들의 의견 수렴 과정을 거쳐 완성되었다. 그러나 워킹그룹의 활동은 단순히 정책 제안으로 끝나는 것이 아니었다. 보고서를 만드는 과정에서 사회적경제 주체들의 논의와 합의 속에 사회적경제의 정의를 제시하고 따로 활동하던 다양한 주체들을 연대와 협력의 틀로 조직화하는 계기가 되었다. 또한 이후 퀘벡 사회적경제 발전의 기반이 형성되었다.

이 글에서는 퀘벡의 사회적경제 돌봄 부문에서 가장 중요하게 다루어지는 아동 돌봄과 노인 돌봄에 중심을 두어 기술하고자 한다.

  2) 사회적경제 돌봄 부문에 대한 정책적 지원
  사회적 합의를 통해 정책적으로 채택되어 사회적경제가 돌봄 부문에서 중요한 주체로 나선 퀘벡의 경우와 우리나라의 돌봄 부문은 전혀 다르게 발전해 왔다. 우리나라의 경우 기존의 사회서비스는 비영리 섹터가 전담해오다가 잔여주의에서 보편주의로의 전환이 급격히 이루어지는 과정에서 빠른 확대를 위해 민간에 공급 체계를 의존하는 방식을 택했다. 아동 돌봄도 마찬가지다. 영미권의 아동 돌봄은 영리를 목적으로 하는 민간에 더 많이 의존하지만, 유럽은 공공이 주로 담당한다. 퀘벡은 영미권 국가인 캐나다에 있지만, 프랑스어 문화권에 속한 지역으로서 돌봄이 공공의 영역이라는 인식이 팽배해 있었다. 따라서 민간에 전적으로 의존하기보다 사회적 가치를 반영할 수 있는 제3의 대안으로서 사회적경제를 선택할 수 있었다.
  저렴한 개인 부담금과 보편적인 재정지원 프로그램은 퀘벡 돌봄 정책의 핵심적인 내용이다. 이는 보편성과 접근성이라는 측면에서 정책의 효과를 높이는 데에 이바지했다. 당시 아동 돌봄의 경우 자부담으로 5달러의 돌봄 비용만 내면 종일 돌봄이 가능하게 하였으며, 주로 노인 돌봄에 이용되는 가사지원 서비스의 경우 4달러의 고정 비용을 제공하여 이용자에게 문턱을 낮추는 효과를 주었다. 재정지원을 받기 위해서는 요양등급을 받거나 수급자로 등록되어야 하는 등 여러 가지 제한 조건이 있는 우리나라와는 다르게 퀘벡의 재정지원 프로그램의 수혜자는 수급자나 건강, 나이와 무관하게 퀘벡 주민이면 누구나 이용할 수 있는 보편적인 정책이었다. 그러나 서비스 이용자를 제한하지 않는 것과 달리 서비스 공급자는 공공성의 확보와 품질의 관리를 위해 재정지원 프로그램을 사회적경제 기업에 한정하였다.

CPE[1]는 사적 돌봄 기관에 비해 주민들의 선호가 높았다. 하지만 긴 대기자 명단을 감수해야 하는 것에 대한 주민들의 불만으로 인해 퀘벡 정부는 2025년까지 4만 곳의 새로운 CPE를 만들겠다고 발표하였고, 보조금 지원 보육 프로그램에 30억 달러를 투자하겠다고 약속하였다(Global News, 2022). 그러나 아동 돌봄 영역에 대한 전폭적인 지원과 돌봄 비용을 인상하여 현실화한 것과 다르게 가사지원 서비스의 영역에서는 고정 비용 4달러에 대한 인상 요구에 전혀 답하지 않았다. 정책적 우선 순위에서 고용이나 출산과 직결되어 실질적인 통계 수치로 드러나는 아동 돌봄 영역과 비교해서 가사지원 서비스 영역은 협상력이 변화로 이어지지 못하는 상황이다. 그리하여 퀘벡 정부가 사회적경제 영역에 지급하는 지출의 70~80% 정도를 아동 돌봄 영역이 차지하고 있는 상황이다(Arsenault, 2016).

3) 연대와 협력의 거버넌스

퀘벡 사회적경제 돌봄 부문의 가장 강력한 특징은 연대와 협력의 거버넌스가 긴밀하게 작동하고 있다는 점이다. 이는 애초에 경제 및 고용을 위한 대표자 회의라는 거버넌스 조직이 사회적경제 돌봄 부문의 탄생과 성장에 개입되어 있기도 하지만, 다양한 이해관계자가 존재하는 사회서비스 영역의 특징이 잘 반영된 결과라고 할 수 있다.

---

[1] CPE(Centres de la petite enfance)는 보육서비스를 제공하는 퀘벡의 비영리법인 또는 협동조합형 아동 돌봄 센터.

구체적으로 돌봄 기업과 기업의 연대 조직은 개별 기업이 위치한 지역 내에서도 지역의 여러 기관과 시민사회와의 협력으로 나타나고, 각 기업들을 묶어낸 업종 네트워크에 소속되어 있다는 점에서도 그러하다. 예컨대 AQCPE(퀘벡 아동센터 협회)는 퀘벡에 있는 CPE와 BC(가정보육 지원센터)의 대다수가 속해 있는 아동 보육 사회적경제 기업 네트워크이며, EÉSAD는 가사지원 서비스 사회적경제 기업이 속한 네트워크이다.

AQCPE와 EÉSAD는 전체 네트워크의 사명과 이익을 위해 정부를 상대하여 정책을 논의하는 정책 파트너로서의 역할과 함께 개별 기업의 운영을 위한 여러 가지 서비스를 제공하고 있다. 또한 CPE는 GS(보조금을 받는 보육시설), GNS(보조금을 받지 않는 보육시설), RSGE(가정 보육시설)과 함께 SGEE(교육보육 네트워크)에 속해 있으며, 가사지원 서비스 기업의 대표적인 연대조직으로는 FCSDSQ(Fédération des coopératives de services à domicile et de santé du Québec)와 EÉSAD가 있는데, FCSDSQ는 퀘벡 건강협동조합 및 가사지원 서비스 협동조합 연합회로 병원과 의료인 등을 포괄한 더 넓은 범위의 연대 조직이며 EÉSAD는 FMSQ(건강 네트워크)의 파트너 조직으로서 협력하고 있다.

이렇게 각 기업들은 연대 조직과 협력 조직이 촘촘히 짜여진 틀 속에서 1996년 회의의 목표인 일자리 창출과 생활 인프라 구축이라는 두 가지 목적에서 일정한 성과를 거두었다. 특히 여성 돌봄 노동의 수고와 비용을 덜어내어 안정적인 경제활동의 참여를 보장하려는 돌봄의 사회화라는 목적을 어느 정도 수행하였다.

그러나 퀘벡의 사회문제를 해결하고자 했던 사회적경제 돌봄 부문에도 여러 가지 비판이 존재한다. CPE의 확산이 똑같은 보육 프로그램의 공급을 통해 아동 보육의 획일화를 가져온다는 비판[2]과 공급의 측면에서 빈곤한 지역보다 상대적으로 부유한 지역에 먼저 확산되고 있음을 지적하는 견해도 있다(Mathieu, 2021). 가사지원 서비스가 저임금 여성 돌봄 노동의 전형적인 형식이라는 비판도 있으며 다른 산업 분야보다 높은 이직률이 이 주장의 근거가 되고 있다(최혜진, 2018).

2. 퀘벡 아동센터(CPE)의 발전과 성과

1) CPE의 발전 과정

1950년대에서 1960년대에 이르는 기간에는 아동 돌봄 기관에 관한 규정이 없었으므로 경제활동에 참여하는 여성들은 민간기업과 친인척에 의존해야 했다. 그러나 '조용한 혁명'[3]으로 인해 여성들이 경제활동에 점점 더 많이 참여하게 되면서 공공의 개입을 요구하게 되었다. 1966년 당시 몬트리올에는 100개의 민간 돌봄 기관과 함께 자선단체와 정부가 지원하는 12개의 돌봄 시설이 있었지만, 필요에 대응하기에는 부족한 숫자였다. 이에 따라 1967년 여성 지위에 관한 왕립 위원회(Royal Commission on the Status of Women in Canada)가 공공 보육 네트워크의 구축을 요구하였다.

---

2 Radio-Canada. (n.d.). Archives, Le Québec avant les CPE.
3 '조용한 혁명'은 영국으로부터 독립한 후 100년만인 1960년대에 퀘벡의 정체성과 주권을 강화하고 정치와 주요 권력을 무력 동원 없이 되찾은 혁명으로서 영국계 수력 발전회사의 국유화, 정교 분리, 불어 사용 등을 통해 현재의 교육, 의료, 경제 제도들이 자리를 잡게 되었다.

1971년에서 1973년까지 연방 노동이민부의 재정지원으로 퀘벡 전역에 비영리 아동 돌봄 기관 70개가 설립되었다. 1973년 조사에 의하면 250개의 돌봄 기관이 퀘벡에 있지만, 6세 미만의 영유아를 둔 어머니 5만 명이 경제활동에 참여하고 있는 것과 비교해서 충분하지 않은 숫자였다. 돌봄 기관 확충에 대한 여성계의 요구가 빗발치는 가운데 1974년 사회부 장관인 리즈 베이컨이 새로운 플랜을 제시했지만, 이 플랜은 저소득층을 제외하고 부모에게 자금 조달의 책임을 떠넘기는 방식으로서 공공 네트워크 구축이 아니라는 비판이 있었다.

　공공 보육 네트워크의 개발은 1976년 퀘벡당의 집권 선거 프로그램에 포함되었으나 아동센터에 직접 보조금을 지급하는 데에는 이로부터 3년이라는 시간이 더 걸렸다. 그러나 결국 아동 돌봄 서비스법과 아동 돌봄 서비스국이 만들어지는 진전이 있었다. 1980년대에는 더 나은 근무 조건과 양성 평등을 촉진하는 사회적 조치를 위한 캠페인이 페미니스트 진영에서 활발히 전개되었다. 1988년 퀘벡자유당 정부는 아동 돌봄 서비스에 관한 정책 성명을 발표하여 주립 아동 돌봄 시스템의 기반을 마련하였으며, 이제 아동 돌봄 영역이 정치 무대에서 중요한 정책으로 다루어지게 되었다.

　1996년 경제 및 고용을 위한 대표자 회의 이후 1997년 1월 교육부 장관은 새로운 가족 정책을 발표했는데, 이 정책에서 아동 서비스를 늘리고 육아 휴직을 연장함으로써 일과 가정의 균형을 개선하겠다고 밝혔다. 퀘벡당 정부는 이 정책의 수단으로서 종일 돌봄 5달러의 고정 비용과 사회적경제 방식인 CPE의 설립과 네트워크 구축을 제시하였다. 2003년 퀘벡 CPE의 지역간 협의체와 퀘벡 CPE 연맹의 통합으로 AQCPE가 창설되었다.

CPE의 성장과 발전은 1995년 빵과 장미의 행진을 비롯하여 여성계의 지속적인 요구와 캠페인 및 투쟁에 힘입은 바가 크다. AQCPE가 창설된 이후에도 아동 돌봄 영역은 2014년, 2015년의 보조금 삭감 조치와 구조 조정의 시기에 대규모 동원 운동과 인간 사슬 잇기 시위, 20만 명의 청원 등 영향력을 발휘하여 정부와의 협상과 합의의 역사를 만들어왔다.

2) CPE의 운영과 지원

퀘벡 정부에 의하면 2022년 9월 현재 CPE는 941개가 있으며 1,665개의 개별 시설에서 서비스를 제공하고 있다. CPE는 이사회가 관리하는 비영리 조직 또는 협동조합으로서 1979년 이후 운영을 통해 이익이 발생해도 구성원에게 배분하지 않는다는 원칙과 함께 이사회의 2/3가 서비스 이용 당사자인 부모들로 이루어져야 한다는 설립 조건이 있었다. 이사회가 7명일 경우 5명이 학부모 이사여야 하며 이들이 원장을 직접 선출하게 된다. 학부모 이사들이 협동조합의 민주적인 운영과 의사결정 거버넌스를 이해하고 제대로 운영할 수 있도록 지원하는 기관이 본 책에서 언급된 엠씨이 콘세일(MCE Conseils)이다. CPE는 이렇듯 서비스의 질과 교육의 내용은 정부의 관리하에 있으며, 운영은 부모들의 통제하에 있도록 하고 있다. 이러한 조건이 정부로부터 신뢰받는 이유가 되었으며 퀘벡 아동 돌봄의 핵심적인 기관으로서 사회적경제 조직인 CPE가 채택되도록 하는 이유가 되었다.

모든 어린이와 가족에게 보편적이며 평등한 기회를 보장하는 것

한신대학교 연수단과 쎄페(CPE) 관계자 사진

이 주요한 원칙인 CPE는 아동들에게 지역에 상관없이 동일한 프로그램을 제공하고 있다. "놀이는 마법이다"라는 제목의 CPE 교육 프로그램은 조기 교육 추세에 저항하고 수행에 초점을 맞추는 것을 목표로 하였다. 이 외에도 규정된 야외 활동 시간 준수 등 획일화된 프로그램에 대한 정부의 통제와 관리에 대해 '위장된 국가의 통제'라는 비판도 있다.

CPE의 확산에 가장 크게 기여했던 5달러의 종일 부담금은 2023년 현재 8.85달러까지 인상되었으나 보조금을 지원받지 않는 민간 돌봄 기관(GNS)이 대체로 10달러가 넘는 것에 비해 현저하게 낮은 가격이다. 퀘벡 정부는 지원의 형평성을 위해 GNS를 CPE로 전환하는 프로젝트를 진행 중이다. 2021년에서 2022년까지 보조금을 받지 않는 돌봄 기관 1,767개가 보조금을 받은 공간으로 전환되었으며, 여기에는 약 900만 달러의 비용이 소요되었다.

CPE의 연대 조직인 AQCPE는 회원 조직에 회원과의 소통, 법률,

산업 보건 및 안전, 인사 컨설팅, 재무 관리, 인프라(공간 조성), 교육, 식생활 관련 서비스를 제공하고 있다. 최근에는 취학 전 아동을 위한 '법안1'의 도입으로 그동안 주장해왔던 아동 돌봄 센터의 확대, 인력 충원, 급여 인상 등을 끌어내었다[4].

3) CPE의 주요 성과

실업과 빈곤은 출산율에 영향을 미친다는 연구가 많다. 특히 4대 보험이 보장되는 정규직으로서 중위소득 이상의 소득이 있는 경우 출산 이행에 유의한 영향이 있다는 한국보건사회연구원의 발표도 있다(조성호, 문승현, 김종훈, 2020). 아래 그림의 꺾은선 그래프를 살펴보면 1996년 경제 및 고용을 위한 대표자 회의 시기 퀘벡주 여성의 출산율은 온타리오주 여성의 출산율보다 0.2명 낮지만 2016년의 경우 오히려 0.2명 높게 나타난다.

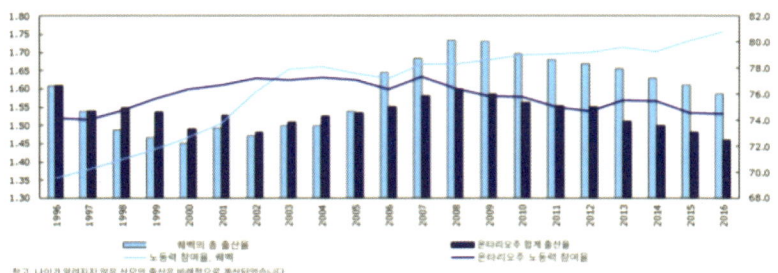

〈그림 1〉 1996년~2016년까지 퀘벡 주와 온타리오 주의 15세~44세 여성의 합계 출산율과 노동시장 참여율
/9출처: 캐나다 통계청, 노동력 조사, 1996~2016;
캐나다 인구 통계. 1996~2016년 인구통계과)

---

4 AQCPE 공식 홈페이지 https://www.aqcpe.com/

출산율뿐만 아니라 노동시장 참여율도 마찬가지다. 온타리오주와 퀘벡주는 1996년 당시 노동시장 참여율에서 차이가 없었지만, 2016년에는 4% 가까이 차이가 난다. 2018년 발표된 퀘벡주 고용부의 3세 이하 자녀를 둔 캐나다 여성의 노동시장 참여율에서는 그 차이가 더 커서 온타리오는 69%이나 퀘벡주는 78%로 거의 10% 가량 차이가 난다. 이는 아동 돌봄 서비스가 여성의 노동시장 참여율을 높이는 데 영향을 미치며, 그동안 CPE를 중심으로 퀘벡주가 아동 돌봄 부문에 기울인 노력이 일정정도 성과를 거두었다고 볼 수 있는 지점이다.

2014년 발간된 퀘벡주 가족부가 제공하는 지자체를 위한 교육 보육 서비스 가이드에서는 아동 돌봄 서비스 네트워크에 73,000명 이상의 노동자가 있으며 이 네트워크의 연간 매출액은 퀘벡 GDP의 1%에 해당하는 30억 달러를 초과한다고 한다. 이는 아동 돌봄 서비스가 간접적으로 노동시장 참여율을 높이는 것뿐 아니라 고용과 산업적 측면에서도 직접적인 영향을 미치고 있음을 확인할 수 있다. 또 7,000명 이상의 학부모에게 이사회 운영을 위한 교육을 시행함으로써 지방 자치 민주주의 기반을 조성하고 잠재력을 키우는 역할을 하고 있다.

3. EÉSAD(가사지원 서비스 제공 사회적경제기업)의 주요 사업과 성과

1) EÉSAD 탄생의 배경과 목적

가사지원서비스 제공 사회적경제기업이라는 뜻의 EÉSAD 소속 100여 기업은 자신들의 협력 네트워크(EÉSAD Cooperation Network)

를 결성하였다. CPE가 여성들의 안정적인 경제활동 참여를 위해 여성에게 전가된 돌봄 노동을 사회화하는 생활 인프라 구축에 더욱 무게를 싣지만, 가사지원 서비스 협동조합의 최우선 목표는 빈곤 여성들의 일자리 창출을 위한 프로젝트였다고 할 수 있다. 1996년 당시 퀘벡주의 실업률은 16%에 달할 정도로 심각했다. 따라서 지속 가능한 양질의 일자리를 창출해야 한다는 사회적 요구는 1996년 경제 및 고용을 위한 대표자 회의와 사회적경제 워킹그룹에게 중요한 미션이었다.

EÉSAD의 탄생은 이런 배경 속에 탄생했다. 우리의 자활사업은 노동력이 있는 저소득층에게 교육과 기술 습득 과정을 거쳐 일자리를 제공하여 스스로 설 수 있도록 만든다. EÉSAD도 빈곤 여성들의 자활을 위한 일자리 제공의 의미가 첫 번째라고 할 수 있다. 두 번째 목표는 CPE와 마찬가지로 생활 인프라 구축에 있었다. 즉 여성의 경제활동 참여로 인한 가사 돌봄 부담을 덜기 위한 지원이었고, 구체적으로는 아동 돌봄을 지원하는 CPE와 달리 노인 돌봄을 지원하고자 하는 목적이 있었다. 즉 가사도우미와 요양보호사의 역할을 포괄하는 것이었다.

그러나 가사지원 서비스 프로그램에 대해서 보건 부문 노조가 강력하게 반대했다. 이들은 공공부문의 일자리를 저임금의 질 낮은 일자리로 대체할 것이라고 우려했다. 노조의 우려를 불식시키기 위해 긴 협상 과정을 거쳤으며 결과적으로 공공부문이 맡는 개인서비스와 사회적경제가 맡는 가사서비스로 역할을 분리하였다. 그리고 1997년 사회적경제 기업이 제공하는 가사서비스에 한정하여 정부의 재정지원 프로그램인 PEFSAD가 시작되었다.

출처: https://eesad.org/유튜브 자료화면

노인 돌봄 영역에 대한 지원정책은 인구 고령화와 연관이 깊다. 인구의 고령화는 세계적인 현상이고 퀘벡도 예외일 수 없다. 특히 자율성을 상실하여 도움이 필요한 75세 이상 고연령 노인들의 증가는 국가의 의료비를 증가시키는 중요한 요인이 된다. 노인 돌봄 비용은 가정이나 지역사회에서 돌보는 것보다 요양병원 입원 등 시설 입주가 필수적인 시기에 국가의 부담이 큰 폭으로 늘어나게 된다. 전 보건사회부 장관이자 몬트리올 대학교 공중보건대학원 교수인 Réjean Hébert 박사는 재택 서비스와 비교해서 요양병원을 유지하는 것은 거의 10배 이상 비용 차이가 난다고 하였다(Radio-Canada, 2020). 따라서 가사지원 서비스는 자율성 상실 전이나 자율성 상실 초기의 노인들에게 꼭 필요하며 고연령 노인들의 시설 입주를 최대한 늦추어 고비용의 시설 입주 기간을 줄이는 데에 큰 도움이 된다. 일본의 개호보험이나 우리나라의 노인장기요양서비스, 독일의 가족수발시간법 제정 등은 인구 고령화 시기 국가의 비용부담을 낮추기 위한 각국

의 대응 방식이라고 할 수 있다.

퀘벡 통계청 자료에 의하면 퀘벡주의 75세 이상 고연령 노인 인구가 2021년에서 2051년 사이 두 배가량 증가할 예정이고 85세의 경우 세 배 가깝게 증가한다고 예상했다(퀘벡 통계청, 2023). 고연령 노인 인구의 증가는 그만큼 돌봄 비용을 증가시킬 것이고, 이에 대응하기 위해서는 돌봄 비용을 낮추는 EÉSAD의 역할과 PEFSAD 프로그램이 더욱 중요해질 것이다.

2) EÉSAD 운영과 재정지원 프로그램 PEFSAD

EÉSAD에 소속된 가사지원 서비스 사회적경제 기업은 위치한 지역만 다르고 모두 동일한 서비스를 제공한다. 소속된 업체들은 약 100개의 기업인데 가사지원 업종의 기존 민간 서비스 기업과 사회적경제 기업들이 위치한 지역에 따라 설립되고 통폐합되는 과정에서 숫자의 변동은 있었다. 그러나 퀘벡주 17개 행정구역 모든 곳에 EÉSAD 소속 기업이 있으며 이 기업들은 이용자들에게 <표 1>과 같이 청소, 식사 준비, 쇼핑, 임시 간호와 개인지원 서비스를 제공한다.

현재 EÉSAD의 직원 수는 80명으로 이곳뿐 아니라 지원조직인 콩소르시엄, 앰뷸런스를 운영하는 조직인 파라메틱, FQCS(Fédération québécoise des coopératives en santé, 퀘벡의 건강협동조합 연맹)까지 총 4개의 조직에 공동으로 종사하면서 각 조직에 맞게 업무를 진행하고 있다. 이는 소속과 업무의 범위를 명확하게 하고자 하는 요즘 트렌드와 거리가 멀다. 그러나 그만큼 이 조직들이 긴밀한 연대와 협력의 틀 속에서 조직을 운영하고 있다는 것을 의미한다. EÉSAD는 사용자와 일반시민, 근로자로 구성된 협동조합 또는 비영리 조직

(NPO)의 두 가지 법적 형태로 운영되고 있으며, 종사자의 출자 참여와 지역사회의 공동자산 및 경영 참여를 보장하고 있어서 민주적인 운영과 거버넌스 협력을 통한 질적·양적 발전을 이루어 나가고 있다.

서비스 종류	서비스 내용	요금 (시간당 $)
일상적인 청소	주방 청소 (주방용품, 주방가구, 쓰레기, 가전제품, 바닥) 욕실 청소(세면대, 거울, 타일, 바닥, 쓰레기통) 방, 복도, 현관, 계단 청소(가구, 거울, 바닥, 창틀) 기타(설거지, 세탁, 가스렌지, 냉장고 등)	25.50
대청소	벽, 천장, 가구, 소파 가전제품 뒤 조명기구 및 천장 선풍기 창문 내, 외부	27.50
식사 준비	개인 및 가족을 위한 식사 준비 매일의 식사 준비 노인을 위한 주간 식사 계획 및 준비	25.50
쇼핑 지원	금융 기관, 식료품점, 정육점, 세탁소, 약국	25.50
임시 간호	보호/감독(낮/저녁) 임종 시 참석/감독(침상 옆 지키기) 친교 내담자 자극(게임, 토론, 활동)	31.50
개인 지원	기본 위생관리 드레싱 지원 수유 지원	35.50

〈표 1〉 EÉSAD 소속 Répit-Ressource 제공 서비스 목록
출처: Répit-Ressource 홈페이지 내용 저자 편집

EÉSAD는 양질의 동일한 서비스를 제공하는 것이 기업의 주요 과제이기 때문에 이를 유지하기 위해 소속 기업의 관리자와 직원 교육을 하고 있다. 2020년 6월 30일 현재 EÉSAD는 보건사회부의 재택간병 서비스 교육 프로그램에 2,332명의 직원 교육 훈련을 마쳤다. 그 밖에도 사업 운영에 필요한 여러 가지 재화와 용역을 제공하고, EÉSAD와 관련된 홍보 활동을 수행하며, 자금 조달 및 기술지원, 정보와 전문지식의 교환, 공동 프로젝트에 대한 협의, 전체 네트워크와 소속된 각 기업의 이익을 위해 일하고 있다.

PEFSAD는 1996년의 경제 및 고용을 위한 대표자 회의 후, 일자리 창출과 노인 돌봄이라는 두 가지 사회적 목적을 달성하기 위해 마련된 사회적경제 부문의 혁신적 대응 방안에 부응하기 위한 정부의 재정지원 프로그램으로서, 1997년 도입되었다. EÉSAD에 소속된 가사지원 서비스 사회적경제 기업에만 제한적으로 적용되는 PEFSAD는 퀘벡 건강보험청(Régie de l'assurance maladie du Québec, RAMQ)에서 관리하는 프로그램으로서 가사지원 서비스를 이용할 때 고정 보조금 4달러를 제공하여 이용자들이 부담하는 비용을 줄이는 효과가 있다.

이 재정지원 프로그램을 통한 고정 보조금 4달러는 18세 이상의 퀘벡 주민이면 누구나 이용할 자격이 있다. 그러나 고정 보조금 외에 서비스 이용 금액은 이용자마다 다르게 산정된다. 고정 보조금 외에 자신이 지불해야 할 금액을 알기 위해서는 홈페이지에서 재정지원 시뮬레이션 항목을 열어 소득과 나이, 독거 여부, 건강 상황에 따른 CLSC[5]의 추천 여부, 서비스 필요 유형을 입력하면 편리하게 확인할

---

[5] ClSC(center local de services communautaires)는 지역사회 건강센터로서 퀘벡주에

수 있다. 개인의 조건에 따라 1.83달러에서 14.64달러까지 추가적인 비용을 지불해야 한다. 국가에서 부담하는 비용 중 80%는 건강보험에서 20%는 CLSC에서 부담하게 된다. 이 외에도 65세 이상 노인을 위한 세금 공제 혜택이 있다. 가사지원 서비스를 이용한 노인은 최대 35%까지 세금 혜택을 받게 된다.

3) EÉSAD의 성과와 과제

1996년의 경제 및 고용을 위한 대표자 회의를 통해 빈곤 여성을 위한 일자리 창출이라는 목표로 시작된 사회적경제의 가사지원 서비스 프로젝트는 일정한 성과를 만들었다. 이들은 약 700만 시간의 재택 지원 서비스를 제공하였다. 110,000명 이상의 이용자가 이 서비스를 이용하였다. 이용자의 71%는 여성이었으며, 79%는 65세 이상의 노인이었고, 단독 가구가 70%로 나타났다. 9,000명의 노동자를 고용하였고, EÉSAD에 따르면 고용된 노동자 중 절반가량은 이전에 수급자였던 여성들로 채워졌다고 한다.

EÉSAD 협력 네트워크의 성과는 일자리 창출뿐이 아니었다. 캐나다 건강정보연구소(Canadian Institute for Health Information)에 의하면 노인들은 생애 마지막 시기 가능한 한 자신의 집에 거주하기를 원했고 시설 입주 노인 9명 중 1명은 적절한 도움이 이루어진다면 시설 입주를 미루고 집에서 더 거주할 수 있었다는 연구 보고서를 내놓았다. EÉSAD는 이런 요구에 대응 가능한 적절한 방안이었다. 서비스 이용의 편의성, 접근성을 강화하여 이용자들이 가사지원 서비스를 편리하게 이용할 수 있는 기반을 마련함으로써 노인들은 자신의

147개의 CLSC가 보건 및 사회서비스를 관장하고 있다.

집에서 더 오래 머물 수 있게 되었다. <표 2>의 이용자수 증가를 통해 확인할 수 있는 것처럼 이 서비스는 노인들의 필요에 부응하고 있으며, EÉSAD에 따르면 이용 의향을 보이는 수는 표에 적힌 이용자 수보다 훨씬 더 많다고 한다. 단지 인력 부족으로 이용자들의 요청에 충분히 대응하지 못하고 있을 뿐이다.

사업 개발 시기 노조의 반발로 인한 영역 조정으로 현재 재정지원 프로그램인 PEFSAD는 EÉSAD의 모든 서비스에 적용되지 않고 가사지원 서비스에만 적용된다. 그러나 인구 고령화로 인해 사용자들은 늘고 요구는 진화하고 있다. 서비스의 연속성은 사용자들에게 중요한 문제이며 서비스를 제공하는 노동력도 부족한 상황이기 때문에, PEFSAD가 지원되지 않는 개인지원 서비스와 임시 간호 서비스 경우도 PEFSAD 지원의 필요성이 커지고 있다.

또 서비스 이용료는 지속적으로 상승하는 반면에 PEFSAD 지원 비용은 탄생하던 시점에 멈춰 있다. 따라서 개인의 부담이 늘어날 수밖에 없다. 퀘벡 정부는 노인 인구의 증가에 따라 재가 지원 서비스를 받는 노인 수를 늘리겠다는 정책을 발표하고 있지만, 현재 그에 따른 예산 증가가 이루어지지 않고 있다. 대대적인 지원과 투자가 이루어지고 있는 CPE와 비교할 때도 EÉSAD에는 전혀 다른 대응을 하고 있어서 정부의 시각도 문제이지만, 협상력의 문제까지 제기되는 상황이다. 따라서 비용의 부담으로 인해 아래 표와 같이 이용자 수는 증가하고 있지만, 이용 시간이 줄어드는 상황이 발생하고 있다. Répit-Ressource에 따르면 개인의 상황에 따라 서비스 이용 시간이 다르지만, 평균 시간은 2주에 2시간 정도이며, 평균 3,500명의 사용자에게 150명의 직원이 근무하고 있어 하루에 직원당 2명에서 4

	2001~2002	2010~2011	2019~2020
이용자 수	65,237	81,109	99,000
이용 시간	70.5	69.5	59.9

〈표 2〉 이용자 수와 이용자당 평균 서비스 시간의 변화 (출처: EÉSAD 제공)

명까지 서비스를 제공하고 있다고 한다.

  서비스 운용 인력의 부족은 재정 지원 문제와 함께 EÉSAD 협력 네트워크의 가장 큰 숙제 중의 하나다. 처우 문제와 직업적 매력의 부족으로 원래 이직률이 높은 영역이었는데, 코로나19 시기를 거치면서 인력의 상당수가 급여 수준과 근무 조건이 더 나은 공공 부문과 요양 시설로 빠져나가면서 인력 부족 문제는 더욱 심각해졌다. 인구의 고령화와 늘어나는 이용자 수에 발맞춰 인력 수급을 어떻게 해나갈지는 EÉSAD의 가장 큰 숙제라고 할 수 있다.

4. 시사점

  퀘벡의 사례가 주는 시사점을 정리해 보면 세 가지로 요약된다. 첫째, 사회적경제가 돌봄의 공급체계에서 중추적인 역할을 맡았을 때, 양질의 서비스를 제공하는 보편적 돌봄을 제공하는데 훨씬 효과적이었다. 퀘벡 사회적경제 돌봄 부문은 공급을 사적 기업에 의존한 우리와 달리 사회적경제를 통해 공급체계를 만들었다. 사적 기업이 서비스를 공급하는 우리나라는 기업에 따라 서비스의 질에서 차이가 크게 나지만, 퀘벡은 동일한 서비스를 제공하는 하나의 시스템을 만들었기때문에 기업이 달라도 차이가 크지 않다. 모든 기업이 협력 네트워크로 연결되어 있고 교육과 프로그램 등 네트워크가 지원하는 시스템 내에서 돌봄 사업이 운영되기 때문이다. CPE와 EÉSAD 등 퀘벡의 사회적경제 돌봄 부문은 이윤 목적이 아니라 사회적 필요에 대응하는 사회적 가치를 목적으로 한다. 따라서 서비스와 보편적 돌봄을 실현하는데 훨씬 효과적이었다.

둘째, 사회적경제가 돌봄 부문의 중추적인 역할을 맡게 된 데에는 노동조합과 여성운동 등 민간의 힘이 바탕이 되었다. 셋째, 연대와 협력의 거버넌스를 지속적으로 운영하여 사회문제를 지역적으로 함께 해결하며, 그렇게 될 수 있도록 민주적인 의사결정과 거버넌스를 지원하는 프로그램을 가지고 있었다. 돌봄 사회적경제 네트워크는 이용자와 서비스 제공자, 지역사회 단체들이 참여하는 민주적인 거버넌스를 구성하고 운영한다. 사회적경제 기업이 개별적으로 고군분투하는 것이 아니라 촘촘히 연결된 네트워크를 통해 성장하고 지역의 문제를 연대의 방식으로 해결할 수 있도록 함께 지원한다. 이용자와 서비스 제공자 모두 민주적인 거버넌스 제도하에서 토론하고 합의하고 의사결정 과정을 교육받고 실천하면서 개인적으로도 사회적으로도 민주주의가 성장할 수 있는 기반이 마련되며, 사회의 위기를 함께 헤쳐나가는 든든한 안전망으로 기능하는 것이다.

퀘벡 사회적경제의 강점이 여실히 드러난 것은 코로나19의 위기에서였다. 다른 영역은 직원 수를 줄이는 가운데 퀘벡의 사회적경제는 오히려 채용 인원을 늘렸다는 보도가 있었다(이미옥, 2021)[6]. 국

---

[6] 이미옥. (2021, 6월 14일). '[퀘벡 사회적경제는 지금] 4. 코로나 위기에 더욱 빛을 발하는 사회적금융'. 이로운넷. https://www.eroun.net/news/articleView.html?idxno=25125

가의 지원이 사회적경제 영역의 가장 큰 영향요인이 되므로 정치의 향방에 따라 사회적경제 영역이 크게 요동치는 우리에게 노동계와 여성, 지역, 사회적경제가 똘똘 뭉친 퀘벡의 네트워크가 주는 울림은 작지 않다. 국가의 지원도 분명 중요하지만, 여러 민간 부문과의 연대 협력에 국내 사회적경제가 좀 더 힘을 기울일 필요가 있다.

그러나 퀘벡의 사회적경제 돌봄 부문도 크게 두 가지 어려움에 직면하고 있다. 첫째, 노인 돌봄 영역에서 고령 인구의 빠른 증가에 따른 적절한 예산을 확보하지 못하고 있다. 둘째, 인력 충원의 어려움과 높은 이직률의 문제다. 이는 돌봄 노동 문제의 계급적·젠더적 성격과 깊은 연관이 있다. 돌봄 노동은 이민자, 가난하고 못 배운 사람, 여성들이 짊어지는 계급적 성격이 강하다. 인구 고령화가 급격하게 일어나는 시대에 돌봄 노동에 대한 차별적 인식이 전환되고 돌봄 노동의 중요성이 사회적으로 충분히 인정되어야 지금 발생하는 인력 문제를 해결할 수 있으며 예산도 확보할 수 있게 될 것이다.

철저한 미션과 유연한 조직을 가진 유기농 협동조합,
프랑스의 비오코프(Biocoop)

윤인정

1. 왜 비오코프인가?

프랑스의 사회연대경제 조직을 탐방하기에 앞서, 필자는 비오코프(Biocoop)에 대한 심도 있는 조사를 시작했다. 협동조합의 다양한 형태 중 비오코프가 어디에 속하는지 파악하고자 했다. 공익협동조합일까, 노동자협동조합일까, 아니면 소비자협동조합일까? 이러한 의문을 품고 조사를 진행하던 중, 놀라운 사실을 발견했다. 비오코프는 어느 것에도 정확히 들어맞지 않는 다양한 협동조합의 형태를 지니고 있었다. 비오코프는 유기농 협동조합이지만, 우리가 일반적으로 알고 있는 소비자협동조합의 형태가 아니다. 이러한 조직 형태를 처음 접했을 때 매우 생소하고 신기했다. 비오코프의 매장 소유 구조를 살펴보면, 전체 매장의 40%는 조합원이 소유하고 있으며, 나머지 60%는 일반 기업 형태로 운영되고 있다.

더욱 흥미로운 점은 소비자가 조합원으로 가입하지 않아도 매장을 자유롭게 이용할 수 있다는 것이다. 한국 유기농 협동조합의 운영 방식과 비교할 때 이러한 점은 생소하게 여겨질 수 있지만, 비오코프의 유연한 운영 방식은 협동조합의 새로운 가능성을 제시하고 있다.

"미션은 철저하게, 조직 형태는 유연하게"라는 모토를 실천하고 있는 비오코프의 모습은 현대 사회에서 협동조합이 어떻게 진화하고 적응할 수 있는지를 잘 보여준다.

우리 연수단은 비오코프 연합조직 사무실 방문에 앞서 직접 매장을 찾아가 보았다. 매장에서 만난 소비자들에게 조합원 여부를 물어보았을 때 조합원이 아니라고 답했다. 더욱 놀라운 것은 그들이 우리의 질문에 오히려 의아해하는 표정을 지었다는 점이다. 우리는 비오코프에서 조합원의 개념이 우리가 알고 있는 것과 다르다는 것을 알았다. 그들은 조합원 소비자라는 틀을 넘어, 일반 소비자로서 매장을 자유롭게 이용하고 있었다. 매장을 방문한 한 소비자는 영어가 서툰 직원을 대신해 우리에게 비오코프를 소개하며 "노 케미컬!(No chemical!)"을 강조했다. 비오코프의 유기농 식품에 대한 강한 신뢰와 자부심을 엿볼 수 있었고, 비오코프가 추구하는 가치가 소비자들에게 깊이 각인되어 있다는 것을 알 수 있었다.

비오코프의 혁신적인 협동조합 모델은 전통적 틀을 넘어서는 새로운 패러다임을 제시한다. 이 모델의 핵심은 개방성과 유연성을 바탕으로, 조합원과 비조합원의 경계를 허물어 더 많은 사람이 협동조합의 가치를 경험할 수 있게 하는 것이다. 주목할 만한 점은 유기농이라는 근본적 가치는 굳건히 지키면서도, 조직 운영 방식은 현대 사회의 요구에 맞춰 유연하게 변화시키는 접근법이다. 비오코프는 단순한 유기농 식품매장을 넘어, 지속 가능한 농업과 윤리적 소비를 실천하는 플랫폼으로서 기후변화, 환경 오염, 식품 안전 등 현대 사회의 다양한 문제에 대응하고 있다.

이는 한국의 한살림과 철학적으로 유사하며, 독립적인 활동가들의 헌신적인 네트워크를 통해 발전해 왔다는 점도 그러하다. 비오코프는 창립 원칙을 담은 헌장을 통해 지속 가능한 유기농 농업의 협력, 상업 관계의 투명성과 공정성, 제품 품질 향상, 그리고 적극적인 소비자 참여를 추구하며 지역사회와 환경에 긍정적인 영향을 미치는 것을 목표로 하고 있다. 이러한 비오코프의 사례는 협동조합이 어떻게 시대적 변화에 적응하면서도 본질적 가치를 지켜낼 수 있는지를 보여주는 중요한 모델이라고 할 수 있다.

2. 프랑스의 유기농 지원 정책과 비오코프의 설립 배경

1) 프랑스의 유기농 시장과 지원 정책

유기농업은 현대 농업이 직면한 여러 문제에 대한 해결책으로서 환경 보호, 생물다양성 유지, 그리고 안전한 식품 생산이라는 다양한 목표를 동시에 추구하는 농업 방식이다. 이러한 맥락에서 프랑스와 한국, 두 나라의 유기농업 정책을 비교해 보는 것은 도움이 될 것이다. 두 국가는 문화적, 경제적, 환경적 배경에 따라 독특한 접근 방식을 취하고 있기에, 국가 간 비교를 통해 유기농업의 발전 양상이 어떻게 다른지 살펴보고자 한다.

프랑스는 유럽연합(EU)의 일원으로서 EU의 공동농업정책(CAP)과 연계하여 유기농업 정책을 수립하고 있다. "FRANCE 2030[1]"이라는 야심찬 계획을 통해 2027년까지 전체 농경지의 18%를 유기농으로

---

[1] FRANCE 2030 : 프랑스 2030 계획은 프랑스의 미래를 준비하기 위해 전략적 투자 선택을 통해 생태적 목표를 달성하고, 생산성 향상, 삶의 질 개선, 그리고 세계를 이해하는 데 중점을 두고 있다. 이 계획은 산업 및 기술 분야의 새로운 경로를 창출하고, 생태 및 디지털 전환을 지원하는 것을 목표로 한다.(프랑스 행정부: gouvernement.fr)

전환하겠다는 목표를 세웠다. 이는 단순히 수치적인 목표가 아니라, 프랑스 농업 전반의 지속 가능성을 높이고 환경을 보호하겠다는 의지의 표현이라고 볼 수 있다.[2] 2022년 기준으로 이미 10.7%의 농경지가 유기농으로 전환되었다는 점은 프랑스의 정책이 실효성 있게 추진되고 있음을 보여준다. 프랑스의 유기농 정책은 법적으로도 탄탄한 기반을 갖추고 있다(한지원, 2023). '그르넬 환경법(Grenelle de l'environnement)[3]'은 유기농 면적비율을 2013년 6%, 2020년 20%로 확대하고, 2013년까지 에너지의존율이 낮은 농업 활동 비율을 30%로 끌어올리는 것을 목표로 한다. 유기농업 지원에 대한 법적 근거를 제공함으로써 정부는 다양한 지원 정책을 실행할 수 있는 권한을 갖게 되었다(김현희, 2010). 2020년 기준 유럽에서 유기농 농

---

[2] 프랑스 행정부 공식 홈페이지 www.gouvernement.fr
[3] 그르넬 환경법(Grennelle de l'environnement)은 니콜라 사르코지 전 프랑스 대통령의 정치적인 약속이었던 동시에 환경에 관련한 문제를 종합적으로 해결하기 위한 방책으로써 제정된 법으로써, 프랑스 환경정책의 근간이 되는 법이다.

지 면적이 가장 넓은 국가는 프랑스인데 254만 8,677ha이다.[4] 예를 들어 유기농으로 전환하려는 농가에 헥타르당 최대 900유로를 지원하고 이미 유기농을 실천하고 있는 농가에도 헥타르당 최대 600유로를 지원하는 등 실질적인 재정 지원을 한다. 또 프랑스는 유기농 연구개발에도 상당한 투자를 하고 있다. 연간 1,100만 유로라는 적지 않은 금액을 유기농 기술 개발에 투자하고 있다. 이러한 연구 결과는 농업고등학교와 대학의 유기농업 전문 과정을 통해 교육되고, 농업회의소의 컨설팅을 통해 현장에 적용되는 등 연구-교육-현장 적용의 선순환 구조를 만들어내고 있다. 이처럼 프랑스의 유기농 시장은 이미 상당한 규모로 성장했다. 2021년 기준으로 130억 유로에 달하는 시장 규모는 전체 식품시장의 6.6%를 차지하고 있으며, 이는 유기농에 대한 프랑스 소비자들의 높은 인식과 선호도를 드러내는 것이다(한지원, 2023).

반면 한국의 유기농업 정책은 프랑스와는 다소 다른 양상을 보인다. 한국은 "제5차 친환경농업 육성 5개년 계획"을 통해 2025년까지 전체 경작지의 10%를 친환경농업 인증 경작지로 만들겠다는 목표를 세웠다.[5] 이는 프랑스의 목표에 비해 다소 낮은 수치이지만 한국의 현재 상황을 고려하면 상당히 도전적인 목표라고 할 수 있다. 2021년 기준으로 한국의 유기농 인증 면적이 1.7%에 불과하다는 점에서 볼 때 이 목표를 달성하기 위해서는 상당한 노력이 필요할 것으로 보인다. 한국 정부는 이러한 목표 달성을 위해 다양한 정책적 노력을 기울이고 있다. '친환경농어업 육성 및 유기식품 등의 관리·지

---

4 식품음료신문, 2023.2.17.
5 농림축산식품부 공식 홈페이지(https://www.mafra.go.kr)

원에 관한 법률'을 제정하여 유기농업 육성을 위한 법적 기반을 마련했으며 '제4차 농업·농촌 및 식품산업 발전계획"에도 유기농업 육성을 포함시켰다. 이를 바탕으로 유기농 인증 농가에 3년간 헥타르당 최대 120만원을 지원하고, 친환경농업직불금[6]을 통해 유기농 헥타르당 연간직불금은 인증 단계 (유기, 무농약) 및 재배 품목(논, 과수, 채소·특작)에 따라 구분되어 지원된다.

한국의 유기농 인증제도는 국립농산물품질관리원이 주관하여 운영하고 있으며 유기농과 무농약 등급으로 구분하여 관리한다. 이는 프랑스가 EU의 통일된 기준을 따르는 것과는 다소 차이가 있다. 한국의 인증 체계는 국내 농업 환경과 소비자의 요구를 반영한 것으로 이를 통해 한국 실정에 맞는 유기농업을 발전시키고자 하는 의도가 보인다. 한국의 유기농 시장은 아직 프랑스와 비교해서 규모가 작지만 빠르게 성장하고 있다. 2020년 친환경 농산물 판매장 매출액은 1조 1,402억 원이며, 2022년에 5.3% 증가한 1조 2,007억 원 수준에 이를 것으로 추정된다(지역농업네트워크협동조합, 2021).

대형마트, 온라인 쇼핑몰, 로컬푸드 직매장 등 다양한 유통 채널을 통해 유기농 제품이 판매되고 있으며 소비자의 64.5%가 유기농 제품을 구매한 경험이 있다는 점은 한국에서도 유기농에 대한 인식과 수요가 꾸준히 증가하고 있음을 보여준다(허은정, 2011). 그러나 한국의 유기농 시장은 여전히 몇 가지 도전과제에 직면해 있다. 유기농 제품의 가격이 일반 제품의 가격과 비교해서 50~100% 더 높다

---

[6] 친환경농업법(정식명칭: 친환경농업법 육성 및 유기식품 등의 관리. 지원에 관한 법률)은 생산비 차이를 농가의 안정적인 소득을 보장하기 위해 만들어진 제도로서 친환경으로 작물을 지배하는 농,임업 경영체로 등록된 사람에게 심사를 통해서 일정금액을 지원하는 제도.

는 점은 시장 확장의 큰 장애물로 작용하고 있다. 이를 극복하기 위해 한국 정부는 유기농 제품의 생산 및 유통 비용을 줄이고 소비자에게 합리적인 가격으로 제공할 방안을 모색하고 있다. 2020년 기준 국내 친환경 농산물 시장 규모는 1조 5,153억 원으로 추정되며 2025년에는 2조 1,360억 원에 이를 것으로 기대된다(한국농촌경제연구원).

프랑스와 한국의 유기농업 정책을 비교해 보면 두 나라 모두 유기농업의 중요성을 인식하고 이를 발전시키기 위해 노력하고 있다는 점에서 공통점이 있다. 그러나 구체적인 접근 방식과 발전 수준에는 차이를 보인다. 프랑스는 이미 상당한 수준의 유기농업 비율을 달성했고 시장도 성숙 단계에 접어들었다. 반면 한국은 아직 성장 단계에 있으며 더 많은 발전의 여지가 있다. 이러한 차이는 두 나라의 농업 환경, 문화적 배경, 그리고 정책적 우선순위의 차이에서 비롯된 것으로 볼 수 있다. 프랑스는 오랜 농업 전통과 EU의 지원을 바탕으로 일찍부터 유기농업에 주목했고 이를 체계적으로 발전시켜 왔다. 반면 한국은 최근에야 유기농업의 중요성을 인식하기 시작해 빠른 속도로 관련 정책을 수립하고 실행에 옮기고 있다.

프랑스와 한국의 유기농업 정책 비교는 각국의 상황에 맞는 정책 수립의 중요성을 보여준다. 동시에 유기농업이 단순히 농업 생산 방식의 변화를 넘어 환경 보호, 식품 안전, 농촌 경제 활성화 등 다양한 사회적 가치를 실현할 수 있는 수단이 될 수 있음을 시사하고 있다. 앞으로 두 나라가 어떻게 유기농업을 발전시켜 나갈지 이를 통해 어떤 사회적 변화를 이끌 수 있을지 지켜보는 것은 매우 흥미로운 일이 될 것이다.

2) 비오코프 설립 배경과 개요

비오코프는 1970년 말 고품질의 유기농 소비를 발전시키기 위해 유기농 사업을 지원하려는 열망으로 소비자와 생산자가 소비자협동조합 형태로 조직한 기업이다. 1970년대 프랑스에서는 많은 유기농 소비자 구매 그룹이 생겼다. 이들 중 많은 선구자와 조합원들은 1968년 5월의 '68혁명'으로 알려진 사회적, 정치적, 문화적 운동과 반핵 운동에 참여한 경험이 있다. 최초의 협동조합은 프랑스 전역에 있었지만, 특히 브리타니와 론알프(Bretagne, Rhône-Alpes) 같은 사회운동이 활발한 지역에 많이 설립되었다(Lamine, 2015). 이 협동조합 중 일부는 나중에 상점을 열고 직원을 고용해 운영하기 시작했고, 일부는 비공식적인 형태로 남아 있었다. 각 협동조합은 시장과 공급업체를 스스로 선택했다(Lamine, 2015).

1986년 50개의 협동조합이 조합원들에게 건강한 제품을 제공하고 유기농 농업의 발전을 지원하기 위해 전국적인 조직인 비오코프를 만들기로 결정하면서 이러한 협동조합들의 첫 번째 연합체가 설립되었다. 이 시기에 설립된 프랑스 남동부 비오페스(Biopais)와 서부 엥테르쿱(Intercoop) 등 몇몇 신생 유기농 생산자 단체도 이 네트워크에 합류했다. 생산자와 소비자가 원산지에서부터 함께한다는 점은 비오코프의 중요한 역사적 특징이다. 1989년과 1993년 사이에 브르타뉴, 남동부, 남서부 등 세 개의 지역 플랫폼이 만들어졌고, 2007년 파리 지역에 네 번째 지역 플랫폼이 만들어졌다. 활동 범위는 식품에서 비식품, 비오코프 레스타라시옹(Restauration) 케이터링, 비오코프의 운송 네트워크(Société de Transports 비오코프: STB), 투자펀드 데피비오(Défibio)로 점차 확대되었다. 네트워크 내에서 '농

민 유기농업(agriculture biologique paysanne)'[7]으로 불리는 지역 유기농산물의 비중을 확대하고 네트워크 거버넌스에서 생산자의 목소리를 강화함으로써 이니셔티브의 가치를 재확인하고자 노력했다.

비오코프를 이해하기 위해서는 한국의 대표적인 유기농 협동조합인 한살림과의 비교가 유용하다. 비오코프와 한살림은 1986년에 설립된 친환경 협동조합으로서 지속 가능한 소비를 목표로 경영하고 있다. 비오코프는 1,164명의 조합원과 740개의 매장을 운영하고 있다. 비오코프의 조합원은 협동조합 형태로 운영되는 매장을 의미한다. 즉 비오코프 체인에 속해 있으면서도 협동조합의 원칙에 따라 운영되는 매장만이 조합원 자격을 가진다. 협동조합이 아니라 개인사업 형태로 운영되는 매장들은 비오코프 브랜드를 사용할 수는 있지

---

[7] 프랑스에서 농민 유기농업은 주로 소규모 또는 가족 단위의 농민들이 실천하는 유기농 농업

만, 협동조합의 조합원으로 가입되어 있지 않다. 이러한 구조는 비오코프 협동조합의 가치와 원칙을 지키면서도 다양한 형태의 매장이 공존할 수 있도록 하는 데 목적이 있다.

    비오코프는 시장 접근성과 효율성을 강조하면서 매장 수를 확대하는 전략을 썼고 연간 약 15억 3천만 유로(한화 약 2조원)의 매출을 기록한다. 반면, 한살림은 89만 5천 명의 조합원과 240개의 매장을 보유하면서 조합원 중심의 운영 방식을 통해 약 3,789억 원의 매출을 달성하고 있다. 비오코프는 일반 소비자에게 개방된 혼합형 운영 모델을, 한살림은 조합 직영 중심의 공동체적 운영 방식을 채택하며 각기 다른 전략을 펼치고 있다. 두 조직은 1인 1표의 민주적 의사결정을 통해 조합원 참여를 보장하며, 친환경적이고 지속 가능한 사회를 만드는 데 기여하고 있다.

구분	비오코프	한살림
설립년도	1986년	1986년
조 합 원	1,164명	89만 5천명
매 장 수	740개	240개
매장형태	40%(조합원), 60% (일반기업 형태)	조합 직영(3개 매장 제외)
매장이용	일반 소비자	조합원 이용 (비조합원 제한적 이용)
매 출 액	15억 3천만 유로(한화 약 2조원)	3,789억 3,158만 원
의사결정	1인 1표	1인 1표

〈표 1〉 프랑스 비오코프와 한국 한살림의 비교

3. 비오코프가 추구하는 가치와 사업 방식

1) 비오코프의 환경 보호 목적

비오코프는 프랑스의 대표적인 유기농 식품 유통 협동조합으로서 환경 보호와 지속 가능성을 비즈니스 모델의 핵심으로 삼고 있다. 이 기업은 다양한 환경 보호 정책을 통해 사회적 책임을 실천하며 지속 가능한 발전을 추구하고 있다. 비오코프는 플라스틱 사용을 줄이기 위해 유리병 보증금제도를 운영하여 고객이 유리병을 반환하면 보증금을 환불받을 수 있도록 하고 있다. 작은 유리병은 0.10유로, 큰 유리병은 0.20유로로 책정되었다. 이는 재활용이 아닌 재사용을 촉진하기 위한 전략으로서 비오코프 폐기물 제로 정책의 핵심이다. 또 대용량 제품과 재사용 가능한 용기를 권장하여 포장재 사용을 줄이고 폐기물 발생을 최소화하고 있다.

프랑스 국민은 연간 1인당 29kg의 음식물 쓰레기를 배출하며, 이 중 7kg은 포장된 제품에서 비롯된다. 이 문제를 해결하기 위해 비오코프는 일회용 포장 의존도를 줄이고, 포장되지 않은 대량 제품 및 리필 가능한 재사용 포장을 확대하고 있다. 비오코프는 2025년까지 일회용 포장이 없는 제품 비율을 현재 26%에서 30%로 늘릴 계획이다. 더불어, 'Eco-Water' 솔루션을 통해 소비자들이 플라스틱병 생수 대신 정수된 수돗물을 마실 수 있도록 유도하며, 플라스틱 사용과 운송으로 인한 환경 부담을 줄이고 있다.

비오코프는 지속 가능한 식습관을 제안하는 플렉시테리언(Flexitarian) 운동에도 앞장서고 있다. 프랑스산 유기농 고기만을 취급하며 동물 복지와 환경 보호를 위해 노력하는 농장들과 협력하여 윤리적인 고기 소비문화를 확산시키고 있다. 육류 소비를 줄이는 동시에 각자의 라이프스타일에 맞춰 유연한 식습관 변화를 유도하는 이 운동은 지속 가능한 삶의 방식을 제시하는 좋은 사례로 평가받고 있다. 비오코프는 제품 제조 시 초기 가공 과정을 최소화하여 영양가를 보존하고 불필요한 첨가물 사용을 줄이며, 가공 과정에서 발생하는 에너지 소비와 환경 오염을 최소화하는 데도 힘쓰고 있다.

기업 운영 측면에서도 비오코프는 재생 에너지 협동조합 이니스코프(Enercoop)와 협력하여 매장 및 본부 운영에 필요한 에너지를 100% 재생 에너지로 충당하고 있다. 또 지역 생산자와의 협력을 통해 유기농 제품을 공급받고 운송 거리를 줄여 탄소 배출을 감소시키며, 지역 경제를 활성화하고 소비자에게 신선하고 품질 좋은 제품을 제공하고 있다.

2) 비오코프의 유기농 보호 목적

비오코프는 유기농 보호를 위하여 협동조합의 원칙과 지속 가능한 농업 실천을 결합한 혁신적인 접근 방식을 택하고 있다. 이 목적의 실천은 협동조합의 핵심인 협력 농민들(Associate Farmers)에 의해 주도되고 있다. 협력 농민들은 협동조합 내에서 매장, 소비자 협회, 직원 회원과 동등한 지위를 가지고 협동조합의 운영과 경쟁에 참여한다. 이들은 단순한 공급자의 역할을 넘어 협동조합의 중요한 구성원으로서 실질적인 의사결정 권한을 지니고 있다.

비오코프는 2개의 100% 유기농 생산자 그룹과 협력하며 전국에 걸쳐 3,500개 이상의 농장 네트워크를 구축하고 있다. 이들은 유기농 과일과 채소, 시리얼 및 단백질 작물, 우유와 유제품, 육류 등 네

가지 주요 생산 부문을 대표한다. 이러한 네트워크는 지역 농업의 다양성을 보존하고 지역 경제를 활성화하는 데 중요한 역할을 한다.

비오코프는 제품의 투명성과 추적 가능성을 매우 중요하게 여긴다. 모든 비오코프 제품에는 "우리의 협력 농민들과 함께(With our Associates Farmers)"라는 로고가 붙어 있어 해당 제품의 원산지를 명확히 표시한다. 이는 소비자에게 제품의 출처와 생산 과정에 대한 상세한 정보를 제공함으로써 투명성과 신뢰성을 높인다. 소비자들은 이 로고를 통해 자신이 구매하는 제품이 어디서 왔는지 어떤 농부에 의해 어떤 방식으로 생산되었는지를 알 수 있다. 이러한 정보는 소비자들이 더 나은 구매 결정을 내리는 데 도움을 주며 동시에 지역 농업과 유기농 생산에 대한 이해를 높이는 데 기여한다. 비오코프의 차별화된 시장 접근 방식은 생산자부터 상인까지 전체 공급망의 통합과 협력을 강조한다. 이는 소비자들에게 유기농 제품 구매가 단순한 소비가 아니고 프랑스 유기농업을 보호하고 지지하는 데 직접적으로 기여한다는 인식을 심어준다. 소비자들은 자신의 선택이 환경 보호와 지속 가능한 농업 실천에 도움이 된다는 사실을 깨닫게 되며, 이는 장기적으로 환경을 보전하고 지역사회의 경제적 번영을 촉진하는 데 긍정적인 영향을 미친다. 또 생산자에게 공정한 가격을 보장하고 지역사회와의 협력을 통해 사회적 책임을 실천한다.

3) 비오코프의 8가지 약속

비오코프의 가장 두드러진 특징 중 하나는 협력 기반의 비즈니스 모델이다. 이 모델은 생산자, 매장 구성원, 소비자 등 모든 이해관계자가 공동의 목표를 공유하고 협력하는 것을 목표로 한다. 비오코프는 8가지 약속을 통해 지속 가능하고 윤리적인 방식으로 운영되고 있다.

> **비오코프의 8가지 약속**

1. **지역 유기농업 지원**: 비오코프는 지역 농부들과 긴밀한 관계를 맺고 그들의 유기 농업을 적극적으로 지원한다. 이는 지역 경제 활성화와 식품의 신선도 및 품질 향상에 기여할 뿐만 아니라, 운송 거리를 줄여 탄소 발자국 감소에도 도움을 준 다.

2. **프랑스 원산지 우선**: 비오코프는 프랑스 농업을 보호하고 발전시키기 위해 프랑스산 원료를 우선적으로 사용한다. 2023년 기준, 비오코프에서 판매되는 제품의 원자재 중 99%가 프랑스에서 생산되었다.

3. **강력한 지역 기반**: 비오코프는 프랑스 전역에 걸쳐 강력한 지역 네트워크를 구축 하고 있으며, 각 지역의 특성에 맞는 맞춤형 서비스를 제공한다. 이는 지역 주민들과의 긴밀한 관계 형성과 지역 경제 활성화에 기여한다.

4. **참여자 간 가치 공유**: 비오코프는 공정 무역을 통해 생산자들에게 정당한 가격을 지불하고 더 나은 거래 조건을 제공한다. 2023년 기준, 비오코프 제품의 61%가 공정 무역 인증을 받았으며, 2025년까지 70% 달성을 목표로 하고 있다.

5. **협력 농부들에게 실질적인 권한 부여**: 비오코프는 협동조합 모델을 통해 협력 농 부들에게 의사결정 과정에 참여할 수 있는 권한

을 부여한다. 이를 통해 농부들은 자신의 의견을 피력하고, 비오코프의 운영 방식에 영향을 미칠 수 있다.

6. **폐기물 제로를 향한 노력**: 비오코프는 포장재 사용을 최소화하고 재활용 가능한 용기를 사용하는 등 폐기물 감소를 위해 노력한다.

7. **그린워싱(Greenwashing) 반대**: 비오코프는 환경 보호에 대한 진정성 있는 노력을 강조하며, 그린워싱을 단호히 거부한다. 실질적인 환경 보호 활동을 통해 지속 가능한 미래를 만드는 데 앞장서고 있다.

8. **초가공 및 영양 불균형에 대한 엄격한 규정**: 초가공 식품은 전체 식품관련 생물 다양성 손실의 36~45%을 차지하고 식품 생산으로 인한 온실가스 배출량의 최대 3분의 1을 차지한다. 비오코프는 독립적인 위원회를 통해 제품의 성분을 엄격하게 검사하고, 450개 브랜드 중 엄선된 100개 레시피를 재구성하여 초가공 사용을 제한한다.

비오코프의 8가지 약속은 이러한 신념을 실천하기 위한 구체적인 행동 지침이며, 이를 통해 소비자들에게 윤리적이고 지속 가능한 소비를 위한 새로운 기준을 제시한다.

4. 비오코프의 조직 운영 방식

1) 비오코프의 거버넌스

〈그림 1〉 비오코프 조직구조표(2023년)

비오코프는 1986년 설립된 이후 지속적인 성장을 거듭하여 현재 프랑스 전역에 740개의 매장을 운영하는 대규모 유기농식품 협동조합으로 발전하였다. 비오코프의 가장 큰 특징은 전통적인 협동조합 모델과 일반 기업 모델을 결합한 하이브리드 모델을 채택하고 있다는 점이다. 이러한 유연한 접근 방식은 비오코프가 빠르게 변화하는 시장 환경에 적응하면서도 협동조합의 기본 가치를 유지할 수 있게 해주는 핵심 요인이 되고 있다.

비오코프의 거버넌스 구조는 총 1,164명의 조합원으로 구성되어 있으며, 이는 매장 운영자 629명(협동조합 매장), 직원 481명, 그리고 소비자 및 생산자 단체 20개의 조합원을 포함한다. 이러한 다양한 이해관계자들의 참여는 비오코프가 유기농 식품시장의 다양한 측면을 포괄적으로 고려할 수 있게 해주는 중요한 요소이다.

앞에서 언급한 바와 같이, 비오코프의 매장 운영구조는 특히 주목할 만한 특징을 지니고 있다. 전체 740개 매장 중 40%는 전통적인 협동조합 방식의 조합원 매장으로 운영되지만, 나머지 60%는 개인사업자 형태로 운영되고 있다.

비오코프의 이사회 매장 대표 포레씨(Mr.Faure)는 "내가 운영 중인 매장의 경우 매장 지분 중에 나는 매장의 8~10% 지분을 소유하고 있고 나머지 지분은 다른 직원이나 동료들이 소유하고 있으며, 현재 이 매장의 경우 협동조합 형태의 매장으로 SCIC와 SCOP의 동시 형태를 가지고 있다. 이는 사회적협동조합이면서 노동자협동조합의 형태로 운영되고 있다는 것을 의미한다. 그리고 60% 개인 사업장 형태는 초기에 기업인 출신의 사업가들이 소유하는 매장으로 법적 형태는 협동조합이고 비오코프에 소속되어 있고 비오코프의 규칙을 지켜야 된다. 브랜드를 사용하고 운송 등의 서비스를 이용할 수 있는 권리를 준다. 협동조합 매장이나 일반매장이나 자체적인 규칙을 지키면서 매장을 독자적으로 운영하도록 융통성 있게 운영을 허가하고 있다."고 언급하였다. 이 매장은 노동자들의 참여와 사회적 가치를 동시에 추구하는 협동조합 구조로서 비오코프라는 더 큰 협동조합 네트워크에 속해 있다. 이를 통해 브랜드 가치와 물류 서비스를 활용하면서도, 매장 단위의 자율적인 운영이 가능한 균형 잡힌 구조를 가지고 있다.

비오코프의 2023년 매출액은 15억 3천만 유로(한화 약 2조 원)에 달하며 이는 프랑스 유기농 식품 시장에서 비오코프가 차지하는 중요한 위치를 보여준다. 의사결정 과정에서는 모든 조합원에게 1인 1표의 동등한 의결권이 주어지며 이는 협동조합의 민주적 운영 원칙을 반영하고 있다. 비오코프의 이사회 구성 또한 협동조합 내 다양한 이해관계자들의 의견을 균형있게 반영하기 위해 세심하게 설계되었다. 이사회는 크게 4개의 주요 그룹으로 구성되어 있다. 매장대표, 생산자 협회 대표, 직원 대표, 소비자 협회 대표 등이며 이러한 다양한 구성은 비오코프가 협동조합으로서의 정체성을 유지하면서도 다양한 이해관계자들의 요구를 균형 있게 반영할 수 있게 해준다.

2) 비오코프의 사회연대경제 조직과의 연대

비오코프는 프랑스의 사회연대경제 영역에서 중요한 역할을 하는 유기농 협동조합이다. 이 조직은 단순히 유기농 식품을 판매하는 것을 넘어서 프랑스 사회의 변화를 이끄는 중요한 주체로 자리 잡았다. 비오코프의 활동은 경제적 기능과 사회 변화를 위한 정치적 기능을 결합하고 있다.

먼저 비오코프는 프랑스 전역에 재생 에너지를 공급하는 것을 목표로 하는 에네르코프(Enercoop)의 설립 주체 중 하나로 참여했다. 이니스코프는 비오코프와 마찬가지로 협동조합 모델을 채택하고 있으며, 이는 에너지 분야에서의 민주적이고 지속 가능한 접근을 보여주는 좋은 사례이다. 본 책의 다른 장에서 자세히 설명하고 있는 이니스코프가 제공하는 재생 전기에너지는 비오코프의 사무실, 물류센터 등에 공급되고 있다.

또 비오코프는 경제의 근본적 전환을 목적으로 하는 공익협동조합들(Société Coopérative d'Intérêt Collectif: SCIC)의 연합조직인 리코른(Licoornes)의 설립 주체이자 핵심적인 회원협동조합으로 활동하고 있다. 리코른은 사회적·환경적 책임을 다하는 기업들이 서로 연대하고 협력하는 네트워크로서 비오코프는 이를 통해 사회적 가치를 추구하는 다양한 조직들과 협력하며 사회연대경제 생태계를 구축하는 일에 앞장서고 있다. 비오코프는 리코른 네트워크를 통해 사회연대경제 기업들의 성장을 지원하고, 사회적 가치를 창출하는 다양한 사업 모델을 개발하고 확산시키는 데 기여하고 있다.

비오코프의 운영 방식은 협동조합의 원칙을 충실히 따르고 있다. 이는 민주적 의사 결정(1인 1표), 자본의 집단적 소유, 비분할 적립금, 제한된 자본 보상 등의 규칙을 포함한다. 이러한 방식은 자본주의적 기업 모델과는 다른 대안적인 경제 모델을 제시하며, 특히 금융 자본주의의 과도함에 대한 대응이라고 할 수 있다.

비오코프는 '메소 비판적 공간'[8]이라고 할 수 있는 사회연대경제 내에서 경제적 활동을 수행하면서도 사회 변화를 위한 정치적 비전을 실현하고자 노력한다. 마지막으로, 비오코프의 활동은 지역적 차원에서도 중요한 의미를 갖는다. 협동조합 모델은 종종 지역 자원을 활용하고 지역 공동체와 밀접하게 연결되어 있다. 비오코프는 이러한 지역 기반의 접근을 통해 지속 가능한 발전과 사회적 혁신을 추구하고 있다.

---

8 메소 비판적 공간(Meso-critical space)은 개인과 사회 전체 사이, 중간 크기의 공간에서 다양한 사람들이 모여 사회 문제에 대해 비판적으로 토론하고, 새로운 변화를 만들어내려는 공간이다. 지역 커뮤니티 센터, 대학 캠퍼스, 온라인 포럼 등이 그 예이다.

3) 비오코프의 3개의 자회사

비오코프는 프랑스의 대표적인 사회연대경제조직으로서 유기농 식품 보급과 환경 보호, 탄소중립 실현, 그리고 사회연대경제금융의 활성화를 목표를 실현하기 위해 3개의 자회사를 운영하고 있다.

(1) 비오코프 운송회사(STB)

비오코프 운송회사(STB)는 2006년 설립 이후 비오코프의 친환경 철학을 물류 현장에 적극적으로 실천하고 있는 자회사이다. STB는 전국 4대 물류 플랫폼을 중심으로 4개의 에이전시를 운영하며, 124명의 직원 중 100명이 전문 운전사로 구성되어 있다. 총 71대의 트럭을 보유하고 있는데, 이 중 19대(26.8%)가 바이오가스 트럭이고, 21%는 하이브리드 차량으로 운행되어 친환경 운송을 확대하고 있다. 특히 일드 프랑스(Île-de-France) 지역에서는 모든 배송을 바이오가스 및 가스 트럭으로만 운행해 친환경 물류의 모범이 되었다. STB는 운전자 전원을 대상으로 친환경 운전 교육을 실시하여 실질적인 환경 보호 성과를 내고 있다. 2010년부터는 도로 운송에 대한 의존도를 줄이기 위해 나브와 파리(Naves, Paris) 플랫폼 간에 철도 피기백(Piggyback) 운송을 도입하여 10년간 7,014회의 트럭 운행을 줄이는 성과를 거두었다. 또 프랑스 내에서 아직 보편화하지 않은 이중 온도 용기(세미 트레일러)를 활용해 신선식품과 기타 제품을 분리 운송함으로써 식품의 신선도를 유지하고 폐기물도 줄이고 있다.

STB는 2012년부터 프랑스 생태전환기관(Ademe)의 "CO_2 목표" 프로그램에 참여해, 2015년부터 2018년까지 CO_2 배출량을 13.5%

감축하였으며, 2020년까지 추가로 5% 감축 목표를 세워 지속적으로 환경 영향을 줄이기 위해 노력하고 있다. 혁신적인 기술 도입, 명확한 환경 목표 설정, 직원 교육 등 다방면의 노력을 통해 STB는 프랑스 물류 산업에서 지속가능한 발전의 대표적인 사례로 평가받고 있으며 비오코프의 환경 보호 철학을 실질적으로 실현하는 데 중요한 역할을 하고 있다.

(2) 비오코프 레스타라시옹(Restauration) 케이터링

비오코프 레스타라시옹(Restauration)은 비오코프 협동조합의 가치와 경험을 바탕으로 프랑스 전역에 유기농, 지역 농산물, 공정무역 제품을 제공하는 케이터링 서비스이다. 900여 가지의 유기농 및 공정무역 제품을 제공하며, 특히 프랑스 각지의 농장에서 갓 수확한 신선한 제철 과일과 채소를 매주 시장 가격에 맞춰 공급한다. 모든 식재료는 비오코프의 엄격한 품질 관리 시스템을 통해 제공되므로 고객들은 맛과 건강을 모두 만족할 수 있다. 비오코프 레스타라시옹(Restauration)은 효율적인 물류 시스템(STB)을 적극적으로 활용하여 전국 어디든 2일 이내에 신선한 식재료를 배송할 수 있다. 이는 단순히 빠른 배송이 아니라, 신선도를 유지하고 식품 낭비를 줄여 환경 보호에도 기여하는 방식이다. 또 지역 협동조합 매장과 긴밀히 협력해 지역 농부들에게는 안정적인 판로를 제공하고, 소비자에게는 지역에서 생산된 신선한 먹거리를 공급하는 건강한 선순환 구조를 구축하고 있다.

비오코프의 이사회 매장대표 포레씨(Mr. Faure)는 비오코프 레스타라시옹(Restauration)이 학교, 대기업, 단체 등 다양한 기관에 유기

농 제품을 제공하며, 지역 기반의 협력과 홍보를 통해 프랑스 유기농업의 미래를 책임질 핵심 동력임을 강조했다. 비오코프 레스타라시옹(Restauration)은 100% 계절상품과 현지 생산품만을 사용해 불필요한 에너지 소비와 운송 거리를 최소화하고, 가공 과정을 최소화해 포장재 사용과 음식물 쓰레기 발생도 줄이고 있다. 이 서비스는 단체 급식부터 상업 케이터링까지 다양한 고객의 요구에 맞춘 맞춤형 서비스를 제공하며, 특별 식단이나 맞춤형 메뉴 개발 등 고객 만족을 최우선으로 고려한다. 유기농 및 공정 무역 제품의 공급 확대를 통해 매출 증대와 동시에 지역 농부들과의 협력으로 지역 경제 활성화에도 크게 기여하고 있다. 또 운송 거리 단축, 에너지 소비 및 음식물 쓰레기 감소 등 환경 보호 측면에서도 의미 있는 성과를 거두고 있다.

(3) 데피비오(Défibio) 투자 펀드

데피비오(Défibio) 투자 펀드는 비오코프가 전액 출자한 자회사로, 유기농 산업의 지속 가능한 발전을 목표로 2008년에 설립된 독특한 투자 펀드이다. 데피비오(Défibio)는 단기적 이익보다 장기적 성장과 산업 생태계의 건강한 발전을 우선시하며 7~10년이라는 긴 투자 기간을 설정해 유기농 생산, 가공, 저장 등 핵심 인프라에 집중적으로 투자하고 있다. 투자 결정 과정은 비오코프의 대표, 총책임자, 매장 관리자, 농업 부문 대표, 이사진, 금융 감독 등 다양한 이해관계자가 참여하는 위원회에서 2개월마다 투명하게 심의한다. 이러한 구조는 데피비오(Défibio)가 추구하는 사회적 가치 실현에 중요한 기반이 되고 있다. 데피비오(Défibio)는 직원, 고객, 지역사회와의 신뢰와 사회적 자본을 기업의 장기적 성공의 핵심으로 인식하고 있다.

최근 금융 시장에서 만연한 단기적, 투기적 투자와 달리 데피비오(Défibio)는 진정한 기업 가치와 사회적 책임을 동시에 추구하는 새로운 투자 모델을 제시한다. 데피비오(Défibio)의 활동은 단순한 수익 창출을 넘어 지역사회 발전과 환경 보호라는 더 큰 목표를 지향하며, 이는 비오코프의 가치와도 일치한다. 데피비오(Défibio)의 투자는 유기농 산업 전체의 지속 가능성을 높이고, 비오코프의 장기적 성장 기반을 다지는 전략적 선택이기도 하다. 사회연대경제의 관점에서 데피비오(Défibio)의 활동은 유기농 산업의 미래를 위한 전략적 투자의 의미가 있다.

5. 시사점

비오코프는 전통적 소비자협동조합과는 다른 유기농식품의 생산과 유통, 소비 분야에서 혁신적인 비즈니스 모델이다. 비오코프의 사례에서 얻을 수 있는 주요 시사점을 정리하면 다음과 같다.

첫째, 지역에서의 매장 운영을 위한 조직형태 상의 유연성이다. 비오코프의 가장 큰 특징은 740개에 달하는 매장을 운영하는 주체가 현장의 여건을 반영하여 협동조합 형태를 채택하거나 개인 사업장의 형태를 취할 수 있도록 하였다는 점이다. 유기농의 환경적 가치를 담은 생산과 소비를 확산하기 위해 조직화 방식은 다양하게 허용한 것이다. 지역에 따라 협동조합 조직화의 여건이 충분하지 않으면 처음에는 개인 사업장의 형태를 취하고 협동조합 조직형태로 전환하는 전략을 채택한다. 경영 노하우 경험이 풍부한 개인 사업가들의 경영 노하우를 활용하는 것이다. 그리고 협동조합 조직형태도 소비자협동조합, 노동자협동조합, 공익협동조합 등 다양하게 열어두었다는 점이 인상적이다. 우리나라는 소비자생활협동조합법상 소비자협동조합 유형만 조직화가 가능한데 최근에는 생협의 이사장을 찾기 어려울 정도로 주부들의 시간에 대한 기회비용이 높아져서 소비자협동조합 조직 및 운영 여건이 어려워지고 있다고 한다. 이에 비오코프의 사례를 벤치마킹할 필요성을 진지하게 검토할 필요가 있다. 비오코프는 총회나 이사회도 소비자, 노동자, 생산자, 매장대표 등 다양한 이해관계자들의 참여를 보장하는 구성으로 이루어졌다는 점을 확인할 수 있다. 최근 아이쿱생협연합회에서 소비자, 노동자, 생산자 등의 의사가 반영되지 않고 민주주의가 형해화되는 현상이 발생하고 있다는 비판이 제기되고 있는 상황에서 비오코프의 사례는 시사하는 바가 매우 크다고 할 수 있다.

둘째, 비오코프의 조직형태는 유연하지만 미션의 수행은 철저하다. 비오코프는 100% 유기농 농산물만을 취급하고, 에네르코프(Enercoop) 협동조합을 통해 재생 에너지를 100% 사용하는 등 기업의 책임과 역할을 재정의하고 있다. 특히, 비오코프는 지역 유기농 생산자들과의 협력을 통해 짧은 유통망을 구축하고, 지역 경제와 환경 부담을 동시에 고려한 지속 가능한 농업 생태계를 형성하고 있다. 이는 기업이 환경 문제 해결의 주체로서 역할을 할 수 있음을 증명하는 사례이며 다른 기업들이 참고할 만한 영감을 제공한다. 또 비오코프는 지역 생산자들과의 직접적인 협력을 통해 지역 경제를 활성화하고, 지역 주민들의 건강과 환경을 고려한 소비를 장려하고 있다. 지역 특성에 맞춘 자율적인 운영 방식을 통해 각 지역의 요구와 자원을 최대한 활용하며 지역 주민들과의 유대감을 강화하고 있다.

　마지막으로 비오코프는 협동조합 간 협력을 통해 사회적경제 생태계를 확장하고 강화하는 데에도 중요한 역할을 하고 있다. 에네르코프와 같은 재생 에너지 협동조합의 설립을 지원하고, SCIC 조직들의 협의체인 리코른(Licoornes)의 창업을 돕는 등 다양한 사회적경제 조직들의 성장을 지원하는 활동은 협동조합의 기본 원칙을 실천하는 사례이다. 비오코프는 이를 통해 자신들의 가치와 목표를 공유하는 파트너들과의 네트워크를 확장하며 협동조합 모델의 가능성을 더욱 넓히고 있다. 이는 사회적경제 조직들이 지속 가능한 발전을 위해 어떻게 협력할 수 있는지를 보여주는 중요한 사례로서 한국의 생협 등 다른 협동조합에게도 많은 시사점을 제공한다.

재생에너지협동조합의 혁신모델,
프랑스의 에네르코프(Enercoop)

박영준

1. 왜 에네르코프(Enercoop)인가?

20세기 말 기후 변화와 환경오염 문제로 인해 지속 가능한 에너지 공급의 필요성이 대두되어 원자력 및 화석 연료 의존도를 줄이고 재생 가능한 에너지원의 활용을 촉진하기 위한 노력이 요구되었다. 이에 유럽을 중심으로 재생 가능한 에너지의 필요성과 에너지 민주화의 개념이 대두되기 시작하면서 지역 주민들이 에너지 생산에 참여할 수 있는 모델에 대한 논의가 활발해졌다. 이러한 국제 흐름에 맞추어 프랑스의 그린피스, 윤리적 은행 협동조합 La Nef, 유기농 협동조합 Biocoop, 에너지전환 네트워크 The CLER 등이 중심이 되어 2005년 9월에 에네르코프(Enercoop)가 설립되었다. 에네르코프는 프랑스 전역에서 재생에너지 생산 및 공급으로 친환경적이고 지속 가능한 전력을 100% 제공하고 있으며, 지역사회와의 협력을 강화하여 재생에너지 공공프로젝트를 통해 지역사회의 발전을 지원하고 있다. 또 친환경적인 에너지 솔루션을 제공함으로써 소비자들의 에너지 소비에 대한 인식을 증진하고 사회적 책임을 다하는데 성과를 거두고 있다.

출처 https://www.enercoop.fr/

에네르코프는 프랑스 전역을 포괄하고 있으며 11개의 지역으로 나뉜 협동조합 네트워크이다. 각 지역은 각각 공익협동조합(Société Coopérative d'Intérêt Collectif, SCIC)[1]의 법적 지위를 가지고 있으며 이는 국내의 사회적협동조합과 유사한 법인격이라 볼 수 있다. 프랑스의 공익협동조합에 관한 법적 규정에 따르면, 공익협동조합은 한 지역의 경제적·사회적 자원을 최대한 동원해 그 지역의 공익적 필요(collective needs)를 충족시키는 재화나 서비스를 생산하고, 다양한 이해관계자들이 참여하는 민주적 토론과 숙의, 시민정신의 훈련, 집

---

1 프랑스에서 2001년 7월 7일에 제정된 법률에 따라 공익협동조합이 도입되었다. 공익협동조합은 사회적·경제적·환경적 이익을 동시에 추구하며, 지역사회의 필요와 요구에 의해 설립된다. 조합원은 개인, 기업, 지방정부 등 다양한 이해관계자로 구성되어 있다. 출처: https://www.les-scic.coop/

〈그림 1〉 11개 에네르코프 네트워크의 프랑스 전국적 분포
출처: 에네르코프 홈페이지(www.enercoop.fr)

단적 의사 결정 등과 같은 실천을 조직하고 기업이익 중심적이지 않은 경영 조직을 운영한다는 점에서 사회적 효용(social utility)의 성격을 지니는 공익(collective interest)을 생산한다고 규정되어 있다(장종익, 2024a). 에네르코프는 재생에너지의 지속 가능한 발전을 지향하며, 환경보호와 사회적 책임을 고려하여 경영하고 지역사회와의 협력을 강화하여 현지 사회의 요구를 반영하고 지역사회의 발전을 촉진하는 역할을 하고 있다.

프랑스 파리를 중심으로 활동하고 있는 에네르코프 내셔날은 11개의 지역 협동조합 중에 가장 먼저 설립되어 활동을 해왔고, 11개의 협동조합 중에 유일하게 전기 공급업체의 승인을 보유하고 있으며, 11개 에네르코프 네트워크에게 정보시스템, 송장 발행, 고객 및 생산자의 관계, 커뮤니케이션 등과 관련하여 지원하고 있다. 즉, 에네르코프 내셔날은 11개 에네르코프 네트워크의 본부 역할을 하고 있다.

　11개의 지역 에네르코프의 총조합원 수는 62,700명 정도이며 전기를 사용하고 있는 이용자 고객은 95,500명에 이른다. 이용자 고객의 비율은 개인이 약 90%, 단체나 기업 등이 10% 정도를 차지하고 있다. 모든 조합원이 에네르코프에서 판매하고 있는 전기를 사용하는 것은 아니다. 이는 조합원이 소비자 조합원 뿐만 아니라 생산자 조합원, 프로젝트 리더 등 다양한 이해관계자로 구성되어 있기 때문이다. 프랑스 전역 471개 이상 생산 현장에서 개인이나 법인이 참여하여 재생에너지를 직접 생산하고 있다. 현재 생산 현장에서 생산된 발전 전력량은 약 608GWh에 달한다.[2] 발전소에서 생산된 재생에너지원의 비율은 풍력 58%, 태양광 21%, 수력발전 21%, 바이오메스 0.1% 순이며, 에네르코프에 가입한 10만명의 이용자 고객들이 이 재생에너지를 사용하고 있다.

　전체 에네르코프 네트워크가 고용한 총직원의 수는 240명 정도인데 이중 네트워크의 본부역할을 하고 있는 에네르코프 내셔날에서 가장 많은 170명의 직원이 일하고 있으며 나머지 10개 지역 네트워

2　2023년 말 기준, 우리나라 시민발전이종협동조합연합회의 발전소 수는 332개이며, 연간 발전 전력량은 약 40.7GWh에 달한다.

크에서 평균 8명 정도의 직원들이 일하고 있다. 출자금은 2006년 설립 당시 17만 유로에서 2022년도에는 150만 유로로 증가하였으며 매출액은 같은 기간에 3만 6천 유로에서 2022년도에 1억 3천 5백만 유로로 크게 증가하였다. 자세한 사항은 <표 1>에서 요약한 에네르코프 1차 협동조합들과 에네르코프 내셔날의 기본현황을 비교분석 작성하였다.

	지역 에네르코프	에네르코프 내셔날
특징	10개, 1차 협동조합	파리시를 기반으로 한 1차 협동조합 겸 사업연합 조직
조합원	37,700명	25,000명
전기이용자 고객	67,500명 (개인 90%, 단체10%)	28,000명
재생에너지 생산자	442개의 개인 혹은 법인	28개의 개인 혹은 법인
직원	80명 (10개 지역 평균 8명)	170명
연간 전기생산량	601GWh	6.6GWh
특징	지역별 각각의 공익협동조합	- 지역 중 유일하게 전력 거래 및 판매 사업 수행 - 네트워크의 본부 역할 수행

<표 1> 에네르코프의 기본현황 (출처 에네르코프 홈페이지(www.enercoop.fr))

우리나라 시민햇빛발전협동조합은 시민조합원들이 단지 윤리적 투자자로서의 역할에 머물 수밖에 없다. 협동조합이 공동 생산한 재생에너지는 조합원들에게 공급되는 것이 아니라 한전에 판매되고 있어서 대체로 영세하고 생산, 소비, 유통의 확대에 어려움을 겪는 상황이다. 반면에 에네르코프는 윤리적 투자자 조합원뿐만 아니라 재생에너지를 생산하는 개인과 법인, 부지와 자금을 제공하는 지역 기업, 공기업, 지방자치단체도 조합원으로 참여하는 다중이해관계자 조합원의 구조를 지니고 있다. 재생에너지는 협동조합이 공동 생산할 뿐만 아니라 생산자조합원이 직접 생산하고 있다. 이렇게 생산된 재생에너지는 투자자 조합원뿐만 아니라 일반 시민들에게도 공급된다. 에네르코프 비즈니스모델의 특징은 생산뿐 아니라 유통 기업으로서의 역할도 하고 있다는 점이다. 이와 같이 협동조합의 유형과 비즈니스모델 두 가지 측면에서 우리나라 시민햇빛발전협동조합과 크게 다른 프랑스 에네르코프의 사례 분석을 통하여 성장 전략에 대한 시사점을 얻고자 한다.

2. 프랑스 전력 시장 및 전력 정책

프랑스 전력 시장은 중앙 집중형 전력망과 에너지 전환을 위한 분산형 재생에너지의 확산이라는 두 축을 중심으로 운영된다. 전통적으로 국영 전력 회사 EDF(Électricité de France)가 독점했던 구조에서 유럽 연합(EU)의 에너지 시장 자유화 정책에 따라 경쟁 체제로 점진적으로 변화하였다. 현재는 생산, 송전, 배전, 공급 등 각 단계가 분리되어 있으며, 프랑스 정부는 이 시장에서 효율성, 경쟁성, 환경적 지속 가능성을 목표로 정책을 수립하고 있다.

　EDF는 여전히 프랑스 최대 전력 생산자이자 공급자로서 주로 중앙 집중형 전력망인 원자력에 기반을 둔 전력을 생산하고 있다. 프랑스는 전 세계에서 가장 높은 원자력 의존도를 보이는데 전체 전력의 약 70%를 원자력 발전에서 공급한다. EDF는 원자력뿐만 아니라 수력, 태양광, 풍력 등 다양한 발전소를 통해 전력을 생산한다.

　RTE(Réseau de Transport d'Électricité)는 프랑스의 고압 전력 송전망을 관리하며, EDF로부터 독립된 기업으로 운영된다. RTE는 EDF 및 재생에너지 공급자와 협력하여 안정적인 전력 공급을 관리한다. 즉 전력을 발전소에서 주요 소비 지역으로 전달하는 역할을 맡고 있으며 다른 유럽 국가와의 전력 거래를 통해 에너지 수급을 조정한다. RTE는 프랑스 내의 재생가능 에너지의 송전 통합을 위해 전력망을 지속적으로 조정하고 확장하고 있다. 태양광, 풍력과 같은 재생에너지의 가변성을 관리하여 안정적인 전력망을 유지하는 역할과 디지털화 및 스마트 그리드 기술을 활용하여 전력 수요와 공급을 실시간으로 모니터링하고 최적화하는 시스템을 구축하고 있다.[3]

　Enedis는 프랑스의 전력 배전을 담당하며, 프랑스 전역의 저압, 중압 배전망을 관리하고 있다. Enedis는 프랑스 EDF의 자회사로서 전체 전력의 95% 이상을 배전망을 통해 공급하는 역할을 담당하고 있다. 독립적으로 운영되는 배전망 회사로 규정되어 있고 EDF와는 별개의 배전망 유지와 관리 업무를 수행한다. 프랑스의 재생에너지 발전소와의 연계를 통해 분산형 에너지원을 통합하며, 전력망에 재생에너지를 안전하게 공급할 수 있도록 조정하는 역할도 하고 있

3　https://www.rte-france.com/

다.[4]

프랑스 전력시장은 원자력에 크게 의존해 왔지만, 최근 재생에너지 확대가 중요한 이슈로 대두되고 있다. 2020년대 들어 재생에너지 비율이 점진적으로 늘어나고 있으며, 2023년 기준 전체 에너지원은 원자력 70.6%, 석탄, 석유, 가스 등 화석연료가 6.4%, 수력 12.4%, 풍력 8.1%, 태양광이 2.5%를 차지하고 있다.[5]

2000년대 초반부터 프랑스는 유럽연합(EU)의 지침에 따라 전력시장을 점진적으로 개방하여 시장 자유화를 추진했다. 이로 인해 국영회사인 EDF 외에도 민간 에너지 회사들이 전력 판매에 참여할 기회가 생겼으며 소비자들은 다양한 전력 공급사를 선택할 기회를 얻게 되었다. 또 프랑스는 EDF가 생산한 원자력 전력을 일정 가격에 민간 전력 공급사들이 구매할 수 있도록 보장하는 ARENH(Accès Régulé à l'Électricité Nucléaire Historique)[6] 제도를 도입했다. 이는 EDF의 시장독점을 줄이고, 새로운 전력 공급업체들이 시장에 진입하여 공정하게 경쟁하도록 기회를 제공함으로써 전력시장의 효율성을 높이려는 것이다.

프랑스에서는 재생에너지 확대를 위해 다양한 정책을 시행하고 있는데 주요 정책은 다음과 같다. 첫째, 프랑스의 「재생에너지 장기 계획」(PPE, Programmation Pluriannuelle de l'Énergie)은[7] 2030년과 2050년까지의 탄소 중립 목표를 달성하기 위한 주요 정책 도구

---

4 https://www.enedis.fr/
5 https://dream.kotra.or.kr/
6 Accès Régulé à l'Électricité Nucléaire Historique는 기존 원자력 전력에 대한 규제된 접근으로 해석.
7 프랑스 정부는 2016년에 첫 번째 PPE를 발표하였으며, 이를 기반으로 정기적으로 개정하고 있다. https://www.ecologie.gouv.fr/

로서 2015년 파리협정 목표를 실현하고 에너지 전환에 속도를 내기 위해 수립한 국가적 에너지 전략이다. PPE는 재생에너지 확대뿐만 아니라 원자력 발전의 비중 축소, 전력 소비 관리, 에너지 효율 향상 등 종합적인 내용을 포함하고 있다. '재생에너지 발전 비율 확대' 계획을 살펴보면 태양광의 경우 2028년까지 태양광 발전 용량을 현재의 약 4배 수준인 35~44GW로 확대하는 것을 목표로 한다. 이를 위해 상업용 태양광 설치, 주거지 및 공공 건물의 태양광 패널 설치를 장려하고 있다. 풍력은 육상풍력과 해상풍력을 모두 포함하고 있는데, 육상풍력은 2028년까지 35GW, 해상풍력은 약 5GW까지 확대할 계획이다. 수력은 기존 수력 발전 설비의 현대화를 추진하고, 소규모 수력발전을 추가로 개발하여 에너지 저장 및 안정적인 전력 공급을 지원할 계획이다. '에너지 효율 개선 및 전력 소비 감소' 계획은 2023년부터 2028년까지 전력 소비를 연평균 약 1.5% 줄일 목표를 세우고 있다. 전력망의 디지털화와 스마트 그리드 기술을 통해 변동성 높은 재생에너지를 안정적으로 관리하고 지역 에너지 자립을 강화하는 방안을 추진하는 내용 등이 포함되어 있다. PPE는 5년 주기로 평가되며 프랑스 정부와 에너지 규제 위원회(CRE, Commission de Régulation de l'Énergie), 시민, 산업계 등의 의견을 종합하여 조정한다.[8]

둘째, 2015년에 제정된 프랑스의 「에너지 전환 및 녹색 성장법」(Loi de Transition Énergétique pour la Croissance Verte, 2015)은 기후 변화에 대응하고 지속 가능한 성장으로의 전환을 목표로 수립된 법으로서 재생에너지 확대와 에너지 효율 향상에 중점을 두고 있

---

8 https://smartcity.go.kr/

다. 이 법에서는 2030년까지 전력의 40%를 재생에너지로 전환하는 목표를 설정하고 있으며 에너지 소비 감축, 건물 에너지 효율화에 대한 보조금 및 세금 혜택, 재생에너지 생산자에게 보조금과 장기 고정 가격 계약(Feed-in Tariff) 혜택을 제공하여 초기 투자비용을 줄이고 안정적인 수익을 보장함으로써 재생에너지 프로젝트를 촉진하려는 내용을 포함하고 있다. 이 법은 프랑스 에너지 규제 위원회(CRE)와 지방자치단체들이 협력하여 시행하고 있으며, 각 지방에서의 재생에너지 확산과 분산형 에너지 자립을 적극적으로 지원하고 있다.

셋째, 2023년도에 제정된 「재생에너지법」(Loi Énergies Renouvelables, 2023)은 프랑스에서 재생에너지 생산을 획기적으로 확대하기 위해 제정된 최신 법안으로서 행정절차 간소화, 재정적 지원, 지역사회 참여 확대 등을 통해 재생에너지 프로젝트를 촉진하는 법안이다. 재생에너지 프로젝트 승인 절차를 간소화하여 풍력 및 태양광 발전소 건설 시 필요한 행정절차를 줄여 프로젝트의 초기 단계부터 신속한 승인이 이루어질 수 있도록 하고 있다. 이를 통해 재생에너지 프로젝트의 속도와 효율성을 높이고, 지역별로 필요한 에너지 설비를 빠르게 구축할 수 있도록 지원한다.

지방자치단체들은 재생에너지 설치 우선 전용 구역을 설정할 수 있는 권한을 부여받는다. 「재생에너지법」을 통해 각 지역의 환경적 특성과 에너지 수요를 고려해 태양광 패널, 육상 및 해상 풍력 터빈 등의 발전 설비를 설치할 수 있는 최적의 장소를 지정하여 재생에너지 확산을 촉진한다. 또 지역사회가 재생에너지 프로젝트에 직접 투자하고 참여할 수 있는 환경을 조성한다. 특히 에너지협동조합을 통해 시민들이 재생에너지 프로젝트에 자금을 투자하고 수익을 공유할 수 있도록 독려하고 있으며, 재생에너지 프로젝트의 이익이 지역사회에 돌아갈 수 있도록 지방자치단체와 시민들이 함께 참여할 수 있는 협력 모델을 지원한다. 재정적 인센티브와 보조금 제도를 통하여 대규모 재생에너지 프로젝트에 프리미엄 가격(Feed-in Premium)을[9] 지급하여 시장 경쟁성을 보장하고 있다.

프랑스 전력시장의 자유화로 인하여 민간 전력 공급업체들이 EDF 외에도 시장에 진입할 수 있게 되었다. 특히 에네르코프와 같은 친환경 전력 공급자가 등장하면서, 소비자들은 전통적인 원자력 중심의 전력 공급뿐만 아니라 100% 재생 가능 에너지를 선택할 기회가 열렸다.

3. 에네르코프의 미션과 비즈니스 모델

1) 에네르코프의 미션과 주요 사업

에네르코프는 프랑스의 기존 비영리단체와 사회연대경제가 주축이 되어 환경과 에너지의 문제를 공동으로 해결하기 위해 설립된 만큼 조직의 미션이 명확하다. 미션의 첫 번째는 효율적인 에너지 생산과 소비의 자급자족을 이루는 것이고, 두 번째는 환경 및 사회적 영향이 적은 100% 재생 가능한 에너지에 모든 시민의 접근이 용이할 것이며, 셋째는 함께 공유하고 투명하게 운영되는 민주적 거버넌스의 틀 안에서 지역적으로 조직되어 환경, 경제, 지정학, 사회 및 민주적 문제를 최대한 많이 해결하는 것이다. 이에 따른 비전의 첫째는 생산자와 소비자 간 공정한 가격으로 100% 재생 가능한 에너지 공

---

9 European Commission (2020). https://ec.europa.eu.

급을 제안하는 마케팅이며, 둘째는 에너지 소비를 줄이는데 도움이 되는 솔루션을 제공하고, 셋째는 지역의 소비 요구에 맞는 현지 재생에너지 생산과 개발이다.

미션을 달성하기 위해 에네르코프는 2005년부터 시민 참여를 기반으로 본격적인 비즈니스에 나섰다. 에네르코프는 현재 풍력, 태양광, 수력 등 100% 재생에너지로 생산된 전력을 소비자들에게 공급한다. 이를 위해 독립적인 재생에너지 생산자들과 직접 계약을 체결하여 중개 단계를 거치지 않고 생산된 전력을 직접 구매한다. 이러한 방식은 생산자에게 안정적인 수익을 보장하고, 소비자에게는 투명하고 친환경적인 에너지를 제공한다. 또 지속 가능하고 윤리적인 단락(短絡, Short Circuit)을 장려한다. 이것은 지역에서 생산되는 재생에너지를 지역에서 소비하는 것이 더 효율적이라는 것을 뜻한다. 재생에너지 생산자와는 공정한 접근 방식으로 15년에서 30년 사이의 장기계약을 맺어 일부 생산자를 지원한다. 전력 판매는 전국 단위의 에네르코프 내셔날을 중심으로 하되, 각 지역 협동조합이 독립적으로 전력 생산자와 계약을 맺고 지역 고객에게 직접 전력을 판매할 수 있도록 하는 분권화된 모델을 채택하고 있다. 이를 통해 에네르코프는 중앙에서 관리하는 국가 차원의 에너지 공급망을 보완하면서 각 지역 협동조합이 지역 내 에너지 요구를 충족하고 지역 자원에 맞는 재생에너지 프로젝트를 추진할 수 있다.

둘째는 프랑스 전역에 11개의 지역 협동조합을 설립하여 지역주민들이 에너지 생산과 소비에 직접 참여할 수 있도록 장려한다. 각 지역 협동조합은 자체 거버넌스 구조와 현지 파트너를 보유하고 있으며, 이를 통해 에너지의 지역 자립을 강화하고 시민들의 에너지 주권을 보장한다. 재생 가능 에너지와 시민 주도 에너지를 개발하기 위해 지방 당국과 지속적으로 협력하고 있다. 또 기업 규모나 소비 정도에 관계없이 에너지 절제와 에너지 효율성을 높이기 위한 전문가들을 지원한다. 지역의 모든 사람이 협동조합을 통해 재생에너지 정보를 얻을 수 있고 상호 정보를 교환하고, 함께 토론하며, 자신들이 살아가는 지역에 적합한 에너지 솔루션을 구현할 수 있는 대화의 공간 마련하고 있다. 이러한 구조를 만들어 지역별 특성에 맞는 에너지 프로젝트를 개발하고, 지역 경제 활성화에 기여한다.

셋째는 회원들과 일반 대중을 대상으로 에너지 절약과 효율적인 사용에 대한 교육 프로그램과 캠페인을 진행한다. 이를 통해 에너지 소비를 줄이고, 지속 가능한 생활 방식을 확산시키고자 한다. 에네르코프는 "More Acts, Less Watts" 접근 방식을 통해 에너지 소비를 분석하여 비용을 절감하며, 태양광 패널을 설치하거나 집과 건물 개조를 통해 에너지 절약에 대한 서비스 및 에너지 효율을 높이는 활동을 하고 있다. 에너지 절약에 대한 팁과 에너지 전환에 관한 정보를 교환하고 있으며, 개인별 또는 기업별로 전기를 얼마나 많이 소비하고 어떻게 소비하고 언제 소비하는지에 대해 먼저 자가진단을 통해 에너지 절약하는 방법을 발견하고 이를 구체적으로 실천할 방법들을 공유한다. 이를 바탕으로 에너지 소비를 모니터링하고 분석하는 서비스를 제공한다. 에너지 소비를 통제하기 위한 서비스와 도구의 사용을 촉진하고 지역의 다양한 참여자에게 그들의 필요에 맞는 솔루션을 제공하는 에너지 절약 동행(MegaWatt 프로젝트)을 함께 실천하고 있다.

마지막으로, 에네르코프는 지역 협동조합과 협력하여 시민 주도의 재생에너지 프로젝트 개발 가속화를 위한 기술을 지원한다. 지역 협동조합들은 지역에 강력한 기반을 가진 네트워크로 연결되어 생산자 네트워크를 늘리고, 새로운 프로젝트를 개발하고, 시민들을 단결시키고 있다. 사회적 유틸리티의 연대 기업인 에네르지 솔리데르(Energie Solidaire)[10]에 기부하여 에너지 빈곤 퇴치 프로젝트를 지지하고 고객에게 온라인 공간에 참여할 기회도 제공하고 있다. 또 지역의 조합원, 생산자, 소비자들과 함께 시민과 지역경제에 도움이 되는 프로젝트를 조명하고 전기를 회수하는 시민 에너지 전환 지원 사업을 실행 중이다. 지역에너지 전환을 촉진하기 위해 에너지 프로듀서의 역할도 하고 있다. 이는 자체 생산단지를 개발, 소유, 운영하는 사업모델을 완성하기 위한 것으로서 해당 지역 모든 사람이 에네르코프의 회원이 되어 해당 지역의 에너지 미래를 결정하도록 돕는 것이며, 공익협동조합(SCIC)의 핵심가치를 수행하는 대표적인 활동이라고 할 수 있다. 시민 재생에너지 프로젝트 지원 사업을 통해 지역주민들의 다양한 이해관계를 고려하여 지역의 에너지 전환을 지원하고 협동조합의 회원인 지역 생산자와 공급 계약을 체결하여 생산된 전기를 소비자에게 더 가깝게 만들어 가는 사업을 하고 있다.

2) 에네르코프의 비즈니스 모델

에네르코프는 물, 태양, 바람, 바이오매스 같은 재생 가능한 전기를 프랑스 전역 471개 이상의 생산 현장에서 생산, 공급하고 있으며

---

10 2017년 Les Amis d'이 에네르코프 협회 주도하에 설립되었고 공정하고 단합된 에너지 전환에 대한 비전을 공유하고 지지하는 시민 또는 기업으로부터 기부금, 에너지 소비에 대한 소액 기부, 에너지 기부 등을 받아 에너지 빈곤에 처한 가구 수를 줄이는 역할을 하고 있음.

그중 절반은 시민 또는 지역사회에서 소유하고 있다. 각각의 재생에너지가 차지하는 비중은 풍력발전 58%, 수력발전 21%, 태양광발전 21%, 바이오메스 0.1%로 구성되어 있다.

특이한 점은 에네르코프는 조합원이 아닌 재생에너지를 생산하고 있는 생산자와 직접 계약을 통해 재생에너지를 확보하고 있다는 점이다. 또 471개 이상의 분산된 현장에서 생산된 재생에너지를 소비자에게 직접 판매하는 전기 판매업체이기도 하다. 프랑스 전력시장 구조는 다양한 업체에서 경쟁적으로 전기를 판매하고 있으며 소비자들은 전기판매기업 중에 직접 선택하여, 전력사업자를 변경할 수 있는 구조로 되어 있다. 이는 프랑스에서 원자력발전으로 생산된 전기를 소비자가 선택할 수도 있고 에네르코프의 100% 재생에너지로 생산된 전기를 선택할 수 있다는 의미이다. 소비자 입장에서는 가격이 싼 원자력 전기를 선택할 수도 있지만, 기후위기와 환경문제를 해결하기 위해 노력하고 있는 에네르코프의 전기를 선택할 수도 있다.

소비자에게 전기를 판매하는 곳은 11개의 에네르코프 중 에네르코프 내셔날이 유일하다는 점도 독특하다. 이는 재생에너지와 관련된 행정부서 등이 파리에 집중되어 있어서 에네르코프 내셔날이 이 분야 비즈니스를 수행하기가 매우 유리하기 때문이다.

<그림 2>는 에네르코프의 주요 비즈니스 모델 작동방식을 그림으로 나타낸 것이다. 프랑스 전역에 분포되어 있는 11개의 에네르코프에서 재생에너지를 공급하는 방법은 크게 3가지로 나뉜다. 첫째는 지역별 에네르코프에서 직접 소유한 발전소에서 생산된 재생에너지, 둘째는 태양광, 풍력, 수력 등 재생에너지를 생산하고 있는 개인이나 법인생산자와 직접 계약을 통해 공급받는 재생에너지, 셋째는

커뮤니티 기반으로 조성되고 시민이나 지방 당국에서 소유하고 있는 발전소와 계약을 통해 생산된 재생에너지가 있다. 에네르코프에서 생산된 재생에너지는 송전기업과 배전기업을 거쳐 에네르코프의 재생에너지를 사용하는 이용자에게 전력이 전달되거나, 송전기업에서 배전기업을 거치지 않고 곧바로 이용자에게 전력을 이동하는 경우도 있다. 또 10개의 개별 에네르코프가 전기이용자에게 재생에너지를 직접 공급하는 계약을 체결하는 것이 아니라 에네르코프 내셔날을 통해서만 전력판매를 하고 있다.[11]

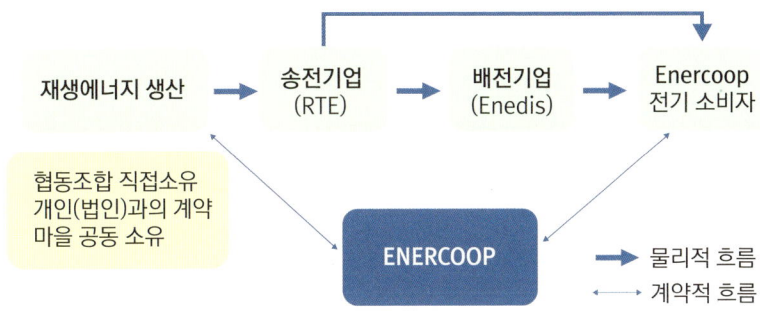

〈그림 2〉 에네르코프 비즈니스모델 요약

4. 에네르코프의 조직 운영 방식과 주요 성과 및 과제

1) 에네르코프의 조직 운영 방식

10개의 개별 협동조합과 에네르코프 내셔날의 조직은 공익협동조합(Société Coopérative d'Intérêt Collectif, SCIC)형태로 사회적 목적

---

11 https://www.enercoop.fr

을 가진 협동조합이고 다양한 이해관계자들이 참여하는 구조를 지니고 있다. 에네르코프에 조합원으로 가입하려면 최소출자금 1구좌, 100유로 이상을 납부해야 한다. 조합원은 전기이용자, 전기 공급업체, 재생에너지 생산자, 직원, 지방자치단체, 파트너 및 프로젝트 리더 등 다양한 이해관계자로 구성되어 있다. 이들은 보유 출자금 규모와 무관하게 총회에서 단일 의결권인 1인 1표 방식의 민주적인 의사결정권을 가지고 있다.

의결권을 배분할 때는 '컬리지(college) 제도'를 활용한다. 컬리지는 공익협동조합 안에 둘 수 있는 이해당사자 그룹이다. 의결권이 1인 1표 방식으로 조합원들은 본인이 속해있는 이해당사자 그룹에 해당하는 이사들을 선출하고 의결권을 행사한다. 전체 에네르코프의 투표권은 각 이해관계자의 권한을 균형 있게 유지하기 위해 유형별 조합원 그룹에 대한 가중치가 부여된다. 10개의 지역협동조합은 임직원, 지방자치단체 및 공공기관, 소비자, 비영리단체나 법인, 생산자, 에너지 관련 단체나 법인, 재정지원기관 등 7개의 컬리지를 구성한다. 투표권의 비율은 각각 10%~30%이고 참여 인원수는 각각 2명에서 5명으로 구성되어 있다. 에네르코프 내셔날은 6개의 컬리지로 구성되어 있다. 소비자 및 후원자 그룹과 생산자 그룹, 지역별 협동조합에서 각각 20%의 투표권 가중치가 설정되며 종업원, 프로젝트 리더는 각각 15%의 가중치, 커뮤니티, 지역개발공사, 파트너 등은 10%의 가중치가 부여된다.

수익이 발생하면 공익협동조합에서 발생하는 이익 중 최소 57.5%는 협동조합의 공익적 목적과 지역사회 발전을 위해 반드시 재투자해야 한다. 이 규정은 공익협동조합이 지역사회에서 지속적

에네르코프를 방문 인터뷰 중인 한신대학교 연수단

으로 기여하면서 협동조합이 추구하는 사회적 목표를 이루게 하려고 마련되었다. 재투자는 주로 재생에너지 발전소 설립, 에너지 효율화 프로젝트, 에너지 빈곤층 지원 프로그램 등에 사용하고 있다. 또 공익협동조합에서는 조합원에게 배당할 수 있는 이익의 비율을 엄격히 제한한다. 일반적으로 법정 출자금에 대한 배당률은 4~6%로 제한된다[12].

---

[12] 프랑스의 공익협동조합은 2001년 7월에 제정된 법률 n° 2001-624에 의해 도입되었

모든 에네르코프 협동조합 이사들의 임기는 4년이며 이사회의 절반은 2년마다 새로 선출하는 구조를 가지고 있어 임원들이 취임하는 시기를 다르게 정하고 있다. 지역 협동조합은 최소 6명이상 최대 18명 이하로 이사를 구성하고 있다. 이는 각 컬리지마다 대표성을 보장하기 위한 고려로서 최소인원과 최대 인원을 제한하고 있다. 또 에네르코프 내셔널에서는 소비자와 지지자, 생산자, 직원, 지역협동조합 등의 6개에 컬리지에서 7명 이상 18명 이내로 이사회를 구성하고 있다.

2023년도 기준으로 에네르코프 내셔널의 회계감사 자료에 의하면 자기자본은 20,069천 유로, 총 매출은 227,073천 유로, 순수익은 14,695천 유로인 것으로 나타났다. 주요 자금 유입원은 조합원 출자와 은행 대출, 정부 지원 및 보조금과 ARENH[13](Accès Régulé à l'Électricité Nucléaire Historique) 프로그램을 통한 수익 등으로 구성된다.

2) 에네르코프의 주요 성과와 과제

에네르코프는 471개 이상의 재생가능 에너지 생산자로부터 태양광, 풍력, 수력 등의 재생에너지 전기를 구매하고 있으며 일부는 자체 소유 재생발전소와 시민 참여 재생발전소를 통해 생산하고 있다.

고 주요 내용은 수익의 최소 57.5%를 협동조합의 자본과 발전을 위해 재투자해야 하며, 나머지 42.5%는 조합원의 출자금에 대한 배당 및 보상으로 사용할 수 있지만, 협동조합 정신에 맞게 제한적으로 분배된다. 반면에 우리나라의 사회적협동조합은 협동조합 기본법 제99조에 따라 의해 잉여금을 조합원에게 배당을 할 수 없다.
13 프랑스에서 2011년에 도입된 제도로, EDF(Électricité de France)가 보유한 기존 원자력 발전소에서 생산된 전력을 경쟁 전력 공급업체들이 규제된 가격에 구매할 수 있도록 허용된 제도.

재생에너지 확대 프로젝트를 통해 프랑스 내의 재생 가능 에너지의 비율을 높이고자 재생에너지 생산자와 협력, 지역 시민과 지방정부와의 협업을 통해 재생에너지 생산 및 공급을 확대하고 있다. 에네르코프는 11개의 지역 협동조합을 통해 지역사회와의 협력을 강화하고, 분산형 에너지 모델을 구현하고 있다. 11개의 지역협동조합들은 각자도생하는 것이 아니라 에너지 전환과 재생에너지 보급을 위해 에네르코프의 틀 안에 강력하게 묶여있으며 네트워크를 강화하고 있다.

에네르코프는 설립 이래 지속적인 성장을 통해 발전 용량과 거래량 모두에서 의미 있는 확대를 이루어왔다. 2019년 에네르코프는 240개의 재생에너지 생산자와 협력하여 총 209MW의 발전용량을 확보했으며, 2023년에는 471개의 재생에너지 생산자로부터 약 330MW를 확보하여 용량이 증가하였다. 에너지 거래량 측면에서도 뚜렷한 성장을 보이는 중이다. 2014년 에네르코프의 연간 전력 공급량은 약 110GWh였으며, 2023년 기준으로는 약 608GWh에 달하는 재생에너지를 공급하였다. 에네르코프는 10년 사이 약 5.5배의 공급량 증가라는 성공적 결과를 통해 시민 주도의 재생에너지 거래 확대 가능성이 입증된 사례로 평가된다. 프랑스의 전체 재생에너지 발전량은 2023년 기준 약 131.22TWh이며 에네르코프의 공급량인 608GWh는 프랑스 전체 재생에너지 발전량의 약 0.46%에 해당된다.

11개의 전체 에네르코프에 가입한 조합원은 62,700명이고 조합원 수는 꾸준히 증가하고 있으며, 에네르코프에서 생산된 전기를 이용하고 있는 소비자 고객은 100,000명에 이르고 있다. 에네르코프 내셔널에서 근무를 하는 직원의 숫자도 고용 측면에서 주목할 만하다. 전체 에네르코프의 직원 수는 2024년 기준 250명이다. 이 중에서 에네르코프 내셔널에는 170명이 근무하고 있는데, 적지 않은 수의 고용을 창출하고 있다. 이들은 전기공급 관련 재생에너지 생산자 부서, 가격과 계약에 관한 부서, 고객 응대 관련 부서, 토지조사 부서, 정부 대응 부서, 조합원 관리부서, 커뮤니티 부서, 로비부서 등 다양하고 전문적인 기능을 담당하고 있다. 또 직원 중 일부는 지역 협동조합에 파견되어 지역 협동조합의 고객 응대, 커뮤니케이션, 협동조합 활동, 에너지 관련 정보 등을 공유하여 지역협동조합 직원들의 역량 강화를 지원하고 있다. 11개의 에네르코프 중에 에네르코프 내셔널이 유일하게 전기 계약, 전기 판매에 관련된 행정적인 업무를 담당하고 있다.

에네르코프는 프랑스에서 100% 재생에너지를 공급하는 협동조합으로서 많은 성과를 이루었지만, 몇 가지 한계와 극복해야 할 과제가 존재한다. 프랑스의 전력시장에는 EDF와 같은 대형 기업이 원자력 전력과 함께 가격 경쟁력을 갖추고 있어, 상대적으로 에네르코프의 요금이 높을 수 있다. 이는 주로 장기 재생에너지 구매계약(PPA)과 유럽의 전력 시장 구조 때문이다. 특히 에너지 가격이 불안정할 때는 시장 경쟁력 유지가 어렵다. 이런 이유로 에네르코프는 가격 경쟁력 확보를 위해 더 저렴한 재생에너지 조달 방법을 모색할 필요가 있다는 점이 지적되고 있다(Baileche, 2024).

에네르코프는 원칙적으로 윤리적이고 지속 가능한 에너지를 공급하는 것을 목표로 한다. 그러나 풍력, 태양광 에너지가 날씨와 계절에 따라 생산량이 변동하여 안정적인 전력 공급이 어려울 수 있다.

이러한 재생에너지 생산량의 변동성 문제를 해결하기 위해 에네르코프는 스마트 그리드와 에너지 저장 기술을 도입하여 재생에너지의 변동성을 보완하고, 안정적인 공급 체계를 구축할 필요가 있다. 특히, 에너지 저장 시스템을 활용하여 생산 과잉 시 저장해 두고, 필요할 때 공급하는 방식을 도입할 수 있다. 에네르코프가 자체적으로 에너지 저장 시스템(ESS)을 도입하여 운영하고 있는지 구체적인 정보는 확인되지 않고 있다.

정부의 재생에너지 정책 및 보조금 지원이 변동될 경우, 에네르코프의 운영과 성장에 영향을 줄 수도 있다. 법적·정책적 지원의 불확실성을 해결하기 위해 에네르코프는 정부와의 협력을 통해 안정적인 정책 지원을 확보하고, 규제 변화에 대한 대응력을 높일 필요가 있다는 점이 지적되고 있다.

5. 시사점

에네르코프가 우리나라 시민햇빛발전협동조합에게 줄 수 있는 시사점은 5가지로 정리할 수 있다.

첫째, 생산된 전력의 매입과 소비자 판매까지 비즈니스의 확대와 규모화의 필요성이 있다. 에네르코프는 풍력, 수력, 태양광 등 재생에너지를 활용하는 471개의 발전소에서 전력을 공급받고 있다. 협동조합이 일부 발전소들을 직접 소유하기도 하지만 대부분의 발전소는 가정, 사업장, 마을 단위 공동체에서 재생에너지를 장려하고 홍보한 결과로 설치되었으며, 협동조합은 주로 이곳에서 생산된 전기를 매입하는 방식으로 운영된다. 즉, 각 지역에서 설치된 재생에너지 발전소와 장기계약을 통해 간접적으로 에네르코프 내셔날에 전기를 판매하는 방식으로 재생에너지 발전시설을 확대하는 전략을 채택하고 있다. 우리나라에서도 많은 시민햇빛발전협동조합들이 태양광발전소를 설치하고 운영하고 있지만, 일부 협동조합에서는 발전소 건립의 어려움으로 인해 재생에너지 발전량이 적어 직원을 채용할 정도로 수익이 발생하지 않는 협동조합들이 대부분이다. 우리나라의 햇빛발전협동조합도 마을 단위 공동체에서 재생에너지의 발전소 건립을 장려하고 이러한 발전시설에서 생산된 전기를 매입하여 소비자에게 판매하는 사업을 준비할 필요가 있다.

둘째, 재생에너지 사업의 공익적인 성격을 강조하여 지자체와 공공기관의 참여를 촉진할 제도적 모색이 필요하다. 재생에너지 발전소를 건립하기 위해서는 토지나 건물, 수상 등이 필요하다. 그러나 이런 부분은 개인이나 혹은 공유지에 허락이나 허가를 받아야 하고 특히 공유지는 정부나 지자체가 소유하고 있으므로 정부나 지자체와의 협력이 필수적이다. 이러한 협력을 끌어내려면 협동조합의 재생에너지 사업은 더 공익적인 방향을 지향할 필요가 있다. 에네르코프의 11개의 조직은 모두 공익협동조합(SCIC)법인으로 공익적인 공동의 목표와 다중이해관계자 참여를 통해 민주적으로 운영되고 확고한 미션을 수행하기 위해 활동하고 있다. 프랑스의 에네르코프는 공익협동조합으로서 지자체의 출자와 이사회의 참여가 보장되는 법적 규정에 근거하여 지자체와의 협력이 원활하게 이루어지고 있다. 이러한 지자체와의 협력을 기반으로 하여 주민참여형 재생에너지 생산과 거래가 확산되고 있다. 우리나라에서도 사회적협동조합 법인격 중에서 지역사회 공동의 이익을 명시적으로 설정한 협동조합

출처 https://www.enercoop.fr/

은 지자체와 공공기관의 참여가 가능하도록 법적 근거를 검토할 필요가 있다. 그리고 프랑스 공익협동조합처럼 우리나라의 사회적협동조합도 배당금지 조항을 완화하여 40% 이내 배당 등으로 개선할 필요가 있다. 현재 우리나라 시민햇빛발전협동조합은 일반협동조합, 사회적협동조합 등 형태가 제각각이고, 대부분 사업자협동조합으로 신고되어 있어 재생에너지 사업의 확산과 동기유발을 위한 재정비의 필요성이 있다.

셋째, 재생에너지 사업의 다양화가 필요하다. 프랑스의 에네르코프는 전국적으로 11개에 불과하지만, 한국과 비교해서 매우 다양하고 많은 재생에너지를 거래하고 있다. 반면에 한국에서는 전국시민발전이종협동조합연합회에 가입한 관련 협동조합이 70개가 넘지만, 대체로 태양광사업에 한정되어 있고 발전량도 제한적이다. 지역별 시민발전협동조합 간 협력 및 합병을 통하여 규모를 확대하고 전문화하여 사업역량을 강화하고 앞으로 재생에너지협동조합 간 협력과 연대의 범위를 마을 단위 공동생산형 협동조합, 지분투자형 협동조합, 사업자협동조합이나 직원협동조합으로 확대하여 서로 시너지를 발휘할 필요가 있다(장종익, 2024b).

넷째, 사회적 가치와 목적에 동의하는 선도적 사회적경제 조직의 협력이 중요하다. 에네르코프는 초기 설립단계부터 주도적인 역할을 했던 유기농협동조합 Biocoop의 활약이 있었는데, Biocoop과의 구체적인 협력 활동도 주목할 만한 부분이다. 유기농협동조합에서 운영하는 약 740개의 전 매장에서는 태양광 재생에너지 자가발전 시설을 설치하거나 에네르코프에서 판매하고 있는 전력을 사용하고 있다. 이는 조합원들이 재생에너지협동조합에 출자하고 참여하는 것에 대한 효능감을 느끼게 하는 지점이다.

마지막으로 프랑스의 전력 정책에 반영된 것처럼, 유럽의 전력 자율화에 주목할 필요가 있다. 특히, 에네르코프 내셔날의 전력 거래 비즈니스 모델에 대한 관심이 중요하다. 현재 국내에서는 한전이 송전, 배전, 판매 등 전력의 모든 분야를 독점적으로 담당하고 있지만, 유럽의 사례를 보면 우리나라에서도 가까운 미래에 전력 부문의 일부 자율화가 이루어질 가능성이 크다. 국내 전력 정책 중 하나인 에너지 분산 특별법 개정에 따라, 지역에서 생산된 전력을 지역 주민들이 최대한 활용할 수 있도록 연구가 필요하다. 더 나아가, 다양한 전력 생산 및 판매 방식과 비즈니스 모델을 개발하여, 시민햇빛발전협동조합이 지속 가능한 경영을 할 수 있도록 준비가 시작되어야 한다.

III.
협력과 연대,
그리고 민관파트너십에
의한 지원생태계

서비스 수혜자 중심의 중간지원조직,

퀘벡의 쎄데에르뀌(CDRQ)[1]와 엠쎄에 콩세이(MCE Conseil)

장종익 손재현

1. 퀘벡의 사회적경제 중간지원조직의 개관과 퀘벡지역개발협동조합과 엠쎄에 콩세이의 위상

1) 퀘벡의 사회적경제 중간지원조직의 개관

사회적경제의 정의에 따르면, 사회적경제 기업들은 이윤 추구를 목적으로 하지 않기 때문에 경쟁보다는 협력과 연대를 지향하는 속성을 지닌다. 그런데 현실에서 사회적경제 기업 간 협력과 연대의 수준과 범위는 국가마다 지역마다 상당히 다르다. 사회적경제의 연구자나 실천가, 그리고 정책결정자는 사회적경제 기업 간 협력과 연대의 수준을 높이고 범위를 넓히기 위한 제도 및 전략에 관심을 두고 있다. 퀘벡의 사회적경제는 사회적경제 기업 간 협력과 연대의 수준은 높고 범위는 넓은 것으로 알려졌다. 전통적 협동조합 섹터를 보

---

1 CDRQ(Coopérative de développement régional du Québec), 쎄데에르뀌, 퀘벡지역개발협동조합, 또는 지역개발협동조합 등으로 소개되고 있다. 본 글에서는 조직의 정체성과 독자의 이해 향상을 고려해서 퀘벡지역개발협동조합으로 표기한다. 2016년 11개 지역개발협동조합과 연합회의 통합 이전 특정한 지역에 있는 조직을 의미할 때는 지역개발협동조합으로 표기한다.

엠쎄에 콩세이와 함께하는 기업들 (출처 https://www.mceconseils.com/)

면, 모든 업종과 부문에서 활동하고 있는 협동조합들이 퀘벡협동조합과상호공제조합위원회(Conseil québécois de la coopération et de la mutualité, CQCM)에 회비를 내면서 참여하고 있고, 사회적 목적의 경제활동을 수행하는 비영리조직 및 재단법인, 연대협동조합 등은 사회적 미션 중심으로 연합회 및 네트워크를 구축하고 있으며, 이러한 연합회와 네트워크가 우산조직이라고 할 수 있는 쌍티에(Chantier de l'éconmie sociale)에 가입되어 있다. 그리고 쌍티에는 독특하게 노동운동, 마을운동, 여성운동, 환경운동 등 분야를 가리지 않고 여러 조직이 가입하여 함께 하고 있다는 점에서 '퀘벡 모델'의 본질적인 특성을 보여준다. 이처럼 사회적경제의 우산조직에 노동운동, 사회운동 조직이 포함된 것은 사회 전체의 공동선을 추구하기보다 협소한 조합주의적 비전이 지배하거나 협소한 사업적 이익을 좇는 경향이 나타나지 못하게 하려는 것이었다(Neamtan, 2019).

사회적경제 중간지원조직의 중요한 역할은 의제 설정 및 옹호·대변, 사회적경제 기업 간 교류 및 협력, 그리고 섹터 간 이해 조정과 협력의 촉진이라고 할 수 있는데, 퀘벡 협동조합 및 상호공제조합위원회와 쌍티에, 그리고 이 두 우산조직에 포함된 다양한 부문별·업종별 연합회와 네트워크가 이러한 역할을 하고 있다. 그리고 퀘벡 사회적경제에서 사회적경제 기업의 설립 지원, 기술적·금융적·인적 자원개발·조직역량개발 지원, 그리고 지식·정보 수집 및 공유와 조사연구·정책 제안의 역할을 하는 중간지원조직은 매우 다양하게 존재하고 있다. 금융지원조직은 매우 다양하게 발전하여 두텁게 사회적 금융 생태계를 구성하고 있고(Mendell 외, 2018), 사회적경제에 관한 조사연구와 정보 수집의 역할은 '사회혁신 및 사회적경제 연구센터(CRISES)'나 '사회적경제 연구를 위한 대학·공동체 연합(ARUC-ÉS)'처럼 여러 대학이 담당하고 있다(Neamtan, 2019). 마지막으로 사회적경제 기업의 설립 지원과 기술적·금융적·인적 자원개발·조직역량개발 지원의 역할은 지역개발협동조합, 엠쎄에 콩세이, 그리고 사회적경제 및 공동체조직 노동인력위원회(CSMO-ÉSAC) 등이 담당하고 있다. 본 장에서는 사회적경제 기업에 대한 지원자 역할과 일부 연결자 역할을 하는 중간지원조직 중에서 대표적인 조직인 퀘벡지역개발협동조합과 엠쎄에 콩세이를 소개한다.

2) 사회적경제 중간지원조직의 역할과 주요 조직 형태

선진국에 진입한 한국 사회에서 나타나는 다양하고 복잡한 사회문제 해결에 사회적경제 방식의 접근과 대응이 효과적인 경우가 많다. 그리고 이러한 사회적경제의 균형 있는 발전을 위해서는 중간지원조직의 역할이 필수불가결일 것이다. 중간지원조직은 연결자, 지원자, 생태계 조성자 등 세 가지 역할을 통하여 개별 사회적경제 기업의 한계를 보완하고, 사회적경제 정책을 효과적으로 수행하기 위한 행정의 필요를 충족할 수 있다(<표 1> 참조). 여러 나라 중간지원기관의 조직 형태를 살펴보면, 공공기관, 민간조직, 민관협력 방식 등 세 가지 형태가 지배적인 것으로 조사된다(<표 2> 참조). 예를 들면 우리나라의 '한국사회적기업진흥원'과 '경기도사회적경제원'은 대표적인 공공기관 형태이고, '아쇼카재단(Achoka foundation)'이나 '함께일하는재단'은 정부의 자금에 거의 의존하지 않는 독립적 민간조직이다. 그리고 민간기관이 정부와 업무위탁 혹은 용역계약을 체결한 민관협력 형태는 우리나라를 비롯하여 여러 나라에서 흔히 발견되는데, 사회적경제의 특성상 다양한 분야에서 사회적경제가 출현하고 성장하기 위해서는 민간조직과 민관협력 방식이 효과적인 것으로 알려져 있다.

주요 역할	세부 역할
연결자	networking: 사회적경제기업간 교류·협력 bridging: 다양한 인적·물적 자원의 중개·연결 coordinating: 섹터 간 이해 조정·협력 촉진
지원자	incubating: 사회적경제기업 설립 지원 assistance: 기술적·재정적·공간 지원 capacity building: 인적 자원개발·조직역량개발 지원
생태계 조성자	archiving & information sharing: 지식·정보 수집 및 공유 research: 조사연구·정책제안 advocating: 의제 설정 및 옹호·대변

<표 1> 중간지원조직의 역할 (출처 박영선·정병순(2020)을 수정 보완함.)

공공기관	공공과 민간의 협력형태		독립적 민간기관
1	2	3	4
지자체 부서 및 정부에 의하여 설립된 공공기관	정부가 출자 혹은 출연한 민간기관	정부와 업무위탁 혹은 용역계약을 체결한 민간기관	정부로부터의 펀딩을 받지 않은 민간기관
한국사회적기업진흥원, 경기사회적경제센터, 기타 공공기관	Fiducie du Chantier de l'économie sociale (퀘벡), Unltd(영국)	서울시사회적경제지원센터, 퀘벡 지역개발 협동조합, 이탈리아레가연맹, 독일협동조합연맹, 스웨덴 LKU	Achoka Foundation (미국), Young Foundation (영국), 함께일하는재단 등 MCE Conseils

〈표 2〉 사회적경제 중간지원조직의 조직 형태
(출처 Jenkins(2023)을 수정 보완함.)

우리나라는 시민사회의 자발성과 주도성에 의한 비영리섹터와 사회적경제섹터의 발전 역사가 오래되지 않아서 민간의 중간지원조직 역량이 아직 충분히 발전하지 않은 상태이다. 반면에 중앙집권적 통치의 경험이 길고, 시민사회의 역사가 깊지 않은 우리나라나 일본은 중간지원조직의 상당수가 정부 정책전달의 효과성과 효율성을 높이는 역할에 치중하고 있는 편이다. 특히 우리나라에서는 많은 중간지원조직이 중앙부처의 용역사업을 수행하기 위하여 설립되었거나, 지방자치단체의 위탁사업으로 운영되고 있어 중간지원조직이 행정과 주민 사이에서 정책 목표를 달성하는 것을 돕는 조직으로 이해되고 있다(박세훈·임상연, 2014). 그러나 '정부 실패'와 마찬가지로 '비영리섹터 실패'가 존재하기 때문에 이를 상호 보완하기 위하여, 시민사회 조직 및 사회적경제 조직의 현장성 및 전문성과 정부의 자원을 결합한 민관협력 혹은 민관파트너십이 선진국에서도 발전해오고 있다(Brinkerhoff, 2002; Salamon and Toefler, 2015). 공공기관의 운영방식보다 민관협력 방식이 사회문제 해결을 위한 사회적경제 발전에 더 효과적으로 작동하기 위해서는 시민사회 조직 및 사회적경제 조직의 고유한 특징과 장점이 공공기관과의 협력으로 인하여 약해지지 않아야 한다는 점이 중요하다.

그런데 우리나라에서 민관협력 조직 형태의 중간지원조직은 대부분 2~3년 단위로 정부 또는 광역자치단체로부터 업무를 위탁받거나 1년 단위로 용역계약을 체결하여 운영됨에 따라 업무가 불안정하고 전문 역량의 축적에도 어려움을 겪고 있다. 또 민관협력 조직 형태의 중간지원조직 상당수가 시민사회 및 사회적경제 현장으로부터의 다양한 자원조달은 매우 미미하고 정부에 자원을 거의 전적으로 의존하고 있다. 따라서 시민사회 조직 및 사회적경제 조직의 본질적 장점이 약해지고 중간지원조직의 행태가 점점 정부 기관과 유사하게 변해가면서, 중간지원조직 내에 시민사회의 다양성과 혁신적 사고가 점차 줄어드는 경향이 나타나고 있다. 특히 공공부문이 사회적기업 육성을 주도하는 상황에서는 사회적기업이나 사회적경제 관련 조직이 정부 또는 지자체의 정책전달 수단이 되거나, 일반 기업들의 사업확장 수단으로 악용될 수 있고, 중간지원조직도 사회적경제의 정체성에 기반을 둔 본래의 미션 수행보다는 조직의 유지 및 확장을 위한 활동으로 변질할 가능성이 있다(엄형식 외, 2011). 그리고 중간지원조직은 서비스 수혜자와 서비스 비용지불자가 불일치 하는 전형적인 정보의 비대칭성 문제로 인한 기회주의적 행동의 가능성이 남아 있으므로 이를 제어하고 내부화하기 위한 지배구조 구축이 요구된다(장종익 외, 2022).

3) 퀘벡지역개발협동조합과 엠쎄에 콩세이의 특징

퀘벡주의 지역개발을 지원하는 협동조합이라는 의미를 지닌 조직 이름의 줄임말인 퀘벡지역개발협동조합(CDRQ, Coopérative de développement régional du Québec)는 커뮤니티와 로컬의 필요에 부응하는 집합적 비즈니스의 추진 및 확장에 대한 아래로부터의 요구와 지역경제를 발전시키고자 하는 행정의 요구를 매개하는 중간지원조직의 역할을 하고 있지만, 협동조합의 조직 형태를 취하고 있고 지역개발협동조합이 퀘벡협동조합과상호공제조합위원회에 가입되어 있다는 점에서 우리나라의 중간지원조직과는 차이가 있다. 그리고 지역개발협동조합은 부문 또는 업종 협동조합연합회에 속하지 않은 협동조합들이 지역 차원에서 가입한 법인조합원과 지역의 다양한 이해관계자들도 조합원으로 가입할 수 있는 연대협동조합이라는 점에서 독특하다. 협동조합 설립 및 발전을 촉진하는 역할을 하기 위한 자원을 주 정부뿐만 아니라 회원 협동조합의 회비, 지역단체의 기부금, 서비스 이용료 등 다양한 방식으로 조달한다는 점에서도 시사하는 바가 있다. 퀘벡주에서 협동조합의 설립과 성장을 위한 목적으로 등장한 퀘벡지역개발협동조합은 40여 년의 역사를 통하여 주로 어떠한 역할을 하고 어떠한 성과를 내고 있는지 자세히 살펴볼 필요가 있다.

퀘벡지역개발협동조합과 달리 고용(Emplois)의 유지(Maintien)와 창출(Création)의 약자를 가져오고 마지막으로 컨설팅 뜻을 붙인 이름의 엠쎄에 콩세이(MCE Conseils)는 민간기관으로서 노동운동 진영의 전국노동조합연맹(CSN: Confédération des syndicats nationaux)의 지원으로 설립되었다. 22명의 구성원으로 조직된 비영리조직으로서 정부나 연합회 등의 지원 없이 자생적으로 운영되고 있다. 노동자, 협동조합, 사회적경제 네트워크, 일자리 유지 및 창출의 이슈가 있는 일반기업이 주요 고객이다. 기업의 재무분석과 진단, 프로젝트의 자금 조달 연구 및 모니터링과 협상, 섹터 및 시장연구, 사업계획서, 창업계획서, 기업의 사회적 가치의 변화, 전략기획, 기업 경영에 대한 모니터링, 조직관리 및 거버넌스 교육, 사회적경제 기업의 업종별 그룹화 지원 등의 서비스 활동을 통해 고용의 유지와 창출을 위한 지원 업무를 수행하고 있다. 특히 노동자 소유 집합기업의 경영에 관하여 전문성이 있다. 지역사회의 노동문제를 해결하고 사회적경제 조직을 지원하는 민간지원조직으로써 엠쎄에 콩세이는 1987년 설립 이후 정부의 지원 없이도 독립적이면서 활발한 성과를 만들고 있어 탐구해볼 가치가 있는 사례이다.

2. 퀘벡지역개발협동조합의 주요 사업과 성과

1) 퀘벡지역개발협동조합의 주요 미션과 조직 형태, 그리고 발전과정

퀘벡지역개발협동조합의 미션은 기존 협동조합과 새로운 프로젝트를 추진하는 그룹을 위한 전문적인 지원서비스 제공을 통하여 퀘벡의 모든 지역에서 협동조합의 설립과 발전을 지원하고 증진하는 것이다. 퀘벡에서는 협동조합기업의 본질을 '공유 부(shared wealth)'를 창출하기 위한 '집합기업(collective enterprises)'이라고 본다(CDRQ, 2019). 그러므로 퀘벡지역개발협동조합은 이러한 집합기업의 설립과 성장을 지원하는 것이 핵심적인 미션이다.

퀘벡지역개발협동조합은 퀘벡주 협동조합법의 다중이해관계자 조합원 구조를 특징으로 하는 연대협동조합 형태를 취하고 있다. 2022년 말 기준으로 조합원 수는 975명인데, 이 중 838명이 이용자 조합원으로서 협동조합의 대표들이 가입되어 있다. 퀘벡주에는 약 3천여 개의 협동조합이 운영되고 있는데, 이 중 2천여 개 이상의 협동조합이 14개 부문의 연합회에 가입되어 있으나 여기에 가입되어 있지 않은 문화, 보건, 교육, 환경, 경제개발 등의 분야에 종사하는 협동조합들이 주로 퀘벡지역개발협동조합에 가입되어 있다. 물론 일부 협동조합은 부문 연합회와 퀘벡지역개발협동조합에 동시에 가입되어 있다. 그리고 퀘벡지역개발협동조합에서 종업원으로 일하고 있는 39명의 노동자가 조합원으로 가입되어 있고 98명의 후원자 조합원도 있다. 퀘벡주에서는 1997년에 협동조합법의 개정을 통하여 연대협동조합 조직 형태가 도입된 후에 퀘벡지역개발협동조합도 이러한 연대협동조합 방식을 도입하였다.

퀘벡지역개발협동조합에 조합원으로 가입하기 위해서는 출자금 100달러와 연간회비를 내야 한다. 이용자 조합원은 100달러, 후원자 조합원은 200달러로 연간회비가 책정되어 있다. 그러므로 연간회비 수입은 약 10만 달러가 넘는 수준이다. 이용자협동조합은 연간 5시간의 무료 컨설팅을 받을 수 있다고 한다. 퀘벡지역개발협동조합의 이사회는 총 14명인데, 이용자 조합원 대표 10명, 노동자 조합원 대표 3명, 후원자 조합원 대표 1명으로 구성되어 있다. 이사회는 다중이해관계자 조합원 구조를 반영하고 있지만, 이용자 조합원 대표가 전체의 71.4%를 차지하고 있어 가입된 협동조합의 필요와 열망을 충족하기 위한 구조라고 볼 수 있다.

퀘벡주에서는 오래전부터 17개 행정구역별로 협동조합위원회가 운영되고 있었는데, 1984년에 지역개발협동조합이 처음으로 출현하였다. 주 정부는 협동조합의 설립과 성장을 통한 일자리 창출과 유지 정책의 하나로 지역개발협동조합의 운영을 위한 자금을 지원하였다. 1988년까지 10개의 행정구역에서 지역개발협동조합이 설립되었고, 이들의 연합회가 결성되었다. 1940년에 설립된 퀘벡협동조합과상호공제조합위원회는 부문별 협동조합연합회의 총연합회지만, 지역개발협동조합은 협동조합들의 지역협의회적 성격을 지니고 있다. 1990년대와 2000년대에 지역개발협동조합이 15개로 증가하였으나 2016년에 합병을 통하여 11개로 감소하였다. 그리고 조직 운영의 효율성 도모와 재정 어려움으로 인하여 2016년에는 11개 지역개발협동조합과 연합회가 하나의 조직으로 통합하였다. 퀘벡지역개발협동조합의 상임이사 마티유 비아노(Mathieu Vianeault)에 따르면, 연합회와 지역개발협동조합의 통합은 주 정부의 요구와 내부의 요구가 결합하여 추진했다고 한다. 또 그는 중간지원조직이 회원 협동조합 중심의 협동조합 조직 형태를 취할 때 실행속도가 느리고 주 정부와 회원 협동조합의 의견 갈등이 발생하는 단점이 있지만, 회원 협동조합의 필요를 충분히 반영할 수 있는 장점이 있다는 점을 강조하였다.

2) 퀘벡지역개발협동조합의 주요 사업과 자원조달 방식
퀘벡지역개발협동조합의 서비스는 크게 협동조합의 설립 및 협동조합으로의 전환을 위한 지원서비스와 기존 협동조합의 성장을 위한 지원서비스로 나누어진다. 협동조합 설립 및 협동조합으로의 전환을 위한 지원서비스는 사회경제적 필요와 법인격의 적합성 검토, 비즈니스 계획과 법인격 설립 절차 안내, 집합기업으로 조직화에 대한 기술적 지원, 자금 조달 탐색 지원서비스, 비즈니스 계획의 실행방안 수립 지원, 내부 경영 정책과 경영 절차의 이행 지원, 건전한 거버넌스 정책과 규칙 및 실행방안의 이행 지원, 그리고 예산의 수립방안 지원을 포함한다.

그리고 기존 협동조합의 성장을 위한 지원서비스는 성장 전략 수립 지원, 자금 조달 지원, 그리고 디지털 전환 지원의 서비스로 구성되어 있다. 성장 전략 수립 지원은 컨설팅 대상 협동조합의 현재 포지션과 추진력의 원천을 확인하고 전략적 프로파일을 결정하고 나서 실행계획을 수립하는 데 도움을 제공하거나 어려움에 부닥친 협동조합의 회생 계획 수립 지원, 합병 지원, 협동조합의 신규 프로젝트의 실현 가능성 분석 등을 포함한다. 자금 조달 지원은 자본화 계획 및 자본경영에 관한 컨설팅, 자금 조달의 원천 안내 및 자금획득을 위한 준비 지원, 주 정부의 협동조합 투자계획 지원 정책 안내 및 준비 지원을 포함한다. 주 정부의 협동조합 투자계획은 생산자협동조합 또는 노동자협동조합 등에서 조합원이나 직원이 연 소득 30%의 범위에서 협동조합에 출자하면 출자금액의 125%의 소득공제 혜택을 제공하는 것이다. 이는 협동조합 출자 촉진을 통한 자본증대와 이를 통한 투자 확대가 이루어지도록 하고 이러한 투자를 통하여 퀘벡주 내에서 일자리가 창출되고 유지되는 것을 목표로 한다(CCA, 2009). 마지막으로 디지털 전환 지원은 협동조합의 디지털 마케팅을 포함한 디지털 경영 전환을 목표로 하는 지원서비스를 의미한다.

퀘벡지역개발협동조합은 회원 협동조합과 지역 주민 등의 컨설팅 및 상담 신청을 받아 서비스를 제공하고 지역별 온라인 및 오프라인 교육프로그램을 운영한다. 이러한 서비스를 제공하기 위하여 2개 지역사무소 기능을 겸하고 있는 광역본부에서 8명이 일하고, 7개 지역사무소에 32명이 일하고 있다. 즉 직원 대부분은 현장 지원업무를 담당하고 있고, 광역본부의 상임이사를 비롯한 소수의 인력이 주 정부, 퀘벡협동조합과상호공제조합위원회, 그리고 쌍티에 등과 협력하는 일을 담당하고 있다. 직원들은 협동조합의 설립, 전환, 회생 등 상담 파트, 재무 및 관리 파트, 커뮤니케이션 파트, 디지털 전환 파트, 생산 및 서비스 관리 파트 등 전문영역으로 나뉜다. 그리고 퀘벡지역개발협동조합은 내부 직원이 보유하고 있지 않은 전문성을 외부 엔지니어, 회계, 변호사, 컨설턴트로 구성된 실행위원회를 운영하여 보강하고 있다. 또한, 필요할 때 엠쎄에 콩세이와 같은 사회적경제 기업을 전문적으로 컨설팅하는 조직과도 협력하여 일하고 있다.

퀘벡지역개발협동조합의 연간 총예산은 약 4백만 달러인데, 이 중 340만 달러(85%)는 주 정부의 지원금, 60만 달러(15%)는 회비와 서비스 이용료로 충당하고 있다. 2016년 통합 이전에는 정부의 간섭이 적지 않았으나 통합 이후에는 변화가 있었다. 퀘벡지역개발협동조합에 협동조합을 통한 일자리 창출 및 유지의 미션이 주어지고, 지역 내 성과를 바탕으로 평가하여 5년 동안의 지원 규모가 결정되는 방식으로 변경하였다.

3) 퀘벡지역개발협동조합의 주요 성과

퀘벡지역개발협동조합은 설립 이후 주 정부의 지원을 받아왔는데, 이러한 지원 속에서 성과 측정을 발전시켜왔다. 예를 들면 지역개발협동조합의 컨설팅으로 설립된 협동조합의 수와 기존 협동조합의 새로운 비즈니스 개발의 수 등을 측정하는 것이었다. 그리고 2016년에 하나의 조직으로 합병한 이후 퀘벡지역개발협동조합의 활동으로 창출된 일자리의 수와 유지된 일자리의 수를 측정하고 있다. 또 주 정부의 지원 이외에 퀘벡지역개발협동조합 자체의 회비나 서비스 수수료 등을 통하여 조달한 자금이 어느 정도 되는지 즉 재정자립도의 향상도 중요한 성과 지표의 하나로 설정되고 있다.

<표 3>은 2016년부터 2021년까지 퀘벡지역개발협동조합의 6년간의 성과를 나타낸 것이다. 퀘벡지역개발협동조합의 컨설팅과 교육 지원에 힘입어 총 275개의 협동조합이 설립되었고 총 2,178건의 비즈니스가 개발되었다. 이러한 활동으로 설립된 협동조합과 기존 협동조합의 성장을 통하여 새롭게 창출된 일자리의 수는 794개였다. 또 기존 협동조합이 경영상 어려움 등으로 상실의 위기에 처한 일자리가 퀘벡지역개발협동조합의 컨설팅과 지원을 받아 유지된 수가 4,580개나 되었다고 조사되고 있다(CDRQ, 2023). 주 정부의 요구로 인해 회원 협동조합의 만족도 조사를 시행하고 있는데, 퀘벡지역개발협동조합의 서비스 제공에 대하여 매우 만족한다고 응답하는 비중이 75% 내외에 달하고 협동조합의 설립과 발전에 퀘벡지역개발협동조합이 매우 이바지하고 있다는 응답이 전체 응답자 수의 92%로 나타났다.

3. 엠쎄에 콩세이의 주요 사업과 성과

1) 엠쎄에 콩세이의 미션, 사업, 조직 형태

	2016-17	2017-18	2018-19	2019-20	2020-21	2021-22	합계
설립 조합 수	39	44	39	68	53	32	275
비즈니스 개발 수	225	368	513	630	202	240	2,178
자체 예산 조달	358 천불	254 천불	360 천불	519 천불	431 천불	416 천불	-
창출된 일자리 수	94	89	144	110	227	130	794
유지된 일자리 수	492	722	810	725	1,031	800	4,580

〈표 3〉 퀘벡지역개발협동조합의 성과 개요 (출처: CDRQ, 2023)

1980년대 경기 침체로 인한 재정적자 때문에 정부 주도의 경제발전은 제한적이었고 지역의 높은 실업률로 인해 퀘벡주의 사회운동은 고용, 빈곤, 사회적 배제 등의 문제에 초점을 두고 활동했다(Neamtan, 2019). 또한, 지역의 노동운동은 노동자의 고용 유지를 중요한 사회·경제적 문제로 보았고, 이러한 관점에서 퀘벡주 노동운동의 한 축인 전국노동조합연맹은 지역사회의 노동 이슈를 지원하기 위해 엠쎄에 콩세이의 설립을 지원하였다.

엠쎄에 콩세이의 사업적 특성은 조직의 미션에 잘 나타나 있다. 세계적인 컨설팅 비즈니스 사업을 수행하는 비씨지(Boston Consulting Group)의 미션은 세상을 발전시킬 사람들이 잠재력을 발휘할 수 있도록 그들의 사업을 돕겠다는 것이고, 매켄지 앤 컴퍼니(McKinsey & Company)의 미션 역시 고객 기업의 뚜렷하고 지속적이며 실질적인 성과향상을 돕겠다는 것이다. 이들 기업의 미션은 누구를 돕겠다거나 누군가의 무엇을 돕겠다는 것을 명확히 기술하지 않지만, 우리는 그것이 컨설팅의 주문자인 주주와 경영자가 수익을 추구하는 것을 돕겠다는 것이라고 일반적으로 추론할 수 있다. 이들 기업처럼 경영 컨설팅을 수행하는 엠쎄에 콩세이의 미션은 고용(Emplois)의 유지(Maintien)와 창출(Création)이다. 그들은 컨설팅의 수혜자(고객)로 노동자를 명확히 하고, 그들의 일자리 유지와 창출을 돕겠다는 것을 밝힘으로써 다른 유수의 컨설팅 기업과 확실하게 차별화를 한다.

엠쎄에 콩세이는 고용주에 대한 노동자의 전략적 협상 지위를 개선하기 위해 매년 150여 개 노동조합에 경영정보에 관한 컨설팅을 한다. 이것은 기업 또는 산업에 대한 조정 및 재활성화 시나리오의 타당성 연구를 바탕으로 하며, 노동자가 일하고 있는 기업의 경영 상태와 그들의 일자리에 영향을 주는 산업의 기회와 위협에 대한 정보 제공이다. 또한, 엠쎄에 콩세이는 사회적경제 기업도 컨설팅한다. 그들은 기업의 다양한 이해관계자를 통합하는 솔루션 개발과 노동자 집합적 소유기업 창업에 전문성이 있다. 특히 투자자의 개인 기업을 노동자의 집합기업인 노동자협동조합으로 전환하는 창업과 같은 기업 소유권의 조정과 전략적 거버넌스 구축에 관한 컨설팅 서비스에 장점이 있다. 그리고 재무의 분석과 진단을 통해 노동자협동조합의 사업자금 조달과 사회적경제 기업의 업종별 그룹화 추진에도 역량을 발휘한다. 이러한 서비스는 궁극적으로 노동자의 경제적 가치 향상을 지원하기 위한 것이다.

엠쎄에 콩세이의 법적 형태는 비영리기업(OBNL: Organisme à But Non Lucratif)이다. 2022년 회계자료를 통해 볼 때 안정적으로 운영되는 아주 단순한 사업구조의 사회적경제 컨설팅 기업이다.[2]

---

[2] 2022년 재무제표에 따르면, 수익은 2,639,418$(CAD, 이하 캐나다 달러), 지출은 2,595,380$다. 수익의 형태는 99% 경영지원서비스의 컨설팅 수수료 및 회계위임 수수료이며, 지출에서 인건비가 차지하는 비중은 74%이며, 외부 인건비를 포함할 경우

그들의 조직 구조는 재무, 인사관리 및 성장 전략, 경제 환경 분석의 3개 팀으로 단순하며, 회계사와 경제학자 등 22명의 전문가로 구성되어 있다.

2) 엠쎄에 콩세이의 경영지원 서비스 수행방식

엠쎄에 콩세이의 경영지원 서비스는 시장 조사, 조직관리, 인적자원관리, 재무, 거버넌스의 5개 영역으로, 각각은 3개에서 7개의 실무적인 서비스로 구성되어 있다. 먼저 시장 조사는 기업 전략을 시장 환경에 맞게 조정하기 위한 것으로서 시장 정보, 가격 전략, 디지털 마케팅, 벤치마킹, 시장 다변화를 지원하는 서비스다. 조직관리는 생산 프로세스를 조정하기 위한 것으로서 생산공정 개선, 생산성 향상, 전략정보 관리, 공간의 재조정을 위한 지원서비스다. 인적자원관리는 팀 운영의 관행을 조정하고 인적 자원을 지원하기 위한 컨설팅으로서 급여제도, 업무 안내서, 내부 커뮤니케이션 전략, 직원의 숙소 및 지원계획, 직원교육계획, 채용 및 선발과 관련한 위원회, 신규채용에서 자문이 필요할 때 제공하는 서비스다. 재무는 기업의 재무자원을 조정하고 각종 재정지원 프로그램을 활용하기 위한 서비스로서 재무예측, 재정관리, 현금예산 추정, 새로운 재정 가능성 분석 및 기부자와의 관계 최적화, 보조금 프로그램 모니터링 등이 포함된다. 마지막으로 거버넌스는 거버넌스의 구조와 역할을 조정하기 위한 경영지원 서비스로서 이사회의 역할, 이사회 구성의 최적화, 참여

85%를 차지한다. 자산은 1,330,587$로서 현금과 채권이 92%를 차지하고 있다. 부채는 710,889$다. 부채는 선급으로 받는 컨설팅 수수료, 회계상 이연 계상되는 미지급급여와 미지급법인세 등이 94%로 순수한 차입 부채는 없다. 순자산은 619,696$로서 90%는 미처분이익잉여금으로 구성되어 있다.

경영 등에 관한 제안을 제공한다.

이러한 경영지원 서비스는 두 개의 특징이 있다. 첫째 그들의 서비스는 특정 컨설턴트에 의한 단독 제공이 아니라 여러 컨설턴트가 자신의 전문적 영역을 바탕으로 서비스 수혜기업의 상황에 따라 팀으로 제공된다. 예를 들어 조직관리 영역의 컨설팅에서는 회계사 2명, 인사 및 조직관리 2명, 생산공정관리 1명, 인적자원관리 1명이 공동으로 참여한다. 업무의 특성상 시장 조사에는 총 5명의 참여자 중 4명이 경제학자로 구성되어 있고, 재무는 5명의 회계사와 1명의 인사관리 컨설턴트로 구성되어 있다. 이처럼 그들은 경영지원 서비스를 5개의 영역으로 상품화하고, 컨설턴트 간의 시너지를 높이기 위해 팀으로 수행함으로써, 경영지원 서비스의 품질을 높이고 있다. 이러한 팀을 통한 서비스 제공 방식이 노동자의 일자리 유지와 창출의 가능성을 높이는 핵심이다.

둘째 엠쎄에 콩세이의 경영지원 서비스는 퀘벡주의 다양한 사회적경제 중간지원조직과 연대를 기반으로 하고 있다. 그들은 주로 데자르뎅(Desjardins), 퀘벡지역개발협동조합, 퀘벡협동조합과상호공제조합위원회 등과 연대하여 서비스를 수행한다. 이러한 방식은 사회적경제 조직이 주 정부 정책과 연계하는 데 있어 중요한 역할을 하며, 필요한 자금 조달할 때도 유리하게 작용한다. 연대는 그들이 수행하는 서비스의 품질을 향상하고, 노동자 일자리 유지와 창출이라는 목적을 달성하기 위한 또 다른 핵심 요인이다.

협력과 연대라는 그들의 컨설팅 수행방식은 캐피털미디어그룹의 파산 사례에서 잘 보인다. 엠쎄에 콩세이와 퀘벡주의 중간지원조직들은 파산한 캐피털미디어그룹 노동자의 고용을 유지하기 위해

CN2i[3] 협동조합을 설립하는 과정을 함께 수행하였다. 이때 여러 중간지원조직의 경영지원 서비스는 크게 2부분으로 진행되었다. <그림 1>의 윗부분은 새로 출범하는 협동조합의 조합원이 될 노동자들에 대한 협동조합 교육, 노동자의 경영 참여 계획, 그리고 비즈니스 전략을 설명하고, 아랫부분에 있는 자금 조달, 소유권 이전, 유동성 예측에 관해 도식화한 것이다.

먼저 <그림 1>의 윗부분을 보면, 그들은 교육 및 사업계획의 2가지 서비스를 3단계로 수행하였다. 미래 조합원이 될 6개의 지역 신문사 임직원에 대한 총 3차에 걸친 교육도 진행하였다. 1차 교육은 6개 지역 신문사 노동자와 임직원을 그룹으로 구성하였다. 2차에는 협동조합 조직관리에 필요한 6개 영역[4]과 협동조합 사업 경영에 필요한 비즈니스 전략과 마케팅 교육을 중점적으로 진행하였다. 그리고 협동조합의 설립 여부에 관한 교육도 진행하였다. 이를 바탕으로 3차 교육에서는 7개의 예비 협동조합의 정관을 작성하였고, 최종적으로 노동자 조합원이 설립을 위해 출자를 진행하는 실무적인 교육이 이루어졌다. 이러한 2, 3차의 교육은 지역별로 퀘벡지역개발협동조합이 중심이 되어 진행하였다. 또한, 각각의 시기에 엠쎄에 콩세이는 사업 분석(시장, 조직, 재무분석)을 하고, 사업계획서를 작성하고, 3차 시기에는 이러한 계획서를 제출하여 노동자가 설립을 최종

---

[3] 퀘벡의 주요 지방을 대표하는 6개의 일간지로 퀘벡시의 [르 솔레이 Le Soleil], 쉐브룩 지방의 [라 트리뷴 La Tribune], 그렌비 지방의 [라 보와드레스트 La Voix de' Est], 트와리비에르 지방의 [르 누벨리스트 Le Nouvelliste], 사궤나이/락생장의 [르 프로그레 Le Progres], 오타와/가티노의 [드 드와 Le Droit]가 있다. 이들은 각각 협동조합이며, [전국 독립뉴스협동조합 Coopérative nationale de l'information indépendante(CN2i)]으로 판매와 정보 및 기술 서비스를 공유한다.
[4] 협동조합법, 협동조합의 기능 및 조합원의 권리와 의무, 협동조합에서 민주주의, 경영위원회의 역할, 협동조합 자본, 조합원 간 커뮤니케이션이다.

판단할 수 있도록 지원하였다. 그리고 행동기금(Fondacion)[5]은 파산한 캐피털미디어그룹으로부터 지분을 매입하였다.

컨설팅의 또 다른 한 축인 <그림 1>의 아랫부분은 자금 조달을 위한 과정으로 2단계로 진행되었다. 먼저 퀘벡협동조합과상호공제조합위원회와 쌍티에가 협력하여 자금 조달 계획을 수립하였다. 그 계획에 따라 데자르뎅(Desjardins), 행동기금(Fondaction), 퀘벡투자공사(Quebec Investment), 쌍티에 신탁기금(Fiducie), 그리고 6개의 마을발전센터(CLD: Centres Locaux de développement)가 2차례 미팅을 통해 자금 조달에서 각자의 역할을 정하였다. 또한, 이 과정에서 엠쎄에 콩세이는 새로운 협동조합에 참여할 노동자들의 연금 및 급여 분석을 통해 자금을 조달할 때 노동자들이 얼마나 부담할 수 있는지를 확인하였다.[6] 그리고 2차로 구독자, 광고주, 통신사, 지역의 노동조합 등을 조합원으로 모집하여 조합원을 확대하고 자금을 확충하였다. 이러한 조합원의 출자를 통해 최종적으로 노동자를 포함한 조합원이 행동기금으로부터 지분을 매입하여 설립을 마무리하였다. 특히 재정 부분은 자본조달 측면을 넘어 비수기 판매예측 및 현금 유동성 예측을 통해 CN2i가 초기에 안정적으로 사업을 운영할 수 있도록 하는 계획도 수립하였다.

캐피털미디어그룹은 2019년 8월에 파산하였고, 노동자 조합원이

---

5 1996년 CSN의 기금으로 만들어졌다. 2018년 20억 달러 규모다. 노동연대기금보다는 사회적경제와 중소기업의 일자리 창출과 유지에 관심을 둔다. 총 투자액의 30%는 사회적경제에 집중되고, 70%는 증권, 채권, 조건 갖춘 일반 기업에도 투자된다. 노동자에 유리한 지역사회발전, 환경문제 개선에 이바지하고 있다. 5~7년의 상환 기간을 두는 인내자본이다. 행동기금이 금융적 성과를 우선시하는 투자기금이 아니지만, 수익 수준은 노동연대기금과 같은 수준이다(이주희, 2019).
6 노동자들은 급여의 5%를 출자함으로써 협동조합에 참여하였다.

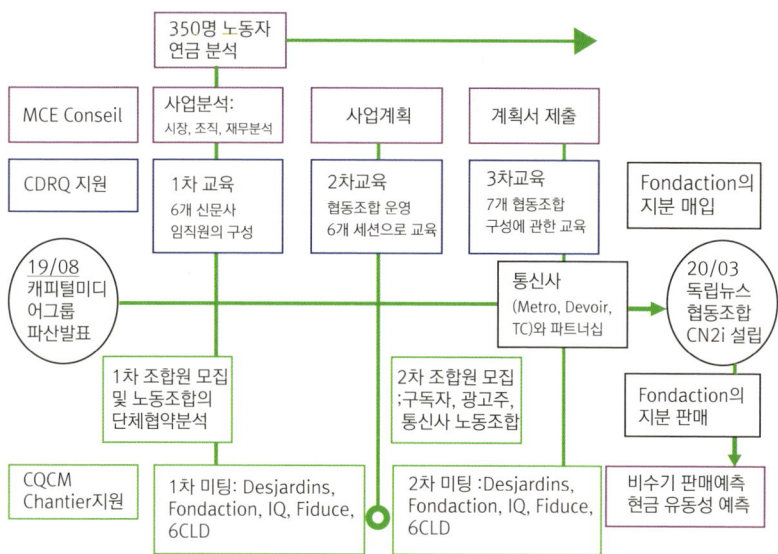

⟨그림 1⟩ 퀘벡주 사회적경제 중간지원조직의 협력과 연대 사례
(출처: Presentation MCM Conseil Delegation Coree, 2023
tnwjdqhdhks, 2023 수정 보완)

중심인 독립뉴스 협동조합 CN2i가 다음 해 3월 설립되었다. 그렇게 퀘벡주의 지역신문 사업은 지속할 수 있었다. 350명의 노동자는 실직하지 않고 자신들이 설립한 안정적인 직장을 통해 일자리를 유지하였다. 사회적경제 생태계에 속한 다양한 중간지원조직은 이 과정에서 협력과 연대의 시너지를 보여주었다. 특히 파산한 기업의 직원을 협동조합의 노동자 조합원으로 전환하는 집합기업의 창업 과정에서, 엠쎄에 콩세이는 지역의 다양한 중간지원조직과 함께 사업계획[7]을 세우고, 노동자 조합원을 교육하고, 새로 설립할 협동조합의

---

7 연합 신문사와 사업을 협의하고, 노동조합과 단체협약을 체결하고, 광고주-구독자를 회원으로 가입하는 절차 등이 그 과정에서 같이 진행되었다.

자본을 조달하는 과정에서 핵심적 역할을 하였다.

3) 엠쎄에 콩세이의 주요 성과

은두어(Bernard Ndour)가 "우리는 어떤 지원금도 없이 우리의 비즈니스를 수행하고 있어요."라고 말했을 때, 우리는 1987년 설립 이후 2022년까지 엠쎄에 콩세이의 경제적 성과를 피상적으로 이해하고, 분명 정부 보조금이 중요한 컨설팅 자원일 거로 생각했었다. 그가 그렇지 않다고 했을 때, 매우 낯설었고 그것이 어떻게 가능했는지 궁금했다. 엠쎄에 콩세이는 22명의 컨설턴트가 보조금 없이 연간수입 2,667,770$를 창출하고 연 15%의 성장률을 달성하고 있다. 그들의 성과를 이해하기 위해서 이러한 재정적 성과를 분석하는 것이 중요하겠지만, 우리는 노동조합, 협동조합, 사회적경제 조직에 제공하는 경영지원 서비스를 평가함으로써 그들의 성과를 가늠하고자 한다.

첫째, 엠쎄에 콩세이는 그들의 설립 근간이었던 노동조합에 대한 자문을 매년 150건 이상 지속해서 수행한다. 그들은 이러한 서비스 제공을 통해 노동자가 그들이 근무하는 기업에 몰입할 수 있도록 하고, 궁극적으로 자신들의 일자리를 유지하도록 지원한다. 노동자는 기업의 중요한 이해관계자이며 기업의 운영에 있어 중요한 파트너다. 노동자가 자신이 근무하는 기업을 이해하고 헌신하면 기업의 생산성이 향상된다는 것은 보통의 일반적인 생각이다. 따라서 기업에 헌신하는 노동자는 기업의 지속가능성을 판단하는 중요한 기준일 수 있다. 그런 면에서 노동조합 자문을 통한 노동자의 기업 헌신은 중요한 성과라 할 수 있다.

둘째, 엠쎄에 콩세이가 퀘벡주의 사회적경제 섹터에서 경영지원서비스를 수행하는 조직으로 자리매김하고 있다는 것은 생태계 측면에서 중요하다. 사회적경제 조직은 사회적 미션의 수행으로 일반적인 기업과 경영 평가방식이 다를 수 있고, 회계에도 특수성이 있다. 이러한 독특함을 이해하고 지원할 수 있는 경영지원조직은 사회적경제 조직의 설립과 성장에 필수불가결하다. 퀘벡주에 있는 사회적경제 조직의 50%, 문화 부분의 25%, 도시 및 농업 환경 관련 기관의 25%가 엠쎄에 콩세이에 회계를 위임하면서 지원을 받고 있다[8]. 우리가 방문했던 마이크로 브루어리 바베리(La Barberie)는 엠쎄에 콩세이 컨설팅을 받은 경험을 말해주었다. 노동자 조합원과 경영진 사이의 갈등으로 노동자협동조합 정체성을 위협받고 있을 때, 엠쎄에 콩세이는 '노동자에게 공정하게 임금을 지급하는 것과 경영 안정을 위해 경영자를 감독하는 것'이 바베리가 노동자협동조합의 가치를 유지하면서 경제적으로 성장하는 핵심 요인이라고 제안하였다. 이러한 자문을 통해 바베리 노동자들은 생산적인 노동자협동조합으로 조직을 혁신하였고 지속해서 성장할 수 있었다. 이렇게 퀘벡주 사회적경제 생태계는 엠쎄에 콩세이 같은 중간지원조직의 도움으로 건강하게 유지하거나 발전하고 있었다. 이것이 두 번째 중요한 성과라 할 수 있다.

셋째, 엠쎄에 콩세이는 지난 5년 동안 특정 산업을 위한 대규모 연구를 포함해서 기업과 산업에 관한 600개 이상의 연구 및 분석을 수행하고 있다. 또한, 그들은 퀘벡주의 민·관 사회적경제 중간지원조

---

8 2015~2022년 사회적경제 기업에 관해 문화 94건, 돌봄 및 가족 78건, 지역개발 36건, 환경 20건 등 총 434건의 경영지원서비스를 수행하고 있다.

직과 연대해서 전략 분석, 사업계획의 수립 등을 통해 30개 이상 신규의 협동조합 창업을 지원하고, 약 1,300명의 일자리를 창출하는 데 크게 이바지하였다. 60여 개의 개인 소유 기업을 노동자협동조합으로 전환[9]하는 창업도 지원하고 있다. 창업 과정에서 엠쎄에 콩세이는 이러한 기업들을 위해 시장분석과 조직화를 지원하고, 그들이 자본을 조달할 때 여러 민·관 기금과 정부 지원금 등을 기업 또는 노동자가 활용하도록 도움으로써 사회적경제 조직의 창업에 중요한 역할을 하고 있다. 이것 역시 그들의 중요한 성과라 할 수 있다.

4. 시사점

캐나다 퀘벡주의 협동조합 섹터는 지역 차원(11개 지역)과 상품과 서비스 차원(농업, 금융, 노동자, 주택 등 15개 부문 연합회)으로 구조화되어 있다(김복태 등, 2015). 또 사회적경제 섹터는 돌봄, 주거, 환경 등의 사회서비스와 노동을 통한 사회적 참여에 있어서 훌륭한 주 정부의 파트너라 할 수 있다(Neamtan, 2019). 이러한 환경에서 지역 기반의 퀘벡지역개발협동조합과 노동운동 기반의 엠쎄에 콩세이가 어떻게 협력하는지, 그리고 협력을 통해 협동조합의 창업 및 성장/발전에 어떻게 이바지하고 있는지는 한국의 중간지원조직에서 참고할 만한 주제일 수 있다.

퀘벡지역개발협동조합 사례로부터의 시사점은 크게 두 가지로 나누어 볼 수 있다. 첫째, 퀘벡지역개발협동조합은 민관협력 방식으로

---

[9] 기업창업자의 은퇴에 따른 사업 매각, 사업 실패로 인한 폐업 등의 상황이 되면, 노동자는 자신들의 일자리를 잃을 수 있다. 이때, 일자리를 유지하기 위한 대안으로서 노동자협동조합을 설립하는 것은 자신들의 일자리를 지속하는 유의미한 방법이다.

인사 및 조직관리 담당인 은두어(Bernard Ndour)가 퀘벡주 사회적경제 중간지원조직의 협력 사례에서 엠쎄에 콩세이 역할을 설명하고 있다

운영되는 중간지원조직의 바람직한 모습을 보여주고 있다. 협동조합은 조직 구조상 무임승차자 문제와 같은 약점으로 인하여 공유된 부의 창출과 같은 공동의 가치가 있음에도 새로운 협동조합의 설립 지원에 필요한 자원을 협동조합 섹터 내에서 마련하기 쉽지 않기 때문에 정부의 예산 지원이 필요하다. 정부가 민간에게 보조금을 지급할 때에는 자금의 사용처와 방식을 규제하고, 증빙이 필요하며, 높은 행정처리 비용을 수반하는 것이 일반적이고, 심지어 인건비의 수준도 제한하고 있다. 그런데 퀘벡주 정부는 퀘벡지역개발협동조합 총 예산의 85%에 달하는 자금을 지원하면서도 그런 제한을 두고 있지 않다. 일자리의 창출과 유지, 자체 자금 조달 수준 등과 같은 성과 지표의 제시와 사후 평가를 통하여 향후 5년 동안의 지원 규모를 결정

하는 사실상 사업결과 기반 보상(payment by result)정책[10] 접근 방법을 채택하여 퀘벡지역개발협동조합 운영 및 예산 집행의 자율성을 보장하고 있다.

물론 퀘벡지역개발협동조합도 성과 지표의 설정 및 성과 측정의 불완전성 문제가 논란이 되어 왔고 주 정부와의 갈등 및 신뢰 문제가 여전히 존재하고 있다. 그러나 퀘벡지역개발협동조합은 회원 협동조합들이 출자하고 연회비를 내며 노동자 조합원들과 후원자 조합원들이 참여하는 명실상부한 다중이해관계자협동조합으로서 투명하게 운영되고 있다는 점에서 퀘벡지역개발협동조합에 대한 퀘벡주 정부의 기본적인 조직적 신뢰가 자리하고 있다. 이러한 점에서 우리나라 정부도 사회적경제 중간지원조직의 공익성을 인정하여 지원하되, 행위 규제방식보다는 명확하고 폭넓은 성과 기반의 통제와 당사자의 자부담과 매칭하는 정부의 예산 지원을 통해 중간지원조직의 잠재적 도덕적 해이 문제에 대처할 필요가 있다. 그리고 우리나라의 중간지원조직도 정부나 지방자치단체로부터의 신뢰를 향상하기 위하여 서비스 수혜자 조직의 참여를 높이고 조직 운영의 투명성을 높일 수 있는 명실상부한 협동조합으로 정립될 필요가 있다.

둘째, 퀘벡지역개발협동조합은 환경의 변화와 현장의 필요를 반영하여 서비스를 보다 전문적이고 효율적으로 수행하는 조직 구조로 혁신해왔다는 점을 보여준다. 지역사회의 필요 때문에 자발적으로 설립된 퀘벡지역개발협동조합에 대하여 주 정부가 그 공익적 가치를 인정하여 예산을 지원했으나, 지난 30여 년 동안 여러 지역으

---

10 정부가 민간조직에 공익사업을 위탁할 때 사후적 성과 측정에 기반을 두어 성과에 따라 지원금의 차등을 두어 지원하는 정책으로 1990년대 이후 영미권에서 많이 사용하고 있다(National Audit Office, 2015).

로 분산된 조직 운영으로 인하여 디지털 전환이나 새로운 비즈니스 개발 등과 같은 전문적인 컨설팅 요구에 대응하지 못하자 연합회와 11개의 지역개발협동조합을 통합하여 조직 운영의 효율성과 전문성을 높이는 방향으로 변화하고 있다. 우리나라에서도 기초자치단체, 광역자치단체, 중앙정부 차원에서의 중간지원조직의 기능 중복문제와 전문성 부족에 대한 깊이 있는 검토가 필요한 것으로 보인다. 예를 들어 경기도에서만 기초자치단체, 경기도 사회적경제원, 여러 중간지원기관 등에 종사하는 인원이 100명 이상임에도 유사한 업무를 중복하여 수행하는 측면이 적지 않다. 갈수록 높아지고 있는 협동조합 및 사회적경제 기업에 대한 지원서비스의 고도화 및 전문화의 요구를 충족하는 방향으로 여러 중간지원조직의 재구조화를 검토할 필요가 있다. 아울러 정부와 지방자치단체는 중간지원조직의 인력이 전문성을 높이고 역량을 조직 내부에 축적할 수 있도록 퀘벡처럼 3~5년 단위의 지원방식을 고려할 필요가 있다.

그리고 엠쎄에 콩세이의 사례로부터의 시사점도 두 가지로 나누어 볼 수 있다. 첫째, 엠쎄에 콩세이는 독립적 민간기관으로 운영되는 중간지원조직의 괜찮은 사례를 보여주고 있다. 지난 35년간 매년 일정한 성과를 스스로 창출하면서 정부 지원금 없이 운영되고 있다는 것은 국내 사회적경제 섹터에 상당한 시사점을 준다. 국내 사회적경제 경영지원 서비스 영역은 일부 회계사, 변호사 등 전문직 종사자들이 결합하는 사례가 있지만, 대부분 프리랜서 위주로 영세하게 실행되고 있다. 경제적 기업으로써 사업에 대한 전문적인 대안과 집합기업으로써 거버넌스 발전에 대한 방안을 함께 제시하는 것은 높은 역량이 요구되는 컨설팅임을 고려할 때, 그리고 이러한 경영지원을 하는 중간지원조직이 사회적경제 섹터의 발전에 필수불가결함을 고려할 때, 사회적경제 섹터가 이러한 민간기관의 발전을 중요한 핵심 과제로 설정하는 것은 당연한 일이다. 특히, 경영지원 중간지원기관의 경제적 측면의 자생적 발전은 이러한 조직이 수익을 창출할 정도의 시장이 있어야 가능함을 고려해서 노동운동, 시민운동 등과 함께 고민할 필요가 있다. 퀘벡주 사례처럼 이것은 여러 섹터가 함께할 때 가능할 수 있다.

또한, 1980년대 높은 실업 상태에 처한 퀘벡주에서 노동운동은 대규모 기금을 조성하여 중소기업, 노동자협동조합 등에 투자함으로써 스스로 노동자의 일자리를 만드는 것을 결정하였다(강민수, 2013). 이에 따라 노동조합이 조성한 투자기금이 사회적경제 기업의 중요한 자금 조달 원천이 되었음은 국내에 널리 알려져 있다. 그렇지만 투자기금의 배분과 관련해서 데자르뎅, 행동기금 등 사회적 금융기관을 활용한다는 정도가 알려졌을 뿐, 구체적인 운영 방식은 많이 알려지지 않았었다. 이번 방문을 통해 확인한 결과 퀘벡주의 노동운동은 엠쎄이 콩세이 같은 일자리 유지와 창출을 목적으로 하는 중간지원조직을 통해서 기금의 배분을 더 효율적이고 안정적으로 하고 있었다. 그들은 단순히 기금을 제공하는 것만이 아니라 기금을 할당하고 운영하기 위해 전문가로 구성된 중간지원조직을 설립함으로써 더 깊이 사회적경제에 참여하고 있었다. 국내의 노동운동 섹터가 실업을 극복하고 일용직, 프리랜서, 특수고용노동자의 노동을 좀 더 좋은 일자리로 만들기 위해 노동자협동조합 기업방식을 고민한다면, 이러한 퀘벡주 방식을 고려해 볼 수 있을 것이다.

둘째, 아들러(Juarez Adeler, 2013)에 따르면, 퀘벡주 정부의 협동조합 발전정책은 협동조합 섹터에 알맞은 자본화 및 금융수단을 개발 또는 개선하여, 협동조합 기업에 대한 경영지원 서비스의 수준을 향상하는 것을 목표로 하고 있다. 이러한 정책의 효과를 높이기 위해서는 주 정부, 협동조합 섹터, 노동운동 섹터의 협력과 연대가 무엇보다 중요하다. 엠쎄에 콩세이의 사례는 지역 기반의 집합기업이 사업을 위해 자본조달과 경영지원 서비스를 필요할 때, 지역의 다양한 중간지원조직들이 어떻게 협력하고 연대하는지를 잘 보여준다. CN2i 협동조합의 설립 사례는 민간 영역인 통신사, 신문구독자, 노동자 등과, 주 정부의 기금을 운영하는 금융기관, 정부 기반의 중간지원조직, 그리고 연합회 기반의 중간지원조직이 각각의 역할을 바탕으로 협력과 연대 한다면, 대형 언론 협동조합을 창업할 정도의 시너지가 나타날 수 있다는 것을 보여준다. 이러한 퀘벡주의 방식은 정부와 민간의 협력과 연대가 사회적경제 발전에 중요한 요인임을 잘 보여주는 사례라 할 수 있다.

우리나라의 사회적경제는 생협, 농협, 신협 등의 설립 및 성장 발전의 시기를 넘어, 돌봄, 노동통합 등을 수행하는 협동조합 등을 통해 다양한 비즈니스 영역으로 확장하는 시기를 지나고 있다. 그렇지만 아직은 기존의 전통적인 협동조합 조직을 넘어서는 획기적인 성과를 보여주지는 못하고 있다. 이러한 환경에서 사회적경제를 대표하는 협동조합의 창업과 성장은 중요한 정책 주제이다. 특히 자본조달 시스템과 경영지원 서비스가 이러한 정책의 효과를 높이기 위한 핵심적인 부문임을 캐나다 퀘벡에서 확인할 수 있었다.

노협의 협력과 연대를 실천하는 노협연합회,

프랑스의 쎄쥐에스코프(CGSCOP)

최승호

1. 프랑스의 노동자협동조합과 노동자 중심 혁신협동조합들

프랑스는 노동자협동조합의 발생지로서 1834년 최초의 노동자협동조합이 설립된 후 그 규모가 지속적으로 성장하였다. 2023년 기준, 노동자협동조합에 뿌리를 두고 있는 1,400개의 공익협동조합(SCIC)과 노동자협동조합 또는 공익협동조합의 형태를 취하는 161개의 사업고용협동조합(CAE)을 포함하여 넓은 의미의 노동자협동조합 총 4,495개에서 84,294명을 고용하고 있다.[1]

프랑스는 1978년 노동자협동조합을 위한 법을 만들었다. 노동자협동조합(SCOP : Société Coopérative et Participative)은 노동자들이 주요 주주이며 민주적으로 운영되는 SA(주식회사), SARL(유한책임회사) 또는 SAS(유한회사) 형태의 협동조합이다. 노동자협동조합(SCOP)은 19세기 산업화의 부정적 영향으로 인해 노동자들이 스스로의 권리를 보호하고 더 나은 작업 환경을 구축하기 위해 설립되었다. 노동자협동조합 법에는 자본의 51%와 의결권의 65%를 노동자

---

[1] rapport-activite-2023_cgscop

유리 제조업체인 Duralex는 2024년에 Scop에 인수되었다.
(출처 usinenouvelle.com)

가 소유해야 한다. 이는 노동자의 권리와 참여를 중요시하는 프랑스 사회의 가치가 반영되어 있다. 또 이윤의 최소 16%는 비분할자본금으로 적립해야 하고, 노동자는 최소 25%, 조합원은 최대 33%를 가져가는 등 공정한 이익 분배 시스템을 갖추고 있다.[2]

　노동자협동조합(SCOP)의 출현은 크게 세 가지 유형으로 나뉜다. 먼저 노동자들이 주체가 되어 생산협동조합을 설립하여 자주적으로 운영하는 신설형(Ex-nihilo), 다음으로 소규모 기업을 근로자들이 인수하여 자주적으로 관리해 나가는 전환형(Transformation), 마지막으로 부도가 났거나 파산 상태에 처한 기업을 근로자들이 되살려 운영하는 회생형(Reanimation)이다.

2　https://www.les-scop.coop/

2001년 협동조합일반법 내에 추가된 공익협동조합(SCIC : Société Coopérative d'Intérêt Collectif)도 SA(주식회사), SARL(유한책임회사) 또는 SAS(유한회사) 형태의 협동조합이다. 공익협동조합(SCIC)은 노동자, 서비스 이용자, 자원봉사자, 정부 등 다양한 이해당사자가 참여하여 사회적 유용성(Utilite sociale)을 가지는 공익적인 재화 또는 서비스를 생산하거나 제공함으로써 지역사회의 공동이익을 실현한다. 프랑스 법에 따라 공익협동조합의 자본 57.5% 이상을 조합 내에 재투자해야 하고, 배당은 제한적으로 이루어져야 한다. 또 이윤을 배분하지 않고 비영리 조직으로 운영될 수 있다. 적립된 금액은 법인세의 공제 대상이다.

사업고용협동조합(CAE : Coopérative d'Activités et d'Emploi)은 자영업자와 프리랜서들이 고용의 안정성과 법적 보호를 유지하면서 독립적으로 사업을 운영할 수 있는 새로운 협동조합 모델을 제도화한 것으로 2014년 법적 근거가 마련되었다. 사업고용협동조합(CAE)으로 인증을 받은 협동조합의 법인격은 노동자협동조합(SCOP) 또는 공익협동조합(SCIC)형태를 취할 수 있다. 사업고용협동조합의 운영 방식을 설명하자면 서비스를 이용하는 사업자 직원을 무기계약직으로 고용하고, 이들은 조합으로부터 영업, 마케팅, 회계, 커뮤니케이션 등 교육과 법적 지원 등을 받음으로써 행정 및 회계 관리 업무에서 벗어나 사업 개발에 집중할 수 있게 된다. 이렇게 사업고용협동조합은 사업계획 보유자에게 사업자 직원의 지위를 제공함으로써 급여를 받을 수 있도록 하고, 일반적으로 고용인에게 주어지는 사회보장 혜택을 누릴 수 있도록 함으로써, 예비 창업자의 불안정한 지위를 해소한다(장종익, 2024).

구분	노동자협동조합 (SCOP)	공익협동조합 (SCIC)	사업고용 협동조합 (CAE)
법적 근거	1978년 7월 19일 법률 제78-763호	2001년 7월 17일 법률 제2001-624호	2014년 7월 31일 법률 제2014-856호
목적	노동자들이 소유하고 경영하는 민주적 조직을 통해 경제적 자립과 고용 안정성을 도모	다양한 이해관계자(노동자, 소비자, 공공기관)이 함께 공익적 목표를 실현	자영업자 및 프리랜서가 법적, 사회적 보호를 받으면서 독립적인 사업 운영
법인 형태	SA(주식회사), SARL(유한책임회사) 또는 SAS(유한회사)	SA(주식회사), SARL(유한책임회사) 또는 SAS(유한회사)	SCOP (노동자협동조합) 또는 SCIC (공익협동조합)
자격 기준	노동자들이 주된 소유자이자 조합원	노동자, 소비자, 지역사회, 공공기관 등 다양한 이해관계자 참여 가능	창업자, 자영업자, 프리랜서 등 독립적인 사업 활동을 하는 개인
소유 구조	노동자조합원이 자본의 51% 이상, 의결권 65% 이상 보유	다중이해관계자 소유, 지방정부의 최대 50% 출자 가능	협동조합의 틀 내에서 개인사업자와 노동자의 공존
이익 분배	비분할 적립금 최소 16%, 직원 배당 최소 25%, 조합원 최대 33% 배당 가능	57.5%~100%까지 공익협동조합에 재투자	사업자의 수익은 각자의 성과에 따라 결정되며 일부 이익으로 운영 비용 충당

〈표 1〉 노동자협동조합과 노동자 중심 혁신적 협동조합들의 특징

2. 노동자협동조합총연합회(CGSCOP)의 개요

쎄쥐에스코프(CGSCOP)는 노동자협동조합(SCOP)뿐만 아니라 공익협동조합(SCIC)과 사업고용협동조합(CAE)을 대표하는 중앙 조직으로서 다양한 형태의 협동조합의 설립, 운영, 발전을 지원하고 협동조합 운동의 확산을 촉진하는 역할을 한다. 조직 구성은 크게 중앙 조직과 지역 연합회 그리고 업종별 연합회로 나뉜다. 2023년 기준 중앙 조직에는 총회, 이사회, 사무국으로 3개 부서 7개 팀에서 30명이 근무하고 있으며, 프랑스 내 협동조합 운동의 발전을 위한 정책 수립과 대외 활동을 담당한다. 지역 차원에서는 9개의 지역 연합회에서 182명이 근무하고 있으며, 지역 특성에 맞는 다양한 활동과 회원 협동조합의 경영을 직접적으로 지원하고 중앙 조직과 원활하게 소통할 수 있도록 돕는다. 업종별 연합회는 건설, 커뮤니케이션, 제조, 사업고용협동조합 등 4개로 구성되어 산업 특성에 맞는 전문적인 지원을 제공한다.

업종별로 협동조합 수, 고용, 매출을 살펴보면 서비스·건설·제조의 세 부문은 협동조합의 분포와 매출 측면에서 높지만, 교육·보건·사회복지 부문이 고용 측면에서 제조 부문보다 큰 편이다(<표 2> 참조). 문화·공연·스포츠 부문과 숙박·요식업·관광 부문은 각각 22%와 28%의 매출 증가율을 기록하며 성장세가 빠르다. 에너지·환경 부문 또한 매출이 큰 폭으로 증가하였다. 반면, 농업 부문은 협동조합 수와 고용 측면에서 안정적으로 유지되고 있지만, 매출은 크게 줄었다.

쎄쥐에스코프는 법인의 형태 또는 업종으로 구분되어 협력하는

구분	협동조합 비중(%)	고용(%)	매출(%)
서비스	40	36	26
건설	12	17	24
제조	11	12	20
상업	10	6	11
교육, 보건, 사회복지	10	15	7
문화, 공연, 스포츠	6	3	2
숙박, 요식업, 관광	5	2	1
에너지, 환경	3	4	5
운송	2	5	3
농업	2	1	1

〈표 2〉 업종별 협동조합 수, 고용, 매출(%) (출처: CGSCOP,2023)

구조가 아니라 조직의 목적과 원리, 추구하는 가치에 따라 유연하게 협력하는 특성을 보인다. 쎄쥐에스코프의 지원 구조는 중앙 조직, 지역 연합회, 업종별 연합회의 다층적인 네트워크와 협력 구조를 통해 회원 협동조합의 필요와 특성에 맞춘 지원과 대외 활동으로 나눌 수 있다. 대외 활동은 주로 정부를 대상으로 한 로비 활동을 적극적으로 수행하는 것으로서 이를 통해 협동조합의 이익을 대변하고 협동조합 운동에 유리한 정책 환경을 조성하는 데 기여한다.

또 협동조합 신규 설립, 운영이 어려운 기업의 기업회생, 노동자 인수를 통한 노동자협동조합으로의 전환 지원 등 창업부터 운영까지 종합적인 지원을 통해 협동조합 모델의 장점과 가치를 확산하고 있다. 회원 협동조합 지원 측면에서는 전문적인 법률 및 회계 자문을 통해 회원 협동조합들이 직면하는 복잡한 법적, 재정적 문제를 해결하는 데 도움을 준다. 경영 컨설팅도 하고 있는데 협동조합들의 운영 효율성을 높이고 지속 가능한 성장을 돕는다. 이러한 지원은 협동조합의 생존율(79%)을 높이는 데 크게 기여하고 있다. 특히 주목할 만한 점은 회원 협동조합을 대상으로 대출, 보증, 투자 등의 금융 서비스 지원을 통해 필요한 자본을 확보하고 재정적 어려움을 극복할 수 있도록 돕는 점이다. 마지막으로 쎄쥐에스코프는 정부의 협동조합 실사 역할을 담당해 협동조합의 건전한 운영을 감독하고 협동조합 운동의 투명성과 신뢰성을 높이는 역할도 하고 있다.

쎄쥐에스코프의 주요 재원은 회원 협동조합의 자율적인 회비 납부, 정부 및 외부 기관 프로젝트 자금 등으로 충당된다. 회원 협동조합은 4,495개이며, 이들은 연간 매출의 0.1% 또는 수익의 0.32%를 회비로 납부한다. 또 정부로부터 협동조합 관련 통계자료 작성 업무를 위탁받아 수행하면서 프로젝트 자금을 받기도 하고 유럽연합 프로젝트 등 다양한 프로젝트에 참여하여 자금을 확보한다. 납부된 회비 중 1/3은 중앙 조직에서 협동조합 운동 확산과 발전을 위한 연구 등에 사용하고 또 다른 1/3은 지역 연합회에서 협동조합 신규 설립, 전환, 회생 등 협동조합 확산을 위한 활동과 운영자금으로 쓴다. 나머지 1/3은 회원 협동조합의 운영자금 및 자금 순환 문제 해결을 위해 운영자금 대출, 단기 대출, 임시 자금 지원의 역할을 하는 자체 금융기구인 소코덴(SOCODEN)의 운용자금으로 활용한다.

3. 쎄쥐에스코프의 미션과 역할

1) 쎄쥐에스코프의 발전과정과 미션

쎄쥐에스코프는 프랑스의 노동자협동조합을 대표하는 중요한 조직으로 140년의 역사를 자랑한다. 1878년 공식적으로 노동자협동조합 결성이 허용된 이후, 1884년 생산노동자협동조합총연맹의 전신인 생산노동자협동조합협의회가 설립되었다. 이탈리아와 달리 프랑스의 노동자협동조합 운동은 다른 협동조합 운동과의 연계가 활발하지 않았으며, 이에 따라 협동조합 전반을 포괄하는 연합회로 발전하기보다는 노동자협동조합이라는 고유 연합회를 중심으로 발전하였다.

쎄쥐에스코프는 1950년대부터 협동조합 경영지원과 교육훈련을 위한 서비스 기능을 수행하기 시작하였으며, 1970년대 초반 프랑스의 광역지역이 법적으로 구성되고 정치적·경제적 권한을 인정받는 분권화가 이루어지면서, 1974년부터 지역 연합회로 분권화되었다. 이에 따라 지역 수준에서의 정책 참여 및 제도 개선을 위한 활동이 보다 중요해지고 지역별로 보조금을 지원받을 수 있게 되면서 지역 연합회의 역할과 위상이 강화되었다. 이와 함께 경영지원 및 교육훈련 기능이 현장과 보다 밀접한 지역 연합회의 역할로 이관되었다. 다른 한편 1960년부터 조성된 쎄쥐에스코프 자체의 상호협력기금을 바탕으로 1965년 소코덴(SOCODEN)이라는 이름의 금융기구를 설치하여 지역 연합회의 대출 심사와 관리를 통해 신규 협동조합들과 기존 협동조합들을 효과적으로 지원할 수 있는 시스템을 갖추게 되었다.

쎄쥐에스코프의 미션은 노동자협동조합(SCOP), 공익협동조합(SCIC), 사업고용협동조합(CAE) 등 노동자협동조합들을 연합하여 협동조합 운동의 결속력을 강화하고 협동조합의 이익을 대변하면서 협동조합을 발전시키고 그 가치를 확산하는 것이다. 쎄쥐에스코프 조직형태는 협동조합이 아니라 어소시에이션인데 그 이유는 조직의 목적과 기능이 협동조합과는 다른 특성들을 지니고 있기 때문이다. 경제적 활동을 통해 얻은 이익을 조합원에게 분배하는 협동조합과 달리 어소시에이션은 공익적인 목적을 가지고 비영리로 운영되는 조직이다. 따라서 쎄쥐에스코프는 자체적인 상업 활동을 통해 이익을 창출하는 것이 아니라 협동조합의 운영과 성장 그리고 협동조합 운동을 촉진하는 등 협동조합의 발전과 가치 확산에 목적을 두고 이를 위해 사람과 자원을 결집하는 일을 하고 있으며 그 일에 적합한 조직 형태를 갖추고 있다.

2) 쎄쥐에스코프의 조직구조와 역할

쎄쥐에스코프는 중앙 조직과 지역 연합회 그리고 업종별 연합회로 구성되어 있으며, 이런 다층적 구조 속에서도 서로 협력하면서 각기 다른 역할을 하고 있다. 쎄쥐에스코프는 노동자협동조합(SCOP), 공익협동조합(SCIC), 사업고용협동조합(CAE)의 성장을 지원하기 위해 긴밀히 협력하지만, 각각의 역할과 기능은 상이하다.

(1) 중앙 조직과 지역 연합회

중앙 조직은 프랑스 전역의 노동자협동조합(SCOP), 공익협동조합(SCIC), 사업고용협동조합(CAE)을 대표하고 협동조합의 법적·재정적·경영적 지원을 총괄하는 핵심 기관으로서 프랑스 내 협동조합 운동의 발전을 위한 전략적 방향을 설정하여 정부와 협력하고, 협동조합 관련 법률 제정 및 개정을 위한 로비 활동을 펼친다. 또 각 지역 연합회 및 업종별 연합회를 대상으로 기술, 정보제공, 법률, 교육 등 다양한 지원을 제공하고 협동조합 인식 확산을 위한 홍보 활동을 담당한다. 중앙 조직이 국가적 차원에서의 전략적 지도와 정책 대변 역할을 담당하고 지역 연합회는 현장에 밀착해 실질적이고 구체적인 지원을 제공한다. 중앙 조직과 지역 연합회의 역할과 활동을 자세히 살펴보면 아래와 같다.

첫째, 중앙 조직은 전략적 지도자 역할로 전국 차원의 협동조합 운동을 이끌고, 협동조합이 직면한 문제에 대한 장기적인 해결 방안을 제시한다. 협동조합의 설립 및 운영을 위한 정책 방향 설정과 전략적 목표 수립을 주도하며, 이를 통해 프랑스 전역에서 협동조합이 일관된 기준과 목표 아래 운영될 수 있도록 한다. 또 협동조합 운동의 발전을 위해 국가 차원의 통계를 분석하고 전국적인 성과를 측정한다. 지역 연합회는 현장에서 실질적인 지원을 제공하는 데 중점을 둔다. 각 지역의 특성에 맞춘 밀착형 서비스를 제공하며, 회원 협동조합들이 운영에 필요한 실질적인 도움을 받을 수 있도록 돕는다. 예를 들어 경영 컨설팅, 법률상담, 재정지원, 교육 프로그램 등을 통해 운영 과정에서 발생하는 구체적인 문제를 해결하도록 지원한다. 지역 연합회는 지역 경제와 산업의 특성을 고려한 맞춤형 지원을 통해 협동조합이 지역사회 내에서 성장하고 자리 잡을 수 있도록 지원한다.

둘째, 중앙 조직은 정책 대변자로서의 역할을 담당한다. 협동조합을 위한 법적, 제도적 환경을 조성하기 위해 정부 및 정책 입안자들과 긴밀하게 협력하며, 협동조합의 권리를 보호하고 이익을 대변하는 일을 한다. 또 새로운 법안을 제안하거나 기존 법률을 개선하는 활동을 통해 협동조합이 법적 안정성을 확보할 수 있도록 지원한다. 협동조합과 관련된 법률적 개정이나 정책적 변화가 필요할 때, 중앙 조직은 협동조합의 입장에 서서 정부와 협상하고 정책을 만들어내는 중요한 역할을 한다. 지역 연합회는 각 지역의 협동조합들이 직면하는 구체적인 법적, 재정적, 경영적 문제를 해결하기 위해 현장에서 실질적인 조언과 자문을 제공한다.

셋째, 중앙 조직은 네트워킹과 협력 기회를 제공한다. 전국적으로 다양한 협동조합들 간의 협력 촉진을 위한 정보 교류 네트워크를 제공한다. 이를 통해 각 지역에서 얻은 성공 사례를 전국적으로 확산시키고, 협동조합이 국가 경제에서 더 큰 역할을 할 수 있도록 활동한다. 지역 연합회는 지역사회와의 연계에 중점을 둔다. 각 지역의 경제 및 사회적 환경에 맞춰 협동조합이 지역 내에서 중요한 역할을 할 수 있도록 돕는다. 또 지역의 기업, 지방 정부, 비영리단체들과 협력해 지역 경제 발전에 기여하고 지역사회 문제를 해결하기 위한 공동 프로젝트를 추진하기도 한다. 더 나아가 국제적인 협동조합 운동에도 참여하며, 국외의 협동조합들과 교류할 수 있는 기회를 제공해 협동조합 운동의 글로벌 네트워크 구축에도 기여한다.

넷째, 중앙 조직은 협동조합 데이터와 통계자료를 수집하고 분석하는 역할을 담당한다. 이를 통해 전국적으로 협동조합의 성과와 경제적 기여도를 측정하고, 이를 기반으로 협동조합 운동의 발전을 위한 정책적 권고안을 제시한다. 정기적으로 통계자료를 발표하여 협동조합의 성과를 수치로 표현하고, 정부와 사회에 알림으로써 협동조합에 대한 이해를 높이고 가치를 전파한다. 지역 연합회는 개별 회원 협동조합에 대한 밀착 상담과 지원을 제공한다. 협동조합이 직면한 구체적인 문제를 해결하기 위해 맞춤형 상담 서비스를 제공하고, 현장에서 발생하는 법률적, 경영적, 재정적 문제에 대한 솔루션을 제시한다. 협동조합 경영진과 조합원들이 더 나은 결정을 내릴 수 있도록 현지 상황에 맞춘 컨설팅을 제공한다.

다섯째, 중앙 조직은 전국적 캠페인을 기획하고 주도하는 역할을 한다. 협동조합 운동의 중요성을 널리 알리기 위해 전국적으로 홍보 활동을 벌이며, 협동조합의 사회적 가치와 경제적 기여를 강조하는 캠페인을 진행한다. 이러한 캠페인은 협동조합에 대한 인식을 높이고 더 많은 사람이 협동조합을 설립하거나 조합원으로 참여하도록 장려한다. 지역 연합회는 중앙 조직이 주도한 캠페인을 지역 차원에서 실행하는 역할을 맡는다. 지역의 특성에 맞춰 전국적인 캠페인을 현지화하고, 지역주민들과 회원 협동조합 간의 연결을 강화하는 활동을 전개한다.

중앙 조직이 국가적 차원의 전략적 지도와 정책에 대응하고 전국적인 네트워킹과 데이터 분석을 담당하며 협동조합 운동을 전체적으로 이끌어가는 역할을 하고, 지역 연합회는 현장에서의 실질적인 지원, 지역 특성에 맞춘 상담과 컨설팅, 그리고 지역사회와의 연계를 통해 협동조합들이 성공적으로 운영될 수 있도록 지원한다.

(2) 업종별 연합회

쎄쥐에스코프는 건설, 커뮤니케이션, 제조, 사업고용협동조합 등 주요 산업 분야에 특화된 업종별 연합회를 운영하며, 각 업종의 특성과 요구를 반영한 맞춤형 지원을 제공한다. 각 연합회는 해당 업종의 협동조합들이 법적 요건을 충족하고, 산업 내 경쟁력을 유지하며, 지속 가능한 성장을 이루도록 돕는 역할을 담당한다.

건설연합회는 건축 및 공공건설공사 분야의 독립적이고 참여적인 중소기업 네트워크를 대표하여 40여 개의 직종을 아우르며 건설 현장에서 필요한 법적 규제와 안전 규정을 준수할 수 있도록 지원한다. 건설 산업은 규제가 많고 법적 요구사항이 엄격하기에 안전과 효율적인 운영이 매우 중요하다. 건설업 특유의 법적, 기술적 요구를 충족할 수 있도록 자문을 제공하고 건설 현장의 안전을 강화하는 데 중점을 둔다. 또 협동조합 간 자원 공유를 통해 비용 절감과 효율적인 운영 방식을 마련하는 데 기여한다.

커뮤니케이션연합회는 250개의 협동조합이 회원으로 참여하고 있으며, 그래픽 디자인, 프리프레스, 멀티미디어, 오디오 비주얼, 인쇄, 이벤트, 출판·언론 등 다양한 직종을 포함한다. 기술, 직업, 환경은 빠르게 변화하고 있다. 이에 따라 기술 및 시장 동향을 지속적으로 파악하고, 산업 및 비즈니스 전략 수립을 통해 올바른 방향을 설정하고 최적의 결정을 내릴 수 있도록 돕는다. 또 MADEinSCOP이라는 커뮤니케이션 플랫폼을 활용하여 협동조합의 홍보 서비스를 제공한다.

제조연합회는 창업기, 창업 초기, 위기 또는 리스크가 큰 개발 프로젝트 등에 대한 진단을 통해 성장을 지원한다. 높은 품질 기준과

구분	현황	역할 및 지원 서비스
건설 연합회	1946년 설립건축 및 공공 건설공사 구성 700개 조합 회원	법률, 사회, 경제, 기술 분야의 전문 지식을 제공하고 건설 직종의 근무 조건에 영향을 주는 모든 결정에 관여
커뮤니 케이션 연합회	1949년설립, 그래픽 디자인, 커뮤니케이션컨설팅, 인쇄, 출판, 이벤트 등 구성 250개 조합 회원	프로젝트 중심으로 관계를 형성하여 공동 프로젝트를 수행 지원 MADEinSCOP 플랫폼을 활용해 제품을 판매하고, 우선구매 조건을 허용하는 중앙구매 본부
제조 연합회	1981년 설립 야금, 전자, 플라스틱, 섬유, 가죽, 화학, 유리 등 분야로 구성 385개 조합 회원	주제별 워크숍, 회사 간 공동 프로젝트, 자원과 수단의 상호 부조 등 기업들의 공통, 집단적 행동을 선도지원
사업고용 협동조합 연합회	2020년 설립 SCOP 또는 SCIC 161개 조합 회원	CAE와 조합원 임금근로자 기업가 제도의 인식 확산을 위한 커뮤니케이션 법률 전문성을 제공하여 활동역량 강화

〈표 3〉 업종별 연합회
출처: GSEF 2018 빌바오 포럼&스페인-프랑스 전략기획 연수 보고서를 토대로 수정 보완함.

새로운 기술 도입, 규제 준수가 중요하므로 최신 제조 기술을 도입하고 품질 기준을 준수하며 생산성을 높일 수 있도록 지원한다.

사업고용협동조합연합회는 프리랜서나 창업자들이 협동조합의 형태로 사업을 운영할 수 있도록 지원한다. 사업 초기의 불안정한 환경 속에서 소규모 창업자와 프리랜서들이 경영 관리, 회계, 네트워크 구축에 대한 지원 등 안정적인 비즈니스를 운영할 수 있도록 돕는다.

(3) 금융지원 서비스

쎄쥐에스코프는 협동조합의 자금 조달을 지원하는 금융 서비스를 통해 다양한 재정적 지원을 제공한다. 주요 금융지원 서비스로 스콥인베스트(SCOPINVEST), 소코덴(SOCODEN), 소피스콥(SOFISCOP)이 있다. 스콥인베스트는 직접 투자, 장기 대출, 임시 자본 제공 등 자본을 투입함으로써 협동조합이 안정적인 자본구조를 가질 수 있도록 지원한다. 소코덴은 운영자금 대출, 단기 대출, 임시 자금 지원 등 빠른 자금 유동성 제공을 통해 초기 운영자금을 조달하거나 단기적으로 자금 순환에 어려움을 겪는 기업을 지원한다. 마지막으로 소피스콥은 협동조합의 구성원들이 자본에 참여할 수 있도록 개인 지분 대출을 제공하는 등 협동조합 구성원의 지분 투자를 도와 협동조합 구성원들이 소유자가 되도록 지원한다.

이들 금융지원 기금은 기본적으로 쎄쥐에스코프와 회원조합들이 자율적으로 출연하여 조성한 자조기금의 성격을 지니고 있다. 스콥인베스트(SCOPINVEST), 소코덴(SOCODEN), 소피스콥(SOFISCOP)은 모두 협동조합 내부의 자본 순환을 촉진하고 자립적 생태계를 구축하기 위해 조합원 중심의 출연금과 연합회 자체 재원을 기반으로 운용된다. 이러한 구조는 협동조합의 자율성과 독립성을 유지하는 데 중점을 두고 있으며, 협동조합 간 연대를 통한 상호지원 체계를 실현하는 데 기여하고 있다.

다만, 일부 기금이나 사업에서는 프랑스 정부, 지방자치단체, 유럽연합(EU) 등의 공공자금이 보조적으로 투입되기도 하며, 이는 주로 협동조합 생태계 활성화 또는 일자리 창출 등 공공정책 목표와 결합된 경우다. 이러한 경우에도 기금의 주체성과 운영의 독립성은 쎄쥐에스코프와 협동조합 네트워크가 유지하며, 외부 자금은 특정 목적에 한정된 혼합기금의 형태로 활용된다. 이처럼 쎄쥐에스코프의 금융기금은 조합원의 연대와 자립성을 기반으로 하되, 필요시 공공자금과의 전략적 연계를 통해 협동조합의 지속 가능성을 강화하고 있다.

구분	스콥인베스트 (SCOP INVEST)	소코덴 (SOCODEN)	소피스콥 (SOFISCOP)
목적	장기 자본 투자 및 안정적 자본구조 지원	초기 운영자금 및 단기 자금 순환 문제 해결	협동조합 구성원의 지분 투자 지원
대상	신규 협동조합 창립 또는 기존 협동조합 인수 프로젝트	운영자금이 부족하거나 단기 유동성 문제가 있는 회원 조합	협동조합의 구성원으로서 지분을 매입하고자 하는 개인 또는 구성원
지원 내용	장기 자본 투자, 직접 투자, 임시 자본 제공	운영자금 대출, 단기 대출, 임시 자금 지원	개인 지분 대출 제공 및 구성원의 자본 참여 지원

〈표 4〉 쎄쥐에스코프의 금융지원 서비스

4. 쎄쥐에스코프의 성과와 도전과제

이러한 노력의 결과로 쎄쥐에스코프의 회원조합은 2018년 3,331개에서 2023년 4,495개로 양적 성장을 이뤘다. 또 2018~2023년까지 연평균 약 7% 이상 일자리가 증가하였고, 2023년 기준 84,294명을 고용하였다. 특히, 노동자협동조합(SCOP)의 회원가입율은 98%

쎄쥐에스코프를 방문 인터뷰 중인 한신대학교 연수단

에 이르고 있고 공익협동조합(SCIC)도 50% 이상의 수치를 보여 네트워크조직에 대한 신뢰와 필요가 높음을 확인할 수 있다. 이는 협동조합의 법적, 재정적, 경영적 지원과 협동조합 운동의 발전을 위한 정부와의 협력, 그리고 지역 연합회와 업종별 연합회의 다층적 구조에 기반한 현장 밀착형 기술, 정보제공, 법률, 교육 등의 지원 서비스를 통한 성과이다.

쎄쥐에스코프의 회원조합은 경제 불황에도 불구하고 2023년에 94억 유로(원화 환산 : 14조)의 순매출액을 달성하였다. 프랑스 전체 기업의 생존율이 61%(INSEE 기준)인 반면, 협동조합의 경우 79%로 훨씬 높게 나타나 역시 협동조합이 지속 가능성 면에서 유리하다는 점을 알 수 있다.

협동조합 확산의 지표로 확인되는 신규 설립, 전환, 회생의 수치를 살펴보면 2023년 기준 신규 회원 협동조합 89개 중 신규 설립

61%, 협동조합으로의 인수 및 전환 24%, 직원 양도가 16%를 나타낸다. 특히 대표자의 퇴직 시 협동조합을 직원에게 양도하는 비율이 점차 증가하고 있으며, 이는 가족 승계에서 직원 승계로의 전환이 자연스러운 문화로 자리매김하고 있음을 보여준다. 이러한 변화는 협동조합 내 신뢰를 강화하고, 노동자 중심의 회원 협동조합이 추구하는 가치 실현에 기여하고 있다.

쎄쥐에스코프는 경영난에 처한 기업들이 직원들의 주도로 협동조합으로 전환하여 고용을 유지할 수 있도록 돕기 위해 홍보 및 지원, 협동조합 관련 입법 활동 참여 등 다양한 활동을 통해 협동조합의 전환 및 회생을 적극적으로 지원한다. 2023년 프랑스의 대표적인 섬유 기업인 Bergère de France와 유리 제조업체 Duralex가 협동조합으로 전환되었다. 이 전환은 쎄쥐에스코프의 지원과 협력을 통해 이루어졌으며, 협동조합 모델의 유연성과 지속 가능성을 입증하는 사례로 평가받고 있다.

이러한 성과 뒤에는 해결해야 할 중요한 도전과제들도 존재한다. 경제적 불확실성 속에서도 성장했지만, 여전히 금융 안정성을 확보하는 것이 중요한 과제이다. 유럽 지원을 통해 13억 유로를 투입하여 노동자협동조합(SCOP)과 공익협동조합(SCIC)의 성장과 운영을 도왔으나, 경제적 변동성과 투자 유치의 어려움은 지속적으로 해결해야 할 문제로 남았다. 협동조합들은 지속가능성과 사회적 책임 강화를 위해 환경 전환 및 사회적 전환에 대한 대응 전략을 강화하고 있지만, 여전히 탄소 중립화, 에너지 전환, 지속 가능한 비즈니스모델 구축 등 과제가 많다.

마지막으로 협동조합 모델의 확산은 지속적인 과제이다. 2023년에는 협동조합의 장점을 홍보하고 더 많은 기업이 노동자협동조합(SCOP) 또는 공익협동조합(SCIC)으로 전환할 수 있도록 하는 노력이 강화되었다. 특히, 기업 승계 과정에서 협동조합으로 전환하는 모델이 효과적인 대안으로 떠오르고 있다. 그러나 여전히 많은 중소기업과 대중이 협동조합 모델에 대한 이해가 부족하며, 이를 보완하기 위한 교육과 홍보가 지속적으로 필요하다

5. 시사점

쎄쥐에스코프는 노동자가 소유하거나 운영에 참여하는 노동자 중심의 기업인 노동자협동조합(SCOP), 공익협동조합(SCIC), 사업고용협동조합(CAE)이 연대하고 협력하는 네트워크조직이다. 1884년 생산노동자협동조합협의회로 시작해서 140년간 명맥을 이어오고 있다. 이처럼 네트워크 조직이 규모화하면서 지속적인 발전을 할 수 있었던 원동력과 우리나라에의 시사점을 크게 네 가지로 정리할 수 있다.

첫째, 정부의 보조금 지원 없이 자체적으로 재원을 충당할 수 있는 자발적 참여 기반의 책임과 기여이다. 쎄쥐에스코프는 무자본, 비사업 성격의 어소시에이션 형태로 운영되어 별도의 수익사업을 하지 않고, 오직 회원조합이 납부하는 매출의 0.1% 또는 수익의 0.32%의 회비로 재원을 확보하여 운영한다. 마련된 재원은 중앙 조직, 지역 연합회, 업종별 연합회에서 종사하는 182명 임직원의 급여 및 사무관리 등 운영비와 회원조합의 발전을 위한 법적, 재정적, 경영적 지원 등 다양한 서비스를 제공하는 데 사용된다. 이렇게 내부적

으로 자원을 조달할 수 있으므로 회원조합의 권익 보호와 협동조합 간 협력, 정책 대변 등 네트워크조직의 역할에 충실할 수 있고 이는 쎄쥐에스코프와 회원조합 간의 신뢰 형성과 높은 서비스 만족으로 이어진다.

반면 우리나라는 사회적경제 주체 간 네트워크를 돕기 위한 네트워크조직의 운영에 어려움이 있다. 우리나라는 정부 및 산하기관에서 사회적경제기업이 필요한 서비스를 무료로 제공해 네트워크조직의 역할을 대체하고 있다. 아이러니하게도 이러한 정부 주도의 지원 방식은 사회적경제의 힘의 원천인 자발성과 자주성 기반의 협력과 연대를 약화시키는 요인이 된다. 사회적경제 주체 간 네트워크를 돕기 위한 네트워크 조직이 활성화되기 위해서는 자원, 기술, 사회관계, 지식을 공유하는 상호협력과 회원사 간 협력을 통한 성공의 경험이 필요하다. 이러한 기초 네트워크를 통해 신뢰가 형성된다면 내부적으로 재원을 확보한 자립적인 구조를 만들어 낼 수 있을 것이다.

둘째, 회원 협동조합의 형태는 각기 다르나 공통적인 조직의 목적, 운영 원칙, 추구하는 가치에 따라 상호협력하는 구조적 특성이 있다. 특히 노동자가 소유하고 운영하는 노동자 중심의 기업이라는 정체성을 바탕으로, 협력 체계 구축을 통해 규모의 경제를 실현하고 시장경쟁력을 높일 수 있었다.

동일하거나 유사한 업종 간의 사업적 필요에 의해 형성된 협력은 이해관계 변화나 사업의 성패에 따라 연대가 느슨해지거나 해체되는 위험이 존재한다. 따라서 단순한 사업상의 이해관계를 넘어서, 공동의 목적과 운영 원칙에 기반한 협력적 유연성이 전제될 때, 다양한 조직들이 안정적으로 연대할 수 있으며 장기적으로 지속 가능한 협력 구조로 발전할 수 있다.

쎄쥐에스코프는 동일 업종 간 협동조합뿐만 아니라, 상이한 업종 간에도 협력할 수 있는 연합체 또는 네트워크 그룹을 구성하여 공동 구매, 공동 브랜드, 공동 마케팅, 기술 교류 등을 체계적으로 운영하고 있다. 예를 들어 건축과 설계를 전문으로 하는 SCOP들 간의 연합체인 L'Atelier des Architectes Associés는 자재 공동 구매와 공동 입찰을 통해 경쟁력을 확보하고 있으며, 인쇄업 협동조합 간에는 공동 장비 활용 및 교육훈련 프로그램을 통해 협업을 강화하고 있다. 한국에서도 유사한 구조적 협력 사례가 존재한다. 대표적으로 아이쿱생협은 전국 단위의 회원 생협이 공동으로 출자한 공급자 협동조합(아이쿱자활, 아이쿱생산자연합회 등)을 설립하고, 물류·유통·교육을 통합 운영하는 광역 연합체를 구성하여 자원의 효율적 분배와 브랜드 경쟁력을 확보하고 있다.

이러한 국내외 사례는 협동조합 간 협력이 단기적 사업성과를 넘어, 공동의 정체성과 원칙에 기반한 구조적 연대일 때 비로소 시장 내 자립성과 지속가능성을 담보할 수 있음을 보여준다. 향후 한국 협동조합 부문에서도 이러한 원칙 중심의 협력 구조가 확대될 필요가 있다.

셋째, 협동조합 생태계 구축을 위한 정부의 법적·제도적 지원이 중요하다. 프랑스 정부는 협동조합의 자립성과 지속가능성을 높이기 위해 다양한 세제 혜택과 법적 지원을 제공하고 있다.

우선, 프랑스의 노동자협동조합(SCOP)의 법에 따라 이익의 최소 16% 이상(실제로 40~45%를 적립하고 있음을 확인)을 기업 내부 적립금(비분할 적립금)으로 전환해야 하며, 이 적립금에 대해 4년간 법인세 면제 혜택이 주어진다. 협동조합의 이익이 구성원의 배당이 아닌 기업의 재투자와 일자리 창출로 이어지도록 유도하기 위한 장치다.

또 기업의 소유권을 노동자들이 협동조합 형태로 인수할 경우, 증여세나 상속세 감면 혜택이 주어진다. 이 같은 제도는 기업 승계를 협동조합 전환 방식으로 유도하여 고용 유지와 공동 경영 문화를 확산시키는 효과를 낸다.

아울러 일부 지방정부는 협동조합에 대해 재산세, 부동산세 등 지방세 감면 혜택을 제공하며, 지역 내 협동조합 설립을 촉진하고 있다. 예컨대, 공공 건물을 저렴한 임대료로 제공하거나, 창업 인큐베이팅 프로그램에 협동조합을 우선으로 포함하는 사례도 있다.

이처럼 프랑스는 단순한 보조금 지원을 넘어, 협동조합이 자생적 생태계 속에서 성장할 수 있도록 세제, 법제, 행정 전반에 걸친 인프라를 정비하고 있으며, 이는 협동조합 간의 연대와 협력 가치를 제도적으로 뒷받침하고 있다.

마지막으로 쎄쥐에스코프가 자생할 수 있었던 강력한 동인은 협동조합의 자금 조달을 지원하는 금융기구인 SOCODEN, SOFISCOP, SCOPINVEST의 존재였다. 회원조합의 재정적인 어려움을 해결하기 위한 운영자금 지원뿐만 아니라 협동조합 설립 시 초기 자본 지원과 위기에 처한 기업이 협동조합으로 전환하는 과정에서 필요한 자금을 지원한다. 그 밖에 회원조합 간 공동 프로젝트나 협력 사업에도 재정적 지원을 통해 네트워크와 연대감을 강화한다. 이러한 역할을 하는 금융기구 덕분에 네트워크조직의 필요성이 인식되고 많은 협동조합이 회원조합으로 가입하게 되는 것이다.

경제의 근본적 변화를 추구하는 공익협동조합들의 연합회,
프랑스의 리코른(Licoornes)

유한나 · 정현

1. 리코른(Licoornes) 선정 배경

한국의 사회적경제 생태계는 지난 20년간 정부 주도의 제도화를 통해 빠르게 성장해왔다. 그러나 사회적경제 조직 간 협력과 연대가 자발적으로 형성되고 있는지에 대해서는 지속적인 비판이 제기되어 왔다. 이에 따라 최근 몇 년 사이, 사회적경제 내부에서 아래로부터의 협력과 연대를 실현하려는 시도가 나타나고 있으며, 이러한 흐름 속에서 연합회의 형성과 발전 과정에 대한 관심도 높아지고 있다.

본 연수단은 이러한 문제의식을 바탕으로, 프랑스 사회연대경제 내 협력의 최신 모델로 주목받고 있는 '리코른(Les Licoornes)' 연합회를 사례로 선정하였다. 리코른은 공익협동조합(SCIC)을 중심으로 구성된 연합체로, 이름 그대로 '유니콘'을 의미한다. 처음에는 이 이름이 규모화와 높은 수익성을 추구하는 기업 집단을 연상시켰으나, 실제로는 자본주의의 상징인 '유니콘(기업가치 10억 달러 이상의 스타트-업 기업)'에 대한 일종의 은유적 비틀기이자 비판적 메시지를 담고 있다는 것을 알게 되었다. 리코른은 지속가능성, 연대, 민주주

리코른(Licoornes)이 개최하는 전환을 위한 협동조합 축제(l'Onde de Coop), (출처: https://ondedecoop.fr/le-festival/)

의, 제한된 이윤 추구라는 네 가지 가치를 중심에 두고 협력적 경제 모델을 구축하며, "경제를 근본적으로 변화시키는 것"을 목표로 한다. 이는 단순한 임팩트 창출을 넘어, 구조적 문제에 대한 체계적 대응을 지향하는 시도라 할 수 있다.

리코른에 가입한 12개 조직은 모두 공익협동조합(SCIC)으로, 활동 분야 또한 매우 다양하다. 이러한 점은 한국에서 2021년부터 시작된 이종협동조합연합회와 유사한 특징이라고 할 수 있다. 리코른은 모든 개인과 기관을 대상으로 주요 소비 분야에서 신뢰할 수 있고 생태적이며 윤리적인 대안을 제공하는 것을 목표로 한다. 이를 위해 다양한 제품과 서비스를 통합하고, 가능한 많은 사람에게 책임 있는 소비 선택지를 제공하고자 상호 협력한다. 또한 자원과 경험을 공유하며, 협력을 통해 더 넓은 사회적 영향력을 창출하고자 한다. 궁극적으로 리코른은 더 많은 시민에게 다가가 인식을 확산하고 참여를 촉진함으로써, 이윤 추구 중심의 기업 논리에 맞서는 대안적 경제 모델을 실현하는 것을 지향한다.

우리는 이 사례를 통해, 자발적 결사의 의지를 유지하면서도 실질적인 사업적 상호이익을 동시에 추구하는 '결사와 기업의 혼종성'(장종익, 2023)이 현실적으로 가능할지, 나아가 이종협동조합연합회와 같은 협동조합 간 협력이 사회적경제 생태계의 양적·질적 성장을 견인할 수 있을지에 대한 실마리를 찾고자 한다.

2. 프랑스 공익협동조합(SCIC)과 리코른(Licoornes)의 등장

프랑스의 공익협동조합(SCIC)은 2001년 협동조합일반법에 새롭게 도입된 조직 형태로, 사회적 목적 실현과 다중 이해관계자 거버넌스를 특징으로 한다. 이는 기존 협동조합이 주로 조합원의 필요와 이익에 초점을 맞추어 운영되던 방식과 구별되는 점이다. SCIC는 노동자, 서비스 이용자, 자원봉사자, 지방정부 등 다양한 이해관계자가 공동으로 운영에 참여하는 거버넌스를 통해 공익적 가치를 실현하고자 한다. 이러한 새로운 유형의 협동조합이 확산되면서, 이들 간의 상호 지원과 연대를 위한 별도의 연합체 필요성이 대두되었고, 그 결과로 리코른(Les Licoornes)과 같은 협력 모델이 등장하게 되었다.

리코른은 12개의 공익협동조합(SCIC)을 회원사로 둔 연합회이며, 협동조합이 아닌 결사체(association) 형태의 법인격을 갖고 있다. '리코른'은 프랑스어로 '유니콘'을 뜻하지만, 여기에는 자본주의의 상징이라 할 수 있는 유니콘 기업에 대한 풍자적 의미가 담겨 있다. 리코른의 사무국장 샤잉 파익(Chahin Faïq)은 인터뷰에서 "프랑스 정부도 유니콘 육성을 위해 막대한 예산을 투자하지만, 사회연대경제

기업은 그와는 전혀 거리가 멀다."고 언급하며, 리코른의 이름에는 자본주의 성장 모델에 대한 비판과 '경제를 근본적으로 변화시키자'는 미션이 담겨 있다고 설명했다.

교통	에너지	금융	중고품	통신	전자	식품
Mobicoop CITIZ Railcoop WWindcoop	Enercoop	LA NEF	Label Emmaüs	Telecoop	Commown	Coop Circuits Biocoop

〈그림 1〉 리코른(Licoornes) 회원 협동조합의 업종

리코른은 공익협동조합들의 연합체로서 2021년 6월 18일, Citiz, Commown, CoopCircuits, Enercoop, Label Emmaüs, Mobicoop, La Nef, Railcoop, Telecoop 등 9개의 공익협동조합이 뜻을 모아 설립하였다. 이들은 설립 이전부터 약 30여 개의 공익협동조합이 참여한 비공식 네트워크를 통해 협력해왔으며, 경제·사회·환경의 지속가능한 전환을 위한 시민 참여 운동을 공동으로 추진하면서 연합체의 필요성에 깊이 공감하게 되었다. 주로 소규모 공익협동조합들이 모여 더 큰 사회적 영향을 창출할 수 있는 협력 기반을 마련하고자 한 것이다.

리코른의 초기 회원사들은 각기 다른 분야에서 사회적·환경적 가치를 실현하는 다양한 활동을 전개하고 있다.

- Citiz는 자동차 공유 서비스를 통해 친환경 이동 수단을 제공하고,
- Commown은 전자기기 대여 서비스를 통해 자원 순환과 소비 절감을 실현한다.
- CoopCircuits는 지역 농부와 소비자를 직접 연결하는 거래 플랫폼을 운영하며,
- Enercoop은 재생에너지 공급을 통해 에너지 전환을 촉진한다.
- Label Emmaüs는 온라인 중고거래 플랫폼을 통해 재사용 문화 확산과 사회적 고용을 지원하고,
- Mobicoop은 교통 취약 지역의 주민을 위한 공유형 교통 솔루션을 제공한다.
- La Nef는 윤리적 금융기관으로서 사회적 가치를 기반으로 한 금융 서비스를 제공하고,
- Railcoop은 철도 운송 협동조합으로서 지속가능한 교통망 복원을 목표로 한다.
- Telecoop은 환경적 지속가능성을 중시하는 윤리적 통신 서비스를 제공하고 있다.

각 조합은 자신의 고유 업종에서 사회적 가치 실현과 지속가능성 추구라는 공통된 목표 아래 협력하고 있으며, 이러한 결집이 리코른이라는 연합체의 설립 배경이자 동력이다.

리코른은 설립 이후 다양한 활동과 프로젝트를 통해 지속적으로 성장해왔다. 2022년에는 전국 규모의 자금조달 캠페인을 통해 약 50만 7천유로(한화 약 7억 5천만 원)의 참여채권을 모으는 성과를 거두었다. 이어 2023년에는 Biocoop, ethiKdo, Windcoop, Tenk

등 4개의 공익협동조합이 새롭게 가입하면서 회원사가 총 13개로 확대되었다. 또한 리코른은 매년 9월 개최되는 협동조합 네트워크 행사인 l'Onde de Coop을 통해 회원사 간 교류와 협력을 촉진하고 있다.

2024년에는 몇 가지 중요한 변화가 있었다. 우선, 철도 운송 협동조합 Railcoop이 자금 조달에 실패하면서 파산하였고, 이로 인해 2024년 5월 기준 리코른의 회원사는 총 12개로 줄었다. 같은 해 3월 7일에는 Label Emmaüs의 총책임자 모드 사르다(Maud Sarda)와 Commown의 공보 책임자 아드리앵 몽타귀(Adrien Montagut)가 공동 회장으로 선출되며 연합회의 리더십에도 변화가 생겼다.

현재 리코른 연합회는 총 회원 수 14만 2천 명, 고객 수 400만 명, 연 매출액 11억 유로(한화 약 1조 6천억 원), 직원 수 1,900명에 이르는 규모로 성장하였다. 또한 2024년 5월에는 회원사들의 제품과 서비스를 한 공간에서 소개하고 판매할 수 있는 온라인 플랫폼(comptoirdeslicoornes.coop)을 개설하여 디지털 기반의 소비자 접점을 강화하였다.

이 온라인 판매 플랫폼은 리코른의 12개 회원 협동조합을 한눈에 소개하고, 상품·서비스를 통합적으로 구매할 수 있도록 설계되었다. 방문자는 첫 화면에서 "리코른의 고객 또는 조합원이신 귀하에게, 리코른의 12개 회원 협동조합과 함께 환경을 보전하기 위한 연대의 약속을 제안합니다."라는 환영 메시지를 접하게 된다. 플랫폼은 리코른이 생태 전환과 연대경제 실현을 지향하는 협동조합 연합체임을 명확히 밝히며, 고객들이 평소 이용하는 1~2개 조합 외에도 다른 회원조합의 상품과 서비스에 쉽게 접근할 수 있도록 구성되어 있다.

〈그림 2〉 리코른의 온라인 판매 플랫폼

이를 통해 리코른은 범위의 경제(economies of scope)를 실질적으로 구현하고 있다. 또한 사이트 하단에 적힌 "공익을 위해 경제를 근본적으로 변화시킬 권한을 모든 사람에게 부여한다."는 문구는 시민과 소비자에게 참여와 실천을 독려하는 강력한 메시지로 기능한다.

3. 리코른의 미션, 조직구조 및 운영 방식

1) 미션과 비전

리코른은 '전환을 위한 협동조합(cooperatives for the transition)'이라는 사명 아래, 사회·경제·에너지·자원순환 등 공익적 가치를 중심으로 한 협력적 경제모델 구축을 미션으로 삼고 있다. 이들은 지속가능성, 연대, 민주주의, 제한된 이윤 창출이라는 네 가지 핵심 가치를 토대로 활동하며, 이러한 미션은 경제의 근본적 전환을 지향하는 공익협동조합(SCIC)들의 철학을 반영한다. 다시 말해, 리코른은 일상적 요구를 충족하면서도 사회 문제 해결을 도모하는 협동조합들의 연대체라 할 수 있다.

리코른의 차별성은 특히 소비 영역에서 신뢰할 수 있고, 생태학적으로 친화적이며, 윤리적인 대안을 제공한다는 데 있다. 이를 통해 더 많은 시민의 인식과 참여를 유도하며, 대기업 중심의 시장경제 구조에 도전하고, 경제 체제의 근본적 전환을 추구하고자 한다.

그러나 리코른의 미션은 단지 12개 협동조합의 역량만으로 실현될 수 있는 목표는 아니다. 리코른은 소비자이자 행동가인 시민사회, 공감대를 형성하고 정책적·재정적 지원을 제공하는 정부 등 다양한 사회적 주체의 참여와 연대를 필요로 한다. 따라서 리코른은 사회운동적 성격을 강하게 띠며, 그 미션의 핵심 문구인 '근본적 전환'은 단순한 사업 목표를 넘어선 상징적이고 비전적인 메시지를 내포한다. 설령 리코른의 조합들이 유니콘 기업에 필적할 만한 사회적·경제적 영향력을 지닌다 하더라도, 프랑스 경제 시스템 전체를 변화시키는 것은 이들의 힘만으로는 불가능하다. 그럼에도 불구하고, 리코른의 비전은 현 경제체제의 한계를 드러내고, 전환의 시급성을 알리며, 시민사회 전체에 변화를 촉구하는 전환의 상징이자 실천적 플랫폼으로의 의미를 갖는다.

리코른은 무한경쟁, 각자도생, 성장지상주의, 소비주의적 생활양식, 화석연료 중심의 비즈니스 모델 등 자본주의적 시장경제의 구조적 모순을 비판하며, 이를 대체할 대안적 비즈니스 모델을 제시한다. 나아가 협력적 경제 시스템 구축을 통해 단순한 임팩트 창출을 넘어, 사회·경제의 근본적 문제 해결을 지향한다.

2) 조직구조

리코른 연합회는 12개 공익협동조합(SCIC) 간의 시너지를 창출하고 네트워크를 촉진하기 위해 공동 프로젝트와 다양한 사업모델 개발을 담당하고 있다. 연합회 자체는 직접적인 수익사업을 운영하지 않으며, 협동조합 중심의 대안적 비즈니스 활성화를 위한 플랫폼 구축과 협력 기반 마련에 주력한다.

회원 조합들은 연 매출 규모에 따라 연간 최소 1,500유로에서 최대 20,000유로까지 차등적으로 분담금을 납부한다. Biocoop, Enercoop, La Nef 등 대형 조합 3곳이 총 60,000유로, 나머지 중소 규모 조합들이 총 13,500유로를 부담하여, 연합회는 연간 총 73,500유로(한화 약 1억 1천만 원)의 운영 기금을 조성하고 있다.

연합회의 운영은 현재 사무국장 Chahin Faïq 1인 체제로 이루어지고 있다. 그는 회원사 간 프로젝트 기획, 자원 연계, 컨설팅 등의 실무를 총괄하며 약 2,000명의 회원사 직원들이 참여하는 협업 프로젝트를 조율하고 있다. 이 과정에서 업무 부담이 상당하지만, 회원사 직원들의 적극적인 협력을 통해 이를 보완하고 있다. 예컨대, 리코른의 온라인 판매 플랫폼은 회원사 중 하나인 Ethikdo가 주도하여 개발한 결과물이다.

리코른 연합회는 에너지, 식품, 공유경제, 전자제품, 금융, 운송, 미디어 등 다양한 업종의 공익협동조합으로 구성되어 있다. 겉으로 보기에는 이들 조합 간 유사성이 크지 않아 보이지만, 모두가 생산과 소비의 전환을 추구하며, 지속가능성과 공익성, 협동적 가치 실현이라는 공통의 철학을 바탕으로 활동하고 있다는 점에서 깊은 연대 기반을 공유한다. <표 1>은 각 회원조합이 대안적 비즈니스 모델을 실

enercoop

재생에너지 생산과 공급을 통해 지역과 시민 주도의 에너지 전환을 실현하는 협동조합 네트워크. 프랑스 전역에서 활동하는 11개의 지역 협동조합으로 구성되어 있으며, 에너지 전환을 위한 캠페인과 프로젝트를 전개

Telecoop

생태학적 · 포용적 전환을 지향하는 최초의 협동 전화통신 사업자. 모두가 디지털 사용 권리를 되찾을 수 있도록 지원하는 것을 목표로 함

mobicoop

수수료 없는 전국 카풀 플랫폼을 운영하는 협동조합. 지역 당국과 기업을 위한 카풀, 연대 이동성, 히치하이킹, 차량 관리 서비스를 개발하며, 모두를 위한 무료 소프트웨어를 제공

Commown

책임 있는 전자제품을 위한 공익협동조합(SCIC). 친환경적으로 설계된 지속 가능한 전자제품과 서비스를 제공하며, 활동가 중심의 공급업체로 운영

Coop Circuits

누구나 이용할 수 있는 무료 공동 관리 식품 유통 플랫폼. 현지, 장인, 직접 생산자 등이 유기농 및 윤리적 제품을 단기간에 사고팔 수 있는 오픈소스 협력 플랫폼을 운영

LA NEF

윤리적 은행 협동조합. 사회적 · 생태적 · 문화적 유용성을 가진 프로젝트에 독점적으로 자금을 지원하며, 윤리적 금융을 실천

CITIZ

프랑스 최초의 협력적 자동차 공유 네트워크. 150개 이상의 도시에서 전문가와 개인에게 1,600대 이상의 차량을 24시간 제공하며, 도시의 자동차 공간과 오염을 줄이는 데 기여

 railcoop	프랑스 시민철도의 선구자. 지역 기반 여객 및 화물 철도 운영사로, 2021년 말 첫 화물 서비스를 시작하고 여객 서비스를 준비했으나 2024년 파산
labelemmaüs e-shop militant abelemmaus	에마우스 운동과 사회연대경제 파트너들이 운영하는 프랑스 최초의 전자상거래 플랫폼. 독점적 카탈로그를 제공하며, 사회적 목적을 담은 판매를 실현
éthiKdo LA CARTE ÉCO-SOLIDAIRE INSPIRANTE ethiKdo	환경·연대에 가치를 두는 기업들로 선물 플랫폼을 운영하는 협동조합. 선물 및 기프트 카드 구입 예산을 생태적이고 윤리적인 소비로 연계하는 것을 목표로 함
 windcoop	환경을 책임지는 운송 협동조합. 풍력 에너지를 이용한 친환경 컨테이너 선박을 운영하며, 해상 운송 분야의 생태전환을 촉진. 다수의 선주가 이 선박의 공동 소유자가 되는 것을 목표로 함
tënk tenk	다큐멘터리 영화 협동조합. 프랑스 Ardèche 마을에 기반을 둔 Tënk의 사명은 다큐멘터리 영화의 보급과 창작 지원. 이를 위해 연간 약 300편의 영화가 tenk.fr 플랫폼을 통해 상영되며, 매년 15편의 영화에 재정 및 기술적 지원을 제공
 biocoop	유기농 개발에 전념하는 포용적 협동조합. Biocoop은 전문 유기농 매장 네트워크뿐 아니라 생산자 그룹, 직원, 소비자 협회를 포함하는 협동조합. 이들은 공정성과 협력의 정신을 바탕으로 유기농업 발전을 공동 목표로 설정

〈표 1〉 리코른의 회원 협동조합 현황

천하는 방식에 대한 설명이다.

회원조합들은 동종 업종의 규모 확장이 아닌, 이종 업종 간 협력을 통해 '범위의 경제(economies of scope)' 실현을 목표로 한다. 이는 경제 패러다임의 전환이라는 리코른의 미션 특성상, 해당 철학에 공감하고 관련 비즈니스 모델을 가진 다양한 조합들의 참여와 연대가 필수적이기 때문이다. 범위의 경제를 통해 회원사들은 서로의 소비자와 조합원을 자연스럽게 공유하며, 동시에 지속가능성, 연대, 민주적 거버넌스와 같은 핵심 가치에 기반한 공동 규칙과 윤리를 함께 준수한다. 이 같은 협력 구조는 단순한 사업 협업을 넘어, 대안 경제 체제에 대한 집단적 실천으로 이어지고 있다.

리코른은 회원 가입에 엄격한 조건과 절차를 적용하고 있다. 기본적으로 공익협동조합(SCIC)일 것, 친환경 철학을 공유하고 환경 규제를 성실히 준수할 의지를 갖출 것이 주요 요건이다. 가입 심사는 전국 단위로 진행되며, 소비자와의 직접적 연결성을 지닌 조직만이 참여 자격을 얻는다. 최종 가입 여부는 기존 12개 회원조합의 대표들이 심사와 평가를 통해 결정한다. 흥미로운 점은 연합회임에도 불구하고 회원조합 수가 12개에 불과하다는 사실이다. 게다가 Biocoop, Enercoop, La Nef 같은 일부 대규모 조합을 제외하면, 대부분의 조합은 소규모 조직이라는 점 또한 주목할 만하다. 이로 인해 '경제 작동 방식의 전환'이라는 대담한 미션을 실현하려면 더 많은 회원조합이 필요하지 않을까 하는 의문이 들었다. 그러나 이에 대해 사무국장 Chahin Faïq는, 단순한 회원 수 확대와 빠른 확장보다는 가치와 철학에 진정으로 공감하는 조합의 참여가 더 중요하다는 원칙을 강조하였다. 리코른의 확장은 속도보다 철학적 일관성과 정체성의 유지를 우선시하는 전략적 선택임을 보여준다.

리코른 연합회는 초기 단계에서 운영상의 어려움을 겪었다. 특히 Biocoop, Enercoop, La Nef와 같은 대규모 조합에 일정 부분 의존했으며, 이들 조합은 작은 회원사들을 지원하는 중심 역할을 수행해왔다. 초기 회원사 구성, 방향성 정립, 조직 정체성 확립까지 여러 시행착오를 겪으며 안착해온 과정은 리코른이 단순한 네트워크가 아닌, 철학 중심의 연합체임을 보여준다. 현재 리코른은 회원 수 확대보다는 기존 규모의 유지와 내실 강화에 집중하고 있다. 프랑스 전역에 약 1,400개의 공익협동조합(SCIC)이 존재함에도 불구하고, 단 12개 조합만이 회원으로 참여하고 있다는 사실은 리코른이 철학적 정체성과 가치 공유를 중시하는 실험적 공동체임을 드러내는 증거이다.

3) 운영방식

연수단은 리코른이 왜 공익협동조합(SCIC)만을 위한 별도의 연합회로 설립되었는지에 대해 의문을 가졌다. CGSCOP을 방문했을 당시, 관계자는 노동자협동조합(SCOP)에 비해 공익협동조합(SCIC)의 참여율이 상대적으로 낮다고 설명했다. 이에 대해 리코른 사무국장 Chahin Faïq는 인터뷰에서, 리코른은 CGSCOP와는 별개의 조직이며, 사업 영역의 중복은 없고 규모나 역사 면에서도 훨씬 작은 연합체라고 밝혔다. 실제로 리코른의 회원 조합들 중 상당수는 CGSCOP에도 가입되어 있지만, 리코른은 단순히 노동자만이 아니라 소비자, 시민, 지역정부 등 다양한 이해관계자가 참여하는 SCIC 고유의 다중이해관계자 구조를 반영한 조직이라는 점에서 정체성이 구별된다.

리코른은 노동자협동조합 중심의 CGSCOP과 달리, 공익협동조합에 초점을 맞춘 연대경제적 성격의 협동조합 네트워크로, 윤리적 소비를 촉진하고 개방적 거버넌스를 실현하려는 지향점을 갖고 있다. 사무국장 Chahin Faïq는 인터뷰에서, 다양한 업종과 사업 분야로 구성된 리코른 회원사들 간의 협력이 소비자 접근성을 넓히고 시장 확산을 도모하는 데 이상적인 방식은 아닐 수 있지만, 현재의 구조적·환경적 제약 속에서는 가장 실행 가능하고 효과적인 전략이라고 평가했다. 예를 들어, 리코른 소속 조합의 회원은 타 회원 조합의 상품과 서비스를 할인 혜택으로 이용할 수 있으며, 이러한 상호 혜택 구조는 조합 간 협의를 통해 유지되고 있다.

리코른의 주된 역할은 회원 조합의 요구를 정부와 시민사회에 전달하고, 각 조합 운영을 지원·컨설팅하는 것이다. 예를 들어, Railcoop의 파산 과정에서도 리코른은 중재자이자 조율자 역할을 수행하며, 조합 간 협력을 촉진하고 위기 상황에 대응하였다. 또한 리코른은 회원사들의 매출 증대를 위해 각 조합이 보유한 네트워크를 상호 공유하고, 이익을 극대화할 수 있는 협력 체계를 구축한다. 사무국장 Chahin Faïq는 회원 조합들과 긴밀히 소통하며 협업 가능성을 발굴하고 조율하는 실무 전반을 담당한다. 방문 당시 그가 설명한 바에 따르면, 리코른의 온라인 판매 플랫폼은 회원사들의 제품과 서비스를 한눈에 확인하고 구매할 수 있는 통합 창구로 설계되어 있다. 이 플랫폼은 다양한 할인 혜택과 공동 홍보 기능을 제공하며, 신규 고객을 유치하고 기존 고객의 소비 확대를 유도하는 전략적 도구로 기능한다. 각 조합이 개별적으로 감당하기 어려운 홍보·마케팅 기능을 리코른이 대신 수행함으로써, 조합 간 상생과 매출 증대에 실질적인 기여를 하고 있다. 뿐만 아니라 리코른은 일부 회원사에게 자본금 운용, 급성장 대응, 경영 전략 수립 등의 컨설팅 지원도 제공하며, 전통적인 연합회 조직으로서의 기능 또한 충실히 수행하고 있다.

리코른은 정부와 긴밀히 협력하면서도 직접적인 상업 거래에는 관여하지 않고, 주로 회원 조합의 요구를 대외적으로 전달하고 자금 조달을 지원하는 역할을 한다. 예컨대 정부의 에너지 전환 프로젝트와 협력해 시민 주도의 에너지 전환을 촉진하는 방식으로 공공 정책과의 연계를 시도하고 있다.

리코른은 협동조합 방식과 가치관에 기반한 대안적 경제시스템 구축 플랫폼을 지향한다. 시민들은 회원 가입을 통해 참여 의사를 표현하고, 리코른은 이를 통해 시민사회의 지지와 실질적인 참여를 조직한다. 리코른이 추진하는 비전에는 생산과 소비 패턴의 전환, 민주적 거버넌스 실현, 공정한 재분배 규칙의 적용이 포함된다. 이를 실현하기 위한 전략으로, 'Licoornes'이라는 브랜드 플랫폼을 구축하고, 이를 기반으로 일상적 소비의 전환을 유도하고 있다. 이 플랫폼은 윤리적이고 생태적인 소비 선택을 가능하게 함으로써, 시민들이 대안 경제 모델에 실질적으로 참여할 수 있도록 하는 시민 참여형 프로젝트로 발전하고 있다.

4. 리코른의 주요 성과와 도전과제

1) 주요 성과

리코른은 프랑스 내 공익협동조합 생태계 활성화와 지속 가능한 사회적 가치 실현을 목표로 설립 이후 꾸준히 성장해왔다. 리코른의 성장은 회원사 확대, 자금 조달, 정기적인 네트워크 행사 개최, 디지털 플랫폼 구축 등 네 가지 측면에서 이루어졌다. 설립 이후 2023년까지 Biocoop, ethiKdo, Windcoop, Tenk 등 4개의 회원사가 새롭게 가입하면서, 회원사는 총 13개로 확대되었다. 이는 리코른의 가치와 비전에 공감하는 조합들이 자발적으로 참여하고 있다는 점에서 중요한 성과로 평가된다.

또한 2022년부터 진행된 전국 규모의 자금 조달 캠페인을 통해 약 507,000유로(한화 약 7억 5천만 원)의 참여채권을 모집하였다. 비록 당초 설정한 목표액에는 미치지 못했으나, 리코른이 공공 자금과 시민 자본을 유치할 수 있는 역량을 보유하고 있음을 보여주는 상징적 사례로, 향후 자립적 재정 기반을 모색하는 데 의미있는 성과로 평가된다.

매년 9월 개최되는 l'Onde de Coop(Wave of Coop) 행사는 리코른 회원사 간 네트워크를 강화하는 핵심 플랫폼으로 자리매김해 왔다. 이 행사를 통해 각 조합은 지속 가능한 비즈니스 모델로의 전환, 에너지·환경 규제 준수에 대한 교육, 협업 기회 확대 등 다양한 혜택을 누릴 수 있었다. 이러한 활동은 리코른이 단순한 연합체를 넘어, 지속 가능한 전환과 사회적 혁신을 주도하는 협동조합 네트워크로서의 위상을 갖게하는 데 기여했다.

특히 2024년에는 회원사의 제품과 서비스를 통합하여 소개하고 구매할 수 있는 온라인 판매 플랫폼을 구축하였다. 이 플랫폼은 회원사들의 다양한 상품과 서비스를 한 곳에 모아 홍보하고, 소비자가 단일 채널을 통해 접근할 수 있도록 설계함으로써 범위의 경제(economies of scope)를 실현하는 기반을 마련했다. 또한 이 플랫폼은 시민과 소비자의 적극적인 참여를 유도하고, 지속 가능한 소비 문화를 확산하는 데 기여하고 있다. 이러한 디지털 전환 전략은 리코른의 인지도를 높이고 회원사 간 시너지를 촉진하는 중요한 성과로 평가된다.

2) 주요 한계와 도전과제

리코른은 프랑스 내 공익협동조합 생태계에서 주목할 만한 성장을 이뤘지만, 여전히 다음과 같은 몇 가지 중요한 한계와 도전과제에 직면해 있다. 첫째, 가장 큰 한계는 낮은 브랜드 인지도이다. 2022년 자금 조달 캠페인이 기대에 미치지 못한 주된 원인 중 하나는 리코른 자체의 낮은 브랜드 인지도로 지적되었다. 일부 분석에 따르면, 각 조합이 개별적으로 캠페인을 진행했을 경우 더 나은 결과를 얻었을 것이라는 평가도 있다. 이는 향후 리코른의 조직 정체성 확립과 브랜드 가치 제고가 핵심 과제임을 시사한다.

둘째, 불안정한 자금 조달 구조도 지속적인 과제로 남아있다. 2024년 Railcoop의 파산 사례는 자금 조달 실패가 실제로 회원사 존속에 영향을 미칠 수 있음을 보여준 대표적 사례이다. 이 사건은 아직 연합회 차원의 자금 지원 전략이 안정적이지 않음을 의미하며, 향후 자금 조달 방식의 다각화와 재정 기반 강화가 지속 가능한 성장의 핵심 과제로 떠오르고 있다.

셋째, 내부 조직 역량 부족 역시 중요한 문제다. 현재 사무국은 Chahin Faïq 1인이 모든 운영 업무를 맡고 있으며, 12개 회원사와 약 2,000명이 참여하는 대규모 협업 프로젝트를 조율하고 있다. 이처럼 극심한 인력 부족은 업무 과중, 운영의 비효율성, 장기적 지속 가능성 저하 등 부정적 영향을 미칠 수 있다. 따라서 전담 인력 보강과 전문성 확보를 통한 조직 역량 강화가 시급하다.

마지막으로, 회원사 간 비즈니스 성과 격차도 해결해야 할 과제다. 리코른 설립 당시 참여한 초기 회원사 중 다수는 사업적 성공을 거두지 못했으며, 각 조합의 역량 편차도 큰 상황이다. 이러한 격차는 연합회 차원의 성장을 저해할 수 있으므로 시너지를 극대화하기 위한 공동 전략 마련과 맞춤형 지원 프로그램이 필요하다.

결론적으로, 리코른은 회원사 확대, 자금 조달, 정기 네트워크 행사 개최, 온라인 플랫폼 구축 등을 통해 프랑스 협동조합 생태계의 중요한 성장 발판을 마련해왔다. 그러나 낮은 인지도, 불안정한 재정 구조, 조직 역량 부족, 회원사 간 성과 격차라는 구조적 한계를 극복하기 위해서는 전략적 대응과 지속적 조직 역량 강화가 필요하다. 이러한 도전 과제를 성공적으로 해결해 나간다면, 리코른은 프랑스 내 협동조합 생태계를 선도하는 중심적 네트워크로 자리매김할 수 있을 것이다.

3) 대응 전략과 향후 계획

리코른은 2024년 3월 26일, 에너지 전환을 위한 10억 유로(한화 약 1조 4천억 원) 규모의 기금 조성을 목표로 하는 'Operation

Billion' 프로젝트를 공식 출범했다. 이 프로젝트는 리코른의 미션을 실현하기 위한 장기적 재정 기반 구축 전략의 핵심 축으로, 프랑스 사회연대경제 내 협동조합 기반 자본 조달의 새로운 시도를 의미한다.

프로젝트의 1단계는 시민 자금 기반 구축이다. 리코른은 먼저 리코른의 비전과 철학에 공감하는 시민들로부터 2,000만 유로를 모금하여, 이를 바탕으로 시민 투자 기금 또는 시민 재단을 설립하려 한다. 이는 시민들의 자발적 참여 기반을 확보하고, 리코른의 사회적 정당성과 민주적 운영 원칙을 강화하는 출발점이 될 것이다. 2단계는 협동조합 금융기관과의 전략적 제휴이다. 리코른은 윤리적 프로젝트에 자금을 조달해 본 경험이 있는 협동조합 은행, 대규모 공제조합 등과 협력해 3억 유로의 추가 자금을 확보할 계획을 가지고 있다. 이 과정은 민주적 방식으로 투명하게 관리되며 조합원의 참여를 보장한다. 3단계는 공공 재원의 유치이다. 나머지 6억 8천만 유로는 정부 투자(예: Caisse des Dépôts, BPI 등) 및 각 부처의 보조금을 통해 조달해, 공정한 생태 전환 프로젝트에 투입될 예정이다. 본격적인 실행은 민간 자금 조달이 완료된 이후인 2026년부터 시작될 계획이다.

리코른은 단순한 자금 확보를 넘어, 대안적 경제체제로의 전환을 위한 공동 프로젝트도 병행하고 있다. 예컨대 2022년에는 다양한 이해관계자 참여를 유도하기 위한 자금 조달 캠페인을 진행한 바 있다. 이러한 공동 프로젝트를 추진하는 과정에서 리코른은 자원을 모으고, 시민 공동체를 형성하며, 효과적 커뮤니케이션을 통해 협력 분위기를 조성하면서 프로젝트 성공 기반을 마련하는 역할을 하였다.

과거 리코른 내 일부 조합 간 경쟁과 긴장도 있었으나 이런 프로

리코른을 방문 인터뷰 중인 한신대학교 연수단

젝트를 통해 건전한 협력과 상생의 방식이 점차 정립되었다. 앞으로 리코른은 조합원 수 확대보다는 기존 회원사 간 장기적 협력과 내실 있는 성장에 힘을 기울일 예정이다. 리코른의 이러한 전략적 행보는 프랑스 사회연대경제 생태계에서 새로운 모델로 주목받고 있으며, 향후 전개에 대한 관심이 더욱 커지고 있다.

5. 시사점

1) 공통성과 상호 보완성에 기반한 강한 협업 모델 구축

리코른의 협업 모델은 회원 조합 간의 '공통성'과 '상호 보완성'을 핵심 축으로 구축되었다. 이 두 요소는 리코른이 단순한 연합체를 넘어 시너지를 창출하는 유기적 협동 네트워크로 발전할 수 있었던 결정적 기제이다.

먼저 회원 조합 간 '공통성'은 다음과 같은 측면에서 확인할 수 있다. 리코른 소속 조합들은 전국 단위에서 일상적 요구를 충족하는 재

화와 서비스를 제공한다는 공통점을 가진다. 이들은 특정 지역이나 단일 상품에 국한되지 않고, 프랑스 전역의 소비자들에게 필수 생활재와 서비스를 공급함으로써 지속가능한 일상 소비의 전환을 목표로 하고 있다. 또한 모든 조합은 생태적·환경적 가치와 윤리적 소비를 추구하는 조합원 기반을 갖고 있으며, 이를 실현하기 위해 공동의 윤리적·생태적 기준을 지향한다. 이와 더불어, 리코른 회원 조합들은 모두 다중 이해관계자 거버넌스를 실천하는 공익협동조합(SCIC) 형태를 공유한다. 즉, 노동자, 소비자, 자원봉사자, 공공기관 등 다양한 주체가 의사결정에 참여하며, 공공성 실현을 조직의 핵심 목적으로 삼고 있다는 점에서 공통된 정체성과 철학을 공유하고 있다. 이러한 공통성은 리코른 협업 모델에 가치적·조직적 기반을 형성하며, 회원사 간 신뢰 구축, 공동 목표 설정, 전략적 연대의 토대가 된다.

한편 리코른의 회원 조합들은 '상호 보완성'을 바탕으로 협력의 범위와 효과를 확장해 나가고 있다. 리코른은 업종과 규모가 서로 다른 조합들로 구성된 연합체로, 각 조합은 자신의 전문성과 자원을 공유함으로써 다른 조합의 한계를 보완하거나 새로운 시너지 창출의 기반을 마련하고 있다. 예를 들어, 에너지(enercoop), 식품(biocoop), 금융(la nef), 통신(telecoop), 교통(citiz, mobicoop), 전자제품(commown), 온라인 유통(label emmaüs) 등 서로 다른 산업 분야의 조합들이 결합함으로써, 단일 조합으로는 구현하기 어려운 종합적 가치 체계를 공동으로 실현하고 있다. 이러한 구조는 회원 조합이 전문성에 기반해 자신의 핵심 역량을 유지하면서도, 다른 조합의 경험, 기술, 네트워크를 공유함으로써 사업 영역을 다각화하고, 지속 가능한 비즈니스 모델로 확장할 수 있는 기회를 제공한다. 그 결과, 리코른은 '범위의 경제(economies of scope)'를 실현하고 있으며, 이는 개별 조합 단위로는 달성하기 어려운 다양한 효과를 창출한다. 예를 들어 시장 접근성 확대, 브랜드 신뢰도 제고, 소비자 인식 개선, 공동 마케팅 및 홍보 효과 등은 리코른이라는 협업 네트워크 안에서 가능해진 성과들이다.

이러한 리코른의 협업 모델은 언뜻 보면 한국의 이종협동조합연합회 모델과 유사해 보일 수 있다. 그러나 리코른은 소수 조합 간 '공통성'과 '상호 보완성'을 공유하는 깊이 있는 결합 구조를 통해, 보다 강한 연대성과 내적 결속력을 유지하고 있다는 면에서 중요한 시사점을 제공한다. 이는 단순히 다양한 업종의 협동조합이 모여 있는 것이 아니라, 공유된 가치와 공동의 목표에 기반하여 전략적으로 결합되었기 때문이다. 또한 리코른은 각 조합의 자율성을 존중하면서도, 집단적 영향력을 극대화하려는 균형 전략을 추구한다. 이는 회원 조합 간의 경쟁 관계보다 협력 관계를 우선시하는 문화와 제도적 장치 덕분이다. 구체적으로는, 조합 간 상호 지원 체계, 공동 의사결정 구조 등을 통해 운영상 신뢰와 책임이 분산되도록 설계되어 있다. 결과적으로, 리코른의 협업 모델은 개별 조합의 독립성과 네트워크의 통합성이 조화롭게 결합된 협력 체계로 평가할 수 있으며, 이는 협동조합 간 연대의 진화된 형태로서 한국 사회적경제 및 협동조합 네트워크 구축에 실질적인 시사점을 제공한다.

2) 에너지 전환에 대한 강한 열망을 공유하는 SCIC의 결합

리코른의 초기 설립 과정에서 Enercoop, Biocoop, La Nef와 같은 주도적 조합들의 리더십과 기여는 특히 주목할 만하다. 이들 조합

은 각각 재생에너지, 유기농 식품, 윤리적 금융이라는 서로 다른 분야에서 프랑스 사회의 지속 가능한 전환을 선도해 온 조직으로, 이미 업계 내에서 높은 신뢰와 영향력을 확보하고 있었다.

이러한 핵심 조합들은 '에너지 전환'과 '사회·경제 시스템 전환'이라는 공동의 미션을 공유하며 리코른의 설립을 주도했다. 이들은 윤리적 투자자, 책임 있는 소비자, 정부 기금과의 연계를 통해 단계적이고 구조화된 금융 전략을 마련하고자 했다. 특히 이들은 시민 참여 기반의 자금 조성, 투자자 및 소비자 참여 촉진, 협동조합 간의 유기적 협력 체계 구축, 시민 참여를 바탕으로 한 정부 재정 지원 유도 등 복합적이고 다층적인 전략을 통해 리코른의 설립 기반을 공고히 했다. 이 과정에서 Enercoop, Biocoop, La Nef는 각자의 전문성, 네트워크, 신뢰 자본을 바탕으로 리더십을 발휘했다. 예컨대 Enercoop은 재생에너지 분야의 전문성을 바탕으로 에너지 전환을 위한 구체적 모델 제시와 프로젝트 설계에 기여했고, Biocoop은 광범위한 시민 소비자 네트워크를 동원하여 윤리적 소비 기반 확대에 주력했으며, La Nef는 윤리적 금융 모델을 통해 자금 조달 경로를 열고 투자자들을 설득하는 핵심 역할을 담당했다. 이처럼 서로 다른 역량과 자원을 보유한 조합들이 자신의 강점을 공유하고 결합함으로써, 리코른은 설립 초기부터 전략적 연대와 협력의 구조를 갖춘 조직으로 출발할 수 있었다. 이는 단순한 조합 간 연합이 아니라, 공유된 비전과 긴밀한 전략적 파트너십에 기반한 협업 모델이었다.

이 과정은 리코른의 설립이 "누가 참여했는가"보다 "어떤 리더십과 자원이 결집했는가"에 의해 가능했다는 점을 잘 보여준다. 특히 초기 설립 단계에서 중심적 리더십을 발휘할 수 있는 주도적 조합의 존재와 기여는 필수적이었으며, 이를 통해 리코른은 조직 정체성, 공동 목표, 전략적 방향성을 명확히 설정할 수 있었다. 또한 개방형 자금 조성(open fundraising)과 외부 공익자원과의 연계 전략은 리코른이 단순한 협동조합 연합체를 넘어, 시민사회의 다양한 이해관계자를 포괄하는 사회적 연대 플랫폼으로 진화하는 데 핵심적인 역할을 했다. 이는 시장 중심 논리만으로는 달성할 수 없는 공공성과 민주성 확보를 위한 실질적인 방법론적 시사점을 제공하며, 사회적경제 생태계의 질적 전환에 대한 새로운 방향성을 제시한다.

결국 리코른의 초기 결합 과정은 핵심 조합의 리더십, 자원 공유, 네트워크 동원, 다층적인 전략 구성이 상호 유기적으로 맞물린 결과였다. 이는 단순한 조합 간 연합을 넘어선 전략적 협력체계로 기능하고 있음을 보여준다. 리코른 사례는 한국의 협동조합 연합회나 사회적경제 조직 간 연대 전략에 있어, 단지 조직 수나 형식적 결합이 아닌, 핵심 조직의 리더십 발휘, 전략적 자원 연계, 공통 비전 기반의 결속력 형성이 얼마나 중요한지를 시사한다. 즉, 리더십과 자원의 전략적 결합이 초기 구조 형성의 성패를 좌우한다는 점에서, 리코른은 협동조합 연대의 진화된 모델로서 한국 사회적경제 생태계에도 실질적 통찰과 방향성을 제공한다.

〈그림 3〉 Licoornes 일러스트 (Alternatives Economiques, 2024)

사회적경제에 특화된 금융협동조합,

퀘벡의 데자르댕 연대경제신협(Caisse d'economie solidaire Desjardins)[1]

이광연, 이상진

1. 퀘벡의 사회적금융기관 개관과 데자르댕 연대경제신협의 위상

1) 사회적금융제도

퀘벡의 사회적금융제도는 정부, 노동조합, 시민사회, 금융기관이 함께 구축한 연대 기반의 대안 금융체계이며, 사회적경제 조직의 자립을 위한 자산화와 지속가능한 성장을 지원하는 핵심 인프라이다. 한국의 사회적금융이 정부 중심의 공공지원에 주로 의존하고 있다면, 퀘벡은 민간이 중심이 되어 정부와 협치하는 생태계를 조성했다. 시민 출자를 유도하고, 퇴직연금을 활용하여 자생적 모델을 갖추고자 했던 점은 공공보증을 통한 대출지원 제도가 지배적인 한국과 확연히 다른 점이다. 특히, 협동조합, 비영리법인의 자산화 모델을 활성화한 점은 중요한 특징이다.

---

[1] 프랑스어 'Caisse', 스페인 'Caja'는 국내에서 금고로 많이 번역되어, 캐나다 퀘벡의 Caisse d'économie solidaire은 데자르댕 연대경제금고로, 몬드라곤의 Caja laboral은 노동인민금고로 알려져 있다. 이들은 역사 문화적인 차이로 인해 국내에서 '금고'로 불릴 뿐, 대표적인 신협(Credit Union)이다. 참고로 국내에서는 새마을금고와 신협의 근거법이 다르기에 '금고'와 '신협'이 구분되어 사용되나, 본질적인 특성은 신협이다. 따라서 본 연구에서는 혼란을 방지하고자 '신협'이란 용어로 통일하였다.

한신대학교 연수단과 데자르댕 연대경제신협 관계자 사진

퀘벡은 시민들의 출자 및 투자를 장려하고자 세금 혜택 정책을 활용하였다. 1985년 협동조합투자제도(RIC, Régime d'investissement coopératif)를 도입하여 시민이 협동조합에 일정기간(가령, 5년 이상) 출자하거나 투자하면, 투자금액의 일정 비율(가령, 50%)을 소득세에서 공제해줘서 협동조합의 자본화를 촉진하였다. 2001년 설립된 '지역 및 협동조합 자본'(CRCD, Capital régional et coopératif Desjardins)[2]도 시민들이 일정기간(가령, 7년 이상) CRCD에 투자하면, 투자 금액의 일정 비율(예: 35%)을 소득세에서 공제해주는 혜택을 제공하고 있다.

퀘벡은 1990년대부터 사회적경제를 지역개발과 고용 창출의 핵심 전략으로 인식해 왔다. 1996년 경제 및 고용 정상회의(Sommet sur

---

[2] 퀘벡의 협동조합 금융기관인 데자르댕 그룹(Desjardins Group)이 설립하여, 주로 지역기업 및 협동조합에 투자하였다.

l'économie et l'emploi)를 계기로, 정부, 노동계, 시민사회, 협동조합 등이 협력하여 사회적경제의 중요성을 강조하였다. 이런 흐름 속에서 2013년 10월, 퀘벡 주의회는「사회적경제법」(Loi sur l'économie sociale)을 제정하여, 사회적경제의 개념과 원칙을 법적으로 명확히 하고, 정부와 민간의 협력 기반을 제도화했다. 특히, 정부는 샹띠에 같은 민간 네트워크를 공식적인 파트너로 인정하여, 정책 개발과 실행에 있어 민관 협력을 강화했다.

2015년 10월 퀘벡정부는 사회적경제 발전계획「Plan d'action gouvernemental en economie sociale 2015-2020」을 발표하였다. 이에 따르면, 총 1억 캐나다 달러 이상의 투자를 통해 사회적경제조직의 자본화를 지원하고, 역량을 강화하면서 지속가능한 생태계를 만들고자 했었다.

2) 사회적금융 발전경로

퀘벡의 사회적금융은 데자르뎅 연대경제신협(Caisse d'economie solidaire Desjardins)이 근간이 되어 주정부, 노동조합, 민간으로부터 다양한 기금이 조성되었다. 기금은 목적 및 조성 주체에 따라 협동기금, 노동자기금, 지역사회기반기금, 주정부기금, 하이브리드기금, 민간기금 등으로 구분할 수 있다.

협동기금으로 대표적인 것은 캐나다 최초 금융협동조합 그룹인 데자르뎅의 신협운동, 연대경제신협,「지역 및 협동조합 자본」 등이 여기에 해당된다.

노동자기금은 1983년 설립한 퀘벡노동자연대기금(Fonds de

solidarité FTQ)과 1995년 전국노동조합연합이 설립한 Fondaction이 대표적이다. 둘 다 '사회적경제 추진기구 신탁기금'의 신탁관리자(투자자)로 2000년 폰닥시옹Fondaction은 필락시옹Filaction이란 비영리단체를 설립하여 퀘벡 내 모든 산업, 특히 문화, 환경, 사회적 경제 분야의 중소기업에 투자하고 있다.

지역사회기반기금으로는 2000년, 복지와 빈곤퇴치를 목적으로 지역사회 금융을 발전키고자 퀘벡지역사회 금융네트워크(Réseau québécois du crédit communautaire)가 대표적이다.

정부기금으로는 1990년 말 이후로, 사회적경제 기업에 재정을 지원해왔던 퀘벡투자금융과 2015년 지역개발센터의 폐지에 뒤따른 PME MTL(기업 자금조달 및 지원)이 대표적이다.

하이브리드기금은 1997년 퀘벡사회투자네트워크가 대표적이며, 투자자들은 캐나다 로얄뱅크, 데자르댕 그룹, 캐나다은행, 몬트리올 은행, Fondaction, 퀘벡주 정부 등이 포함된다. 또한, 2007년 샹티에 사회적경제회의체에 의해 등장한 퀘벡 최초의 "장기투자자본"기금 피두시 샹티에 사회적경제신탁, 사회적경제 기업의 경영과 관리를 지원하기 위해 Filaction, Fondaction, 연대경제신협이 조성한 INNOGEC 기금 등도 이에 해당된다.

이런 기금은 연대기금(Fonds de solidarité)과 개발기금(fonds de développement)으로 구분할 수 있다. 주로 농촌, 소도시 지역을 지원하는 '지역사회 개발 지원 법인'(SADC, Sociétés d'aide au développement des collectivités)[3]과 도시 및 준도시 지역을 주로 지

---

3 퀘벡과 캐나다 전역에서 운영되는 지역 경제 개발 네트워크의 하나로 농촌 및 중소도시

원하는 '기업지원센터'(CAE, Centres d'aide aux entreprises)[4]가 중재자 역할을 한다.

연대기금은 비영리법인, 협동조합, 사회적기업 등 단체기업(collective enterprises)을 적극적으로 지원하는 제도화된 지역 기반의 임팩트 금융 생태계로 지역공동체 내에서 사회적 자본을 형성하는 데 기여해왔다. 대표적인 연대기금은 다음과 같다.

1995년 퀘벡의 전국노동조합연합 (CSN, Confederation des syndicats nationaux)이 주도하여 퀘벡 주의회에서 특별법을 통해 Fondaction이란 노동자가 후원하는 개발 기금을 설립하였다. 이를 통해 사회책임투자(SRI)를 하고, 사회적경제를 지원했는데 노동자들의 자금을 활용하여 사회적경제를 지원하는 독특한 모델로, 퀘벡의 사회적경제 생태계에서 중요한 역할을 담당한다.

그리고 1997년에는 사회적경제 기업에 적합한 자금 조달을 제공하기 위해 퀘벡사회투자네트워크 RISQ(Réseau d'investissement social du Québec)를 설립하여 창업, 통합, 확장 또는 회복 단계에 있는 기업의 성장을 지원해 왔다. 2007년에는 '사회적경제 추진기구 신탁기금'(Fiducie du Chantier de l'économie sociale)을 설립하여 사회적경제 조직의 자산 기반 강화를 위한 금융 지원을 제공하며, 장기적인 재무 안정성을 확보할 수 있도록 도왔다.

연방정부는 일회성 보조금을 지원했고, 주정부는 퀘벡투자금융

의 지속가능한 지역 경제 개발 지원하고 있다. 기업 창업 지원, 자금 대출, 컨설팅, 청년 창업 프로그램 운영 등을 하고 있으며, 퀘벡에만 약 67개 지역 SADC가 활동 중이다.
4 퀘벡과 캐나다의 지역 경제 개발 생태계에서 SADC와 함께 중요한 역할을 하는 조직으로 중소기업 창업, 성장, 고용 창출을 위한 맞춤형 금융 및 컨설팅을 지원한다.

(Investissement Québec)을 통해 '사회적경제 추진기구 신탁기금'[5]에 천만 불 (2007), IMPLIQ(Financement IMPLIQ)[6]에 3천 십만 불 (2012), '사회적경제 기업 프로그램의 자본화'[7]에 3백만 불(2011) 등을 투자하였다.

개발기금은 사회경제적 목표를 달성하기 위한 벤처 자본을 사용하며, triple bottom line(기업 이익, 환경 지속성, 사회적 책임)에 따라 기업 실적을 측정한다. 주로 일자리 창출, 지역개발, 환경보호 또는 노동자 직업 훈련 등에 집중해 왔다.

3) 캐나다 신협

캐나다는 신협이 가장 발달한 나라 중에 하나다. 캐나다의 금융산업은 은행, 신협, 신탁 등으로 구분되나 그 기능, 취급 상품, 신뢰도 측면에서 우열이 없다. 캐나다 신협은 영어권 캐나다신협연합회와 불어를 사용하는 퀘벡주 데자르댕그룹으로 구분된다.

① 영어권 신협 현황

영어권 신협은 중앙회, 주/지역연합회, 단위조합 등 3단계 조직 체계를 갖추고 있다. 캐나다신협중앙회 CCUA (Canadian Credit Union

---

[5] 캐나다 퀘벡 주에서 사회적 경제 조직의 지속 가능한 성장과 자립을 지원하기 위해 설립된 임팩트 금융기관으로 일반 대출이 아닌 장기 상환의 유연한 구조를 가진 준자본(quasi-equity) 투자를 한다.

[6] 퀘벡 주 정부의 경제 개발 기관인 Investissement Québec이 제공하는 금융 프로그램으로, 특히 협동조합(Cooperatives)과 비영리 단체(OBNL) 등 사회적 경제 조직의 창업과 성장을 지원하기 위해 설계되었다.

[7] 사회적경제 조직의 자산 기반 강화를 목표로 한 금융 지원 프로그램으로 장기 저금리 대출, 공동 대출 파트너십, 대출 보증, 준자본 투자, 우선주 인수로 지원했으며, 퀘벡투자금융, 피두시, 샹띠에가 참여하였다.

Association)는 주/지역센트럴 연합회들의 회비[8]로 움직이며, 사업이슈위원회, CSR위원회, 금융정책위원회, 법률위원회, 전국대부자위원회, 전국청년지도자위원회, 리스크관리정책위원회 등의 전국적인 위원회를 운영하고 있다.

주/지역연합회로는 Central 1, 사스카치완 주, 마니토바 주, 앨버타 주, 대서양 연안지역 5개가 존재하며, 조합의 연합회 가입 의무 여부는 각 주/지역연합회별로 다르다. 2021년 6월 기준, 캐나다의 신용조합 현황을 주별로 살펴보면 다음과 같다.

가장 많은 조합원 수를 보유한 지역은 브리티시 컬럼비아(BC)로, 41개의 신용조합과 373개의 지점을 운영하며 약 200만 명의 조합원이 활동하고 있다. 이는 주 인구의 약 40%에 해당하는 높은 가입률을 보여준다.

매니토바(MB)는 24개의 조합과 199개의 지점을 통해 약 69만 명의 조합원이 활동 중이며, 가입률이 50%로 가장 높아, 인구 절반 이상이 신용조합에 가입해 있는 것으로 나타났다.

서스캐처원(SK) 역시 39개의 조합과 234개의 지점을 통해 48만 명의 조합원을 확보하고 있으며, 가입률은 41%로 높은 편이다.

반면 온타리오(ON)는 64개의 조합과 536개의 지점을 운영하고 있음에도 불구하고 가입률은 12%에 그쳐, 규모에 비해 상대적으로 낮은 조합 참여율을 보였다.

알버타(AB)는 16개의 조합과 193개의 지점을 통해 60만 명의 조합원이 활동 중이며, 가입률은 14%이다. 노바스코샤(NS)는 23개 조

---

8 회비는 회원센트럴연합회 소속 단위조합들의 조합원 수 50%, 자산 규모 50%를 기준으로 산정함.

합, 69개 지점에서 14만 5천 명의 조합원이 활동하고 있으며, 가입률은 15%이다. 뉴브런즈윅(NB)은 10개의 조합, 68개의 지점에서 약 20만 명이 조합원으로 참여하고 있으며, 가입률은 27%로 중간 수준이다. 프린스 에드워드 아일랜드(PEI)는 7개의 조합과 13개의 지점을 통해 4만 8천 명의 조합원을 확보하고 있으며, 가입률은 30%로 비교적 높은 편이다. 마지막으로 뉴펀들랜드 래브라도(NL)는 9개의 조합과 36개의 지점에서 약 6만 명이 조합원으로 가입해 있으며, 가입률은 12%이다.

전체적으로 캐나다 전역에는 총 233개의 신용조합, 1,721개의 지점, 그리고 582만 3천 명의 조합원이 존재하며, 지역별로 조합 참여율에는 큰 차이가 있는 것으로 나타났다. 참고로 단위조합으로는 캐나다에서 가장 큰 자산을 가지고 있는 밴시티신협이 대표적이다. 캐나다 영어권 신협은 교육, 자산관리, 뮤추얼펀드, 금융중개 및 신탁, 보험 및 금융서비스를 제공하는 다양한 자회사를 보유하고 있다.

② 데자르댕 신협 현황

2021년 기준, 데자르댕 신협은 북미에서 가장 큰 협동조합 금융기관으로 성장했다. 자산 규모 3,970억 캐나다 달러, 조합원 약 770만 명, 직원 5만 3천 명 이상, 순이익 약 29억 캐나다 달러이기에 단순한 지역 금융기관을 넘어서, 캐나다 금융시장 전체에서 핵심적인 역할을 하고 있다.

데자르댕 신협은 퀘벡 주에 있는 313개 신협과 온타리오 주의 데잘댕 온타리오 신협까지 포함해서 하나의 통합된 연합체처럼 운영되고 있다. 본사는 퀘벡의 레비(Lévis)에 있지만, 주요 경영진은 몬트리올에 있다. 퀘벡 지역에서는 일반 은행보다 더 많은 점포를 가지고 있고, 예금의 약 1/3, 소비자 대출의 1/3, 농업 대출의 절반 이상을 데자르뎅이 담당하고 있다. 그리고 2021년 한 해 동안 조합원 배당과 지역사회 환원 명목으로 총 5억 1천만 캐나다 달러를 다시 돌려줬다. 그 중 약 3억 8,700만 달러는 조합원들에게 직접 돌아갔고, 나머지는 지역 사회 프로젝트나 사회적경제 지원 같은 곳에 쓰였다.

또 데자르뎅은 환경 문제에도 진심이기에 2040년까지 금융 활동 전반에서 순탄소배출 제로(Net Zero)를 달성하겠다는 목표도 세웠고, 투자할 때 ESG(환경, 사회, 지배구조) 기준을 적극적으로 반영하고 있다. 단순히 돈 버는 데 집중하는 은행이 아니라, 사회 전체의 지속가능성을 진지하게 고민하는 금융기관이라는 뜻이다. 결국 데자르뎅은 협동조합의 원칙은 지키면서도 현대적인 금융 시스템을 구축했고, 영어권의 지역 단위 신협들과는 다르게 훨씬 더 조직적이고 전략적으로 움직이고 있다.

퀘벡주의 데자르뎅 그룹도 연합회, 지역조직, 단위조합의 3단계로 구성된다. 연합회의 대표자 회의(Assembly of Representative)는 17개 지역위원회를 대표하는 255명의 대의원들과 데자르뎅 그룹 회장으로 구성되며, 연합회 총회(General meeting) 및 대회(Congress)는 지역위원회에 적용한 조합별 대표권에 비례하여, 약 1,300명의 대의원들로 구성된다. 이사회는 지역위원회 대표 17명, 신협 실무책임자 4명, 그룹 회장 등 22명으로 구성되며, 윤리와 전문 이사회는 대표자 회의에서 선출된 8명의 독립적인 이사로 구성한다. 연합회는 주요 금융 업무, 전산 업무, 신용 사업, 사업 개발 및 파트너십, 인력 개발, 마케팅, 조합원 관리 등을 수행하고 있다. 연합회 산하에 복지 관리 및 건강 생명공제, 협동적인 네트워크 및 인력 지원, 사업서비스 카드와 결제서비스, 재산 및 재난 공제를 위한 별도 조직을 가지고 있다.

지역조직은 조합의 대의원들이 참여하며 대의원 수는 조합원 수에 비례하여 결정한다. 가령, 500명은 1명, 501~1,000명은 2명 등 500명 단위로 1명 추가하고, 45,001명 이상은 10명으로 한다. 조합의 선출 임원 10명, 조합의 책임자 5명으로 구성된 17개 지역위원회를 운영하며 지역위원회 회장(선출직)은 연합회의 당연직 이사가 된다.

조합은 자체 이사회, 총회, 감독위원회와 재무회계에 있어 자율권을 가진 법적 독립체로 조합원 자격취득을 위해 5달러를 납부해야 한다. 이들은 연합회 가입이 의무적이며 데자르댕이라는 공통된 브랜드 명칭과 서비스를 사용하면서 IT와 다른 지원서비스를 공유하고 있다. 단위조합의 평균 자산은 4억2천8백만 달러(4,280억 원)이며, 자본금은 적립금과 미처분 잉여금 69%, 조합원 출자금 16%, 투표권이 없고 청구 인출이 불가능한 영구 출자금 10%, 기관 시장에 의해 발행되는 후순위채권 15%로 구성되어 있다.

조합은 3가지 유형의 센터(Centres)를 운영한다. 비즈니스 센터는 일정 범위의 조합들을 대상으로 전문적인 지원을 하기 위해 회계관리자들이 상주하고 있다. 관리센터는 조합들의 지원 업무를 수행하기 위해 집중화된 전문 기능을 공유하고 혜택을 받을 수 있는 조합 간의 연계서비스를 제공한다. 공동 서비스센터는 관리센터 기능을 보다 확대하여 금융거래, 모기지 신청, 취합과 사무업무 지원기능 등 부가 서비스를 제공한다.

③ 영어권 신협과 데자르댕 신협 비교

영어권 신협은 지역 분권형 모델로 현장 중심의 유연성을 가지며, 지역사회 금융 혁신의 실험실로 기능하였는데 불어권 데자르댕 신협은 전략적 연대, 중앙집중형 구조, 사회연대경제 중심 금융의 선도자로서, 보다 체계적이고 지속가능한 금융 생태계 모델을 보여준다. 두 가지 신협을 보다 구체적으로 비교하면 다음과 같다.

첫째, 규모와 중앙집중도에서 먼저 살펴볼 필요가 있다. 영어권 신협은 다수의 자율적 단위조합들이 독립적으로 운영되며, 연합체의 결속력이 상대적으로 약한 반면, 데자르댕은 중앙조직이 매우 강력한 통합형 신협 모델로, 단일한 전략과 철학으로 운영되며 효율적인 자원 배분과 정책 실행이 가능하다.

둘째, 지역사회 기여 방식이 다를 수 있다. 영어권 신협(예: 밴시티)은 지역 내 ESG·포용 금융에 집중하며 소셜 임팩트 투자 등 다양한 프로젝트를 실험하는데, 데자르댕 신협은 사회연대경제와 공공 인프라 지원, 예컨대 협동조합주택, 지역 언론, 청년 창업 등 직접적인 사회문제 해결형 금융에 전략적 투자를 하는 편이다.

셋째, 운영 철학의 차이가 있다. 영어권 신협은 금융 접근성, 지역 밀착성을 중심으로 발전했지만, 수익 배분은 여전히 조합원 중심의 방식(이용고배당)에 의존하는 경우가 많다. 반면에 데자르댕은 설립 초기부터 무배당 원칙을 통해 이익을 조직 내부 적립 및 사회적 투자에 환원해 왔으며, 이는 장기적 지속가능성과 공동체 중심 가치를 실현하는 모델로 평가된다.

넷째, 국내외 위상이 다르다. 영어권 신협은 GABV 등 글로벌 네트워크에 일부 가입 중이며, 밴시티 같은 사례는 세계적 관심을 받고 있다. 반면에 데자르댕은 북미 최대의 협동조합 금융그룹으로 국제 신용등급에서도 상업은행을 상회하는 평가를 받으며, 글로벌 협동조합운동의 대표 주자 역할을 수행하면서 보다 체계적이고 지속가능한 금융 생태계 모델을 보여줍니다.

2. 데자르댕 연대경제신협의 주요 사업과 성과

1) 데자르댕 연대경제신협 개관

데자르댕 연대경제신협은 사람을 중시하는 금융 조직으로서 기업가 정신을 중시하고 있다. 이들이 정의하는 기업가 정신은 빈곤과 개발 문제를 해결하는 등 인간의 필요에 대한 해답을 찾고자 문제해결에 집중하는 것이다. 이러한 기업가 정신만이 적절하고도 지속가능한 해결책을 찾는데 폭넓고 관대한 기준을 제시할 수 있다고 믿고 있다. 2010년대 데자르댕 연대경제신협이 재정립한 3가지 사명을 통해 특징과 위상을 살펴볼 수 있다.

첫째는 사회연대경제 발전을 지속적으로 지원하기 위해 노동조합, 지역공동체 및 시민단체, 협동조합, 문화단체 등 4개 네트워크와 협력하여 기업가 정신을 추구한다는 것이다. 특히, 2004년 데자르댕 연대경제신협을 비롯한 엠씨이 콩세일(MCE Conseils), 필락시옹(Filaction) 등의 협력기관은 폰닥시옹(Fondaction)이 소유한 연대금융허브 건물에 함께 입주하였다. 연대금융허브를 이루는 기관은 총 10억 달러가 넘는 자산을 보유하고 있었고, 허브 구성원들은 퀘벡 내에서 근로자 35,000명을 고용하고 있는 2,500개 기업 또는 조직에서 활동하고 있었다. 2014년에는 국제연대개발과 데자르댕 연대경제서비스센터인 르 셰농-오노레-메르시에도 입주하였다. 신협의 가장 특별한 점은 협력기관과 상호 보완성인데 이들 기관이 같은 건물에 상주하는 것은 협업 시너지를 극대화하는 데에 효과적이었다. 연대금융허브 건물은 협동조합, 민간기업 노동조합을 비롯하여 퀘벡 주민에게 사회책임금융의 모든 형태를 선보이며 다양한 제품과 서비스를 제공하는 통로였다.

둘째는 사회책임투자기관으로 자리매김하겠다는 것이다. 기업의 사회적 책임, 환경문제에 대한 인식의 전환은 개인 조합원을 대상으로 하는 금융상품에 변화를 일으켰다. 2006년에는 환경친화적 건물 사업에 자금을 지원하는 이포트에코 상품을 출시했고, 2007년에는 에너지 효율이 높은 차량 구매 및 공유 서비스 플랫폼 '코뮈노토' 이용을 권장하는 오토에코를 선보였다. 고객의 저축상품을 사회적, 문화적, 환경적 가치를 지닌 사업과 기업에 연계하여 자금을 공급하는 임팩트 투자 상품도 출시하였다. 조합원들이 모은 사회책임기금은 2006년에 220만 달러에서 2014년에는 2,500만 달러로 증가하였다. 예금에서 사회책임기금이 차지하는 비중은 2006년 6%였는데 2014년 51%로 증가하였다. 2014년 개인 조합원의 포트폴리오 중 67%가 임팩트 투자에 할당되었고, 이들이 보유한 예금 상품 중 85%는 사회책임투자였다. 신협은 데자르댕 운동 내에서 기여도가 가장 높은 상위 25개 신협 목록에 여러 차례 이름을 올렸다. 2005년에는 사회책임금융을 위한 가이드를 발행하여 직원들에게 교육하였다. 환경보호에도 노력을 기울여 2006년에는 금융기관 최초로 환경네트워크 회원 조직이 되었다. 환경친화적 구매 정책을 채택했고, 재활용 실천 관행을 수립했으며, 화상 회의를 자주 활용하여 임직원 출장 횟

수를 줄였다. 2008년에는 유엔환경계획(UNEP)이 설정한 글로벌 리포팅 이니셔티브(GRI)를 충족하는 첫 보고서를 발표하였다.

셋째는 국내외 여러 기관들과 협력하여 연대금융운동의 발전에 기여한다. 1970년대 초부터 국제 사회에서 이루어지는 연대 활동을 관찰한 덕분에 다양한 방식을 고안할 수 있었다. 1990년 식량원조 프로그램을 지원하고자 전국노동조합총연맹이 설립한 제3세계 연대기금에 가입하였다. 노동조합연맹과 멕시코 자주관리기업 유니온 프로비자를 지원하였다. 2002년에는 이탈리아 방카에티카(Banca Etica) 교류 및 협력을 위한 업무협약을 체결한 바가 있으며, 2010년에는 프랑스 신용협동조합 그룹 산하 신용협동조합과 협동조합에 자금을 지원하였고, 혁신적인 금융상품과 서비스 노하우 및 우수사례를 상호 공유하였다. 1999~2002년 프랑스-퀘벡 협력에도 적극적으로 참여하고, 2009년 유엔책임투자원칙 UN PRI[9]을 체결하였다.

2) 데자르댕 연대경제신협의 발전 과정

① 노동조합운동, 협동조합운동에 기반한 신협(1900~1970년)

퀘벡주는 19세기 산업혁명으로 급격한 산업화를 겪으며 노동 착취, 고리대금업 등이 만연했고, 이에 대한 대응으로 가톨릭 중심의 시민사회운동과 직업결사가 형성되었다. 이러한 흐름 속에서 1900년 알퐁스 데자르댕은 레비주민신협을 설립하고, 이후 20년간 퀘벡, 온타리오, 미국에 총 160여 개 신협을 창립하였다. 이 과정에서 가톨

---

[9] 기관 투자자와 신협을 포함한 금융파트너 기관들이 분석, 의사결정 과정에서 환경과 사회, 지배구조 문제를 고려하도록 권장하는 원칙이다.

릭 사회운동, 노동조합, 언론인이 결집하며 퀘벡시와 몬트리올의 노동조합 주민신협이 데자르댕 연대경제신협의 모태가 되었다.

1960년대에는 주민신협 외에도 직장 단위 경제신협이 등장하며, 퀘벡 내 노동자 주도 금융 자조운동이 확산되었다. 신협은 주민통합보다 직장 내 노동자의 요구에 기반해 발전했으며, 이는 새로운 민족주의와 경제 자립의 흐름과도 맞물려 1964년 데자르댕 자산은 10억 달러에 달했다.

② 퀘벡시 노동자경제신협으로서 새로운 시도(1971~1978년)

1971년 퀘벡시 노동자경제신협은 무이자 정책, 생활밀착형 서비스(보험, 할인 등), 자주관리 위원회 운영 등 3대 차별화 전략으로 출범하였다. 초기 조합원 중심의 급여공제 저축, 저금리 대출, 교육, 법률서비스 등을 제공했으며, 사회적 필요(주거, 소비 등)를 충족시키는 협동조합 설립 자금도 조성하였다.

조합원 수와 자산은 급격히 증가했지만, 스태그플레이션 등 경제 환경 악화로 무이자 정책은 조기 종료되었고, 전국노동조합주민신협으로 통합되었다. 이 시기의 실험은 현재 데자르댕 연대경제신협의 가치관을 형성하는 토대가 되었다.

③ 신협 역할을 재정의한 퀘벡시 노동자주민신협(1978~1988년)

1980년대 경제불황과 고금리로 신협 재정이 악화되었으나, 전국노동조합총연맹의 연대와 기금 예치를 통해 신협은 자산을 3배 이상 성장시켰다. 이 시기 노동조합 예금은 사회운동 프로젝트로 환류되었고, 퇴직연금제도(바티랑트), 엠쎄에 컨설팅 등 사회적경제 기반

1921년 캐나다 가톨릭 노동자 연합(Confederation of Catholic Workers of Canada) 창립 대회에는 80개 노조를 대표하는 220명의 대의원이 참석했다. ⓒ CSN Archives.
출처: CSN DVD 세트.

도 구축되었다.

1988년 퀘벡시 노동자경제신협은 금융 지원 전문기관으로 전환, 내부 통제를 강화하고 협동조합, 노동조합, 지역사회, 문화 네트워크와의 관계금융 기반을 다지며 재정 안정성을 확보하였다.

④ 사회연대경제와 협력을 통한 퀘벡시 노동자경제신협
(1988~2003년)

1990년대 경기침체와 NAFTA 체결은 사회적금융의 필요성을 높였고, 퀘벡시 노동자경제신협은 협동조합, 노동조합, 지역공동체, 문화단체 등 4개 분야에 특화된 금융지원을 강화하였다. 관계금융에 기반한 위험평가, 조합원 참여 확대, 연례보고서에 사회문제 성찰을 담는 등 금융기관의 역할을 재정의하였다.

1999년 퀘벡시 노동자경제신협과 몬트리올시 전국노동조합경제신협은 합병을 결정하였고, 2004년 공식 명칭을 '데자르댕 연대경제신협'으로 확정하였다.

⑤ 사회적 은행의 롤 모델로서 데자르댕 연대경제신협 (2004~2015)

2008년 금융위기로 인해 규제가 강화되어 데자르댕 연대경제신협이 차별화된 활동 방향을 유지하는 것이 점점 어려워졌지만, 사회책임투자, 지속가능한 개발분야로 집중하면서 3가지 사명을 재정립하고, 전 세계적으로 연대금융운동을 발전시키겠다는 포부를 밝혔다. 특히, 그동안 개인이 배당금을 수령하지 않고, 공동자금을 조성하여 프로젝트 지원금으로 활용하도록 제안하는 등 개인 조합원에게 개인의 이익보다는 집단의 이익을 우선시하도록 요구해 왔는데 2008년 총회에서 이 방식에 대해 조합원들의 지지를 재확인하였다. 글로벌 경제위기는 연대감을 자극하여 2008년 개인 및 기업 조합원이 14% 증가하였으며, 2001년 7,000명이던 개인조합원은 2012년 12,000명으로 늘어났다. 이는 금융위기 이후 경기침체 속에서 지속가능한 발전과 사회책임투자를 지향하는 신협의 행보가 상당한 관심을 불러일으켰던 것으로 풀이된다.

2004~2015년 데자르댕 연대경제신협 자산은 2003년 3억4천만 달러에서 2014년 7억5천8백만 달러로 증가하였고, 신협의 사업 규모도 2006년 7억6천8백만 달러에서 2014년에는 14억 달러 이상으

로 커졌다. 2010년 데자르댕 연대경제신협은 데자르댕 운동 소속 405개 신협 중에서 자산 규모 42위, 거래량 51위를 기록하였다.

3) 데자르댕 연대경제신협의 주요 사업

연대경제신협은 전통적인 상업은행들과는 분명히 다른 철학과 운영 방식을 가지고 있다. 우선, 신협의 핵심 미션에서부터 차이가 드러난다. 일반 은행들이 이윤 극대화와 금융 수익 창출을 주요 목적으로 삼는 반면, 연대경제신협은 금융을 단지 개발을 위한 도구로 간주한다. 이들은 자금을 통해 수익을 내는 것이 아니라, 자금을 지역사회와 공동체, 협동조합, 문화단체, 노동조합 등을 지원하는 수단으로 사용하며, 이를 통해 사회적 연대를 강화하는 것을 궁극적인 목적으로 삼는다. 다시 말해, 신협은 '금융기관'이 아닌 사회적 투자기관으로 스스로를 정의하고 있다.

이러한 철학은 지원 방식에서도 뚜렷하게 나타난다. 일반 은행이 개인 단위로 신용을 평가하고 대출 여부를 판단하는 것과는 달리, 연대경제신협은 지역 공동체나 조직 단위를 중심으로 신용을 평가하고 자금을 지원한다. 이 과정에서 신협은 단순히 재무적 수치를 기준으로 삼지 않고, 해당 조직이 공동체에 어떤 역할을 하는지, 지역사회와 얼마나 깊이 연결되어 있는지를 중요하게 본다. 이는 공동체 내부의 상호신뢰와 유대를 바탕으로 자원을 배분하고 협동을 유도하는 방식으로, 공동체 전체의 지속가능한 발전을 도모하려는 전략이다.

또한 신용 위험 관리 측면에서도 기존 금융기관과 확연히 다른 방식을 취하고 있다. 연대경제신협은 정형화된 신용등급이나 객관적 지표보다는 구성원 간의 신뢰, 공동체 내에서의 평판, 사회적 참여도와 같은 정성적 요소를 기반으로 신용을 평가한다. 신용이란 수치가 아닌, 신뢰와 관계 속에서 형성된다는 철학에 따라 신협은 사회적 맥락 속에서 신용을 재구성하며, 이를 통해 보다 장기적이고 지속적인 관계를 유지한다. 이는 때때로 효율성과 객관성을 희생할 수 있으나, 지역사회의 안정성과 연대성 강화라는 관점에서는 매우 효과적인 방식이라 할 수 있다.

신협의 활동은 단지 자금을 나누는 행위가 아니라, 사회적 연대를 실현하는 과정이었다. 연구자 미셸 루(Michel Roux)는 금고 운동을 '존재의 열정을 담은 사회운동'이라 보았고, 이는 곧 금융이 아닌 삶의 방식으로 이해되었다. 자발적 실천은 감정, 신념, 정체성의 문제로 이어졌고, 이는 단지 시스템을 따라가는 것이 아닌 자기 삶을 실천하는 방식으로 자리 잡았다.

신협은 전통적 제도와 구분되는 독립적 사회 실천의 장으로 기능하며, 시장 논리나 국가 제도에 종속되지 않고 사회연대경제의 가능성을 확장시켰다. 이는 특히 노동자, 협동조합, 지역 사회의 자율성과 연대의 힘을 보여주는 모델로 작용하며, 현대 사회에서 새로운 경제 주체로서 중요한 함의를 가진다.

결국 연대경제신협은 단순한 금융기관을 넘어, 사회적 금융과 연대경제를 실천하는 모델로서, '존재의 열정'이라는 철학 아래 사회적 목적을 중심에 두고 움직이는 조직임을 보여준다. 이는 자금조달원천과 대출 포트폴리오에도 잘 반영되어 있다.

연대경제신협 전체 예금의 대부분이 비영리·협동조합·시민 등 사회연대를 중심으로 구성되어, 신협의 정체성이 명확하게 드러내고 있다. 반면, 영리기업의 예금 비중은 6.6%로 낮아 철저히 사회적금융에 집중된 모델이다. 또한, 자기자본 중 상당 부분이 준비금으로 안정적으로 관리되고 있기에 재무건전성이 우수한 편이다. 보다 자세한 내용은 다음과 같다.

참고로 한국 신협은 예금고객은 대부분이 개인이며, 비조합원의 예금 비중이 높으나, 연대경제신협은 법인고객 비중이 훨씬 높으며, 비조합원에게는 예금을 판매하지 않고 있다.

연대경제신협 전체 대출의 절반 이상이 사회적 목적을 가진 기업과 개인을 위한 금융 지원에 쓰였다. 총 대출금은 13억2,780만 CAD 달러이며, 개인대출은 4억 3,180만 달러(32.5%)이고, 기업대출은 8억9,600만 달러(67.5%)이다. 특히, 기업대출의 절반 이상이 커뮤니티 하우징으로, 주거권 확보에 우선순위를 두고 있다. 유동성과 금융 안정성도 확보하면서 사회적경제 영역을 적극 지원하고 있다.

한국 신협의 대출 고객 대부분은 개인이며, 비조합원에게 1/3까지 대출이 가능하나, 연대경제신협은 비조합원에게 대출이 금지되어 있고 법인고객 비중이 훨씬 높다. 또한, 한국은 부동산 담보대출이 90% 이상으로 대부분을 차지하고 있으나, 연대경제신협은 담보대출 비율이 30%로, 상대적으로 낮은 편이다.

4) 데자르댕 연대경제신협의 주요 성과

연대경제신협은 캐나다 퀘벡에서 시작된 북미 최대의 신용협동조합이자, 대표적인 민간 주도형 사회적 금융기관이다. 1900년 퀘벡의 한 기자이자 교육자인 알폰스 데자르댕(Alphonse Desjardins)의 주도로 창립된 이 조직은, 은행에서 외면받던 서민들이 자발적으로 자금

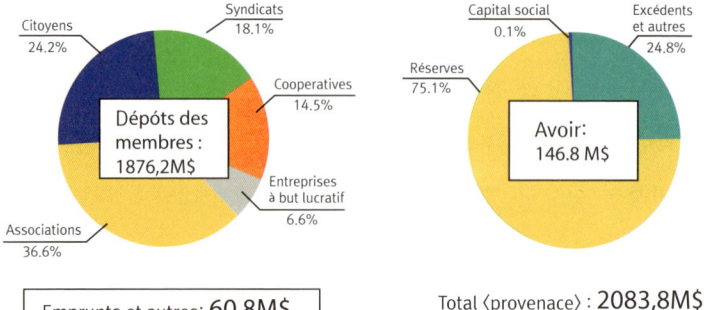

출처: Caisse d'économie solidaire, 2023.

- 신협이 보유한 1,876.2백만 캐나다달러(약 18억 7천만 CAD)의 예금은 비영리/사회적경제 조직이 다수이다.

  - 협회(Associations): 36.6% → 가장 큰 비중. 비영리단체, 시민사회단체 등.
  - 시민(Citoyens): 24.2% → 일반 개인
  - 노동조합(Syndicats): 18.1%
  - 협동조합(Cooperatives): 14.5%
  - 영리기업(Entreprises à but lucratif): 6.6%

- 60.8M CAD는 예금 외의 자금 출처이며, 금융기관 등에서의 차입 또는 보조금일 수 있다.

- 신협이 보유한 자기자본(총 1억 4,680만 CAD)은 다음과 같이 구성되어 있다.

  - 준비금(Réserves): 75.1% → 위험 대응을 위한 적립금.
  - 잉여금 및 기타(Excédents et autres): 24.8% → 사업 수익의 일부.
  - 사회자본(Capital social): 0.1% → 조합원이 납입한 출자금 등.

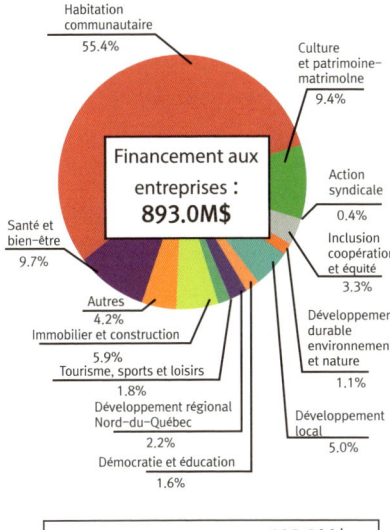

- 사회적 목적을 중심으로 자금이 배분되며, 커뮤니티 하우징과 사회서비스 분야에 집중되어 있는 것이 특징이다.

- 커뮤니티 하우징(Habitation communautaire): 55.4%

- 건강과 웰빙(Santé et bien-être): 9.7%

- 문화와 유산(Culture et patrimoine): 9.4%

- 부동산 및 건설(Immobilier et construction): 5.9%

- 지역개발(Développement local): 5.0%

- 기타(Autres): 4.2%

- 지속가능한 개발/환경 분야: 1.1%

- 민주주의와 교육(Démocratie et éducation): 1.6%

- 북부 퀘벡 지역개발(Nord-du-Québec): 2.2%

- 관광, 스포츠, 여가: 1.8%

- 노동조합 활동(Action syndicale): 0.4%

- 포용, 협동, 평등: 3.3%

- 유동성과 투자(Liquidités et placements) 예금 안정성 확보, 유동성 유지, 단기 및 중기 투자로 사용되는 금액으로 전체 자금 중 약 1/3을 차지함

출처: Caisse d'économie solidaire, 2023.

을 모아 서로의 삶을 지지하는 공동체 금융을 실현하려는 실천에서 비롯되었다.

연대경제신협의 출발점은 자본보다 사람과 신뢰였다. 초기 조합원들은 "우리는 함께 해야만 살아남을 수 있었다"며, 공동체 내부에서 형성된 연대를 기반으로 금고를 운영해왔다. 특히 1980~90년대 이후에는 퇴직자, 여성, 청년, 이민자 등 기존 금융시스템에서 배제되었던 이들이 연대경제신협을 통해 자립의 기회를 얻었다. "금고는 나를 다시 일으켜 세운 유일한 버팀목이었다"는 한 여성 조합원의 말처럼, 연대경제신협은 소외된 이들의 삶의 궤도를 바꾸는 전환점이 되기도 했다.

연대경제신협이 보여준 성과는 단순히 자산 규모나 조합원 수에 그치지 않는다. 더 중요한 것은 수많은 조합원들의 삶의 증언에 담긴 변화의 목소리다. "은행은 나를 고객으로 보지 않았지만, 신협은 나를 사람으로 대해주었다", "처음으로 내가 돈을 맡길 수 있다고 느낀 곳은 이곳뿐이었다"는 조합원들의 말들은 연대경제신협이 단지 돈을 맡고 빌려주는 기관이 아니라, 신뢰와 소속감을 주는 공동체였음을 말해준다.

2000년대 이후 연대경제신협은 지역사회 기반의 사회적 경제 조직들과의 협력을 강화하며, 공공성과 민간성 사이의 새로운 균형을 만들어가고 있다. 이는 단순한 금융 제공을 넘어 사회 문제를 해결하는 플랫폼으로 진화하고 있다는 의미다. 실제로 노동조합, 문화단체, 협동조합 기업들과의 연계를 통해 연대경제신협은 공동체의 회복탄력성을 키우는 데 기여하고 있다.

한 퇴직 조합원은 이렇게 말했다. "젊을 때 내가 일구었던 것들을 이 금고가 기억해준다는 사실에 감사한다. 더는 나 혼자가 아니었다." 또한 한 이민자 조합원은 이렇게 전한다. "낯선 나라에서 처음으로 나를 신뢰해준 곳이 연대경제신협이었다. 그 신뢰 덕분에 내 삶이 바뀌었다." 이처럼 연대경제신협은 누구도 배제되지 않는 금융의 가능성을 현실로 증명하고 있다.

이제 연대경제신협은 사회적은행 연합체 GABV(Global Alliance for Banking on Values)에 가입되어 있는 대표적인 협동조합형 사회적은행으로 사회연대경제에 특화되어 있다. 2022년 말 자산 규모는 2조 원으로 성장했으며, 직원은 111명이다.

기간	조합원수		예금		대출	
	조합원	비중	금액 (백만달러, CAD)	비중	금액 (백만달러, CAD)	비중
개인	17,520	80.3%	453.4	24.2%	431.8	32.5%
법인	4,287	19.7%	1422.8	75.8%	896.0	67.5%
전체	21,807	100.0%	1876.2	100.0%	1327.8	100.0%

〈표 1〉 데자르댕 연대경제신협의 현황 (출처: Caisse d'économie solidaire, 2023.)

2022년 말 조합원은 21,807명으로 4,287개의 NPO, 협동조합, 노동조합, 기업과 17,520명의 개인이 참여하고 있다. 2022년 전년 대비 법인은 261개, 개인은 541명이 증가하였다. 퀘벡주 비금융협동조합의 24%(400개 이상)와 퀘벡주 노동통합기업의 45%가 연대경제신협의 조합원으로 참여하고 있다. 시민이 조직화된 협동조합, NGO, 문화공동체, 지역공동체가 중심이 되었고, 투자, PB, 컨설팅 등 폭넓은 금융업무를 수행하면서 규모화되었다.

1983년 설립된 집단연대행동기금의 지원으로 진행되는
레슈그라 연대 협동조합의 퍼머컬처 워크숍 (출처 https://caissesolidaire.coop/)

　연대경제신협은 규모, 윤리, 지속성, 실천력, 지역 기반을 동시에 달성한 복합성과 혁신성을 갖춘 민간 사회적 금융기관의 모범사례로 평가받고 있다. 주요 성과를 정리하면 다음과 같다.
　① 사회연대경제 기업과의 전략적 제휴 기반 확립
　연대경제신협은 퀘벡 내 400개 이상의 협동조합, 노동통합기업의 45% 이상과 조합원 관계를 유지하며, 단순 금융 서비스를 넘어선 사회경제적 생태계의 중심 허브 역할을 수행하고 있다. 지역 기반 협동조합·노동조합·시민사회 단체와의 장기적 파트너십 구축을 통해 신뢰 기반의 경제 시스템을 구축할 수 있었다.
　② 사회혁신 프로젝트에 대한 선제적 금융투자
　협동조합 정비소, 가족휴양마을, 주거협동조합, 푸드뱅크, 공정무역기업, 노동통합기업 등 다양한 사회혁신 프로젝트에 금융·비금융 자원을 투입했다. '태양의 서커스(Cirque du Soleil)', '지속가능한 발전의 집' 등 세계적으로 주목받는 프로젝트의 성장기반을 마련한 대표적인 금융 파트너로 자리매김할 수 있었다.

③ 윤리적 금융 실천과 지역기금 조성

조합원 배당을 지양하거나 제한하고, 그 이익을 지역개발기금, 연대기금, 식량주권기금 등으로 재투자했다. 수익을 단기 성과가 아닌 공공성과 지속가능성을 위한 사회적 자본으로 전환한 것이다.

④ 청년 세대 참여 확대

2000년대 초반부터 신규 조합원의 40% 이상이 35세 이하 청년 세대로 구성되었다. 이는 신협이 단순한 '노후 금융기관'이 아닌, 청년 세대의 사회혁신 플랫폼으로 작용하고 있음을 보여주는 의미있는 성과이다.

⑤ 지속적 합병을 통한 규모화와 지속 가능성 확보

1978년 이후 2000년대까지 일련의 합병 과정을 통해 자산 기반과 조합원 수를 대폭 확대할 수 있었다. 이를 통해 규모의 경제를 확보하면서도 지역성·연대성·가치 지향성을 유지하였다. 2004년 공식적으로 '연대경제신협(Caisse d'économie solidaire)'로 명칭을 정립하며 퀘벡 사회연대경제의 대표적인 금융기관으로 자리매김하였다.

⑥ 사회적금융기관으로서의 위상 정립

사회책임투자(SRI), 무이자 연대 저축, 비배당 시스템 등으로 차별화된 모델을 구축함으로써, 윤리금융, 사회적금융 분야에서 국제적 사례로 인정받았다. 아울러 퀘벡 투자자, 공공기관, 비영리조직 등으로부터 장기 파트너로 신뢰를 획득할 수 있었다.

3. 한국 사회적금융 생태계에 주는 시사점

연대경제신협은 사람 중심의 금융이 어떻게 지속가능한 사회적 성과로 연결되는지를 보여주는 실천적 모델이다. 공동체의 필요에서 출발한 이 조직은, 주민들로부터 신뢰를 얻으며 사회 전반의 포용성과 회복력을 높이는 데 기여하고 있다. 오늘날 ESG 금융과 사회적 투자, 통합돌봄이라는 개념들이 강조되는 가운데, 연대경제신협은 사회적 금융의 원형이자 미래 지향적 모델로 평가받고 있다. 따라서 한국의 사회적금융 생태계를 구성하는 주체들에게 귀감이 될 수 있다.

1) 신협 부문에 주는 시사점: 조합 정체성 회복과 사회책임금융으로의 전환

데자르댕 연대경제신협의 운영 철학과 실천은 조합 정체성의 회복이라는 중요한 과제를 한국 신협에 제기한다. 현재 한국의 신협은 조합원 외 예금 유치와 개인 위주의 금융 거래 중심으로 운영되고 있다. 비조합원에게 예금을 받고, 대출의 상당 부분이 부동산 담보를 기반으로 하며, 고객 구성 역시 개인 위주로 제한되어 있다. 반면, 연대경제신협은 비조합원의 예금·대출을 허용하지 않고, 법인조합원을 중심으로 조직되고 있으며, 담보보다는 신용 기반의 대출에 더 큰 비중을 둔다.

이러한 차이는 조합의 근본 정체성, 즉 조합원 중심 운영과 사회적 책임을 중시하는 금융 실천에 기반한다. 신협이 단순히 소형 금융기관이 아니라, 연대와 공동체 기반의 경제 대안이 되기 위해서는 조

합원 참여 확대, 법인조합원 유치, 신용 중심 대출 전환, 사회혁신 프로젝트에의 전략적 투자와 같은 구조적 변화가 필요하다. 나아가 배당 대신 지역 사회를 위한 기금 조성 및 환원, 윤리적 금융 도입 등도 주목할 지점이다.

2) 노동운동·시민운동·사회적경제 부문에 주는 시사점: 거버넌스와 조직적 결합의 모델

퀘벡의 연대경제신협이 성공적으로 안착할 수 있었던 배경에는 사회운동과 금융의 긴밀한 결합이 있었다. 연대경제신협은 노동조합, 여성단체, 협동조합, 문화예술 조직, 환경운동, 식량주권 단체 등 다양한 사회운동과 함께 성장해왔다. 이는 한국 사회운동과 사회적 경제 섹터에 중요한 시사점을 던진다.

한국에서는 노동운동과 시민사회운동이 사회적경제와 연대하는 데 있어 여전히 이질감과 제도적 단절이 존재한다. 반면 퀘벡은 '샹티에'라는 중간지원 네트워크를 통해 노동, 지역, 환경, 젠더, 경제조직 등이 평등하게 참여하는 포용적 거버넌스를 구축하였다. 각 주체는 자율성과 연대의 균형 속에서 공공성과 경제적 실천을 조율해 왔다.

이 같은 구조는 한국에서도 사회운동이 단순한 비판 주체를 넘어 실천적 경제 주체로 거듭나기 위한 통합적 접근이 필요함을 보여준다. 사회적경제 조직은 사업성과 자립성을 도모하는 동시에, 공동체의 요구를 반영한 사회운동적 가치 실현에도 주력해야 하며, 이를 위한 복수의 연대조직, 지역 기반 협의체, 사회적경제를 포괄하는 네트워크형 거버넌스가 절실하다.

3) 정부 사회적금융 정책에 주는 시사점: 참여형 인프라와 정책 신뢰 기반 조성

연대경제신협은 정부 주도 정책 없이도 민간이 자율적으로 사회책임금융을 구축하고, 그 안에서 윤리성과 지속가능성을 조율할 수 있음을 입증한 사례다. 샹티에를 통한 퀘벡 사회적경제 정책의 확산과 정착은 정부가 민간과의 수평적 파트너십을 맺고, 자율적 운영을 보장하는 구조를 어떻게 설계해야 하는지를 보여준다.

한국 사회적금융정책은 아직까지 정부 중심의 보조금 지원과 융자사업 위주로 한정되어 있으며, 민간 주체의 자발적 참여나 금융기관의 책임성, 비재무적 가치 평가 시스템 등이 부족한 실정이다. 이에 따라 향후 정책 설계는 다음과 같은 방향으로 보완되어야 한다

① 민간이 주도하고, 정부는 제도적 인프라를 제공하는 참여 기반의 정책 거버넌스 확립

② 사회연대경제 조직에 적합한 사회적 가치 평가 및 인센티브 구조 설계

③ 공공자금을 통한 직접적 개입보다, 중간지원조직과 민간기금이 결합된 구조적 지원체계 마련

④ 장기적으로 지역금융 생태계 육성을 위한 법제도 정비 및 행정절차 간소화

결과적으로, 사회책임금융과 사회적경제를 잇는 생태계를 설계할 때, 단순한 정책 도입이 아닌 거버넌스, 철학, 인프라의 삼위일체적 접근이 필요하며, 연대경제신협의 사례는 이러한 종합적 프레임워크의 실천 모델로 활용될 수 있다.

출처 데자르댕 홈페이지

사회연대경제에 특화된 금융협동조합,

프랑스의 크레디 코오페라티프
(Crédit Coopératif) [1]

손석조

1. 왜 크레디 코오페라티프인가?

금융협동조합이란 예금자와 대출자를 중개하는 비즈니스를 하는 기업을 예금자와 대출자들이 직접 소유하는 기업이다.[2] 프랑스의 크레디 코오페라티프[3]는 1893년 노동자협동조합의 은행 역할을 위한 대표적인 금융협동조합으로 출발하여 주로 협동조합, 공제조합, 결사체의 설립과 발전을 지원한다. 특히, 연대저축상품(solidarity product)을 만들어 사회연대경제를 지원하며 전국적으로 사업을 운영하고 있다.

크레디 코오페라티프는 협동조합법과 통화금융법에 의해 규제를

---

1 보다 자세한 내용은 손석조, "프랑스 사회적금융협동조합 크레디 코페라티프와 라 네프의 비교연구(A Comparative Study of French Social Finance Cooperatives : Crédit Coopératif and La Nef), 한신대학교 석사학위 논문대체(직무보고서)"를 참고.
2 금융협동조합은 협동조합상업은행 혹은 신용협동조합, 협동조합투자은행, 사회적금융협동조합 등으로 크게 나뉘며, 사회적금융협동조합은 다시 마이크로파이낸스협동조합, 지역개발신용협동조합, 사회적투자금융협동조합 등으로 세분화된다(장종익, 2014)
3 신협은 신용협동조합의 약칭으로 북미권과 아시아에서는 'credit union' 또는 'credit cooperative'로 표기되나, 유럽에서는 Cooperative Bank로 불리운다. 프랑스 신협(협동조합은행) 중의 하나인 크레디 코오페라티프는 법인 고유명칭으로서 국문으로는 글자 그대로 "신용협동조합"을 뜻하여 여기에서는 국문으로 번역하지 않고 고유명사 "크레디 코오페라티프"를 그대로 표기한다.

어디에 쓰이든지, 당신의 돈은 행동으로 불립니다. 재생 에너지, 친환경 활동, 에너지 관리, 그리고 환경 보존을 위한 행동입니다. 지구를 위한 행동입니다.
(출처 https://www.credit-cooperatif.coop)

받으며, 프랑스 협동조합은행 중의 하나인 Banque Populare(시민은행)의 지위를 가지면서 협동조합은행 BPCE그룹의 회원은행이다. 2023년 말 현재 크레디 코오페라티프는 조합원 126,277명(법인 38,107개 포함), 고객 421,688명, 직원 1,913명, 자산 24,697백만 유로(한화 약 35.2조원), 73개 점포를 보유하고 있다.[4] 또한, 유럽 대안 및 윤리은행 연합회(FEBEA)[5]와 글로벌 가치은행 연합(GABV)[6] 회원으로 활동하고 있다.

우리나라는 2007년 사회적기업육성법, 2012년 협동조합기본법 제정 이후 한국 사회가 직면한 저출산·고령화, 양극화, 기후 위기, 지

---

[4] 2023년 크레디 코오페라티프 연차보고서
[5] 2001년 설립되었는데, 2022년말 현재 크레디 코오페라티프가 가장 규모가 큰 회원이며, La NEF, 독일 GLS Bank 등 유럽 17개국 33개 회원을 보유하고 있다(출처: http://febea.org).
[6] GABV는 지속가능한 가치를 추구하는 은행들의 연합체로 세계 금융위기 직후인 2009년 10개 은행이 모여 창립했다. 2022년말 현재 45국 70개 회원기관(63개 정회원, 7개 준회원), 자산 총 2000억 달러(한화 약 265.6조원), 직원 8만명, 고객수 6000만명에 달한다. 회원 유형은 은행, 금융협동조합, 신협, 마이크로금융기관, 지역사회개발은행으로 다양하다(출처: GABV Annual Report 2022).

역소멸 위기 등 새로운 사회문제 해결을 위한 조직들이 출현하면서 사회적경제 기업이 급격히 증가하였다. 그러나 사회적경제에 대한 자금지원은 주로 정부의 정책자금(보증 포함)에 의존하고 있고, 수신기능을 갖는 시민참여형 사회적 금융기관은 아직 등장하지 않고 있다. 다만, 한국 신협은 사회적경제 지원기금을 조성하여 저리·장기대출 및 신협 사회적예탁금을 통해 지원하고 있다.

크레디 코오페라티프는 금융협동조합의 선배격이라 할 수 있다. 그래서 설립 초기부터 협동조합 등 사회연대경제 조직을 위한 협동조합투자은행 혹은 사회적금융협동조합으로서의 역할을 담당해왔다. 1988년에는 새로운 유형의 사회적금융협동조합인 La NEF(새로운 우애 경제)의 은행업 인가와 관련하여 경영지원(유동성, 지급능력, 정부규제 준수)을 통해 사회적금융 생태계의 기반을 강화하는 데 이바지하였다.

이와 비슷한 사례는 독일 라이파이젠-슐체신협 그룹(BVR) 내에서 1974년 교육 및 환경운동가들이 설립한 GLS 은행 협동조합, 캐나다 데자르댕신협 그룹 내에서 1971년 노동운동가들이 설립한 데자르댕 연대경제신협을 들 수 있다. 선진국 내 유럽 협동조합은행과 북미 신협은 기업의 라이프사이클상 성숙기에 접어든 상업은행으로 존재(장종익 2023)하면서도 기존 신협 네트워크에 별도의 사회적·윤리적·환경적 가치만을 추구하는 전문화된 금융협동조합을 설립·운영하고 있다는 점은 한국 신협에도 중요한 이정표가 될 수 있다. 특히, 크레디 코오페라티프의 사례는 한국 신협의 사회적금융 활성화 방안을 모색하고 기존 신협과는 차별화한 사회적금융에 특화된 신협[7]

---

[7] 코로나 위기 상황에서 공적자금의 한계를 경험하면서 사회적금융은 공적자금 지원을

의 필요성에 대해 시사점을 제공할 수 있을 것으로 기대된다.

2. 프랑스 협동조합은행 섹터 개관 및 크레디 코오페라티프 발전 과정

1) 프랑스 협동조합은행 섹터 개관

프랑스 협동조합은행 섹터는 크레디 아그리꼴(CA: Crédit Agricole), BPCE, 크레디 뮤추엘(CM: Crédit Mutuel) 등 3개 그룹으로 나눌 수 있다. 2022년 말 기준 프랑스 국내 예금과 대출시장의 각각 60% 이상을 차지하고 있으며, 프랑스 6대 은행에 모두 포함될 만큼 규모가 크다(<표 1> 참조). 역사적으로 보면, BPCE 그룹의 회원은행인 방크 포플레르(BP: Banque Populaire)[8]는 1878년 독일 라이파이젠의 농촌신협 모델에 영감을 받은 가톨릭 사제 루도빅 드 베세에 의해 프랑스 서부도시 앙제에서 최초로 설립되었다. 크레디 뮤추엘은 라이파이젠 모델을 계승하여 1882년 알자스 로렌지방, 크레디 아그리꼴은

넘어 협력, 자조를 바탕으로 자립해야 하며, 사회적경제 기업 및 종사자들이 조합원인 신규 신협 설립을 통해 조합원에 밀착된 협동조합 금융지원을 수행하는 것이 가장 이상적인 형태임을 인식하고, 2020년부터 특수단체 신협(가칭, 사회연대신협) 설립 연구에 이어 창립총회(2021.7.3.)를 개최하였으나, 현행 신협 법령의 엄격한 공동유대 적용(제도 개선사항), 관련 규제기관과 신협 네트워크 조직의 미온적인 태도 등으로 인가 신청을 하지 못하고 자진 해산한 바 있다(출처 : 사회연대신협이사회·한국사회연대경제연대회의, 『사회연대신협 백서 - 사회연대신협 769일간의 기록』, 2023)

[8] Banque Populaire(시민은행)은 소상공인들에 의한, 소상공인을 위해 설립되었으며, 1917년 3월 13일, Banque Populaires에 관한 법률(일명 클레멘텔법)에 따라 공식적으로 협동조합 지위를 부여받았다. 2023년말 기준 Banques Populaires 그룹은 12개 광역(지역)신협과 전국 단위 2개 신협(크레디 코오페라티프, 공무원을 위한 신협(CASDEN Banque Populaire))으로 구성되어 있으며, 520만 조합원과 970만 고객, 직원 29,840명, 자산 4,561억 유로(한화 650.7조원)의 실적을 나타냄(출처: Annual Report 2023)과 https://thebanks.eu/banks/13904 참조)

농업협동조합을 위한 신용기관으로서 정부(농업부)지원으로 1894년 쥐라 지방에서 처음 시작되었다.

BPCE는 프랑스 2위 은행그룹으로 방크 팔라틴(Banque Palatine)을 통해 중규모의 기업뱅킹과 프라이빗 뱅킹 서비스를 제공하고 있으며, 14개 Banque Populaire(시민은행) 및 19개 Caisse d'Epargne(저축은행)[9]라는 두 개의 주요 네트워크(협동조합은행)를 통해 소매금융 및 보험 분야에서 영업하고 있다.

구 분		크레디 아그리꼴	크레디 뮤추엘	BPCE
일반 재무 현황	총자산	2,373,120 (3,207조원)	1,108,076 (1,492조원)	1,531,100 (2,069조원)
	총예금	1,095,758 (1,481조원)	565,868 (765조원)	670,000 (905조원)
	총대출	1,114,389 (1,506조원)	612,441 (828조원)	826,953 (1,117조원)
	순이익 (세후)	8,144 (11조원)	4,153 (6조원)	3,951 (5조원)
	총자본	133,791 (181조원)	68,663 (93조원)	69,700 (94조원)

---

9 1818년 파리에서 사회 경제적으로 어려운 시기에 대중들의 저축을 장려하기 위해 금융가, 사회개혁가 및 자선가들이 유한회사 형태로 설립하였다. 1983년 7월 1일 저축은행은 신용기관으로 인정되었으며, 1999년 6월 25일 저축 및 재정 안정에 관한 법률을 통해 협동조합 은행의 지위를 획득하였다. 2023년 말 현재 15개 광역 회원은행, 4,182개의 지점을 통해 440만 조합원, 16.9백만 명의 고객을 대상으로 개인 및 전문고객(자영업자, 장인, 소규모 소매업체, 가맹점주 등)을 위한 포괄적인 범위의 은행 및 보험 서비스를 제공하고 있다(출처: 위키피디아, https://www.groupebpce.com/en/our-firms/caisse-depargne/).

기타 지표	상근직원(명)	145,000	83,636	100,000
	고객수(천명)	53,000	36,557	35,000
	조합원수(천명)	11,500	8,577	9,000
	고객수대비 조합원 비중	21.7%	23.5%	25.7%
	회원 조합(은행)수	39	18	29
	지점수	7,100	4,735	N/A
시장 점유율	국내 예금시장 점유율	25.4%	15.8%	22.0%
	국내 여신시장 점유율	23.5%	17.8%	22.0%
	모기지 시장 점유율	32.4%	19.9%	26.0%
	중소기업 대출 점유율	32.2%	19.2%	N/A

〈표 1〉 프랑스 협동조합은행섹터의 주요 지표(2022년)
(단위: 백만 유로) 출처 : EACB, Annual Report(2023)를 토대로 저자가 일부 편집함

2) 크레디 코오페라티프 발전 과정

크레디 코오페라티프는 두 가지 기원의 합병으로 출범하였다. 첫 번째 기원은 1893년에 설립된 노동자협동조합은행(Banque coopérative des associations ouvrières de production, BCAOP)으로서 1914년 이전에는 두 차례의 파산 위기를 겪기도 했지만, 그 명맥을 유지하였다. 두 번째 기원은 1930년대 대공황으로 어려운 시기에 소비자협동조합을 전담하던 프랑스협동조합은행이 파산하자 1938년 진보적인 정부가 노동자협동조합(SCOP)과 소비자협동조합의 발전에 필요한 자금을 공급하고자 설립한 신용협동조합중앙금고(Caisse Centrale de Crédit Coopératif, 일명 4C)이다. 1969년에는 노동자협동조합은행의 승계자인 SCOP 은행(Banque Française de Crédit Coopératif, BFCC로 변경)이 신용협동조합중앙금고와 통합하

여 Crédit Coopératif 그룹(명칭은 "4C/BFCC"로 불리움)이 출범하였다. 크레디 코오페라티프는 1983년 자회사 Ecofi를 통해 유럽 최초로 공유펀드를 조성하여 예금자가 받은 이자의 일부를 국제연대 발전을 위해 일하는 '기아반대 및 개발을 위한 가톨릭위원회(CCFD)'에 지급함으로써 프랑스 연대금융의 선구자가 되었다.

1984년 신용기관의 활동 및 통제에 관한 프랑스 은행법(Banking Act 1984.1.24.) 제정으로 은행 간 분업 규제가 종식되자 크레디 코오페라티프는 은행법에 근거한 은행 지위를 획득하며, 모든 유형의 고객에게 모든 유형의 금융서비스를 제공하게 되었다. 또 같은 해에 크레디 코오페라티프 재단(La Fondation Crédit Coopératif)을 설립하여 재정적 지원과 인적 자원을 결합하여 사회적경제 영역의 프로젝트를 숙성시키고 지원하는 파트너 역할을 담당하고 있다.

1988년 크레디 코오페라티프는 La NEF(새로운 우애 경제)라는 결사가 프랑스 중앙은행 산하 건전성 감독청 ACPR(Prudential Control and Resolution Authority)으로부터 은행 특히 전문 신용금융기관(Financial Company)의 지위를 승인받는데, La NEF에 대한 후원은행으로 참여하여 유동성, 지급능력 보장, 이사회 배석을 통한 규제 준수사항 이행담보 등 '협동조합 간 협동'이라는 협동조합 원칙을 실천하였다.

1990년대 크레디 코오페라티프는 프랑스의 다른 협동조합은행들과 마찬가지로 어려움에 처한 여러 기관들을 인수하고 다른 기관들과 제휴하면서 사업 영역을 확장하였다. 먼저 1991년 르클레어 슈퍼마켓상인협동조합과 합작하여 에델은행(la Banque Edel)을 설립하였으며, 소비자협동조합운동(COOP Movement)이 조직한 협동조합과 공제조합의 중앙은행(BCCM)이었던 GMF Banque를 1992년 인수하였다. 1996년에는 부동산 위기로 빈사 상태에 빠진 건설 분야의 BTP Banque 및 BTP Investissements를 인수하여 개인 고객을 위한 활동을 강화하였다. 1998년 중소기업 분야의 Pommier, Finindus, du Dôme (Crédifrance Factor) 및 Banque de l'Entreprise 은행을 인수하기도 하였다. 2000년 크레디 코오페라티프는 중소기업개발은행(BDPME)와 함께 PCE(창업지원대출)에도 참여하였다.

2002년 유럽연합의 창설 및 강화된 은행 규제로 인해 크레디 코오페라티프는 제한된 재정 능력 때문에 중간 규모의 독자적인 은행으로서 존속이 어려워지자 Banque Populare(시민은행) 그룹에 통합되어 제도적·재정적 지원을 받게 되었다[10]. 2009년 시민은행 전국연합회(BFBP)와 저축은행 전국연합회(FNCE)가 통합하여 프랑스에서 두 번째로 큰 협동조합은행 그룹인 BPCE가 출범하면서, 크레디 코오페라티프는 BPCE의 자본지분을 1% 보유하는 이해관계자(주주)가 되었다.

---

10 2002년 당시 가장 작은 협동조합은행 크레디 코오페라티프의 자산은 88억 유로, Banque Populare 그룹은 1,936억 유로였다. 통합 이후 Banque Populare 그룹 내부 금융연대시스템의 혜택을 누리고, 프로젝트 파이낸싱, 국제 네트워크 및 생명 보험, 장기 임대 및 온라인 중개 상품, 단일 IT 플랫폼, 전자 뱅킹 및 백오피스, 시장 운영 및 금융 엔지니어링, 자산관리, 사모펀드 측면에서도 접근할 수 있게 되었다(출처 : https://www.lesechos.fr/2002/06/le-credit-cooperatif-adopte-le-statut-de-banque-populaire-694727).

3. 크레디 코오페라티프의 주요 사업과 재무 구조[11]

1) 크레디 코오페라티프의 미션과 주요 사업

크레디 코오페라티프의 미션은 "사회연대경제, 실물경제기업, 세계에 대한 동일한 휴머니즘적 비전을 공유하고 있는 시민들을 위한 협동조합은행으로서 조합원 및 고객들과 함께 진정성 있고, 공정하며, 지역적이고, 환경을 더 존중하며, 더 인간적으로 발전하기 위해 헌신"하는 데에 있다. 크레디 코오페라티프는 3가지를 중심 축으로 경영전략을 설정하고 있다 (<표 2>).

3가지 축	10가지 헌신 영역
책임감 있는 은행	맞춤형 솔루션과 추적 가능한 상품으로 고객의 요구 사항 고려
	취약한 상황에 놓인 고객에 대한 포용 금융
	지속 가능한 경제(지역 프로젝트, 사회적 전환, 에너지 전환 프로젝트)에 대한 자금공급
	특정 활동부문과 조세 피난처를 배제하여 비즈니스 윤리 입증
책임감 있는 협동조합	책임감 있고 대표성 있는 거버넌스 구축
	협동조합 간 연대

<표 2> 크레디 코오페라티프의 경영전략
(출처 홈페이지 자료를 저자가 정리한 것임)

---

11 2023 연차보고서를 중심으로 정리함

책임감 있는 기업	직장에서의 삶의 질 향상 (사회적 대화와 직원참여 촉진) 직원 고용 가능성 및 포용성 보장 탄소발자국 줄이기/ 책임감 있는 구매

또한, 크레디 코오페라티프는 금융협동조합-고객-법인의 삼자관계 모델을 통해 고객과 함께 고객을 위한 비정형적 발전 모델을 추구한다. 크레디 코오페라티프는 삼자관계를 통해 사회적경제, 전문 및 결사 연합회(법인)와 그 회원, 그리고 개인 고객에게 맞게 조정된 특정 금융 솔루션을 개발한다. 이 모델은 대화와 의사결정을 쉽게 하고 고객 요청의 수용 가능성의 범위를 넓히며 시간 낭비를 줄여준다. 크레디 코오페라티프 로고의 세 개의 캐릭터는 이러한 삼자관계를 상징한다.

크레디 코오페라티프는 실물경제를 위해 다음 세 가지 서비스를 제공하고 있으며, 모든 상품은 Classic Version(전통적인 금융)과 Solidarity Version(연대금융)으로 제공되며, 예금 사용처에 대한 추적 가능성, 공유(sharing), 사회적 영향력(influence)가 연결된다.

첫째, 뱅킹 서비스(banking services)는 계좌(추적버전 포함[12]), 지급결제(Agir[13] 카드를 통한 소액기부와 연계), 자금 입출금 및 결제관

---

12 70%의 프랑스인들은 돈의 사용이 개인적 가치와 연관되어 있다고 말한다. 크레디 코오페라티프는 추적 가능한 은행상품을 통해 더욱 지속 가능하고 통합된 세상을 만드는데 헌신함으로써 고객에게 돈에 의미를 부여할 수 있는 기회를 제공한다(출처 : 2023년 크레디 코오페라티프 보도자료).

13 Agir는 '행동'을 뜻하며, Agir 계좌에 예치된 금액의 75%는 지구를 위해, 더 공정한 사회를 위해, 국제연대를 위해 또는 세 가지 모두를 동시에 수행하기 위해 선택한 활동 영역의 프로젝트에 자금을 지원하는 데 할당되며, 나머지 25%는 은행의 적절한 기능을 위해 사용된다. 또한, Agir 카드는 일반 Visa 은행 카드의 모든 장점에 연대 기능을 추가한 카드로서 인출할 때마다, 구매할 때마다 선택한 연대 단체에 소액 기부를 할 수 있다.

리, 국제거래, 생명보험, 저축상품(전통, 공유14, 연대, 추적버전), 투자(SRI, 연대 및 공유펀드), 서명에 의한 약정을 포함한다. 둘째, 대출 및 파이낸싱(credit and financing)은 대출(융자), 가구 리스, 장기임대 및 부동산 리스, 친환경 및 사회적 전환 전용 자금 공급, 친환경 이니셔티브 지원에 전문성을 가지고 있으며, 주요 인사 보호 및 상해 장애보험 서비스를 포함한다. 마지막으로 연대금융(solidarity finance)은 ESG 이슈를 고려한 사회적 책임 저축 및 투자, 사회연대경제 기업들을 위한 엔지니어링 및 서비스(증권발행 및 사회적책임투자자와의 연결)를 제공한다. 크레디 코오페라티프는 1995년 설립된 파이낸솔(FinanSol)[15]의 구성원으로 현존하는 가장 광범위한 윤리적 그리고 연대에 기반을 둔 은행상품과 투자의 선구자이다.

2) 자본 형성 및 잉여금 배분[16]

크레디 코오페라티프의 출자 1좌당 명목 금액은 15.25유로(한화 약 22,000원)이다. 조합원 출자 한도는 자연인과 법인에 따라 상한선이 다르며(2022. 9. 7. 이사회), 개인은 1인당 3,287좌(50,000유

---

[14] 고객은 공유상품을 통해 자신이 중요시 하는 분야를 포함하여 자신이 선택한 결사에 기부할 수 있다.
[15] 파이낸솔은 2021년 임팩트혁신연구소(iiLab)과 합병하여 FAIR로 재탄생하였다. FAIR는 사람을 개발의 중심에 두는 경제를 지향하며, 시민 참여와 금융 혁신을 기반으로 개인 저축자와 기관 투자자를 동원하며 사회적 영향을 미치는 금융을 위해 헌신하고 있다. FAIR는 연대저축 상품을 일반 대중을 위한 저축 상품과 구별하기 위해 1997년 Finansol 라벨(시민사회의 독립 전문가 위원회에서 수여)이라는 라벨을 도입하여 관리하고 있으며, 연대저축자가 되려면 은행에 가서 Finansol 라벨이 붙은 연대 저축 상품(통장, 생명보험, FCP, SICAV 등)에 가입하거나 PEE(기업저축계획) 또는 PERcol(급여저축)의 일부로 연대 기금을 선택하거나 연대 회사 자본에 직접 지분을 투자하기만 하면 된다(출처 : FAIR 홈페이지).
[16] 2022년 연차보고서(22~24쪽) 및 조합 정관 제6조(자본의 변동성)를 참조하였다.

로, 한화 7천 2백여만 원), 부부의 경우 2배까지 가능하다.[17] 법인 출자한도는 10,000좌(152,500유로, 한화 약 2억 2천만원)이며, 합병의 경우에는 2배까지 허용된다. 2023.12월 말일 기준 출자자 122,280명이 73,738,638좌를 보유하면서 자본금 11억25백만 유로를 조성하였다.

출자금에 대한 잉여금 배분은 협동조합법률에 의거 제한적으로 이루어지고 있다. 당기순이익의 최소 15%는 현재 및 미래의 조합원 공동이익을 위해 비분할 적립금으로 유보하여야 하며, 조합원에 대한 출자배당은 민간기업(TMO)의 지난 3년 평균 채권 수익률 이내로 제한하고 있다. 참고로 2023년 결산 결과 배당률은 1%로서 배당금액은 11,420,981유로(한화 약 165억 원)이었다. 한편, 조합원의 거래금액에 비례한 이용고 배당은 리베이트 형태(Cooperative discount)로 일부 배당이 가능하다.

크레디 코오페라티프는 투명성과 추적 가능성에 특히 관심을 두고 있으며, 지역에 기반을 두고 사회의 요구를 충족시키는 프로젝트에 자금을 순환시키고, 위탁받은 자금의 사용에 대해 조합원 고객에게 보고하는 것을 협동조합은행의 주요 책임으로 여기고 있다. 2014년부터 매년 자금순환을 투명하게 공개하여 자신의 활동에서 창출된 가치가 어떻게 재분배되는지 보여주고 있다.

2023년 말 현재 크레디 코오페라티프의 총자산은 247억 유로(한화 약 35.2조원)이며 예금 174억 유로(한화 약 25.6조원) 중 38%는 결사체 및 공익단체, 34.9%는 개인, 27.1%는 협동조합 등 기업

---

[17] 참고로, 한국 신협은 개인과 법인을 구별하지 않고 1좌당 금액은 보통 5만원이며, 특정인의 조합 경영에 대한 과도한 영향력을 차단하고 안정적인 자본 유지를 위해 1인당 출자한도는 출자금 총액의 1/10를 초과하지 못하도록만 규정하고 있다.

으로부터 조달되었다. 예금의 90%인 157억 유로(한화 23.2조원)는 대출금으로 운용되며, 이중 48.4%(76억 유로)는 결사 및 공익단체, 36.9%(58억 유로)는 기업(협동조합, 친환경기업, 건설회사 등), 14.7%(23억 유로)는 개인에게 각각 배분되었다. 이러한 지표는 일반 은행과 달리 매우 이례적인 것으로서 사회연대경제 조직에 특화된 크레디 코오페라티프의 모습을 알 수 있다.

또한, 크레디 코오페라티프는 지속가능경제를 위한 자금 공급을 위해 2013년 사회적·환경적 위험을 수반하지 않는 자금공급을 위한 가이드 라인을 제정하였고, 네가티브 스크리닝 방식을 적용하여 8개의 민감하거나 논란이 많은 분야에 대한 자금 공급을 하지 않고 있다.[18]

자산(운용)				부채와 자본(조달)			
구 분		금액	비중1	비중2	구 분	금액	비중1	비중2
대 출		15.7	100.0%	63.6%	예 금	17.4	100.0%	70.4%
	기업	5.8	36.9%	23.5%	기업	4.7	27.1%	19.1%
	개인	2.3	14.7%	9.2%	개인	6.1	34.9%	24.6%
	결사및 공익단체	7.6	48.4%	30.8%	결사및 공익단체	6.6	38.0%	26.8%
은행간거래 및증권 포트폴리오		8.3		33.6%	은행간 거래 및 채권발행	5.5		22.3%
고정자산		0.7		2.8%	자 본	1.8		7.3%
합 계		24.7		100.0%	합 계	24.7		100.0%

〈표 3〉 크레디 코오페라티프의 자금조달 및 운용현황

(단위: 십억 유로)

주) 비중 1 : 크레디 코오페라티프 및 BTP 은행 합계 기준, 예금과 대출내 구성비
    비중 2 : 총자산 대비 구성비
    자본 : 조합원 출자금 1,124 백만 유로 포함(자본의 62% 차지)
(출처 : 2023 연차보고서에 저자가 비중 1, 비중 2를 추가하여 정리함)

18 2023년말 현재, 무기, 합성 살충제, 화학연료 및 원자력과 관련된 프로젝트는 자금공급 제외대상이며, 합리적인 조건을 전제로 한 자금 지원 가능 분야로는 바이오 연료, 임업, 해상운송, 어업을 지정하고 있다(출처 : 2023년 연차보고서 86쪽)

기업 대출		금액	비중	결사 및 공익단체 대출	금액	비중
협동조합 및 그룹		2.1	37%	지역 공공 부문	2.5	33%
	유통	1.5	26%	사회주택	1.3	17%
	농업협동조합	0.3	5%	노인과 건강	1.2	16%
	노동자협동조합(SCOP)	0.2	3%	장애인	1.0	13%
	기타 협동조합 (운송/장인)	0.2	3%	사회적결사, 아동, 사회통합	0.6	8%
PMI (프로젝트 관리기관)		1.2	21%	교육훈련 및 조사연구	0.5	6%
건설회사		0.9	16%	환경, 문화, 관광, 스포츠	0.2	3%
친환경 기업		0.5	9%	공제조합(Mutuality)	0.1	1%
서비스 분야 중소기업		0.5	9%	기타 활동	0.2	3%
기타 기업		0.5	8%			
합계		5.8	100%	합계	7.6	100%

〈표 4〉 크레디 코오페라티프의 사회연대경제부문 대출 현황
(단위: 십억 유로)

4. 크레디 코오페라티프의 조직 운영

1) 조합원 구성의 다변화

크레디 코오페라티프의 조합원은 2023년 말 현재 126,277명으로서 38,107개의 법인(협동조합, 결사, 공제조합 등)과 자신의 돈에 의미를 부여하고자 하는 개인 조합원 88,170명으로 구성되어 있다. 크레디 코오페라티프는 노동자협동조합과 소비자협동조합의 발전에 필요한 자금조달을 위해 설립되었으므로 주된 조합원은 협동조합이었으나 1974년 이후 결사, 공제조합 등으로 확대되었으며, 1984년 은행법 제정에 따라 은행의 지위를 획득하고 모든 유형의 고객에게 서비스를 제공할 수 있게 되었다. 1986년 참여증권을 발행하였고(1,500억 프랑), 2001년 자본 확충을 위해 개인에게도 의결권이 없

는 출자지분 취득을 허용하면서 개인조합원도 증가하기 시작하였다.

그리하여 크레디 코오페라티프의 개인조합원 비중은 증가하고 법인조합원 비중은 감소하는 추세에 있다. 2011년 개인 고객 220,626명 중 출자자는 25,000명(조합원 비율 11.3%), 법인 고객 70,400개 중 출자자는 38,000개(조합원 비율 53.9%)였으며, 총 조합원 63,000명 중 개인조합원의 비중은 39.68%였다. 2015년 대비 2023년 개인조합원은 41,736명 증가하며 그 비중은 50.49%에서 약 70%로 상승한 데 반하여 법인 조합원 수는 7,421개 감소하여 그 비중이 49.5%에서 30.2%로 줄었다.

한편, 법인 조합원은 중소기업(SMI, ETI), 협동조합, 유기농 및 공정무역 부문을 포함한다. 협동조합의 경우 장인, 운송, 농업, 수산, 상업[19] 이외에도 노동자협동조합(SCOP)과 공익협동조합(SCIC) 등 다양한 협동조합이 참여하고 있고, 특히 SCOP 2개 중 1개, SCIC 3개 중 1개가 크레디 코오페라티프를 이용하고 있다.[20] 마지막으로, 크레디 코오페라티프는 지방정부[21] 및 지방공기업(EPL)[22], 사회주택 공급

---

19 상업(사업자)협동조합연합회(Federation of Cooperative and Associated Commerce, FCA)와의 파트너십을 통해 상거래 브랜드를 지원한다. 상업협동조합은 프랑스 소매 상거래의 32.4%를 차지하는 경제주체이다(2023 연차보고서 135쪽)
20 크레디 코오페라티프는 전국노동자협동조합총연맹(CGSCOP)와 공동으로 SCOP와 SCIC의 전환을 지원하기 위한 금융상품 및 서비스를 개발하는 파트너십 계약을 연장하였다.
21 강력한 규제와 까다로운 예산 체계에 의해 제약을 받는 지방 당국은 개발, 교통, 문화시설, 여가 및 관광, 주거, 환경 및 네트워크 등 지역민에게 유용한 지속 가능한 시설을 건설하기 위해 혼합 경제 또는 민간 단체와 점점 더 협력하고 있다. 참고로 1982년 시작된 지방분권화로 공법상의 법인과 결사체 간의 파트너십이 가속화되었다(출처 : 티에리 장테, 『프랑스의 사회적경제 - 효율성에 도전하는 연대』 221쪽).
22 크레디 코오페라티프는 지방 공기업연합회와 파트너십을 맺고 혼합경제 주주클럽의 회원으로서 재생에너지나 주택 부문 등 지역 이니셔티브에 자금 조달, 보증기금, 현금관리

주체[23]등 지역의 지속 가능성과 사회적 유대관계를 보전하는 지역 플레이어들을 지원하고 있다.

2) 크레디 코오페라티프의 지배구조

크레디 코오페라티프는 총회에 앞서 사전토론회, 쌍방향 화상회의(7개 지역회의, 1개 전국회의)를 개최하여 조합원의 폭넓은 참여를 유도하고 있다. 한국과 달리 프랑스는 정관에서 정한 바에 따라 화상회의 등 원격통신을 통한 총회도 가능하다. 즉, 상법이 정한 조건에 맞게 신원을 식별할 수 있는 화상회의 또는 원격통신 수단을 통해 총회에 참석한 조합원은 정족수와 과반수를 산출하는 경우에 참석한 것으로 간주된다.

이사회는 대규모 조합원 군을 대표하는 법인 조합원과 개인 조합원을 대표하는 대표자들로 구성된다. 이사회는 조합원의 사회적, 직업적, 지리적 다양성을 대표해야 하며(정관) 그 인원수는 총회에서 선출된 이사 17명(법인 11명[24], 개인 6명[25])과 직원이 선출한 이사 4명 등 총 21명이다. 이사회는 조합원의 분야별 대표성을 확보하기

상품 또는 투자상품 측면에서 맞춤형 솔루션을 구축할 수 있도록 지원한다.
23 크레디 코오페라티프는 모두를 위한 주택 접근을 위해 50년 이상 주택 및 사회주택 프로젝트의 자금 조달에 참여해 왔으며, HLM(사회주택협동조합전국연합회), SACI-CAP(주택소유자협동조합)의 부동산 자회사 및 기타 사회주택 제공 및 운영기업(Habitat et Humanisme, 노숙인 주거문제에 집중하는 Abbe Pierre Foundation 등)과 견고한 파트너십을 구축했다.
24 사회연대경제부문(결사체, 공제조합 등) 대표 4인, 협동조합을 포함한 재계 인사 7인으로 구성된다. 실제로 교육건강공제조합전국연합회(MGEN), 스포츠활동 결사체(UCPA Sport Holiday), 장인협동조합연합회(FFCGA), 금융보증회사(CMGM-Sofitech), 기아반대가톨릭위원회, 노동자협동조합총연합회(CGSCOP), EMC2, 상업협동조합연합회(FCA), 지방공기업대표연합회(FEDEPL), 비영리병원 및 개인돌봄서비스기관연합회(FEHAP), 서민용임대주택협동조합전국연합회(FNSC HLM)로 구성되어 있다.
25 개인 조합원 대표 2인, 자격을 갖춘 개인과 광역위원회 위원장 대표 등 2인으로 구성된다.

위해 협동조합 41%, 개인 35%, 제휴기관 18%, 공제조합(Mutuality) 6% 순으로 배분하고, 지역별로는 지방 출신 35%, 파리와 일드 프랑스 출신 65%로 구성되어 있다. 또 프랑스 법령(2011.1.27.)에 의거하여 이사회는 성별 다양성 확보를 위해 여성을 40% 이상 배정해야 하며, 실제 여성 이사 비율은 41%이다. 한편, 이사의 임기는 차등화되어 있는데 총회에서 선출된 이사는 6년[26], 직원대표 출신 이사는 노동관계법에 의거하여 3년이다.

이사회 구성 및 운영에 있어서 연령 제한을 두고 있다. 68세 이상이 되면 신협의 이사 또는 상임대표로 최초로 선출될 수 없으며, 68세 이상의 이사 및 상임대표의 수는 재임 이사 수의 3분의 1을 초과할 수 없고, 이사 또는 상임대표는 73세를 초과하여 직무를 수행할 수 없다. 분야별 대표성, 다양성, 연령 제한의 기준에 의해 조합원을 대표하게 되는 이사는 법적으로 시민은행전국연합회의 교육 프로그램을 의무적으로 이수해야 한다.

또한, 이사회는 회장 1명, 부회장 5명, 위원회 위원, 집행간부(General Manager, 임기 5년) 등을 선임할 수 있고, 연 6회 이상 개최하여야 한다. 이사회는 회장 및 전문위원회 위원장으로 구성된 이사회 사무국(BCA)에서 준비하고, 광역협의회(Regional Council)의 관심 사항을 포함하여 전국협의회(CNCC)가 제안한 사항도 검토하여야 한다.

임원의 보수에 관한 규정도 매우 합리적이다. 협동조합기본법 제6조에 의거, 비상임 임원의 보수는 무급으로 하되, 협동조합 관리

---

[26] 1947년 협동조합법 제6조에 따라 정관에서 6년 이내 (농업협동조합은 4년 이내에서)로 정할 수 있다.

를 위하여 사용된 경비 및 시간(분단위 까지)에 대한 수당만 지급되며, 수당 총액은 매년 총회에서 결정한다. 반면, 회장, CEO, Deputy CEO 등 유급임원에 대한 보수는 고정보수, 변동보수, 차량 지원, 사회보장보험 관련 기타 보수로 나뉘고, 변동보수는 고정보수의 35%로 제한하여 일반 은행의 100%보다는 절제하고 있다.

크레디 코오페라티프는 조합원 중심 경영을 위한 각종 소통 시스템을 구축하기 위하여 520명의 조합원 고문단(member advisors), 57개 지역평의회(local council), 1개 원격뱅킹회의(remote banking council), 13개 광역협의회(regional council), 전국협의회(CNCC, the National Cooperative Credit Council), 회장단 회의를 운영하고 있다. 전국 소재 비즈니스 센터에는 해당 활동 분야를 대표하는 약 10명의 조합원 모임(조합원 의견 조정 기구)이 존재하며, 2023년도에는 총 189회의 모임이 개최되었다. 전국협의회(CNCC)는 전국 및 지역(광역) 차원의 대표들이 한자리에 모여 자신들의 기대, 경영 방향 및 정책에 대한 의견을 제시하는 교류와 협의의 장이다. CNCC에서 협의한 안건은 이사회에서 검열관에 의해 논의된다. 조합원의 참여가 없이는 협동조합의 정체성을 유지하기 어려우므로 총회를 통한 1인 1표의 단순 대의 민주주의에 머물지 않고 숙의 민주주의가 가능하도록 다양한 의사소통방안을 마련하기 위해 노력하고 있다.

3) 자회사, 협력 기관, 신협 재단

크레디 코오페라티프 그룹은 5개의 자회사, 즉 전문건설연합회의 은행인 BTP Banque, 자산운용회사인 Ecofi Investissements, 사회적경제를 위한 자본투자회사 Esfin Gestion, 마이크로파이낸스, 협동조합은행 등을 대상으로 국제투자 자금관리를 하는 Inpulse, 소매체인협동조합 르클레르(E.Leclerc)[27]의 조합원과 공급업체 및 소비자들에게 금융서비스와 지급결제서비스를 제공하는 Banque Edel(에델은행)이 있다.

한편, 크레디 코오페라티프가 자본투자 없이 Association agreement(협약)을 통해 재무건전성을 보장(유동성, 지급능력, 행정 및 규제수준에서 지원)하는 제휴 협력기관은 <표 5>와 같다. 이들 기관은 전문 연합회의 주도로 설립되어 연합회 회원 조직에게 은행 보증을 제공함으로써 신용에 대한 접근을 용이하게 하는 역할을 하고 있다. 이러한 파트너십을 통해 크레디 코오페라티프는 모든 금융 부문과 모든 지역에서 수천 개의 중소기업을 지원할 수 있게 되었다.

---

[27] 르클레르는 슈퍼마켓시장 점유율 23.5%를 가지고 있으며, System U그룹은 11.8%, Les Mousquetaires 16.1%의 시장점유율을 보이고 있다(크레디 코오페라티프 2023 연차보고서 135쪽).

협력기관	설립연도	설립주체	주요 내용
La NEF	1979년 1988년 (은행업)	유기농,협동조합, 발도르프 학교와 관련 개인 및 법인	-사회적·환경적·문화적 유용성을 갖춘 지속가능한 개발 프로젝트 지원
Socorec	1963년	사업자협동조합	-제휴 가맹 상인들에 대한 자금지원
Gedex Distribution	1975년	건축자재 및 DIY용품 소매 상인들의 협동조합	-조합원 대출 지원 -Socorec의 소속
CMGM-Sofitech	1961년	제조산업연합회	-제조산업분야 상호보증 -환경보호 및 재생에너지 시설에 대한 재정적 보증
Sofiscop	1987년	서부지역SCOP (노동자협동조합)연합회	-협동조합, SCOP, 공익협동조합(SCIC) 자금조달지원
Somudiec		야금 제조업자의 협동조합	-창업, 개발 또는 이전기에 있는 기업에게 자금 지원
SOCODEN	1965년	노동자협동조합 총연합회 (CGSCOP)	- 회원조합의 연 매출액의 0.1%로 기금 조성 - 신규/기존에 대출, 투자, 보증지원

〈표 5〉 크레디 코오페라티프의 제휴 협력기관
(출처 : 2023 연차보고서 등을 참고하여 저자가 재구성함)

한편, 크레디 코오페라티프는 1984년 재단(La Fondation Crédit Coopératif)을 설립하여, 사회적 혹은 환경적 임팩트가 높은 프로젝트를 지원하되, 재정적 자원과 인적 자원을 결합하여 프로젝트를 숙성시키고 지원하고 있다. 특히 재단은 '사회연대경제 성과 어워드(ESS Inspiration Awards)'를 통해 매년 60여 개의 이니셔티브를 선정하여 3,000유로에서 10,000유로의 재정 지원과 홍보(언론 홍보 및 소셜네트워크 광고, 신협 지점을 활용한 포스터 게시, 영상 제작) 지원을 하고 있으며, 2023년 말 누적기준 약 1,400여 개 프로젝트를 지원하였다. 또 재단은 사회연대경제 변혁을 위한 5개년 계획(2018~2022)을 수립하여 전국 100여 개 파트너 기관에 298개 프로젝트를 통해 600만 유로(한화 약 87억 원)을 지원한 바 있다. 2023~2027년에는 사회연대경제 생태계를 기반으로 지속가능한 발전목표(UN SDGs)에 기여하는 지역 사업과 크레디 코오페라티프 직원들의 헌신을 장려하는 프로그램을 운영하고 있다. 특히 2024년 프랑스 파리 올림픽 개최와 연계하여 #Agir2024 Awards를 신설하였는데, 이는 스포츠의 가치를 통한 장애 인식 개선 및 포용금융을 위한 것으로서 스포츠와 장애 활동 영역을 결합한 2명의 수상자에게 각각 5000유로(한화 약 730만 원)의 보조금을 지원하였다.

5. 크레디 코오페라티프의 성과와 도전과제

1) 재무적 성과

크레디 코오페라티프의 자산은 2020년~2021년 코로나 팬데믹의 시기에도 꾸준히 성장하였다. 2023년 정부의 급격한 기준금리인상으로 자금 조달비용이 증가하는 등의 어려움을 겪으면서 자산이 일부 감소하였으나 전체적인 수익성 및 건전성 지표는 향상되고 있다. 크레디 코오페라티프의 자산 규모는 그룹 BPCE 회원은행 29개 가운데 14번째이며[28], 지급여력(Solvency) 비율은 14.82%로서 그룹 내에서 튼튼한 은행으로의 위상을 증명하고 있다.

---

28 023년말 기준 BPCE그룹내 소매금융분야(시민은행과 저축은행) 29개 은행의 평균자산은 32,706백만 유로(한화 약 46.7조원)이다.

2) 사회적 성과 : 사회연대금융의 선도자

크레디 코오페라티프는 1983년 최초 공유펀드 출시 이후 추적상품, 소득 공유상품 등 현재 7개의 Finansol 라벨이 수여된 연대저축 상품을 통해 사회적 금융의 리더 역할을 하고 있다[29]. <표 6>에서 보는 바와 같이 2023년 말 크레디 코오페라티프의 연대저축 잔액은 10.9억 유로(약 1.56조원)로서 예금의 6.27%를 차지하며, 이는 프랑스 전체 금융기관의 연대저축 잔액 100억 유로의 약 10%에 해당한다.

구분	2021	2022	2023
Agir 계좌 수	82,834	89,639	98,691
Agir 계좌 잔액	519,462	580,603	594,676
REV3 저축계좌 잔액	66,553	76,881	66,437
내 지역을 위한 협동계좌 잔액	67,882	77,108	75,278
공유연대저축 잔액	1,080,513	1,142,734	1,090,965
예금자가 제공한 공유상품 기부액	2,962	2,995	5,925
신협이 제공한 공유상품 총 기부액	182	199	242
공유연대저축 총기부액	3,144	3,194	6,167
1983년 상품출시 이후 누적 총 기부액	77,507	80,701	86,868

<표 6> 크레디 코오페라티프 연대저축 추진 현황 (단위: 개, 천 유로)
출처 : 연차보고서(2022, 2023)

크레디 코오페라티프가 1983년 이후 UN SDGs (지속가능한 발전목표)에 기여하는 결사체 등에 기부한 총 금액은 86.9백만 유로(한

---

29 파이낸솔의 회원(검색일 : 2024.9.24.)은 크레디 코오페라티프, Crédit Mutuel, BPCE, La Nef 등 은행 14개, 공제조합 2개, Enercoop 등 연대회사 51개, Adie, France Active, Initiative France 등 결사 및 NGO 22개, 공공기관 2개(영토은행, Bpifrance), 민간회사 34개, 자격을 갖춘 개인 10명, 기타(학교, 노동조합, 컨설팅 회사 등) 8개 등 총 150개이다.

화 약 1,239억 원)에 달한다. 2023년도 1년간 연대저축의 기부액은 616만 유로(한화 약 88억 원)로서 전년도 319만 유로의 거의 두 배 수준으로 획기적으로 증가하였다. 또한, 크레디 코오페라티프는 공유상품과 관련하여 파트너 결사의 활동분석 및 각각에 지불된 기부금과 관련하여 지속가능한 발전목표의 주요 기부금 지도를 마련하였다.

크레디 코오페라티프가 개발하여 보급한 사회연대경제를 지원하는 금융서비스[30]의 주요 내용은 다음과 같다. 첫째, 1983년 자회사 Ecofi를 통해 유럽 최초로 공유(나눔) 펀드를 조성한 후, 현재까지 22개의 Finansol-labeled 펀드가 보유한 연대 펀드 운용에 전념하고 혁신적인 플레이어로서 사회적 또는 환경적 효용성이 매우 강한 비상장 조직에 자산의 일부를 투자하고 있다. 2023년 12월 현재 83개 사회연대경제 기업에 7,500만 유로(한화, 약 1083.6억원)의 자금을 공급하였다.

둘째, 2012년 아지르(Agir) 계좌(카드 포함)를 출시하여 개인 고객에게 그들의 돈 사용을 스스로 결정할 수 있도록 제안하였다. 지구를 위해, 더 공정한 사회를 위해, 국제연대를 위해 행동할 것인지 또는 다른 방식으로 일을 수행할 것인지 선택하도록 하여 예금자가 기부를 통해 의미있게 사용토록 하였다. 각각의 내용을 자세히 살펴보면 지구를 위한 행동 분야는 재생에너지, 친환경 활동, 에너지 관리 및 환경보존을 위해 10개의 파트너 기관에 자금을 지원하는 것을 의미한다. 더 공정한 사회를 위한 행동에서는 장애인, 취약계층, 아동, 노인, 사회주택, 대학 및 연구를 돕기 위해 14개 파트너 기관에 자금을

---

30 2022년 연차보고서 93쪽

지원하는 것이고, 국제연대를 위한 행동 분야에서는 7개 파트너 기관에 대한 자금을 조달하게 된다.

  셋째, 2014년 7월 프랑스 사회연대경제법 제정으로 재단은 모든 조직을 지원대상으로 확대하였으며, 크레디 코오페라티프는 같은 해에 프랑스노동자협동조합총연합회와 함께 협동조합 임팩트 기금[31]을 조성하여 협동조합의 성장에 필요한 자본의 투입을 통해 협동조합의 발전을 지원하고 있다. 넷째, 2015년 "REV3 저축 계좌(the Third industrial revolution in technology, resources and the environment)"를 개설하여 오드 프랑스(북부 레지옹)지역에서 자신에게 중요한 프로젝트에 가입하고 돈의 사용을 모니터링하고, 저축자들은 재생 가능한 에너지, 에너지 효율 및 순환 경제와 관련된 프랑스 지역의 혁신적인 이니셔티브를 지원하도록 하였다. 2022년에는 고객에게 계정과 모니터링을 할 수 있는 CAT REV3을 제공하였으며, 2023년 말 잔액은 6천 643만 유로(한화 948억 원) 이상이다.

  다섯째, 2016년 "내 지역을 위한 협력" 상품을 출시하여 저축자들은 대도시 지역의 사회연대경제(ESS) 지원 선택이 가능하게 되었고 고용, 통합, 환경과 심지어 교육에 대한 유용하고 혁신적인 프로젝트에 기여할 수 있다. 2023년 말 현재 잔액 7천 527만 유로(한화 1,074억 원) 이상의 잔액을 보유하고 있다. 여섯째, 2020년 LDDS(Livret de développement durable et solidaire, Sustainable and inclusive development booklet, 지속가능하고 포용적인 발전) 저축을

---

31 협동조합 임팩트 기금은 7,400만 유로(한화 1,057억 원)를 목표로 하고 있으며, 6개의 임팩트 개발 전문 펀드를 통해 6,100만 유로 이상 투자하였다. 이는 사회연대경제 기업의 규모화와 발전을 위한 투자신탁기금의 성격으로 노동자 기업 인수 지원금으로도 사용된다.

취급하여 소유자에게 온라인 공간에서 25개 파트너 결사체에 직접 기부할 수 있도록 제안하여 Sapin law Ⅱ(투명성, 부패퇴치, 경제생활 현대화에 관한 법률, 일명 부패방지법, 2016.12.9. 제정) 준수를 넘어 예금이자를 기반으로 기부하게 하였다. LDDS는 크레디 코오페라티프만이 아닌 모든 은행이 취급하는 상품으로서, 은행은 최소한 10개의 사회연대경제기업 목록을 예금자에게 제공해야 한다. 예금자는 1개 계좌만 개설할 수 있고 최대 불입한도는 12,000유로(약 2,200만원)이며 국가가 금리를 규제하여 현재 3%의 금리를 적용받는 대신 이자소득에 대해 비과세 혜택을 부여받는다. 다른 은행들은 LDDS에 예치된 자금의 5% 미만을 사회연대경제 프로젝트에 투자하고 있는 것과 달리 크레디 코오페라티프는 동 예금의 70%를 투자하고 있어 대조적인 모습을 보이는 중이다.

일곱째, 크레디 코오페라티프는 기업으로서 사회적 책임을 다하고자 노력하고 있다. 크레디 코오페라티프는 탄소발자국이 가장 적은 5개 은행 중의 하나로 인정받았으며(Reclaim Finance), Oxfarm/Carbon4에 따르면 자금공급과 관련하여 탄소발자국 배출이 가장 적은 그룹 중 하나로서 백만 유로당 128톤의 CO_2를 배출하였다. 그리고 ESG 기준으로 투자를 평가하는 독립기업인 Impak Financerk가 2019년부터 측정하여 공표하는 CSR Impact Score 부문에서 484/1,000을 득점하여 CAC 40개 기업의 평균인 188/1,000를 훨씬 상회하고 있다.

마지막으로, SDGs와 관련하여 크레디 코오페라티프가 기여한 분야는 우선 <SDG 1, 빈곤퇴치>로서 가난하고 취약한 사람들에게 개인 소액대출을 제공하며, <SDG 8, 양질의 일자리와 경제성장>에서는 기업가 정신의 지원과 소기업 및 중소기업 개발을 위한 소액대출을 제공하고 있다. <SDG 13, 기후변화 대응>에서는 에너지 전환을 위한 자금 조달, 특히 재생에너지 프로젝트, 무이자환경대출 제공으로 기여하고 있으며, <SGD 17, 글로벌 파트너십>에서는 공익을 추구하는 결사체 및 조직을 위해 Agir 범위의 금융상품과 융자를 통한 사회연대경제 조직의 자금 조달을 하고 있다.

3) 도전과제
(1) 사회적금융협동조합 정체성 유지와 경쟁환경에서의 지속 가능성 간의 균형문제

1995년 사회적 이슈에 관심이 많은 다양한 금융기관들이 연대하여 파이낸솔(FinanSol)을 설립한 이후 은행들은 대체로 FAIR가 관리하는 FinanSol 라벨이 부여된 연대저축 상품을 최소한 하나 이상 제공하며 사회연대경제를 지원하고 있다. 이는 사회적금융협동조합으로서 크레디 코오페라티프의 차별성 약화 요인이 될 수 있다.

다른 한편, 유럽 소매금융시장에서 경쟁은 격화되고 있다. 상업은행은 핀테크 등을 이용하여 고객과의 관계형 금융을 추진하고 있고, 협동조합은행 간에도 경쟁이 증가하고 있다. 그리고 소기업 및 가계가 금융 관련 의사결정을 할 때 신협의 전통적인 강점이라고 할 수 있는 로컬의 정체성이 약화되고 있다. 게다가 금융규제는 규모의 경제와 높은 효율성 수준을 요구하고 있다. 특히 2008년 금융위기 이후 자기자본비율에 대한 규제가 심해지고 있다(장종익, 2020). 프랑스 크레디 코오페라티프는 협동조합이면서 모든 은행업무를 취급하는 유니버설 은행으로서 소매금융시장에서 대형 투자자소유은행과

의 치열한 경쟁에서 생존해야 하는 이중의 도전과제를 안고 있다.

(2) 조합원 다양화에 따른 지배구조 내의 소통, 조합원 간의 이해조정의 문제

2015년 이후 법인 조합원 수는 절반 이하로 감소하기 시작하여 2023년 말 현재 30% 수준으로 줄어들었다. 반대로 개인 조합원의 비중은 70%에 육박하고 있다. 2023년부터 모든 조합원은 총회에서 1인 1표를 행사할 수 있지만, 이사회 구성은 여전히 전통적인 사회연대경제 조직 중심이며 이사회 내 개인 조합원 대표는 2명에 불과하다. 협동조합에서 조합원은 통제권과 잔여재산 청구권을 가지며, 조합원의 편익추구라는 목적에서도 조합원마다 느끼는 편익의 내용과 수준이 다를 수 있다(장종익, 2014). 한스만(Hansmann)에 따르면, 1인 1표에 의한 의사결정 방식으로 인해 조합원의 이해관계가 다를 경우에 집단적 의사결정 비용이 증가한다고 하였다(장종익, 2022). 따라서, 조합원의 동질성 유지가 중요하며, 조합 내 다수를 차지하고 있는 개인 조합원의 사회연대경제 기업에 대한 이해도 제고와 상호협력을 통한 성과 창출을 위해 조합원 간의 이해관계 조정 노력이 경영상의 중요한 과제로 인식되고 있다.

(3) 개인 고객을 단순 이용자(비조합원)에서 조합원으로 전환해야 하는 과제

2023년말 고객 421,688명 중 조합원은 약 30% 수준인 126,277명으로 유럽협동조합은행연합회(2022년) 회원은행의 고객대비 조

합원 수 비율 39.7%[32]에 못 미치는 수준이다. 개인 고객의 조합원 비율은 더 낮을 것으로 추정된다. 단순 이용자의 수가 조합원 수보다 2배 이상 많다는 점은 정체성 논란과 더불어 자금 운용 장애 요인으로 작용할 수 있다. 특히 신협의 특성상 금리에 민감한 단순 이용자가 많을수록 사회연대경제 기업을 위한 장기적인 자금 조달을 어렵게 할 수 있다.

6. 크레디 코오페라티프와 한국 신협 비교

한국 신협과 프랑스 크레디 코오페라티프 간의 사회적금융 관련 제도와 추진 현황을 비교하면 <표 7>과 같다. 프랑스 크레디 코오페라티프는 전국 단위로서 사회연대경제에 특화된 전문 신협으로 업무추진이 가능하지만, 한국 신협은 지역 신협의 경우 영업 구역이 시군구로 제한되어 있다. 지배구조에 있어서 한국 신협 이사회는 직원 대표의 참여, 여성 이사 할당제도, 지리적·직업적 대표성이 확보되지 않고 있다. 이사장에 대한 견제 기능과 다양한 구성원의 이해를 정책 결정에 반영하기 위한 제도 개선이 필요하다. 또 프랑스 신협의 임원 연령 제한 조치는 한국 신협에 조직의 신진대사와 환경변화 대응력 제고라는 측면에서 의미있는 시사점을 제공한다. 사회연대금융 활성화를 위한 타 법인 출자 허용(자회사 운영 포함) 및 예금 가입자에 대한 세제 혜택, 기금 재원의 다양성 등 제도적인 면에서도 한국 신협과 프랑스 크레디 코오페라티프 간에는 주목할 만한 큰 차이가 있다.

---

32 유럽협동조합은행연합회(EACB), 2023년 연차보고서

구분	한국 신협	크레디 코오페라티프
근거법률	신용협동조합법(1972, 개별법, 특별법)	협동조합법(1949)과 사회연대경제법(2014), 은행법(1984)과통화금융법(1993)
지위	비영리 금융협동조합 (은행법상 은행 지위 없음)	금융협동조합, 은행
공동유대/ 업무구역	(지역) 시군구, (단체) 광역시도(직장) 전국	전국 단위
업무영역	금융(시중은행에 비해 제한, 외국환, 신용카드 발급 등 불가), 보험(자동차보험, 퇴직연금보험 등 취급 불가 불가)	유니버설 은행 : 소매금융.보험 (제한 없음)
조합원/ 이용자	개인, 자영업자, 법인(부동산, 건설업종 다수)	협동조합, 결사체, 공제조합, 기업, 개인
자회사를 통한 사업다각화	자회사 등을 통한 사업다각화 : 신협법상 다른 법인 출자(투자) 불가	주택건설부문 전문은행 (BTP 은행) 자산운용펀드(Ecofi), 사회적경제를 위한 사모펀드, 해외투자(벨기에, 폴란드) 에델은행(슈퍼마켓협동조합 르클레어 지급결제, 1991년)
자금조달	- 예금 : 90.6% (개인 대부분) - 차입금 : 0.3% - 자본 : 7.4%	- 예금 : 67% (기업 18%, 개인 22%, 결사및 공익단체 27%) - 은행간거래및회사채발행 : 26% -자본 : 7%
자금운용	- 대출 : 74% [개인 1/3, 개인사업자 1/3 법인 1/3 (부동산, 건설업 편중)] - 현금및예치금 : 17.8% - 유가증권 : 4.9%	-대출 : 61% (기업 24%, 개인 7%, 결사및 공익단체 30%) - 은행간거래및증권포트폴리오 : 37% - 기타 : 2%

구분	한국 신협	크레디 코오페라티프
사회 연대 저축	신협사회적예탁금(2019.7월 출시) - 사회적경제조직 후원 - 재원 : 원금의 1% (예금자 0.5%p, 신협기금 0.5%p) - 후원처 지정 : 조합 자율 - 창구 및 인터넷뱅킹만 가능	1983년 공유저축(펀드) 개시 이후 다양 1995년 Finansol 연대금융 가입 2012년 아지르(Agir : Act) 계좌 및 카드 * 후원처 지정 : 예금자 * 12~17세 Agir 카드 : 예산관리, 소액기부 2015년 REV3저축계좌 2016년 내 지역 협력 상품 2020년 LDDS (지속가능발전지원계좌): 온라인출시
연대금융 상품 가입자 세제지원	없음	연대/공유저축, 연대펀드 가입시 세제혜택 부여
사회적금융 추진시기	2012년 협동조합기본법 제정 이후 비금융 지원, 2017년부터 비금융+금융지원 본격화	1893년 창립당시 부터 노동자협동조합은행 (협동조합투자은행으로 출발)
중앙조직	신협중앙회(NACUFOK) (협회, 사업*, 검사/감독 기능) * 중앙은행, 보험사업자 역할	- 시민은행전국연합회(BFBP, 협회기능) - BPCE (중앙은행, 도매금융, 지주회사) * 정부의 검사/감독권한 위임 없음

〈표 7〉 한국 신협과 프랑스 크레디 코오페라티프간의 비교

7. 시사점

한국 신협은 1960년 성가신협이 최초로 설립된 이후 오늘에 이르렀다. 개인 조합원의 금융 필요를 충족하는 협동조합 상업은행으로서 사회공헌 활동 등 경영성과를 지역사회에 환원함으로써 투자자 소유 은행의 탐욕적 금융행태를 견제하는 역할을 나름대로 해왔다. 2000년대 중반 이후에는 정체성 회복 차원에서 사회적 가치 창출을 중시하는 사회적 가치 기반 경영으로 전략을 전환하였다(구정옥 2021). 신협의 사회적 금융은 2016년 이전까지는 지역 신협을 중심으로 지역 내 협동조합 네트워크 참여, 신생 협동조합에 대한 공간제공, 판로 및 운영지원 등 비금융지원 위주로 전개되었다.

2016년 사회적경제 기업 전용대출상품인 '상생협력대출'을 출시하여 2024년 말 기준 총 1,040개 사회적경제 기업에게 약 2,000억 원을 공급하였다. 정부의 2017년 사회적경제 활성화 정책 발표에 부응하여 2018년 신협사회적경제지원기금 조성 및 사회적금융 거점신협 제도를 도입하였고, 2019년 사회적경제 기업을 후원하는 '신협사회적예탁금'을 출시하는 등 금융지원 분야를 강화하였다. 또 신협사회공헌재단을 통한 비금융분야(창업, 운영, 차량, 사업비 등)에서도 2023년 말 누계 약 300여 개 사회적경제기업에 약 18억 8천만 원을 지원하였다.

그러나 한국 신협은 사회적금융의 양적인 성과에 안주하지 않고 질적인 도약을 위해 나서야 할 때이다. 사회적금융 거점신협의 조합원 소유와 사회적 목적성 강화라는 정체성을 재정립하고, 사회적투자금융신협으로서 보다 적극적으로 사회적경제 생태계에서의 금융

허브 역할을 할 수 있어야 한다. 그러기 위해서는 프랑스 크레디 코오페라티프 사례를 벤치마킹할 필요가 있다.

1) 선택과 집중을 통한 사회적금융 거점신협 육성과 지역 네트워크 강화

현재 사회적금융 거점신협은 지역 내 활동 조합원이나 전담 직원이 없는 상황에서 프랑스 크레디 코오페라티프처럼 사회적 가치를 지향하는 유망한 비즈니스 발굴 및 자금지원과 관계 유지를 실천하기에 역부족이다. 신협중앙회는 사회적금융 거점신협의 절대적인 숫자에 연연하지 않고, 전국을 최소 4개 권역별로 1개 조합이라도 전담 직원을 배치하고 지역 내 사회적경제 네트워크와의 협력으로 여신 사전심사와 사후관리 등에 있어 상호 모니터링이 가능한 체계를 만들 필요가 있다. 또 크레디 코오페라티프의 삼자관계에 착안하여 사회연대경제 조직과 그 구성원을 단순 이용자에서 조합원으로 전환하고, 사회적경제위원회 등 전문위원회 및 이사회 구성원으로 수용하는 등 지배구조의 다양성 확보를 통한 신협과 사회연대경제 조직간의 동반성장을 추구하는 전략이 필요하다.

2) 신협사회적경제지원기금 운영관련 제도개선 및 기금확충

신협사회적경제지원기금의 용도를 현행 대출금에 대한 이차보전 이외에 유망한 사회적경제기업 발굴 및 투자, 대출 손실의 일부 보전 등으로 확대하여 사회적 금융 거점신협의 사회적 금융공급에 대한 유인책을 확대하여야 한다. 아울러 2018년부터 2022년까지 1차 조성한 기금 100억 원(2024년 말 잔액 약 60억 원)으로는 사회적금융

의 안정적 추진에 부족하므로, 기금 추가조성을 위해 프랑스 크레디 코오페라티프의 협동조합 임팩트 기금사례를 참고하여 신협뿐만 아니라 사회적경제 당사자조직 및 외부 공익단체들의 참여방안도 검토할 필요가 있다.

3) 시민 주도의 사회적금융 활성화를 위한 연대금융 상품(신협사회적예탁금) 제도 개선

우리나라에서 시민 참여형 사회연대경제가 발전하기 위해서는 시민들의 자발적인 저축을 기반으로 하는 연대금융을 강화하여야 한다. 이를 위해서는 국내 유일한 연대저축상품인 신협사회적예탁금의 운용에 있어 제도적인 개선이 필요하다.

크레디 코오페라티프는 추적 버전의 예금 또는 Agir 저축/카드를 통해 예금자가 관심분야(지구, 공정한 사회, 국제연대)를 선택하여 예금이자의 일부를 미리 협약된 사회연대경제 파트너 조직에 기부할 수 있고, 그 사용 내역을 공개하여 예금자 또는 카드 이용자로 하여금 자신의 예금 또는 금융 소비에 의미를 부여하면서 참여를 유도하고 있다. 여기에 프랑스 정부는 연대저축상품에 대해서는 세제상의 혜택을 부여하고 있다. 그러나 한국 신협의 사회적예탁금(정기예금, 예금의 1% 기부)은 예금자의 선택권이 제한적이고 세제 혜택이 없어 예금 가입율이 낮다. 따라서 한국 신협도 사전에 후원대상 파트너 기관을 사회적 가치별로 선정하여 제시함으로써 예금자에게 개인 자산 형성 이외에 사회적 효용성을 높이는 곳에 자신의 돈이 의미있게 사용될 수 있다는 확신을 심어주고, 기부액에 대해서는 세제 혜택을 부여하는 제도개선이 필요하다.

4) 신협에 대한 규제 개선 : 타 법인 출자 허용

신협은 협동조합기본법 상의 이종협동조합연합회에 조합원으로 가입할 수 있음에도 불구하고 신용협동조합법에 의해 신협의 타법인 출자가 허용되지 않고 있다. 이는 국내 협동조합 금융기관 중 유일하게 규제를 받는 조치이기도 하다. 그 결과 신협의 사회적금융이 대출 형태로만 이루어지고 있어서 채무자인 사회적경제 기업은 사업 초기부터 경영상 대출원리금 상환부담을 가지게 된다. 이런 부담은 지역사회 내 다양한 협동조합 간 협력을 통한 지역경제 발전에 저해 요인으로 작용하고 있다. 프랑스 크레디 코오페라티프의 경우처럼 연대펀드를 관리하는 별도의 자회사를 통하여 개별 협동조합의 자본형성을 지원하거나 일정한 출자기준을 전제로 신협이 유망한 사회적경제기업에 투자할 수 있는 길이 열려야 한다.

5) 사회적투자금융신협 태동을 위한 공동유대(인가조건) 완화

신협의 라이프 사이클 관점에서 보면, 이미 선진국 신협과 한국 신협은 성숙단계에 진입하였다. 신협이 투자자 소유 은행과의 경쟁 속에서 동화되지 않고 금융협동조합으로서 정체성을 유지하여 차별화하기 위해서는 시대의 변화에 따른 정체성을 재정립하여 신협 그룹 내에 크레디 코오페라티프나 La NEF와 같은 사회적투자금융신협도 필요하다는 열린 자세가 필요하다. 특히 초창기 신협의 절대적 빈곤 해소를 위한 포용금융을 넘어서서 사회적금융 추진 등 한국 신협의 다양성 추구는 조합원과 지역사회, 사회적경제 영역과 신협 전체의 성장과 발전에도 기여할 것이다.

신협이 조합원과 지역사회의 필요에 기반한 경영으로 기존의 지

역 금융에 머물지 않고 사회적경제 조직과의 유대관계를 형성하여 신용을 공급한다면 제2금융권이라는 위상을 넘어서는 사회적 평판을 얻을 수 있으며, 공동체적인 연대 강화에 기반한 신협 발전이라는 선순환 구조도 구축할 수 있다. 그리고 영리를 추구하는 시중은행과 차별화되어 경쟁력 강화에 이바지할 것이다(최진배, 2016). 따라서 신협에 대한 시대적 요구를 반영하여 프랑스 크레디 코오페라티프의 경우처럼 전국 단위의 사회적 금융이 가능하도록 현행 신협법령상의 공동유대 요건을 완화하는 것이 바람직하다.

한신대학교 연수단과 크레디 코오페라티프 관계자

참고자료

머리말

[참고문헌 및 기사]

- 김창진, 『퀘벡 모델_캐나다 퀘벡의 협동조합·사회경제·공공정책』, 가을의아침, 2015.
- 김현희, 『프랑스의 사회적경제(ESS)에 관한 규범적 의미 해석 연구_비교법제 연구 13-20-⑫』, 한국법제연구원, 2013.
- 이옥연, "유럽 사회적경제의 보편성과 특수성, 그리고 혼종성", 『한국정치연구』, 25(2): 279-306, 2016.
- 이종오, "프랑스 사회연대경제의 도전과 성과", 『글로벌문화콘텐츠』, 32: 219-235, 2018.
- 이철선 외, 『복지국가와 사회적경제의 조응형태에 대한 국제 비교 연구 – 사회적경제조직 유형에 따른 정부 지원방식을 중심으로』, 한국보건사회연구원, 2022.
- 장종익, "왜 다시 퀘벡 사회적경제인가?", 한신대학교 해외연수 심포지움 기조 발제, 2023.
- 장종익, "제1장 한국 사회적경제의 제도적 특징과 개선과제", 나주몽 외, 『한국 사회적경제의 성과와 미래』, 전남대학교출판문화원, 2024.
- Eric Bidet, 『SSE in France: Outputs, challenges and tensions』, Hanshin University online webinar, 2024.
- Jaques Defourny et Marthe Nyssens, Économie sociale et solidaire : socioéconomie du 3 secteur, 2017. (김신양·엄형식 역, 『사회연대경제 : 사회적경제, 연대경제, 사회적기업으로 이해하는 제3섹터의 경제학』, 착한책가게, 2021).
- Neamtan, N., Trente ans d'économie sociale au Québec: Un mouvement en chantier, Groupe Fides inc., 2019. (홍기빈 역, 『사회적경제, 풀뿌리로부터의 혁신: 퀘벡 사회적경제 이야기』, Coop Dream,

2022).

- Thierry Jeantet, Économie sociale: La solidarité au défi de l'efficacité, 3 édition, 2016. (편혜원 역, 『프랑스의 사회적경제: 효율성에 도전하는 연대』, (재)아이쿱협동조합연구소, 2019).
- Carenews. (2022, avril 19). L'économie sociale et solidaire : 14 % de l'emploi privé en France.
- Institut de la statistique du Québec. (2021). Économie sociale au Québec : Portrait statistique.

[관련 웹사이트]

- ESS France 홈페이지 https://www.ess-france.org
- SociOeco 홈페이지 https://www.socioeco.org
- 퀘벡 통계청 홈페이지 https://www.statistique.quebec.ca
- 프랑스 경제재정부 홈페이지 https://www.economie.gouv

[1부]

1. 퀘벡의 라 바르베리(La Barberie)

[참고문헌 및 기사]

- 충남발전연구원, 『캐나다 퀘벡주 협동조합 조사보고서(안)』, CDI 해외연수자료집 2013.
- Nancy Lepage, 『Mémoire présenté à la Faculté des études supérieures en vue de l'obtention du grade de Maître es sciencesen sciences de la communication』, 2004.

[관련 웹사이트]

- 퀘벡 주정부 법률 정보 포털 Légis Québec, 협동조합법 https://www.legisquebec.gouv.qc.ca/fr/document/lc/C-67.2
- 퀘벡 주정부 공식 홈페이지 https://www.economie.gouv.qc.ca
- 한국사회적기업진흥원, 협동조합 설립 현황 https://www.coop.go.kr/home/state/guildEstablish.do?menu_no=2032
- 라 바르베리 공식 홈페이지 https://www.labarberie.com/
- Conseil québécois de la coopération et de la mutualité. (2019). Nombre de coopératives non financières actives au 31 décembre 2018. https://www.cqcm.coop/

2 프랑스의 제스콥-알파 택시(GESCOP-Alpha Taxi)

[참고문헌 및 기사]

- 김명훈(2024.04.21), "투명한 경영이 양산시민택시협동조합의 성공 비결", 양산신문. https://www.yangsanilbo.com/news/articleView.html?idxno=107895
- 김영원(2025.01.23), "월급제 안 지키는 택시회사…서울시 '새 모델' 실험한다", 아시아경제. https://cm.asiae.co.kr/article/2025012309541926962
- 김지영(2024.1.10), ""당신, 이렇게 1년 하면 죽어요"… 내가 선택한 마지막 직업", 오마이뉴스. https://www.ohmynews.com/NWS_Web/Series/series_premium_pg.aspx?CNTN_CD=A0002988473
- 김희정(2015.7.10), "'사납금' 없애고 '배당' 준다…택시협동조합 국내 첫 탄생", 머니투데이. https://news.mt.co.kr/mtview.php?no=2015070912115754775
- 장종익(2019.04.22), "한국택시협동조합의 최근 사태로부터의 교훈", 라이프인. https://www.lifein.news/news/articleView.html?idxno=3632
- 주수원(2017.07.20), "갑질 피해 설립한 협동조합, 전략이 필요하다면 '이

것'", 오마이뉴스. https://www.ohmynews.com/NWS_Web/View/at_pg.aspx?CNTN_CD=A0002343925

- 홍정민(2024.1.11), "[개인택시공제조합③] 공제료 1100만원, "남는 게 없다"는 기사들", 한국공제보험신문 https://www.kongje.or.kr/news/articleView.html?idxno=1453

- Alpha Taxis. (2023). 2023년 재무제표

- Le Gall, J. Y. (2018.12.1) "Gescop : un GIE de coopérative de taxis, une véritable économie collaborative", Miroir Social, https://www.miroirsocial.com/gescop-un-gie-de-cooperative-de-taxis-une-veritable-economie-collaborative

- Ministère de la Transition écologique et de la Cohésion des territoires. (2024, mars). Les taxis et VTC : Accès à la profession, offre de transport, équipement (Rapport 2024 de l'Observatoire national des transports publics particuliers de personnes). https://www.arpe.gouv.fr/wp-content/uploads/2024/03/etudes_2_taxi_vtc_mars2024.pdf

[관련 웹사이트]

- coop 협동조합 홈페이지, 경영공시 https://www.coop.go.kr/home/disclosure/DisclosureList.do?menu_no=2037

- 쿱모빌리티 홈페이지 https://www.coopmobility.co.kr/

- 프랑스 ECFT 홈페이지 https://www.ecft.fr

- 프랑스 T.G.A 홈페이지 https://www.carrosserie-tga.fr/vente-de-vehicules.php

- 프랑스 TMS 홈페이지 https://www.equipement-taxi-tms.fr

3. 프랑스의 쿱사이클(CoopCycle)

[참고문헌 및 기사]

- 김세훈(2024년 7월 21일). 공공배달앱은 '배달 3사' 독점 막을 해결책이 될 수 있을까.

  경향신문 https://www.khan.co.kr/article/202407210800001

- 김소영(2020). 디지털플랫폼에 의한 긱노동(gig work) 종사자의 노동법적 문제와 개선방안. 과학기술법연구, 26(2), 59-96.

- 장종익(2023). 플랫폼협동조합의 출현과 성장을 위한 기제에 관한 고찰: 승차와 배달서비스 분야 플랫폼협동조합 사례를 중심으로. 한국협동조합연구, 41(3), 25-55.

- Aguilera, A., Dablanc, L., & Rallet, A. (2018). L'envers et l'endroit des plateformes de livraison instantanée: Enquête sur les livreurs microentrepreneurs à Paris. Réseaux, 212(6), 23-49.

- Alvarado, A. S. A., Aufrère, L., & Cynthia, S. (2021). CoopCycle, un projet de plateforme socialisée et de régulation de la livraison à vélo.

- Block, S., & Hennessy, T. (2017). "Sharing economy" or on-demand service economy? A survey of workers and consumers in the Greater Toronto Area. Canadian Centre for Policy Alternatives.

- Chagny, O. (2019). Case study FR. Retrieved October 22, 2020, from https://www.ilo.org

- CoopCycle(2023). 이사회 회의 자료. 미공개 내부 문서.

- Dunn, M. (2020). Making gigs work: Digital platforms, job quality and worker motivations. New Technology, Work and Employment, 35(2), 232-249.

- Eurofound. (n.d.). CoopCycle. EU Platform Economy Database. https://apps.eurofound.europa.eu/platformeconomydb/

coopcycle-103057
- European Commission. (2016). A European agenda for the collaborative economy.
- INSEE (2020). Augmentation des créations d'entreprises en juillet 2020. Retrieved September 10, 2020, from https://insee.fr
- Lewkowicz, M., & Cahier, J. P. (2022). The sharing economy in France: A favourable ecosystem for alternative platforms models. In The sharing economy in Europe: Developments, practices, and contradictions (pp. 263-284). Cham: Springer International Publishing.
- Standing, G. (2016). The corruption of capitalism: Why rentiers thrive and work does not pay. London: Biteback. (김병순 역, 2019, 불로소득 자본주의. 여문책.)

[관련 웹사이트]

- CoopCycle. official website. https://coopcycle.org
- Inter-American Development Bank. Official website. https://www.iadb.org

4. 퀘벡의 엥세르텍(Insertech)

[참고 문헌]

- Arsenault, G. (2016). The social investment state and the social economy: The politics of Quebec's social economy turn, 1996-2015.
- Davister, C., Defourny, J., & Gregoire, O. (2004). Work integration social enterprises in the European Union: An overview of existing models (EMES Working Paper Series No. 04/04). EMES European Research Network.

- Insertech. (2009). Insertech rapport 2008-2009.
- Insertech. (2010). Insertech rapport 2009-2010.
- Insertech. (2011). Insertech rapport 2010-2011.
- Insertech. (2012). Insertech rapport 2011-2012.
- Insertech. (2019). INSERTECH_DOC_consultation_OPC-2019.
- Insertech. (2021a). Insertech rapport 2020-2021.
- Insertech. (2021b). Mémoire Insertech - BAPE Résidus Ultimes 2021.
- Insertech. (2022). Insertech rapport 2021-2022.

[관련 웹사이트]
- Insertech. Official website. https://www.insertech.ca/
- Insertech. Online shop. https://insertech.ca/boutique-web/
- Insertech. Computer literacy for seniors. https://aines.insertech.ca/ressources/
- 한국자활복지개발원. 공식 홈페이지. https://kdissw.or.kr/menu.es?mid=a10601050000

5. 프랑스의 앙비(Envie)

[관련 웹사이트]
- 앙비 공식 홈페이지 https//www.envie.org
- Envie. (2024). Rapport d'activité 2023. Fédération Envie. https://www.envie.org/wp-content/uploads/2024/11/Rapport-dactivite-Envie-2023_VDEF.pdf

6. 프랑스의 엠데사프(MDSAP)

[참고문헌 및 기사]

- 석재은, 2017, "장기요양서비스의 공공성 강화를 위한 규제의 합리화 방안 연구", 『보건사회연구』, 37(2), 423-451.
- 양난주, 2014, "한국의 사회서비스: 민간의존적 공급의 한계와 과제," 『동향과 전망』, 92, 93-128.
- 장종익, 2018, 『협동조합을 통한 서비스산업의 발전방안: 개념과 사례』, KDI.
- 장종익, 2019, "우리에게 숨겨진 독일 소기업협동조합의 일부를 찾아내다!" 장종익 외, 『이탈리아와 독일 협동조합 100년 성공의 비결』 동하, pp. 124-140.
- 장종익, 2020, "협동조합형 소매체인의 상대적 장점에 관한 탐색적 연구," 『한국협동조합연구』 38(3), 155-175.
- 장종익·오창호, 2017, 『동북 4구 산·관·학 연계 사회적경제 아카데미 성과보고서』, 한신대학교/서울시사회적경제지원센터.
- Choukroun, 2013, M., Le Commerce Associé: Entreprendre Autrement Pour Réussir, Dunod, Paris, (신재민 역, 『프랑스처럼 협동조합하라』 소상공인시장진흥공단, 2016).
- Coop France, Panorama des Entréprises Cooperatives, 2022.

[관련 웹사이트]

- MDSAP 공식 홈페이지 https://www.mdsap.fr/

[2부]

1. 퀘벡의 샤펨(SHAPEM)

[참고문헌]

- Jean-Marc Fontan, Klein, J. L., Caillouette, J., Doyon, M., Lévesque, B., Tremblay, D.-G., Tremblay, P.-A., & Trudelle, C. (2017). Vers de nouveaux modèles d'action en développement territorial: L'expérimentation à l'échelle locale de la transition vers le ≪ buen vivir ≫. Économie et Solidarités.
- Mendell, M. (2017). 퀘벡 사회적책임금융 연대자금과 개발자본 [초청강연 한국발표자료].
- 서울특별시 사회적경제지원센터. (2016). 퀘벡 사회적경제 연수보고서. 서울.
- 한국사회주택협회. (2020). 캐나다 사회주택 개요.

[관련 웹사이트]

- Gouvernement du Québec. AccèsLogis Québec. http://www.habitation.gouv.qc.ca/programme/programme/acceslogis_quebec.html
- SHAPEM. Site officiel de SHAPEM. https://shapem.org/
- SOLIDES. Humains de SOLIDES. https://www.solides.info/humainsdesolides
- HAPOPEX. HAPOPEX – BIPE. https://bipe.parcex.org/en/organization/hapopex/
- Inter-Loge. À propos d'Inter-Loge. https://interloge.org/a-propos/

- FOHM. À propos de la FOHM. https://fohm.org/a-propos-de-la-fohm/

2. 퀘벡의 에스파스 라 트라베르세(Espace La Traversée)

[참고문헌 및 기사]

- CNews. (2022년 9월 29일). [기사 제목 미상]. CNews.
- 문재인정부 국정백서. (2022). 제6편 돌봄안전망 강화, 제4장 지역사회 통합돌봄 체계 구축. 대한민국 정부.

[관련 웹사이트]

- Charitable Impact. 캐나다 자선단체 자선기부 현황. https://www.charitableimpact.com
- CBM 벤쿠버. https://cbmpress.com
- 에스파스 라 트라베르세 공식 홈페이지 https://espacelt.org
- Average Salary Survey. Average salary in Canada. https://www.averagesalarysurvey.com

3. 퀘벡의 쎄페(CPE)와 에자드(EÉsad)

[참고문헌 및 기사]

- 오정림, & Bode, I. (2017). 독일 노인장기요양제도의 발달: 사회적 현대화 관점을 중심으로. 노인복지연구, 72(1), 9–35.
- 이미옥, (2021.6.14), [퀘벡 사회적경제는 지금]4. 코로나 위기에 더욱 빛을 발하는 사회적금융, 이로운넷. https://www.eroun.net/news/articleView.html?idxno=25125
- 조성호, 문승현, & 김종훈. (2020). 일자리 안정과 저출산 대응 방안 연

- 구. 한국보건사회연구원.
- 최혜진. (2018). 퀘벡의 사회적경제: 보육, 성인 돌봄, 주거를 중심으로. 국제사회보장리뷰, (겨울), 71-82.
- 퀘벡 통계청. (2023). [통계자료 제목 미상].
- Arsenault, G. (2016). The social investment state and the social economy: The politics of Quebec's social economy turn, 1996-2015. Department of Political Science, University of Toronto.
- CHEZ MOI pour la vie. (n.d.). Mémoire de réflexion sur le soutien à domicile au Québec.
- EÉSAD. (n.d.). Panorama des services à domicile au Québec: Description et principaux défis.
- Global News. (2022년 2월 2일). Quebec government adds 14,000 new subsidized daycare spots. https://globalnews.ca/news/8599235/quebec-government-adds-14000-new-subsidized-daycare-spots/
- Institut canadien d'information sur la santé. (2020년 8월 6일). Parmi les nouveaux résidents en soins de longue durée, un sur 9 aurait pu recevoir des soins à domicile. https://www.cihi.ca/fr/parmi-les-nouveaux-residents-en-soins-de-longue-duree-un-sur-9-aurait-pu-recevoir-des-soins-a, 6 août 2020.
- Mathieu, S. (2021). Quatre leçons à retenir du modèle québécois de services de garde. Options Politiques. https://policyoptions.irpp.org/fr/magazines/april-2021/quatre-lecons-a-retenir-du-modele-quebecois-de-services-de-garde/
- Neamtan, N. (2019). Trente ans d'économie sociale au Québec: Un mouvement en chantier. Groupe Fides. (홍기빈 역, 『사회적경제, 풀뿌리로부터의 혁신: 퀘벡 사회적경제 이야기』, Coop Dream, 2022)
- Radio-Canada. (2020년 7월 11일). Rester chez soi, pas évident lorsqu'on a besoin de soins au Québec. https://ici.radio-canada.ca/nouvelle/1712593/soins-domicile-aines-personnes-agees-chsld-hebert-france-sante

- Radio-Canada. (n.d.). Archives, Le Québec avant les CPE, https://ici.radio-canada.ca/nouvelle/1482103/garderie-centre-petite-enfance-politique-familiale-loi-tarif-quebec-archives

[관련 웹사이트]

- AQCPE 공식 홈페이지 https://www.aqcpe.com/
- Aide Chez Soi. Simulateur d'aide financière. https://aidechezsoi.com/simulateur-daide-financiere/
- EÉSAD. Site officiel des entreprises d'économie sociale en aide à domicile. https://eesad.org/
- RÉPIT Ressource. Home care services – House cleaning. https://repit-ressource.com/en/home-care-services/house-cleaning/

4. 프랑스의 비오코프(Biocoop)

[참고문헌 및 기사]

- 김현희(2010). 프랑스의 녹색성장법제에 관한 비교연구 – 「환경 그르넬법1」의 기후변화 대응을 중심으로. 녹색성장연구, 10(16-3).
- 농림축산식품부(2021). 2021년 친환경 농식품산업 현황조사 연구용역 최종보고서. 지역농업네트워크협동조합.
- Biocoop(2022). Annual report 2022.
- Lamine, C. (2015). Full case study report: Biocoop – France.
- 배경호(2023년 2월 17일). 유럽 식품 시장 'ESG'에 정조준. 식품음료신문. https://www.thinkfood.co.kr
- 한지원(2023). 프랑스의 유기농업 육성정책 추진현황. 국회도서관 이슈와 논점, 2023-22(통권 72호).

[웹사이트]

- 프랑스 행정부 공식 홈페이지 https://www.gouvernement.fr
- 농림축산식품부 공식 홈페이지 https://www.mafra.go.kr

5. 프랑스의 에네르코프(Enercoop)

[참고 문헌]

- 장종익. (2024a). 다중 위기 시대 협동조합의 도전과 혁신. 동향과 전망, 122, 203-233.
- 장종익. (2024b). 시민 참여형 에너지 전환을 위한 협동조합의 특성과 도전과제. 한국협동조합연구, 42(4), 1-26.
- Baileche, L. (2024). Expérimenter la fabrique d'une chaîne de valeur(s) alternative des énergies renouvelables: Tension entre changement d'échelle et encastrement territorial des coopératives citoyennes (Doctoral dissertation, Université de Montpellier).
- Maitre, R. (2020). L' initiative de Nouvelle Économie Sociale d' Enercoop. The Annals of Public and Cooperative Economics, 91(3), 617-640.

[관련 웹사이트]

- 에네르코프 홈페이지, https://www.enercoop.fr/
- 공익협동조합 홈페이지, https://www.les-scic.coop/
- 시민발전이종협동조합연합회 홈페이지, http://blog.wp.ksolarcoops.org/
- 프랑스송전망 홈페이지, https://www.rte-france.com/
- 에네디스 홈페이지, https://www.enedis.fr/

- 국토교통부 홈페이지, https://smartcity.go.kr/
- 대한무역투자진흥공사 홈페이지, https://dream.kotra.or.kr/
- 프랑스 환경연대부 홈페이지, https://www.ecologie.gouv.fr/
- 유럽연합 홉페이지, https://ec.europa.eu

3부

1. 퀘벡의 쎄데에르퀴(CDRQ)와 엠쎄에 콩세이(MCE Conseil)

[참고문헌 및 기사]

- 박세훈·임상연, 2014, 『도시재생 중간지원조직 연구: 정부-시민사회 관계의 관점에서』, 국토연구원.
- 박영선·정병순. 2020. 『중간지원조직 공익활동 역량 강화방안』, 서울연구원 연구보고서.
- 엄형식·마상진·이동필. 2011. 『유럽의 사회적기업 중간지원조직 현황과 시사점』, 한국농촌경제연구원 연구 자료.
- 이주희, 2019, 『퀘벡 노동연대기금의 한국적 적용』, 사회적경제와 정책연구
- 장종익·주수원·인성환, 2022, 『사회적경제 중간지원조직 개선빙인 연구』, 기획재정부·한신대학교 산학협력단.
- 김복태, 이계만, 백형배, 2015, 캐나다 퀘벡주의 협동조합 지원체계 분석 및 정책적 시사점, 「한국정책과학학보회」 제19권 제4호: 163~187.
- 강민수, 캐나다 퀘벡 사회적경제의 현황과 시사점, 「한국협동조합연구소」 협동조합네트워크 통권 제60호, 88-97.
- Brinkerhoff, J. M., 2002. Government-nonprofit partnership: A defining framework, Public Adminstration and Development, 22, 19-30.
- Canadian Co-operative Association and le Conseil canadien de la cooperation et de la mutualite, 2009, The cooperative

investment plan: examining the impact of the CIP in Québec and exploring the potential for a Canada-wide CIP.

- CDRQ, 2023, Rapport Annuel 2022.
- CDRQ, 2019, Rapport Annuel 2018-2019.
- Jenkins, H., 2023. Supporting Organizations and Intermediaries for Social and Solidarity Economy. Edited by Ilcheong Yi et al. Encyclopedia of the Social and Solidarity Economy. Cheltenham and Northampton, MA. Edward Elgar Publishing Limited in partnership with United Nations Inter-Agency Task Force on Social and Solidarity Economy (UNTFSSE).
- Juarez Adeler, M., "Enabling Policy Envionments for Co-operative Development: A Comparative Exprience. 2013
- MCE Conseil Financial statements, 2022
- MCE Conseil_Présentation MCE Conseil Délégation Corée, 2023
- MCE Conseil_Délégation Corée MCE Reprise Collective, 2023
- Mendell, M., N. Neamtan, J. Jang, J. Kim, and Associates, Strategy for Knowledge Transfer of Social Finance: Best Practices of Quebec and Adaptation to Seoul, Montreal: C.I.T.I.E.S., August, 2018.
- National Audit Office, 2015, Outcome-based payment schemes: Government's use of payment by results. https://www.nao.org.uk/wp-content/uploads/2015/06/Outcome-based-payment-schemes-governments-use-of-payment-by-results.pdf.
- Neamtan, N., 2019, Trente ans d'économie sociale au Québec: Un mouvement en chantier, Groupe Fides inc. (홍기빈 역,『사회적 경제, 풀뿌리로부터의 혁신: 퀘벡 사회적경제 이야기』Coop Dream, 2022)
- Salamon, L. M. and S. Toepler. 2015. Government-nonprofit cooperation: Anomaly or necessity? VOLUNTAS: International Journal of Nonprofit and Voluntary Organizations, 26: 2155-2177.

[관련 웹사이트]

- CDRQ 공식 홈페이지. https://cdrq.coop/en
- MCE Conseil 공식 홈페이지. https://www.mceconseils.com/

2. 프랑스의 쎄쥐에스코프(CGSCOP)

[참고문헌]

- 김홍길·이금희(2017), "산업민주화의 한 모형−프랑스 근로자 생산협동조합(SCOP)에 관한 고찰," 『유라시아연구』, 14(2), 133–156.
- 장종익(2013), "이탈리아, 몬드라곤, 프랑스 노동자협동조합 발전시스템에 관한 비교분석," 『한국협동조합연구』, 31(2), 223–228.
- 장종익(2024), "다중 위기 시대 협동조합의 도전과 혁신," 『동향과 전망』 122, 203–234.
- CGScop. (2022). Rapport d'activité 2022. https://www.les-scop.coop/
- CGScop. (2023). Rapport d'activité 2023. https://www.les-scop.coop/
- CGScop. (2021). Rapport d'activité 2017–2021. https://www.les-scop.coop/

[관련 웹사이트]

- CGScop 공식 홈페이지. https://www.les-scop.coop/

3. 프랑스의 리코른(Licoornes)

[참고문헌 및 기사]

- 장종익(2023), 『협동조합 경영론』, 박영사.

- Alternatives Economiques (2024), Les ≪ Licoornes ≫, des entreprises vraiment différentes? https://www.alternatives-economiques.fr/licoornes-entreprises-vraiment-differentes/00109508
- Carenews. (2024). "Nous incarnons une forme de résistance face aux dérives du capitalisme", entretien avec Maud Sarda, Adrien Montagut et Bastien Sibille. https://www.carenews.com/carenews-info/news/nous-incarnons-une-forme-de-resistance-face-aux-derives-du-capitalisme-entretien
- Gazette Normandie. (2024). ≪ L'Opération milliard ≫ : que fait le gouvernement pour l'économie sociale et solidaire, demandent les Licoornes? https://www.gazettenormandie.fr/article/l-operation-milliard-que-fait-le-gouvernement-pour-l-economie-sociale-et-solidaire-demandent-les-licoornes
- Sibille, B. (2024). Nous voulons un milliard d'euros pour financer nos organisations de transition écologique et sociale. https://vert.eco/articles/bastien-sibille-nous-voulons-un-milliard-deuros-pour-financer-nos-organisations-de-transition-ecologique-et-sociale
- Sibille, B. (2024). Un milliard d'euros pour la transformation écologique juste. https://www.carenews.com/carenews-info/news/un-milliard-d-euros-pour-la-transformation-ecologique-juste

[관련 웹사이트]

- Licoornes 공식 홈페이지. https://www.licoornes.coop/
- Licoornes 온라인 판매플랫폼. https://www.comptoirdeslicoornes.coop/

4. 퀘벡의 데자르댕 연대경제신협(Caisse d'economie solidaire Desjardins)

[참고문헌]

- 박세훈, 임상연(2014), 『도시재생 중간지원조직 연구 : 정부-시민사회 관계의 관점에서』, 국토연구원.
- 이상진(2023), 『새로운 협동조협형 사회적은행 필요성과 현실적인 도입 방안』, 한양대학교 박사학위논문.
- 피에르-올리비에 마우(2021), 번역협동조합 역, 『데자르댕 연대경제금고의 역사, 존재의 열정』, 착한책가게.
- Caisse d'économie solidaire, 2023, Rapport d'activités 2022.
- Mendell, M. (2017). 퀘벡 사회적책임금융 – 연대자금과 개발자본. 사회적금융 전문가 간담회 발표자료.

[관련 웹사이트]

- Caisse d'économie solidaire 공식 홈페이지 https://caissesolidaire.coop/

5. 프랑스의 크레디 코오페라티프(Crédit Coopératif)

[참고문헌]

- 구정옥(2021), 한국 신협의 비즈니스모델과 경영전략 변화 연구, 『한국협동조합연구』, 39(2), 143-169.
- 김은경(2023), "지역기반 사회적금융 생태계 구축방안", 2023년 사회적금융포럼 발표자료.
- 사회연대신협이사회·한국사회적경제연대회의(2023). 『사회연대신협 백서 – 사회연대신협 769일간의 기록』.
- 신협중앙회(2024), 『사회적금융 성과공유회 자료집』.
- 장종익(2013), 협동조합 활성화 지원을 위한 금융의 역할제고 및 제도개선 방향, 『협동조합 활성화를 위한 금융의 역할』, 국회토론회 자료집.

- 장종익(2014), 『협동조합 비즈니스 전략 : 협동조합의 개념·비즈니스 모델·사례』, 동하.
- 장종익(2023), 한국 신협의 변화하는 사회적 역할에 대한 고찰, 『협동조합경제경영연구』, 59, 57-78.
- 최진배(2016), 협동조합은행의 변화와 한국 신협의 진로, 『한국협동조합연구』, 34(1), 95-121.
- 티에리 장테(2019), 『프랑스의 사회적경제 – 효율성에 도전하는 연대』, 편혜원 역, (재)아이쿱협동조합연구소.
- Banque Populaire. (2024). Annual report 2023.
- BPCE. (2024). Annual report 2023.
- Counis, A. (2002, June). Crédit Coopératif adopts the status of Banque Populaire. Les Echos. https://www.lesechos.fr/2002/06/le-credit-cooperatif-adopte-le-statut-de-banque-populaire-694727
- Crédit Coopératif. (2023). Annual report 2022.
- Crédit Coopératif. (2023). Statutes in force as of January 1, 2023.
- Crédit Coopératif. (2024). Annual report 2023.
- EACB. (2024). Annual report 2023.
- FAIR. (2004). 22nd edition of the FAIR-La Croix Solidarity Finance Barometer.
- GABV. (2023). Annual report 2022.
- Loi n° 47-1775 du 10 septembre 1947 portant statut de la coopération. (1947). Journal officiel de la République française.(프랑스 협동조합 지위에 관한 1947년 9월 10일 법률 제47-1775호)
- Wikipedia contributors. (n.d.). Crédit Coopératif. Wikipedia. https://fr.wikipedia.org/wiki/Cr%C3%A9dit_coop%C3%A9ratif

[관련 웹사이트]

- Banque Populaire. Notre histoire. https://www.fnbp.fr/notre-modele-cooperatif/notre-histoire/
- Banque Edel. https://www.banque-edel.fr/
- BPCE Group. https://groupebpce.com/
- BPCE Group – Caisse d'Épargne. https://www.groupebpce.com/en/our-firms/caisse-depargne/
- Crédit Coopératif. https://www.credit-cooperatif.coop/
- Crédit Coopératif Foundation. https://fondation.credit-cooperatif.coop/
- Finance Fair. https://www.finance-fair.org/fr/
- FEBEA. https://febea.org
- La Nef. https://www.lanef.com/
- Socorec. https://www.socorec.fr/
- TheBanks.eu. https://thebanks.eu/banks/

글로벌 사회적경제 탐방1
시민이 주도하고 정부가 협력하는
프랑스와 퀘벡의 사회연대경제

2025년 8월 21일 초판1쇄 발행

지은이	장종익, 오창호, 유한나, 문조성, 박성철, 박영준, 변시연, 손석조, 손재현, 윤인정, 이광연, 이상진, 이필균, 이희라, 정연철, 정현, 조윤숙, 최성천, 최승호, 한효주
펴낸곳	여는길
주소	강원도 홍천군 구시울1길25
이메일	biggy94@hanmail.net
출판등록	제2020-000001호
ISBN	979-11-994272-0-4 (03320)

책 값은 뒤 표지에 있습니다.
잘못된 책은 구입하신 서점에서 바꿔드립니다.